Die Beteiligung des Betriebsrats an Kündigungen und ihre Auswirkungen auf die kündigungsrechtliche Stellung des Arbeitnehmers

Europäische Hochschulschriften
Publications Universitaires Européennes
European University Studies

Reihe II
Rechtswissenschaft

Série II Series II
Droit
Law

Bd./Vol. 3845

PETER LANG
Frankfurt am Main · Berlin · Bern · Bruxelles · New York · Oxford · Wien

Martin Liebisch

Die Beteiligung des Betriebsrats an Kündigungen und ihre Auswirkungen auf die kündigungsrechtliche Stellung des Arbeitnehmers

Eine Untersuchung zur Funktion der Kündigungsbeteiligung nach § 102 BetrVG, den §§ 1 IV und 3 KSchG sowie § 125 InsO

PETER LANG
Europäischer Verlag der Wissenschaften

Bibliografische Information Der Deutschen Bibliothek
Die Deutsche Bibliothek verzeichnet diese Publikation in der Deutschen Nationalbibliografie; detaillierte bibliografische Daten sind im Internet über <http://dnb.ddb.de> abrufbar.

Zugl.: Freiburg (Breisgau), Univ., Diss., 2003

D 25
ISSN 0531-7312
ISBN 3-631-51941-9

www.peterlang.de

Meinen Eltern

Vorwort

Die Arbeit lag im Sommersemester 2002 der Rechtswissenschaftlichen Fakultät der Albert-Ludwigs-Universität Freiburg i. Br. als Dissertation vor. Rechtsprechung und Literatur konnten bis Mai 2003 berücksichtigt werden.

Die Anregung zu dieser Untersuchung gab Herr Prof. Dr. Dr. h.c. Manfred Löwisch. Hierfür und für seine Unterstützung gilt ihm mein besonderer Dank. Herrn Prof. Dr. Gerhard Röder danke ich sehr für die zügige Zweitkorrektur.

Herzlich danken möchte ich auch Herrn Prof. Dr. Dr. h.c. mult. Albin Eser für die Möglichkeit, während meines Studiums und während der Erstellung der Dissertation am Max-Planck-Institut für ausländisches und internationales Strafrecht tätig zu sein.

Mein ganz besonderer Dank gilt indes meinen Eltern, deren Unterstützung mir das Studium und die Erstellung dieser Arbeit überhaupt erst ermöglichte.

Tübingen, im Juni 2003

Martin Liebisch

Einführung

Erster Teil: Betriebsratsbeteiligung an Kündigungen in der Rechtsentwicklung unter besonderer Berücksichtigung der rechtlichen Auswirkungen auf die Arbeitnehmer

Zweiter Teil: Die Funktionen der Betriebsratsbeteiligung an Kündigungen

Dritter Teil:
Die Funktionen der Kündigungsbeteiligungen und streitige Auslegungsfragen

Einführung

Erster Teil:

Betriebsratsbeteiligung an Kündigungen in der Rechtsentwicklung unter besonderer Berücksichtigung der rechtlichen Auswirkungen auf die Arbeitnehmer

Einführung

I) Individual- und kollektivrechtliche Ebene des Kündigungsschutzes

Auch im Kündigungsrecht erfolgt mangels einer Kodifikation des Arbeitsrechts die Auseinandersetzung mit kündigungsrechtlichen Fragestellungen regelmäßig nicht allein anhand des Kündigungsschutzgesetzes, das eben nur einen Teil kündigungsrelevanter Regelungen enthält, sondern sie erfordert oft einen gleichzeitigen Rückgriff auf unterschiedlichste Gesetze. Durch diese Verknüpfungen kommt es dann im Kündigungsrecht zum Teil auch zu einem Zusammenspiel von Normen, die an sich ganz verschiedenartigen Regelungsmaterien zugehören. Ein Bereich des Aufeinandertreffens solcher unterschiedlicher Arten von Kündigungsregelungen, dem eine ganz eigene Problematik innewohnt und der deshalb Gegenstand dieser Untersuchung sein soll, ist die Beteiligung des Betriebsrats an Kündigungen. Indem dem Betriebsrat bei seiner Einbindung in den Kündigungsvorgang Befugnisse zugewiesen werden, die die kündigungsrechtliche Stellung des betroffenen Arbeitnehmers zum Teil erheblich berühren, wird die individualrechtliche Frage der wirksamen Beendigung des Arbeitsverhältnisses von Aspekten des Kollektivrechts beeinflußt. Dadurch entstehen sozusagen *„zwei Ebenen"* des Kündigungsschutzes: eine *individual-* und eine *kollektivrechtliche*[1].

Wenn mittlerweile auch die Tradition der Mitbestimmungsregelungen insgesamt und speziell die einer seit längerer Zeit in weiten Teilen unverändert geregelten Kündigungsbeteiligung des Betriebsrats – vielleicht verbunden mit der angesprochenen Gewöhnung, gleichzeitig auf verschiedenste Gesetze zurückzugreifen – dazu geführt hat, daß diese Verbindung von kollektiv- und individualrechtlichen Regelungen im Kündigungsrecht heute beinahe selbstverständlich erscheint, so sollte dennoch die damit verbundene Problematik im Blick behalten werden. Denn diese hatte noch anläßlich der Einführung des BetrVG 1972 zu einer sehr kritischen Auseinandersetzung mit dessen § 102, den damit zusammenhängenden Veränderungen des KSchG und den dort vorgesehenen Auswirkungen der Betriebsratsbeteiligung auf die Rechte der Arbeitnehmer Anlaß gegeben[2].

---

[1] S. zu diesen „ zwei Ebenen" des Kündigungsschutzes Anton S. 1 und auch Heinze Rn 2ff, 450ff.

[2] Zur damaligen Diskussion vgl. nur Anton S. 21ff, Löwisch DB 1975, 349ff und Otto DB 1973, 671f jeweils m.w.N.

Eben mit dieser Problematik der Einschaltung des Betriebsrats in den Kündigungsvorgang und den heute damit verbundenen Auswirkungen auf die kündigungsrechtliche Stellung des Individuums soll sich diese Untersuchung auseinandersetzen. Dies erscheint, insbesondere angesichts der Tatsache, daß in jüngster Vergangenheit der Einfluß des Betriebsrats im Kündigungsbereich durch Neuregelungen erheblich erweitert wurde, auch besonders angezeigt.

II) Untersuchungsgegenstand und Überblick über die einschlägigen Beteiligungsregelungen

Diese Untersuchung kann und soll dabei indes nicht alle Arten der Beteiligung des Betriebsrats an Kündigungen erfassen. Der Untersuchungsgegenstand wird vielmehr, um den Umfang der Arbeit nicht ausufern zu lassen und vor allem auch die Problematik der Verbindung individual- und kollektivrechtlicher Kündigungsregelungen für vergleichbare Situationen zu bearbeiten, auf den „Normalfall" der Kündigung beschränkt. Das heißt, es findet hier nur eine Untersuchung der Beteiligungsregelungen für die Fälle statt, in denen der Arbeitgeber eine ordentliche Beendigungskündigung eines oder mehrerer „normaler" Arbeitnehmer in einem „normalen" privaten Betrieb ausspricht oder plant. Und auch insofern sollen grundsätzlich nur Beteiligungen am eigentlichen Kündigungsvorgang, im Vorfeld stattfindende Beteiligungen dagegen nur insoweit, als sie sich erheblich auf die Kündigung auswirken, berücksichtigt werden. Dementsprechend werden – und zwar mit den genannten Einschränkungen – § 102 BetrVG, §§ 1 und 3 KSchG sowie § 125 InsO Gegenstand der näheren Betrachtung sein[3].

Bevor diese nun aber im einzelnen erfolgt, ist es angebracht, zunächst kurz den für die Untersuchung wesentlichen Inhalt dieser hier einschlägigen Regelungen zur Kündigungsbeteiligung zu skizzieren.

1) Die Beteiligung des Betriebsrats im Anhörungsverfahren nach § 102 I – V BetrVG

Die zentrale Vorschrift zur Kündigungsbeteiligung des Betriebsrats ist § 102 BetrVG, nach dessen Abs. I S. 1 u. 2 der Betriebsrat *vor* jeder Kündigung unter Mitteilung der Gründe für die Kündigung *zu hören* ist. Für diese Mitteilung gilt, wenn auch die Einzelheiten umstritten sind, zumindest vom Grundsatz her, daß der Betriebsrat vom Arbeitgeber anhand einer Darlegung konkreter Tatsachen und nicht nur pauschaler Beschreibungen so über die maßgebenden Umstände der Kündigung zu informieren ist, daß er sich ohne weitere eigene Nachforschungen ein Bild vom Kündigungsfall machen kann, welches ihm eine Stel-

---

[3] D.h. ausgespart bleiben Fälle der außerordentlichen Kündigung, der Änderungskündigung, des Greifens von Sonderkündigungsschutz wie z.B. nach § 103 BetrVG, des Kündigungswunsches des Betriebsrats nach § 104 BetrVG oder von Kündigungen in Tendenzbetrieben. Die Untersuchung wird sich des weiteren auch nicht auf die §§ 92, 105 BetrVG oder § 17 KSchG erstrecken und es werden – abgesehen von § 102 VI BetrVG – auch keine Betriebsvereinbarungen betrachtet, die z.B. Unkündbarkeit oder bestimmte Kündigungserfordernisse festlegen. Berücksichtigung finden werden allerdings die §§ 95, 111ff BetrVG, sofern sie die Grundlage für die Regelungen des § 1 IV KSchG und § 125 InsO bilden.

lungnahme ermöglicht[4]. Das heißt, es sind genaue Angaben zur Person des zu kündigenden Arbeitnehmers, zur Art der Kündigung, zur Kündigungsfrist und zu den maßgeblichen Gründen des Einzelfalls, die den Arbeitgeber zum Ausspruch der Kündigung veranlaßt haben, zu machen. *Anhörung* bedeutet dabei zwar weniger als Beratung, aber auch mehr als nur diese reine Information, denn der Arbeitgeber hat eine ordnungsgemäße Stellungnahme des Betriebsrats zur Kenntnis zu nehmen, sie in seine Überlegungen einzubeziehen und zu erwägen[5].
Gewicht für die kündigungsrechtliche Stellung des Arbeitnehmers erlangt die vom Arbeitgeber durchzuführende Anhörung zunächst einmal dadurch, daß § 102 I 3 BetrVG die *Unwirksamkeit* einer *ohne Anhörung* ausgesprochenen Kündigung vorsieht. Da diese Sanktion über ihren Wortlaut hinaus auch bei *fehlerhaften* Anhörungen angewendet wird[6], ist eine vom Arbeitgeber fehlerfrei durchgeführte Anhörung Wirksamkeitsvoraussetzung einer Kündigung.

Kündigungsrechtliche Bedeutung kann aber vor allem auch die Reaktion des Betriebsrats haben. Dabei ist zu beachten, daß der Betriebsrat eben nicht nur das Recht, sondern auch die Pflicht hat, über seine Stellungnahme im Rahmen dieser Anhörung, für die das Gesetz vier verschiedene Möglichkeiten vorsieht, innerhalb einer einwöchigen Frist zu beraten und zu beschließen[7].
Entscheidet er sich dafür, der Kündigung ausdrücklich *zuzustimmen*[8], die *Zustimmungsfiktion* nach § 102 II S. 2 BetrVG durch Fristablauf eintreten zu lassen[9] oder nach § 102 II S. 1 BetrVG schriftlich *Bedenken*, also *alle* ihm wichtig erscheinenden Gründe gegen die Kündigung, mitzuteilen[10], so ist die

---

[4] Zu den Einzelheiten der Anforderung an eine ordnungsgemäße Anhörung, die zwar die Darlegung konkreter Tatsachen, aber im übrigen keine Beweise oder Vorlage von Unterlagen erfordert, s. z.B. Löwisch/Kaiser BetrVG § 102 Rn 7ff, F/K/H/E § 102 Rn 21ff und GK-BetrVG/Raab § 102 Rn 33ff oder auch Brox/Rüthers Rn 383 jeweils m.w.N. Ergänzt wird diese Information durch den Arbeitgeber dadurch, daß der Betriebsrat auch den Arbeitnehmer hören soll, soweit dies erforderlich erscheint, § 102 II S. 4 BetrVG.

[5] S. GK-BetrVG/Raab § 102 Rn 36 und Galperin/Löwisch § 102 Rn 40.

[6] S. dazu nur BAG, Urt. v. 16.9.93 – 2 AZR 267/93, NZA 1994, 311, GK-BetrVG/Raab § 102 Rn 74ff und Raab ZfA 1995, 520ff.

[7] S. dazu, daß also grundsätzlich eine Stellungnahme erfolgen *soll*, die der Arbeitgeber dann auch zur Kenntnis zu nehmen und zu erwägen hat, GK-BetrVG/Kraft § 102 Rn 85 (6.Auflage). Die Frist normiert § 102 II S. 1 BetrVG.

[8] Diese Möglichkeit folgt aus § 102 II S. 2 BetrVG. Für eine solche Erklärung ist keine Form vorgeschrieben und sie ist unwiderruflich.

[9] Zur systematischen Fragwürdigkeit dieser Bestimmung, da für eine solche Zustimmungsfiktion keine Rechtsfolgen vorgesehen sind, insbesondere ja auch eine Zustimmung des Betriebsrats für den Ausspruch der Kündigung gar nicht erforderlich ist, vgl. GK-BetrVG/Raab § 102 Rn 98.

[10] Im Unterschied zum förmlichen Widerspruch liegt keine Begrenzung auf Gründe vor, die wirksamkeitsrelevant für die Kündigung sind.
S. dazu nur HSG-Schlochauer § 102 Rn 70 und GK-BetrVG/Raab § 102 Rn 92; dort (Rn 97f)

Bedeutung gering. Denn er wählt Reaktionsmöglichkeiten, denen das Gesetz keine direkten Auswirkungen auf die kündigungsrechtliche Stellung des betroffenen Arbeitnehmers beimißt, sondern die lediglich den Abschluß des Anhörungsverfahrens ohne weitere Rechtsfolgen bewirken[11]. Er kann sich aber auch für die vierte Möglichkeit der Stellungnahme, nämlich gemäß § 102 III BetrVG *Widerspruch* einzulegen, entscheiden. Dies vermag zwar genauso wie bei den übrigen Reaktionsformen weder auf individual- noch auf kollektivrechtlicher Ebene die Entschließungsfreiheit des Arbeitgebers bezüglich des Ausspruches der Kündigung einzuschränken[12], aber das Gesetz versieht diese Reaktion ausdrücklich mit Auswirkungen auf die kündigungsrechtliche Situation des Arbeitnehmers.

Der Betriebsrat kann nach *§ 102 III BetrVG* widersprechen, wenn (1) der Arbeitgeber bei der Sozialauswahl soziale Belange nicht oder nicht ausreichend berücksichtigt, (2) ein Verstoß gegen eine Richtlinie nach § 95 BetrVG vorliegt oder (3-5) eine Weiterbeschäftigung auf einem anderen Arbeitsplatz im selben Betrieb oder in einem anderen Betrieb des Unternehmens in Betracht kommt bzw. sie nach zumutbaren Umschulungs- oder Fortbildungsmaßnahmen oder – bei Einverständnis des Arbeitnehmers – unter geänderten Vertragsbedingungen möglich ist. Ein Widerspruch in diesem Sinne ist ordnungsgemäß eingelegt, wenn Form und Frist eingehalten sind und das Vorliegen von mindestens einem der *abschließend* geregelten Widerspruchsgründe anhand konkreter Tatsachen des Einzelfalls begründet wird. Das lediglich formelhafte Behaupten des Vorliegens ist insoweit nicht ausreichend[13]. Ein ordnungsgemäßer Widerspruch hat

---

auch zu Form und Frist der Bedenkenäußerung.

[11] Anderes gilt nur im später näher zu erläuternden Falle einer Vereinbarung nach 102 VI BetrVG, nach der die Zustimmung des Betriebsrats zur Kündigungsvoraussetzung gemacht werden kann. Auch die Äußerung von Bedenken kann im normalen Anhörungsverfahren zunächst allenfalls dazu führen, daß der Arbeitgeber freiwillig von seiner Kündigung absieht. Ob durch diese Reaktionen vielleicht eine mittelbare Verbesserung der kündigungsrechtlichen Position des Arbeitnehmers eintritt, wird später zu untersuchen sein.

[12] Vgl. nur Richardi BetrVG § 102 Rn 189, GK-BetrVG/Kraft § 102 Rn 139 und Anton S. 21f.

[13] Zu diesen – obwohl in § 102 II, III nur z.T. eindeutig geregelten – anerkannten Anforderungen an einen ordnungsgemäßen Widerspruch, der im übrigen nicht das tatsächliche Vorliegen eines Widerspruchsgrunds voraussetzt, und insbesondere zur Begründungspflicht sowie zur Unterscheidung von den einfachen Bedenken vgl. z.B. BAG, Urt.v. 17.6.99, 2 AZR 608/98, AP Nr. 11 zu § 102 BetrVG 1972 Weiterbeschäftigung, GK-BetrVG/Raab § 102 Rn 97f, 107ff m.w.N., Löwisch/Kaiser BetrVG 102 Rn 40f und ErfK/Hanau/Kania § 102 BetrVG Rn 15.

S. zur Frage des abschließenden Charakters der in Abs. III aufgezählten Widerspruchsgründe ausführlich Heinze Rn 537ff m.w.N.; dort auch speziell zu der von Brox in Festschrift BAG S. 39ff mit durchaus beachtlichen Gründen vertretenen Gegenansicht. Vgl. dazu, daß sich auch durch die nach der Reform des BetrVG von 2001 über die §§ 80 Nr. 8 und 92a BetrVG dem Betriebsrat zugewiesene Beschäftigungsförderungs- und Beschäftigungssicherungsaufdann zunächst einmal zur Folge, daß nach *§ 102 IV BetrVG* der Arbeitgeber, sofern er sich trotz dieser Ablehnung der Kündigung durch den Betriebsrat doch für den Ausspruch der Kündigung entscheidet, verpflichtet ist[14], dem Arbeitnehmer mit der Kündigung eine Abschrift der Stellungnahme des Betriebsrats zur Information zuzuleiten[15]. Hinzu können aber, sofern sich der betroffene Arbeitnehmer für die Durchführung eines Kündigungsschutzprozesses entschei-det[16], noch weitere Auswirkungen des Widerspruchs kommen. So verpflichtet *§ 102 V BetrVG* den Arbeitgeber, dem Arbeitnehmer auf dessen Verlangen grundsätzlich bis zum rechtskräftigen Abschluß des Verfahrens das Entgelt weiterzubezahlen und ihn zu unveränderten Arbeitsbedingungen auch tatsächlich weiterzubeschäftigen[17]. Und nach *§ 1 II S. 2 u. 3 KSchG* werden einem Widerspruch, sofern er sich auf die Widerspruchsgründe des § 102 III Nr. 2-5 BetrVG stützt, offensichtlich auch Auswirkungen auf die gerichtliche Feststellung der Sozialwidrigkeit beigemessen. Auf diesen aufgrund des gesetzlichen Wortlauts problematischen Punkt wird sogleich zurückzukommen sein.

2) Die Vereinbarungsmöglichkeit eines Zustimmungserfordernisses nach § 102 VI BetrVG

Ein noch größeres Gewicht kann die Betriebsratsbeteiligung vor Ausspruch der Kündigung bekommen, wenn die Betriebspartner von ihrer Befugnis nach § 102 VI BetrVG Gebrauch machen. Durch eine freiwillige Betriebsvereinbarung können sie ein *Zustimmungserfordernis* des Betriebsrats zur Kündigung und damit ein Verfahren vereinbaren, mit dem die Entscheidung über die Zustimmung an die Stelle des eigentlichen Anhörungsverfahrens nach § 102 I-V

---

gabe keine neuen Widerspruchsgründe ergeben, Löwisch BB 2001, 1790.

[14] Eine Nichtbeachtung dieser im übrigen unabhängig vom Greifen des KSchG bestehenden Verpflichtung macht allerdings die Kündigung nicht unwirksam, sondern kann allenfalls eine Schadensersatzpflicht begründen. S. dazu Richardi BetrVG § 102 Rn 191 und GK-BetrVG/Raab § 102 Rn 140ff m.w.N.

[15] So kann er die Erfolgsaussichten in einem etwaigen Kündigungsschutzprozeß besser abschätzen und ggf. die Argumente des Betriebsrats vor Gericht „verwenden"; vgl. dazu GK-BetrVG/Kraft § 102 Rn 132 (6.Auflage). Zur anfangs geäußerten Kritik, dies sei keine Aufgabe für den BR als Wahrer kollektiver Interessen, vgl. Anton S. 22.

[16] Sofern er also Klage auf Feststellung, daß die Kündigung nach § 1 KSchG sozialwidrig ist, erhoben hat. Deswegen setzen die beiden im folgenden geschilderten Auswirkungen des Widerspruchs im Gegensatz zu § 102 IV BetrVG voraus, daß der Arbeitnehmer auch dem KSchG unterfällt. S. dazu Löwisch/Kaiser BetrVG § 102 Rn 49 und vgl. auch die ausführliche Darstellung zu den tatbestandlichen Voraussetzungen des § 102 V BetrVG bei Wolff S. 31ff.

[17] S. dazu nur BAG, Urt. v. 26.5.77 – 2 AZR 632/76, BB 1977, 1504 und Löwisch/Kaiser BetrVG § 102 Rn 51ff; dort – Rn 56ff – auch zur Möglichkeit der Entbindung des Arbeitgebers von der Pflicht nach Abs. V S. 2.

BetrVG und so vor allem auch des Widerspruchs mit seinen kündigungsschutzrechtlichen Folgen gesetzt wird[18]. Wurde diese Möglichkeit des § 102 VI BetrVG genutzt, dann ist auch die Ausgestaltung des Zustimmungsverfahrens, also die Bestimmung von Mitteilungspflichten und Fristen etc., grundsätzlich eine Frage des Inhalts der Vereinbarung. Fehlen solche Festlegungen findet § 102 I, II BetrVG weitgehend entsprechende Anwendung[19].

Bezüglich der Bedeutung des Zustimmungsverfahrens ist allerdings zu beachten, daß überwiegend angenommen wird, eine solche Vereinbarung nach § 102 VI BetrVG vermöge nur eine verfahrensmäßige Absicherung des herkömmlichen Kündigungsschutzes zu bewirken. Das bedeutet, daß wohl keine Ausweitung oder Einschränkung des materiellen Kündigungsschutzes über diese Vorschrift erreicht werden und so auch kein echtes Mitbestimmungsrecht bei der Ausübung des Kündigungsermessens entstehen kann[20]. Des weiteren wird im Falle einer Vereinbarung nach § 102 VI BetrVG auch überwiegend angenommen, daß die Möglichkeit für den Arbeitgeber vorgesehen sein muß, bei einer Zustimmungsverweigerung des Betriebsrats eine Entscheidung der Einigungsstelle bzw. des Arbeitsgerichts hierüber herbeizuführen[21].

3) Die Beteiligung des Betriebsrats nach § 3 KSchG

Im Gegensatz zu § 102 BetrVG sieht § 3 KSchG dagegen eine *fakultative* Beteiligung des Betriebsrats *nach* Ausspruch der Kündigung vor. Diese heute praktisch eher unbedeutende[22] Regelung ermöglicht es dem Arbeitnehmer, wenn er die Kündigung für sozial ungerechtfertigt hält, innerhalb einer Woche Einspruch beim Betriebsrat einzulegen. Der Betriebsrat hat sich dann mit diesem zu befassen und zu ihm Stellung zu nehmen, wobei die Stellungnahme mit einer Begründung zu versehen und Arbeitnehmer sowie Arbeitgeber auf Verlangen

---

[18] S. Löwisch/Kaiser BetrVG § 102 Rn 65ff und GK-BetrVG/Raab § 102 Rn 194ff m.w.N. Anders hinsichtlich der Weiterbeschäftigungspflicht DKK-Kittner § 102 Rn 313.

[19] Nicht entsprechend anzuwenden ist allerdings die Zustimmungsfiktion. Vgl. insgesamt GK-BetrVG/Raab § 102 Rn 201.

[20] Dazu später mehr. S. zunächst nur Löwisch/Kaiser BetrVG § 102 Rn 65f – dort auch Hinweis auf weitere Möglichkeiten nach § 88 BetrVG, Regelungen zu treffen – und GK-BetrVG/Raab § 102 Rn 198, 205ff m.w.N. Anders bezüglich des Bestehens eines echten Mitbestimmungsrechts wohl DKK-Kittner § 102 Rn 310 sowie Rieble AuR 1993, 41ff.

[21] HSG-Schlochauer § 102 Rn 200 und GK-BetrVG/Raab § 102 Rn 205 jeweils m.w.N. Anders Richardi BetrVG § 102 Rn 292f.

[22] S. zur geringen Bedeutung dieser trotz des umfangreichen Beteiligungsverfahrens nach § 102 BetrVG und der sofortigen Klagemöglichkeit des Arbeitnehmers beibehaltenen Beteiligungsmöglichkeit nach § 3 KSchG Löwisch KSchG § 3 Rn 1, HK-KSchG/Hauck § 3 Rn 3ff.

schriftlich mitzuteilen ist[23]. Kommt der Betriebsrat bei seiner Prüfung zu dem Ergebnis, daß der Einspruch begründet ist, so hat er auch als Vermittlungsinstanz zu versuchen, eine Verständigung mit dem Arbeitgeber herbeizuführen[24].

Ansonsten sieht § 3 KSchG, ganz unabhängig vom Ergebnis der Einspruchsprüfung, keine unmittelbaren Auswirkungen auf die kündigungsrechtliche Stellung des Arbeitnehmers vor. Es kommt allenfalls noch ein mittelbarer Einfluß auf den Kündigungsschutzprozeß in Betracht, da das Gesetz gemäß § 4 S. 3 KSchG dem Arbeitnehmer aufträgt, seiner Klage gegen die Kündigung eine gegebenenfalls nach § 3 KSchG ergangene Stellungnahme des Betriebsrats beizufügen[25].

4) Die Beteiligung des Betriebsrats an Auswahlrichtlinien für Kündigungen und ihre kündigungsrechtlichen Folgen nach § 1 IV KSchG

Des weiteren ist in diesem Überblick auch die der Beteiligung des Betriebsrats an der Erstellung von Auswahlrichtlinien für Kündigungen nach § 1 IV KSchG zukommende Rolle anzusprechen. So besteht über Auswahlrichtlinien eine gewisse Möglichkeit zur Festlegung von Verfahrensregelungen und materiellen Bestimmungen für die Auswahl zu Kündigender. Die Richtlinien setzen aber in Betrieben mit Betriebsrat nach § 95 BetrVG grundsätzlich[26] eine Einigung der Betriebsparteien – Abs. I schreibt die Zustimmung des Betriebsrats vor und Abs. II gibt ihm in Betrieben mit mehr als 500 Arbeitnehmern diesbezüglich sogar ein Initiativrecht – voraus. Auf diese Weise kommt dem Betriebsrat zumindest nicht unerheblicher Einfluß auf die Grundsätze zu, wie in dem Fall, daß für eine oder mehrere Kündigungen mehr Arbeitnehmer in Betracht kommen als letztlich zu kündigen sind, auszuwählen ist[27].

---

[23] Zur Begründung der Stellungnahme des Betriebsrats s. Löwisch KSchG § 3 Rn 5 und HK-KSchG/Hauck § 3 Rn 30.
Die Frist für den formlos möglichen und nicht begründungspflichtigen, allerdings bloß im Geltungsbereich des KSchG möglichen Einspruch ist dabei keine Ausschlußfrist für die Tätigkeit des Betriebsrats, vgl. HK-KSchG/Hauck § 3 Rn 19f.

[24] Vgl. dazu und zu möglichen Ergebnissen der Vermittlung Löwisch KSchG § 3 Rn 6 und HK-KSchG/Hauck § 3 Rn 26ff; bei letzterem auch dazu, daß eine Vermittlungstätigkeit wohl nicht erzwingbar ist und bei Untätigkeit auch keine Schadensersatzpflicht entstehen kann (Rn 12f).

[25] So kommt durchaus eine Bedeutung im Rahmen der Beweiswürdigung in Betracht. S. dazu zunächst nur HK-KSchG/Hauck § 3 Rn 32.

[26] Es ist auch möglich, eine die Einigung ersetzende Entscheidung der Einigungsstelle herbeizuführen. Vgl. § 95 I S. 2 u. 3, II S. 2 u. 3 BetrVG.

[27] Vgl. zum Begriff der Auswahlrichtlinie GK-BetrVG/Kraft § 95 Rn 2 m.w.N.

Es handelt sich demnach bei der Beteiligung an Kündigungsrichtlinien[28] zwar nicht um eine Beteiligung am eigentlichen Kündigungsvorgang, wie dies bei den zuvor umrissenen Kündigungsbeteiligungen *„im engeren Sinne"* der Fall ist, sondern hier liegt vielmehr eine Mitwirkung an der im Vorfeld der eigentlichen Kündigungsvorgänge erfolgenden Aufstellung *abstrakt-genereller* Regeln vor[29]. Dennoch ist auch diese Beteiligung wegen ihrer Auswirkungen auf den Kündigungsvorgang und die kündigungsrechtliche Stellung des betroffenen Individuums für diese Untersuchung von besonderer Bedeutung und damit in die Betrachtung einzubeziehen.

Denn zum einen hat *jede* Kündigungsrichtlinie nach § 95 BetrVG zunächst einmal zur Folge, daß bei einer gegen sie verstoßenden Kündigung dem Betriebsrat ein Widerspruchsrecht mit den oben geschilderten Folgen zusteht[30]. Zum anderen bestimmt aber vor allem auch *§ 1 IV KSchG* für den Fall, daß *qualifizierte* Auswahlrichtlinien für Kündigungen vorliegen, also z.B. „... in einer Betriebsvereinbarung nach § 95 des Betriebsverfassungsgesetzes ... festgelegt (ist), welche sozialen Gesichtpunkte nach (§ 1) Absatz 3 Satz 1 (KSchG) zu berücksichtigen sind und wie diese Gesichtspunkte im Verhältnis zueinander zu bewerten sind, ... die soziale Auswahl der Arbeitnehmer nur auf grobe Fehlerhaftigkeit überprüft werden" kann[31].

Diese zuletzt genannte Anordnung einer eingeschränkten gerichtlichen Überprüfbarkeit ist zwar in ihren Voraussetzungen und ihren genauen Folgen noch äußerst umstritten[32]. Gerade durch sie wirken sich entsprechende Beteiligungen des Betriebsrats aber offenbar sehr erheblich und anscheinend auch in untypischer Wirkungsrichtung auf die kündigungsrechtliche Stellung des einzelnen Arbeitnehmers aus. Denn einig ist man sich zumindest darüber, daß sich Arbeitnehmer bei Anwendbarkeit des § 1 IV KSchG nicht mehr in dem sonst möglichen Maße vor Gericht auf bisher anerkannte Grundsätze zur Durchführung der Sozialauswahl berufen können.

---

[28] Soweit hier und im folgenden von „Kündigungsrichtlinien" oder schlicht von „Auswahlrichtlinien" die Rede ist, so sind von den nach § 95 BetrVG möglichen Richtlinien ausschließlich die hier allein interessierenden Auswahlrichtlinien *für Kündigungen* gemeint.

[29] S. Löwisch/Kaiser BetrVG § 95 Rn 2.

[30] § 102 III Nr. 2 BetrVG.

[31] Von *qualifizierten* Auswahlrichtlinien kann insofern gesprochen werden, als § 1 IV KSchG einen bestimmten Mindestregelungsinhalt vorschreibt und für den Fall der hier allein interessierenden Auswahlrichtlinie nach § 95 BetrVG auch die Form einer Betriebsvereinbarung verlangt, also demnach die bei § 95 BetrVG an sich auch genügende Regelungsabrede nicht ausreicht. S. HK-KSchG/Dorndorf § 1 Rn 1126a m.w.N., APS/Kiel § 1 KSchG Rn 758, Preis RdA 1999, 320. Anders GK-BetrVG/Kraft § 95 Rn 39.

[32] Auf die umstrittenen Einzelheiten der Auslegung dieser Bestimmung, zu denen insbesondere auch das Verständnis des Begriffs „soziale Auswahl" und damit die Frage gehört, wie weit sich die Einschränkung der gerichtlichen Überprüfbarkeit erstreckt, wird später noch ausführlich einzugehen sein.

5) Die Beteiligung des Betriebsrats an Interessenausgleichen mit Namenslisten zu kündigender Arbeitnehmer nach § 125 InsO

Eine weitere für die kündigungsrechtliche Stellung des Arbeitnehmers sehr bedeutsame Beteiligung des Betriebsrats ist dessen Mitwirkung an der Erstellung von Namenslisten zu kündigender Arbeitnehmer im Rahmen von Interessenausgleichen. Handelt es sich bei ihr zwar wieder nicht um eine Kündigungsbeteiligung *„im engeren Sinne"*, sondern um eine *Vorfeldbeteiligung*[33], so ist sie dennoch für diese Untersuchung von besonderer Bedeutung. Denn solche in einem Interessenausgleich mit dem Betriebsrat erstellten Namenslisten sind zwar nicht mehr generell mit besonderen und erheblichen Auswirkungen auf die kündigungsrechtliche Situation der einzelnen Betroffenen versehen, wie dies noch nach § 1 V KSchG a.F. der Fall war. Sie haben solche Wirkungen aber im Fall der Insolvenz.

So besteht in der Insolvenz mit dem an die §§ 111, 112 BetrVG anknüpfenden § 125 InsO eine Sonderregelung. Nach ihr können Insolvenzverwalter und Betriebsrat bei eröffnetem Insolvenzverfahren und geplanter Betriebsänderung[34] einen „besondere(n) Interessenausgleich"[35] vereinbaren, in dem die zu kündigenden Arbeitnehmer namentlich bezeichnet werden. Dadurch wird es ermöglicht, zu einer vom Gesetzgeber beabsichtigten, in den Einzelheiten allerdings noch äußerst umstrittenen Verkürzung des Kündigungsschutzes Betroffener durch modifizierte Anwendung des § 1 KSchG zu gelangen[36].
Aufgrund einer solchen Namensliste wird zum einen vermutet, daß die Kündigung der bezeichneten Arbeitnehmer durch dringende betriebliche Gründe, die einer Weiterbeschäftigung in dem Betrieb oder zu unveränderten Arbeitsbedingungen entgegenstehen, bedingt ist[37]. Zum anderen wird die gerichtliche Überprüfung dergestalt eingeschränkt, daß die soziale Auswahl nur hinsichtlich der Dauer der Betriebszugehörigkeit, des Lebensalters und der Unterhaltspflichten und auch insoweit nur auf grobe Fehlerhaftigkeit nachgeprüft werden kann – wobei grobe Fehlerhaftigkeit nicht anzunehmen ist, wenn eine ausgewogene Personalstruktur erhalten oder geschaffen wird[38].

---

[33] Vgl. dazu schon o. S. 8f.

[34] Ob eine Betriebsänderung vorliegt, folgt aus § 111 BetrVG, woraus sich auch die für die Anwendung des § 125 InsO erforderliche Mindestunternehmensgröße von mehr als 20 Arbeitnehmern ergibt. Vgl. dazu FK-InsO/Eisenbeis § 125 Rn 2.

[35] S. zum Begriff FK-InsO/Eisenbeis § 125 Rn 1 m.w.N. Kritisch zu dieser Bezeichnung Hohenstatt NZA 1998, 853.

[36] Vgl. für einen Überblick zu den umstrittenen und später noch ausführlich zu behandelnden Voraussetzungen und Folgen einer entsprechenden Namensliste zunächst nur FK-InsO/Eisenbeis § 125 Rn 1 ff und Caspers Rn 164ff.

[37] § 125 I S. 1 Nr. 1 InsO.

[38] § 125 I S. 1 Nr. 2 InsO.

III) Die Problematik kündigungsschutzrechtlicher Auswirkungen der Betriebsratsbeteiligungen und die Notwendigkeit genauer Funktionsbestimmungen

Die obige Übersicht zeigt, daß die dem Betriebsverfassungsgesetz von 1952 noch zugrunde liegende strikte Trennung zwischen Kollektivrecht und individualrechtlichem Kündigungsschutz nicht mehr gegeben ist, sondern statt dessen vielfältige Verknüpfungen zwischen beiden Bereichen entstanden sind. Bestehen auch sicher keine Bedenken dagegen, überhaupt kollektivrechtliche Elemente in den Kündigungsschutz einzufügen[39], so ergeben sich aber dennoch Grenzen aus den damit verbundenen Folgen für die Reichweite entsprechender Elemente des Kündigungsschutzes.

1) Das Beispiel des Wortlauts von § 1 II S. 2 u. 3 KSchG

Ein besonders illustrativer Beispielsfall hierfür ist die Regelung der § 1 II S. 2 u. 3 KSchG[40]. Nach ihrem Wortlaut ist an sich davon auszugehen, daß einige vor ihrer Einführung als herkömmliche Sozialwidrigkeitsgründe anerkannte Umstände bzw. einige neu eingeführte Sozialwidrigkeitsgründe[41] die Sozialwidrigkeit einer Kündigung nur herbeizuführen vermögen, wenn als zusätzliche Voraussetzung ein entsprechender Widerspruch nach § 102 III BetrVG vorliegt. Insofern scheint der Satz 2 des § 1 II KSchG gegenüber dessen Satz 1 eine kollektivrechtliche Spezialregelung für bestimmte Sozialwidrigkeitsgründe zu sein.

Diese „Wortlautauslegung" wurde, da sie die Grundproblematik des Zusammenspiels von Kollektivrecht und individualrechtlichem Kündigungsschutz, nämlich die Folgen eines an individual- und kollektivrechtlichen Aspekten orientierten und damit an „zwei Ebenen" anknüpfenden Kündigungsschutzes, besonders deutlich aufzeigt, von Anfang an als verfehlt erkannt und korrigiert[42]. Denn nach dem Wortlaut des § 1 II S. 2 u. 3 KSchG wäre die Anwendbarkeit bestimmter Punkte des Kündigungsschutzes davon abhängig, daß zum einen ein *Betriebsrat besteht* und dieser zum anderen auch eine *bestimmte Reaktion* zeigt. Das warf

---

[39] S. Richardi NZA 1999, 618.

[40] Die Regelung des § 1 II S. 2 u. 3 KSchG wurde 1972 durch § 123 BetrVG in das KSchG eingefügt.

[41] „Neue" Sozialwidrigkeitsgründe waren die Weiterbeschäftigungsmöglichkeit im Unternehmen und der Verstoß gegen eine Richtlinie nach § 95 BetrVG. S. dazu z.B. Blomeyer in Gedächtnisschrift Dietz S. 152 und Löwisch DB 1975, 350f.

[42] S. dazu nur BAG, Urt. v. 13.9.73 – 2 AZR 601/72, DB 1973, 2534, Löwisch DB 1975, 349ff und Anton S. 22ff.

natürlich die Frage auf, ob es für die Beurteilung einer Kündigung eines Arbeitnehmers in einem betriebsratslosen Betrieb im Gegensatz zur Situation für Betriebe mit Betriebsrat wirklich ohne Belang sein soll, daß der Betroffene auf einem anderen Arbeitsplatz in demselben oder in einem anderen Betrieb des Unternehmens weiterbeschäftigt werden könnte, die Weiterbeschäftigung nach zumutbaren Umschulungs- oder Fortbildungsmaßnahmen bzw. zu geänderten Arbeitsbedingungen, mit denen der Gekündigte einverstanden ist, möglich wäre oder die Kündigung gegen eine Richtlinie nach § 95 BetrVG verstößt. Des weiteren, ob die genannten Gründe bei einem gekündigten Arbeitnehmer einfach deswegen nicht in Betracht kommen sollten, weil ein Betriebsrat zwar besteht, dieser aber – aus welchen Gründen auch immer – keinen Widerspruch äußert[43]. Da diese Verschlechterung des Kündigungsschutzes[44] für die Arbeitnehmer im Falle einer Wortlautauslegung bei § 1 II S. 2 u. 3 KSchG so deutlich wahrnehmbar drohte, folgt man diesem Wortlaut nicht, sondern legt die Vorschrift schon immer korrigierend aus. Denn ohne die Korrektur wäre sie mit der Zielrichtung der Gesetzesänderung von 1972, die eine den Schutz des einzelnen Arbeitnehmers einschränkende Wirkung nicht haben, sondern vielmehr statt eines „Rückschritts" eine Verbesserung des Schutzes bewirken sollte[45], unvereinbar[46].

Der Wortlaut des § 1 II S. 2 u. 3 KSchG ist aber nur ein besonders illustratives Beispiel für die generelle Problematik. Der obige Überblick über die für die Untersuchung einschlägigen Normen der Kündigungsbeteiligung macht aufgrund der vielfältigen Auswirkungen auf das Kündigungsrecht deutlich, daß wegen dieser vielen Verbindungen kollektiv- und individualrechtlicher Kündigungsschutzregeln die Problematik nicht nur auf diesen einen Fall beschränkt ist. Sie betrifft vielmehr grundsätzlich – wenn auch in unterschiedlichen Graden und Wirkungsrichtungen[47] – ebenso die anderen hier zu untersuchenden Regelungen. Auch durch diese werden kündigungsrechtliche Positionen auf „zwei Ebenen" angesiedelt, so daß bezüglich der Geltung bzw. des Umfangs einzelner Elemente des Kündigungsschutzes nach den Kriterien *Bestehen eines Betriebsrats* und gegebenenfalls *Vorliegen einer bestimmten Betriebsratsreaktion* differenziert wird[48]. Insofern muß hier kurz allgemein darauf eingegangen

---

[43] Vgl. zu diesen schon seit Schaffung der Normen erkannten „Gefahren" insgesamt Anton S. 23 und auch die weiteren Nenn. in Fn 42.

[44] Bzw. eine derart eingeschränkte Bedeutung der „neuen" Sozialwidrigkeitsgründe.

[45] Vgl. zu der durch die Einführung der Widerspruchsmöglichkeit beabsichtigten Verbesserung des Kündigungsschutzes den Regierungsentwurf zum BetrVG, BT-Drucks. VI/1786, S. 52, sowie den entsprechenden Ausschußbericht, BT-Drucks. VI/2729, S. 7.

[46] S. nur Nenn o. Fn 42.

[47] Gerade § 1 IV KSchG und § 125 InsO bringen im Vergleich zu den Wirkungen der Beteiligung im Verfahren nach § 102 BetrVG offenbar eine ganz neue Qualität kündigungsrechtlicher Bedeutung der Betriebsratsbeteiligung.

[48] Neben den neuen Regelungen des § 1 IV KSchG und § 125 InsO wird das v.a. auch an der

werden, welche Folgen eine Abhängigkeit kündigungsrechtlicher Aspekte von diesen beiden Kriterien hat.

2) Die Abhängigkeit vom Bestehen eines Betriebsrats

So bewirkt zunächst einmal das Kriterium des *Bestehens eines Betriebsrats* eine generelle und erhebliche Einschränkung des tatsächlichen Anwendungsbereichs entsprechender kündigungsrechtlicher Regelungen gegenüber der herkömmlichen Reichweite des KSchG[49]. Die entscheidende Rolle spielt dabei nicht etwa der Unterschied zwischen den für die Anwendung von BetrVG und KSchG vorausgesetzten und in letzter Zeit immer wieder in die Diskussion geratenen Mindestbetriebsgrößen; dieser ist mit mindestens fünf bzw. 5,5 beschäftigten Arbeitnehmern eher vernachlässigbar[50]. Die bedeutenden Unterschiede ergeben sich vielmehr aus der Tatsache, daß der Kündigungsschutz des KSchG ab der genannten Mindestgröße automatisch greift, während die Regelung der Betriebsratsfähigkeit nur eine Möglichkeit eröffnet, nach der es den Arbeitnehmern – in der Hand eines einzelnen Arbeitnehmers liegt es grundsätzlich nicht[51] – überlassen bleibt, ob sie wirklich einen Betriebsrat bilden.

Dieser Unterschied erzeugt erhebliche Auswirkungen auf die tatsächliche Reichweite der Gesetze: So sind nur in etwa 10% der Arbeitnehmer und Angestellten in schon allein aufgrund ihrer Größe nicht in den Geltungsbereich des

---

Weiterbeschäftigungspflicht nach § 102 V BetrVG als Folge des Widerspruchs deutlich. Gerade für den Weiterbeschäftigungsanspruch gibt es kein wirklich gleichwertiges Äquivalent, das vom Betriebsrat unabhängig ist.

Zu nennen sind des weiteren noch die kündigungsrechtlichen Wirkungen nach § 102 I S. 3, IV und VI BetrVG. Und erwähnenswert ist, wenn deren kündigungsrechtliche Folgen auch eher als zurückhaltend zu bewerten sind, auch noch die Regelung des § 3 KSchG, die mit ihrer Verpflichtung, ggf. einen Verständigungsversuch durchzuführen, bzw., wie § 4 S. 3 KSchG verdeutlicht, der Möglichkeit, gewissen mittelbaren Einfluß auf den Kündigungsschutzprozeß zu nehmen, auch gewisse Beeinflussungen der individualrechtlichen Situation bewirkt.

[49] Zu diesem Nachteil schon Löwisch DB 1975, 350.

[50] Vgl. § 1 BetrVG und § 23 I 2 KSchG, dessen Vorgaben sich aber aufgrund des Strebens nach für die Beschäftigungsförderung bzw. den Arbeitnehmerschutz „idealen" Mindestbetriebsgrößen in letzter Zeit als recht schnellebig erweisen. Auch die unterschiedlichen Berechnungsmethoden der Gesetze bezüglich Teilzeitbeschäftigter dürften dabei aber letztlich nicht den entscheidenden Grund für ihre unterschiedliche Anwendungsreichweite bilden.

Vgl. speziell dazu, daß auch nach der Reform des BetrVG – BGBl. 2001 I, S. 1852ff – und der Einführung des neuen § 7 II BetrVG wahlberechtigte Leiharbeitnehmer nicht bei der für die Betriebsratsbildung erforderlichen Zahl der wahlberechtigten Arbeitnehmer nach § 1 BetrVG mitzurechnen sind, Löwisch BB 2001, 1737.

[51] Vgl. § 17 BetrVG.

KSchG fallenden, d.h. lediglich bis zu fünf Arbeitnehmern umfassenden Betrieben beschäftigt[52]. Der weit überwiegende Rest arbeitet also in Betrieben, die zumindest ihrer Größe nach die Voraussetzungen für die Anwendung des KSchG erfüllen. Dies ermöglicht, wenn natürlich auch weitere Voraussetzungen für die Anwendung des KSchG zu berücksichtigen sind und die zuvor genannten Zahlen auch nur einen groben Ausgangswert für eine Schätzung darstellen, zumindest einen gewissen Anhaltspunkt für die relativ große Zahl der nach dem KSchG geschützten Arbeitnehmer[53]. Dagegen dürfte im Bereich des privaten Wirtschaftssektors die Quote der Arbeitnehmer, denen auch vom Betriebsrat abhängige Elemente des Kündigungsschutzes zukommen können, weil sie in Betrieben mit Betriebsrat beschäftigt sind, nur etwa 40 % betragen[54]. So kann wohl davon ausgegangen werden, daß zwar in mehr als 90 % der Großbetriebe, die mehrere hundert Arbeitnehmer beschäftigen, Betriebsräte bestehen, aber in Kleinbetrieben mit 5 - 20 Arbeitnehmern diese Quote deutlich weniger als 20 % beträgt[55].

Es besteht also eine erhebliche Diskrepanz und sie wird umso größer, je kleiner der Betrieb ist. Ab einer Betriebsgröße von 5,5 Arbeitnehmern greift zwar weitgehend das KSchG und damit können fast alle Arbeitnehmer im Bereich dieser Kleinbetriebe auf den allein an dieses Gesetz anknüpfenden Schutz bauen, aber betriebsratsabhängiger Kündigungsschutz wird hier nur einer sehr kleinen Minderheit gewährt.

---

[52] Nach Auskunft des Statistischen Bundesamts betrug die Zahl der Arbeiter und Angestellten zum Zeitpunkt Mai 2000 ca. 28 Mio., wovon ca. 2,9 Mio. in Betrieben mit bis zu fünf Beschäftigten tätig waren.

[53] Nach v.Hoyningen-Huene/Linck KSchG § 23 Rn 19 beträgt die Zahl der nicht unter den Geltungsbereich des KSchG fallenden Arbeitnehmer nur etwa 2 Millionen.

[54] So werden bezüglich der Quote der Arbeitnehmer, die in einem Betrieb mit Betriebsrat beschäftigt sind, mittlerweile sogar Werte von 35% geschätzt (FAZ v. 8.6.2000). Nach dem Bericht der Kommission Mitbestimmung (Bertelsmann-Stiftung/Hans-Böckler-Stiftung), S. 50f, ist von 39,5% auszugehen; unter Bezugnahme hierauf auch Reichold NZA 1999, 561f. Mögen diese Werte auch von unterschiedlichen Berechnungsmethoden abhängig sein – vgl. dazu auch Reichold a.a.O. – so dürften sie dennoch zuverlässig die ungefähre Größenordnung angeben. Damit erweisen sich frühere Annahmen, insbesondere auch des Bundesministeriums für Arbeit und Sozialordnung, die noch von 70% Vertretungsquote ausgingen, als überholt. Vgl. aber auch Däubler Arbeitsrecht I Rn 762, der derzeit noch 65,6% annimmt.

[55] Diese Quoten stehen zumindest zu vermuten, wenn man die diesbezüglich bislang ermittelten Zahlen vergleicht. So wird im Bericht der Kommission Mitbestimmung (Bertelsmann-Stiftung/Hans-Böckler-Stiftung), S. 50 festgestellt, daß in Betrieben mit 5-10 Arbeitnehmern nur in 1% der Fälle ein Betriebsrat besteht, bei mehr als 50 Arbeitnehmern die Quote 67,7% erreicht und bei 250 und mehr Arbeitnehmern in 98,3% der Betriebe ein Betriebsrat besteht. S. des weiteren die – allerdings etwas älteren – Zahlen bei Falke/Höland/Rhode/Zimmermann S. 46ff sowie die Angaben bei Reichold NZA 1999, 562 – dessen Werte sich allerdings auf eine kollektive Doppelvertretung durch Betriebsrat und Koalition beziehen.

Damit wohnt der Schaffung kollektivrechtlicher Elemente des Kündigungsschutzes, für die der Wortlaut des § 1 II S. 2 u. 3 KSchG, wie dargelegt, nur ein Beispiel ist, schon allein durch das vorausgesetzte *Bestehen eines Betriebsrats* und der damit verbundenen Folge stark divergierender Anwendungsbereiche für kündigungsrechtliche Regelungen immer die Gefahr der Bildung eines Zwei-Klassen-Kündigungsschutzes inne.

3) Die Abhängigkeit von einem bestimmten Verhalten des Betriebsrats

Des weiteren rufen kollektivrechtliche Kündigungsbestimmungen in der Regel auch eine Abhängigkeit von einer bestimmten *Reaktion des Betriebsrats*, also einer Entscheidung etwas zu tun oder zu unterlassen, hervor[56].
So setzt die als Einführungsbeispiel gewählte Norm des § 1 II S. 2 u. 3 KSchG einen Widerspruch des Betriebsrats nach § 102 III Nr. 2-5 BetrVG voraus. Hierbei ist zu beachten, daß der Betriebsrat widersprechen „kann" und damit also kein ohne Spielraum ablaufender, sozusagen automatisierter Entscheidungsvorgang gegeben ist, sondern es vielmehr im Ermessen des Betriebsrats steht, ob er wirklich widerspricht. Dementsprechend gewährt die überwiegende Meinung dem Arbeitnehmer auch dann keine Möglichkeit, gerichtlich einen Widerspruch des Betriebsrats zu erzwingen, wenn ein Widerspruchsgrund eindeutig vorliegt[57].
Die Widerspruchs*möglichkeit* spiegelt dabei letztlich nur besonders deutlich die Grundprobleme der Abhängigkeit kündigungsrechtlicher Aspekte von einem bestimmten Betriebsratsverhalten wider, die entsprechend auch bei anderen kollektivrechtlichen Kündigungsregelungen bestehen. Das Problem liegt jeweils darin begründet, daß sich die vom Betriebsrat verfolgten Interessen mitunter doch deutlich von denen des gekündigten Arbeitnehmers unterscheiden können, was nicht nur ein rein tatsächliches Phänomen darstellt, sondern eben gerade auch in der grundsätzlich verschiedenen Ausrichtung von BetrVG und KSchG angelegt ist[58]:

---

[56] Auch hierzu schon BAG, Urt. v. 13.9.73 – 2 AZR 601/72, DB 1973, 2534 und unter Berufung hierauf Löwisch DB 1975, 350.

[57] Vgl. zum Fehlen eines entsprechenden einklagbaren Anspruchs gegen den Betriebsrat F/K/H/E § 102 Rn 71, DKK-Kittner § 102 Rn 150 und KR-Etzel § 102 BetrVG Rn 121. Dazu auch schon Anton S. 23.

[58] Vgl. zu diesem Interessenkonflikt Blomeyer in Gedächtnisschrift Dietz, der ihn als institutionell bedingt ansieht und diesbezüglich auch auf die „heutigen Betriebsgrößen" hinweist. Vgl. auch Falke/Höland/Rhode/Zimmermann S. 118ff und 188ff zum zahlenmäßigen Verhältnis der vom Betriebsrat im Anhörungsverfahren ausgesprochenen Stellungnahmen, das v.a. auch einen sehr hohen Anteil der Zustimmung bzw. Zustimmungsfiktion erkennen läßt, sowie zu der Unzufriedenheit von 60% der Arbeitnehmer mit dem Verhalten des Betriebsrats in der Kündigungsbeteiligung.

Während das KSchG gezielt auf den Schutz der Individualinteressen ausgerichtet ist, macht schon § 2 I BetrVG deutlich, daß in der Betriebsverfassung der Schutz des Individuums höchstens ein – wenn auch wichtiger – Teilzweck sein kann, da vor allem auch die Interessen der kollektiven Arbeitnehmerschaft und des Betriebs vom Betriebsrat zu berücksichtigen sind[59]. Gerade die Entscheidungen des Betriebsrats im Zusammenhang mit Kündigungen bergen aufgrund dieser Mischung der unterschiedlichen Regelungen und der Tatsache, daß die Interessen der Arbeitnehmerschaft durchaus denen des Individuums entgegenstehen können, Konfliktpotential, das dann insbesondere in Sonderkonstellationen – wie z.B. der Insolvenz – noch erheblich zunehmen kann[60]. In diesem Zusammenhang erscheinen auch neuere Entwicklungen durch die Reform des Betriebsverfassungsrechts durchaus bedenklich: Die mitunter ermöglichte Ersetzung der bislang vorgegebenen Vertretungsstruktur durch auf anderer bzw. höherer Ebene angesiedelte Betriebsräte[61] könnte durchaus einen Beitrag zur weiteren „Entfernung“ des Betriebsrats von den einzelnen Arbeitnehmern und damit zur Steigerung der Gefahr von Interessenkonflikten leisten.

Zu diesen angelegten Interessenkonflikten kommt hinzu, daß dem einzelnen Arbeitnehmer vor den entsprechenden Entscheidungen des Betriebsrats in der Regel gar kein Gehör gewährt werden muß, also über seinen Kopf hinweg entschieden wird bzw. werden kann[62]. Des weiteren fehlt es auch schlicht an Möglichkeiten des Arbeitnehmers, die entsprechende Entscheidung des Betriebsrats über seine Reaktion gegebenenfalls einer effektiven gerichtlichen Kontrolle unterwerfen zu können[63].

Diese Probleme der Abhängigkeit kündigungsrechtlicher Aspekte von bestimmten *Reaktionen des Betriebsrats* machen deutlich, daß zur zuvor genannten strukturellen noch eine vom Betriebsratsverhalten abhängige Differenzierung in der Anwendung bestimmter Kündigungsschutzelemente hinzukommt. Gerade hinsichtlich der Gewähr für die Sachgerechtigkeit bietet diese weitere Differenzierung ein in gewissem Maße fragwürdiges Kriterium. Denn es ist durchaus

---

[59] Vgl. Blomeyer Gedächtnisschrift Dietz S. 157f.

[60] Speziell für den Insolvenzfall und damit die § 125 InsO zugrundeliegende Situation weist Kocher BB 1998, 218f auf entsprechende Gefahren hin.

[61] Vgl. zu den Möglichkeiten, vom Normalbild abweichende und dieses ersetzende Vertretungsformen zu bilden, Löwisch BB 2001, 1735.

[62] So sieht § 102 II S. 4 BetrVG nur vor, daß der betroffene Arbeitnehmer vorher gehört werden *soll*, bei den mit erheblichen kündigungsrechtlichen Auswirkungen versehenen Regelungen des § 1 IV KSchG und § 125 InsO fehlt eine entsprechende Anordnung, den Arbeitnehmer zu hören, ganz; speziell zur entsprechenden Problematik im Fall der letztgenannten Normen auch Kocher BB 1998, 218.

[63] Vgl. z.B. zum Widerspruch schon o. S. 15. Aber auch hinsichtlich der Beteiligungen nach § 1 IV KSchG und 125 InsO erscheint diesbezüglich eine effektive Kontrolle kaum gegeben.

denkbar, daß die entsprechenden Entscheidungen des Betriebsrats, ein kündigungsrechtlich relevantes Verhalten vorzunehmen oder nicht, ohne die nötige Neutralität, Sachgerechtigkeit oder aber ohne ansprechende Berücksichtigung der Interessen des Individuums bzw. sogar aufgrund von Willkür getroffen werden.
Insgesamt zeigt sich also deutlich, daß durch das Einbringen kollektivrechtlicher Elemente in den Kündigungsschutz und die damit verbundenen Abhängigkeiten vom *Bestehen* und den *Reaktionen* eines Betriebsrats, ein bedenkliches „Spannungsverhältnis“[64] entsteht. Aufgrund zunehmender kollektivrechtlicher Einflüsse kann vielleicht sogar von einer „Betriebspartnerherrschaft“[65] die Rede sein.

4) Die Funktionen der Kündigungsbeteiligungen des Betriebsrats als sachliche Gründe für die Einführung kollektivrechtlicher Kündigungsschutzregeln und ihrer Differenzierungen

Diese aufgezeigten Differenzierungen, die mit kollektivrechtlichen Kündigungsregelungen einhergehen, werfen natürlich die Frage nach dem *Warum* auf. Dies vor allem auch vor dem verfassungsrechtlichen Hintergrund des Kündigungsschutzes als einem Recht des Individuums.
Art. 12 I GG gewährt zwar wegen des Ausschlusses einer unmittelbaren Drittwirkung keinen unmittelbaren Schutz gegen einen Verlust des Arbeitsplatzes aufgrund privater Disposition. Dennoch legt er dem Gesetzgeber eine gewisse Schutzpflicht bezüglich des Bestands des Arbeitsverhältnisses auf, der dieser durch die Schaffung kündigungsschutzrechtlicher Vorschriften nachkommt[66]. Im Zusammenhang mit dieser Schutzpflicht ist auch Art. 3 I GG als Grenze gesetzlicher Ungleichbehandlungen zu beachten[67]. Dabei verletzt der Gesetzgeber im Hinblick auf seinen weiten Gestaltungsspielraum seine Pflicht nach den Art. 3 I, 12 I GG, einen gewissen Kündigungsschutz zu bieten und ihn nicht willkürlich unterschiedlich zu gestalten, sicherlich noch nicht dadurch, daß er überhaupt einzelne Elemente des Kündigungsschutzes vom Betriebsrat abhängig macht[68].
Die grundrechtliche Relevanz des Kündigungsschutzes steht aber eindeutig einer Kollektivierung entgegen, die eine Ausschaltung des individualrechtlichen

[64] Zum Begriff und Problem des „Spannungsverhältnisses“ aufgrund des Aufeinandertreffens von kollektiv- und individualrechtlichem Interessenschutz schon Heinze Rn 4ff.
[65] S. zu diesem Begriff Richardi NZA 1999, 617.
[66] Vgl. BVerfG, Beschl. v. 27.1.1998 – 1 BvL 15/87, NZA 1998, 470 m.w.N. Vgl. zu dieser Schutzpflicht und den Konsequenzen auch Löwisch KSchG Vor § 1 Rn 84 ff.
[67] Vgl. auch dazu BVerfG a.a.O.
[68] Schließlich ist es auch grundsätzlich unbedenklich, daß Arbeitnehmer in Kleinbetrieben völlig vom Schutz des KSchG ausgenommen sind. Vgl. dazu BVerfG a.a.O. und Löwisch KSchG vor § 1 Rn 85f sowie auch Richardi NZA 1999, 618.

Kündigungsschutzes bewirkt. Und sie verpflichtet insbesondere im Hinblick auf Art. 3 I GG dazu, bei der Regelung und Auslegung eines durch kollektivrechtliche Regeln auf „zwei Ebenen" angesiedelten Kündigungsschutzes zu verhindern, daß willkürlich zwischen Arbeitnehmern, die kündigungsschutzrechtlich „Glück" haben, und solchen, denen es an „Glück" fehlt, unterschieden wird[69]. Vielmehr bedürfen die damit einhergehenden Differenzierungen jeweils der Rechtfertigung durch einen sachlichen Grund.

Mögen die Kündigungsbeteiligungen auch nur ein Teilaspekt der Beteiligungsrechte des Betriebsrats insgesamt sein, so stellt sich doch insbesondere bei ihnen die Frage nach dem sachlichen Grund der Einführung. Dies nicht nur, weil der Gesetzgeber in jüngster Zeit mit den Regelungen des § 1 IV – vorübergehend auch Abs. V – KSchG und § 125 InsO gerade im Bereich des Kündigungsschutzes die Kollektivierung weiter und offenbar in ungekannter arbeitnehmernachteiliger Wirkungsrichtung vorangetrieben hat, die die Überlagerung individualrechtlicher Positionen durch Beteiligungsregelungen besonders augenfällig macht. Sondern es trägt bei der Kündigungsbeteiligung vor allem ein Aspekt nicht, der in anderen Bereichen der Mitbestimmung rechtfertigend wirkt. Während diesen zwar auch das Problem einer Grenzziehung zwischen „kollektiver und individueller Gestaltung des Arbeitsverhältnisses" innewohnt und ganz allgemein die Frage aufgeworfen wird, ob nicht im Laufe der Zeit – wieder – eine „Übermacht des Kollektivrechts" gegenüber den Positionen des Individuums eingetreten ist[70], läßt sich eine relativ starke Kollektivierung dort noch als ein Mittel zum Ausgleich eines Funktionsdefizits des Arbeitsvertrags verstehen[71]. Genau dieser Aspekt kann für die Kündigungsbeteiligung aber nicht gelten. Kündigungsschutzrechtliche Positionen in die Hand des Betriebsrats zu legen, wirkt nämlich insofern besonders begründungsbedürftig, als der Arbeitnehmer diese doch – ganz allein und gleichberechtigt gegenüber dem Arbeitgeber – in einem gerichtlichen Prozeß effektiv durchsetzen kann. Damit liegt eine andere Situation vor als zum Beispiel bei der Einflußnahme auf die Festlegung bestimmter das Arbeitsverhältnis regelnder Umstände – wie etwa Beginn und Ende der Arbeitszeit.
Und weil die schon dargestellten Auswirkungen der Kündigungsbeteiligungen sich eben so erheblich auf die Reichweite bestimmter Aspekte des für die einzelnen Arbeitnehmer existentiell wichtigen Bereichs des Kündigungsschutzes auswirken, überzeugt es auch nicht, darin eine ganz bewußte Differenzierung des Gesetzgebers nach Bestehen und Handeln eines Betriebsrats zu sehen, die

[69] Vgl. zur entsprechenden verfassungsrechtlichen Problematik auch Anton S. 30f.
[70] Vgl. z.B. Blomeyer in Gedächtnisschrift Dietz S. 147ff z.T. unter Berufung auf Dietz in Freiheit und Bindung, S. 13ff.
[71] Vgl. insofern v.a. die Möglichkeiten des § 87 BetrVG, bei bestimmten Entscheidungen Einfluß zu nehmen, bei denen sich der Einzelne nicht entsprechend durchsetzen könnte.

durch entsprechende Vorteile einfach starke Anreize für die Betriebsratsbildung bieten soll[72].

Es gilt vielmehr speziell für die einzelnen Regelungen zur Kündigungsbeteiligung des Betriebsrats zu fragen, welchen die Schaffung kollektivrechtlicher Kündigungsregelungen und die damit einhergehenden Differenzierungen rechtfertigenden Sinn und Zweck sie jeweils verfolgen. Ziel dieser Untersuchung wird es somit sein, unter Berücksichtigung der grundsätzlichen Aufgaben betriebsrätlicher Tätigkeit sowie des zuvor geschilderten Rechtfertigungsbedarfs durch eine Analyse der einzelnen Kündigungsbeteiligungsregelungen und insbesondere ihrer jeweiligen kündigungsrechtlichen Auswirkungen nach Möglichkeit ganz konkret festzustellen, welche Aufgaben der Betriebsrat im Rahmen der Kündigungsbeteiligungen wahrzunehmen hat. Es soll also bestimmt werden, welche *Funktionen* er dort zu erfüllen hat, um so die Abhängigkeit bestimmter kündigungsschutzrechtlicher Aspekte vom Bestehen und von der Reaktion eines Betriebsrats zu erklären und vor allem auch genauer vorzugeben, anhand welcher Kriterien der Betriebsrat über seine Reaktionen zu entscheiden hat.
Mit dieser Zielsetzung soll die vorliegende Arbeit die vielen bisherigen Arbeiten zur Kündigungsbeteiligung und zum Kündigungsschutz um einen wichtigen Aspekt ergänzen, dem bislang und insbesondere auch vor dem Hintergrund der neuen Entwicklungen im Bereich der Kündigungsbeteiligung noch nicht genügend Beachtung geschenkt wurde[73].

---

72 Ablehnend gegenüber einem solchen Sachgrund für eine Bindung des Kündigungsschutzes an den Betriebsrat schon Löwisch DB 1975 unter Hinweis auf Otto DB 1973, 671, der dies angedacht, aber auch verworfen hat.

73 So findet eine ausführliche Beschäftigung mit Sinn und Zweck der Kündigungsbeteiligungen, die auch speziell der Problematik des Aufeinandertreffens kollektiv- und individualrechtlicher Kündigungsschutzregelungen Rechnung trägt, kaum mehr statt. Während nach Einführung des BetrVG 1972 die Problematik noch recht ausführlich erörtert wurde – vgl. nur Anton und Heinze sowie Löwisch DB 1975, 349ff und Otto DB 1973, 671 –, ist es um sie heute – trotz durch Neuregelungen noch verstärkter Bedeutung – abgesehen von vereinzelten kritischen Stellungnahmen doch relativ ruhig geworden.

IV) Zum Gang der Darstellung

Im folgenden *ersten Teil* der Untersuchung wird zunächst die der heutigen Rechtslage vorausgehende Entwicklungsgeschichte der Betriebsratsbeteiligung an Kündigungen, ihrer Auswirkungen auf den betroffenen Arbeitnehmer und ihrer Funktionen ausführlicher zu untersuchen sein, damit diese historischen Grundlagen und etwaige Wandlungen bei der Bewertung des heutigen Entwicklungsstandes berücksichtigt werden können.
An diese historische Betrachtung wird sich dann mit dem *zweiten Teil* der eigentliche Kern der Arbeit anschließen. In ihm werden die heutigen Regelungen der Kündigungsbeteiligung – zunächst die klassischen Kündigungsbeteiligungsregelungen „im engeren Sinne" und sodann die beiden neueren Beteiligungsformen im Vorfeld von Kündigungen[74] – mit ihren Auswirkungen auf die kündigungsrechtliche Stellung des Arbeitnehmers eingehend analysiert werden, um so Erkenntnisse über den dahinterstehenden Sinn und Zweck bzw. nach Möglichkeit auch über konkrete Funktionen zu erlangen.
Die so gewonnenen Erkenntnisse sollen dann im *dritten* und *letzten Teil* der Untersuchung verwertet werden. Denn die aufgezeigte Problematik kollektivrechtlicher Elemente im Kündigungsschutz leistet offenbar auch einen nicht zu vernachlässigenden Beitrag zum Auftreten streitiger Auslegungsfragen im Rahmen der hier interessierenden Regelungen. Da dies zur Unübersichtlichkeit der Rechtslage mit der Schwierigkeit fehlerfreier Anwendung des Gesetzes in der betrieblichen Praxis, entsprechenden Unsicherheiten, Verzögerungen und Kosten führt[75], ist zu hinterfragen, inwiefern sich aus den festgestellten Funktionen Beiträge zur Lösung bislang streitiger Auslegungsfragen ergeben können.

---

[74] Also zunächst die Kündigungsbeteiligungen nach § 102 BetrVG und § 3 KSchG, sodann die Beteiligungen nach § 1 IV KSchG und § 125 InsO.

[75] Mag der Bereich der Betriebsratsbeteiligungen an Kündigungen nach § 102 BetrVG in seinen Grundsätzen im Vergleich zur ansonsten lebhaften Auseinandersetzung um verschiedene Fragen des BetrVG auch ruhig erscheinen – vgl. dazu Kraft in Festschrift Kissel, S. 611 –, so stellen sich dennoch auch im Rahmen dieser Beteiligung und vor allem auch im Rahmen der Beteiligung nach den neueren Normen viele Aspekte gerade wegen der Problematik kollektivrechtlichen Einflusses auf den Kündigungsschutz als noch nicht zufriedenstellend gelöst dar. Nur ein Beispiel hierfür sind die praktisch vor dem Hintergrund der Unwirksamkeitssanktion äußerst wichtigen Unklarheiten um die Einzelheiten bezüglich der Anforderungen an eine fehlerfreie Betriebsratsanhörung. Gerade im Hinblick auf diesen wichtigen Fragenkreis der Anforderungen an die Betriebsratsanhörung haben Literatur, aber vor allem auch Rechtsprechung wohl schon längere Zeit einen für die – nicht immer rechtlich beratene – betriebliche Praxis überschaubaren Rahmen überschritten. Und auch bei den neueren Regelungen des § 1 IV KSchG und § 125 InsO deutet sich schon sehr deutlich erheblicher Streit über die Auslegung praxisrelevanter Einzelheiten an.

Erster Teil: Betriebsratsbeteiligung an Kündigungen in der Rechtsentwicklung unter besonderer Berücksichtigung der rechtlichen Auswirkungen auf die Arbeitnehmer

Eine angemessene Grundlage für die Beschäftigung mit der eingangs dargelegten Problematik der Verbindung kollektiv- und individualrechtlicher Kündigungsregelungen kann am besten eine eingehende Betrachtung der diesbezüglichen Rechtsentwicklung bieten. In den Blick zu nehmen sind also speziell die früheren Regelungen zur Beteiligung von Arbeitnehmervertretungen an Kündigungen und nicht etwa die allgemeine Entwicklung betriebsverfassungsrechtlicher Regelungen[76]. Eine solche Untersuchung der Vorgängerbestimmungen schafft etwas Abstand zur heutigen Betrachtungsweise, ermöglicht so eine unbefangenere Auseinandersetzung mit der heutigen rechtlichen Situation und ist vor allem auch insofern wichtig, als sie Kenntnis von den damals mit den Regelungen zur Kündigungsbeteiligung angegangenen Konflikten sowie der mit diesen früheren Regelungen gemachten Erfahrungen verschaffen kann[77]. Gerade hinsichtlich dieser letztgenannten Aspekte verspricht eine genaue Betrachtung der Rechtsentwicklung im Bereich der Kündigungsbeteiligung des Betriebsrats Interessantes hervorzubringen. Denn die Beteiligung von Arbeitnehmervertretungen an Kündigungen war schon lange vor den heutigen Regelungen von BetrVG, KSchG oder InsO ein durchaus gängiger Standard des Betriebsverfassungsrechts, dessen etwa 150-jährige Geschichte sehr bewegt verlief und in der sich viele verschieden gestaltete Regelungen der Kündigungsbeteiligung abwechselten.

Deswegen soll die Entwicklung der Kündigungsbeteiligung dahingehend untersucht werden, wie sich die jeweiligen Ausgestaltungen der Regelungen – vor allem auch hinsichtlich der Auswirkungen auf die kündigungsrechtliche Situation der Betroffenen – voneinander unterscheiden, welche Entwicklung hinsichtlich Sinn und Zweck der Regelungen bzw. der Funktion der Kündigungsbeteiligung darin zu erkennen ist und ob vielleicht auch schon eine Auseinandersetzung mit der dargelegten Problematik kollektivrechtlicher Kündigungsregelungen stattfand. Die so gewonnenen Erkenntnisse ermöglichen dann möglicherweise wiederum Rückschlüsse auf die Auslegung der heutigen Regelungen, insbesondere im Hinblick auf deren Sinn und Zweck sowie die Funktion der Kündigungsbeteiligungen.

---

[76] Vgl. zur allgemeinen Entwicklung betriebsverfassungsrechtlicher Regelungen z.B. Teuteberg und GK-BetrVG/Wiese Einleitung Rn 1ff. Aspekte dieser allgemeinen Entwicklung sollen hier nur eine Rolle spielen, sofern dies dem besseren Verständnis der Regelungen zur Kündigungsbeteiligung dient - speziell in den Anfängen der Entwicklung wird dies indes etwas häufiger von Nöten sein.

[77] Vgl. zum heutigen Nutzen rechtsgeschichtlicher Betrachtungen z.B. Liebs S. 14f.

I) Die Kündigungsbeteiligung in den Anfängen der Entwicklung betriebsverfassungsrechtlicher Regelungen

Mit der Industrialisierung, die die Welt nach und nach völlig veränderte, begann hierzulande auch die Diskussion um betriebliche Mitbestimmung bzw. betriebsverfassungsrechtliche Regelungen[78]:
Die Erfindungen von Maschinen und die folgende Bildung von Fabriken sorgten dafür, daß immer mehr Männer, Frauen und Kinder als billige Arbeitskräfte unter sehr schlechten, mit Gefahren für Leben und Gesundheit verbundenen und vom Arbeitgeber einseitig diktierten Arbeitsbedingungen in den Fabriken arbeiteten[79], was dazu beitrug, daß sich die bittere Armut weiter Teile der Bevölkerung immer mehr verschärfte[80]. Die Lösung der *Arbeiter-* oder *sozialen Frage* harrte so aufgrund des unumkehrbaren Fortgangs der Industrialisierung[81] immer drängender einer Lösung[82]. Und wie die geschichtliche Entwicklung mit den ersten Anfängen betrieblicher Arbeitervertretungen zeigt, wurde ein wichtiges Mittel, einen Beitrag zu dieser Lösung zu bieten, offenbar in betrieblichen Kon-

---

[78] So schuf erst die Industrialisierung zum einen mit Fabriken und Arbeiterschaft Anknüpfungspunkte für betriebsverfassungsrechtliche Fragen und zum anderen änderte sie auch die sozialen Verhältnisse dergestalt, daß ein Bedarf für entsprechende Regelungen entstand, vgl. dazu insgesamt Weber S. 51ff, Klaßen S. 29ff und für eine umfassende Darstellung von Ursachen und Anlässen des Aufkeimens von Ideen betrieblicher Mitbestimmung als eines insgesamt sehr vielschichtigen Vorgangs Teuteberg S. 1ff.

[79] Vgl. dazu Stollreither S. 31 und Klaßen S. 35f.

[80] Die Armut der Arbeiter machte zwar nicht allein den *Pauperismus* der damaligen Zeit aus, stellte aber doch einen wesentlichen und wachsenden Teil der allgemeinen Armut dar, vgl. dazu auch Teuteberg S. 3f.

[81] Vgl. zum Versuch einer Rückkehr ins vorindustrielle Zeitalter durch Maschinenzerstörungen und Forderungen nach einem Verbot der Maschinen Stollreither S. 31, Klaßen S. 70 und Teuteberg S. 338.

[82] Der Gesetzgeber trat den Problemen des Fabrikalltags zunächst nicht durch schützende Eingriffe in die Gestaltung der Arbeitsverhältnisse entgegen, sondern ließ den Fabrikbesitzern weiterhin freie Hand; vgl. dazu Klaßen S. 33. So mußten die Arbeiter zunächst eigeninitiativ tätig werden, was zu einem Gefühl des *„Vergessen wir nie, daß wir uns selber helfen müssen“* - zitiert nach Klaßen S. 227 - führte; vgl. dort auch S. 51f und Stollreither S. 32f. Darin wurzelte wohl der Ursprung des *Klassenkampfdenkens* sowie die Entstehung des damaligen Schlagworts der *„Association“*. Dieses stand, ohne daß ihm eine im einzelnen ganz klar umrissene Bedeutung zukam, für die Bündelung der Kräfte der einzelnen Arbeiter in der neuen Wirtschaftswelt und stellt insofern zumindest einen Ausgangspunkt der Idee der Mitbestimmung dar. Vgl. dazu Teuteberg S. 5ff.
Letztlich brachte die Bildung von Arbeiterkoalitionen die Notwendigkeit der Befassung mit den Mißständen so stark ins allgemeine Bewußtsein, daß begonnen wurde, die wesentlichsten Probleme der Industrialisierung abzumildern. Z.T. geschah dies eigeninitiativ durch die Arbeiter, z.T. griffen private Hilfsorganisationen ein, vereinzelt wurde der Gesetzgeber tätig und teilweise erkannten auch einige Fabrikbesitzer die Notwendigkeit von Korrekturen an und begannen die Situation ihrer Arbeiter zu verbessern. S. dazu insges. Stollreither S. 31ff.

trollmechanismen, also in der Beteiligung von Arbeitervertretungen an betrieblichen Entscheidungen und damit in gewissen betriebsverfassungsrechtlichen Regelungen, gesehen.
Schon diese ersten Anfänge mitbestimmungsrechtlicher Regelung sind dabei für diese Untersuchung interessant, da dort auch schon erste vereinzelte Ansätze zu Kündigungsbeteiligungen auszumachen waren.

1) Erste Ansätze in den Gesetzgebungsversuchen der Paulskirchenversammlung

Zumindest erwähnenswert ist insofern z.B. die erste – allerdings nie umgesetzte[83] – gesetzgeberische Anstrengung, eine Arbeitnehmervertretung an betrieblichen Vorgängen zu beteiligen und somit betriebsverfassungsrechtliche Regelungen zu schaffen, die in der Zeit der Frankfurter Paulskirchenversammlung 1848/49 unternommen wurde. In Art. III eines dort im Rahmen der Beratung einer Gewerbeordnung erarbeiteten Gesetzentwurfs[84] waren mit den §§ 42, 43 erste gesetzliche Regelungen mit betriebsverfassungsrechtlichem Charakter vorgesehen, die in den Arbeitern das Interesse an der Fabrik erhöhen, auf die Industrie fördernd einwirken und zugleich die Rechte der Arbeitnehmer schützen sollten[85]. So sollte es nach § 42 dieses Entwurfs in jeder Fabrik zur Bildung eines aus Vertretern der Fabrikarbeiter, der Werkmeister und dem Inhaber der Fabrik bzw. seinem Stellvertreter zusammengesetzten Fabrikausschusses kommen, dem gemäß § 43 ein ganzer Katalog von Aufgaben zugewiesen war[86].

[83] Der im folgenden geschilderte Entwurf wurde entsprechend einer Empfehlung des bearbeitenden Ausschusses nie Gesetz. S. dazu den Bericht des Abgeordneten Hollandt über den Entwurf einer Gewerbeordnung, abgedr. bei Hassler S. 889ff.
[84] Hierbei handelt es sich um den sog. Minderheitenentwurf, abgedruckt bei Hassler S. 921ff. Zur Entstehungsgeschichte dieses neben den von der Mehrheit des beauftragten volkswirtschaftlichen Ausschusses unterstützten Gesetzentwurf gestellten Minderheitenentwurfs, der von den ebenfalls dem Auschuß angehörenden Abgeordneten Degenkolb, Veit, Becker und Lette geschaffen wurde, vgl. den Bericht des Abgeordneten Hollandt, abgedr. bei Hassler S. 889ff, Teuteberg S. 102ff und Klaßen S. 187ff.
[85] Vgl. die Motive zu § 43 abgedr. bei Hassler S. 945.
[86] Zuständig sollte der Ausschuß für die Vermittlung in Streitigkeiten zwischen Arbeitgeber und Arbeitnehmer, den Entwurf und die Aufrechterhaltung einer Fabrikordnung, die Einrichtung und Verwaltung der Krankenunterstützungskasse, die Überwachung der Fabrikkinder hinsichtlich Sittlichkeit und Schulbesuch sowie der Vertretung der Fabrik in den Fabrikräten sein. Aus den Motiven zu § 42 ergibt sich des weiteren, daß auch die Zuständigkeit für bestimmte Regelungen des Arbeitsverhältnisses gewollt war. Dazu gehörten z.B. die Lohnhöhe und die Arbeitszeit. Vgl. Motive zu § 42, abgedr. bei Hassler, S. 945.

Interessant ist dabei, daß in dem Entwurf auch schon eine erste Verbindung zwischen einem Fabrikausschuß und Kündigungen geplant war: § 37 regelte ein Antragsrecht des Ausschusses bezüglich der Festsetzung von Kündigungsfristen und damit eine gewisse Beteiligung an den Rahmenbedingungen einer Kündigung[87]. Eine Beteiligung des Fabrikausschusses an der personellen Einzelmaßnahme der Kündigung selbst stellte der Entwurf damit allerdings noch nicht in Aussicht und auch die nach § 43 durchzuführende Vermittlung in Streitigkeiten sollte wohl nicht die grundsätzliche Möglichkeit der nachträglichen Beschäftigung der Arbeitnehmervertretung mit dem Kündigungsvorgang bieten[88].
Für die Entwicklung der Kündigungsbeteiligung spielte der ansonsten wegen seiner schon weitgehend vorhandenen Ähnlichkeit zu späteren betriebsverfassungsrechtlichen Regelungen viel beachtete[89] Minderheitenentwurf also nur insofern eine Rolle, als eine ansatzweise Verbindung zwischen Arbeitnehmervertretung und dem Kündigungsrecht gegeben war. Wenn diese auch lediglich hinsichtlich einer angestrebten abstrakten Festlegung der vom Einzelfall unabhängigen Rahmenbedingungen bestand, so läßt sie doch erkennen, daß schon vom Beginn betriebsverfassungsrechtlicher Regeln an immer auch die Einbindung der Arbeitnehmervertretung in das Kündigungsrecht als Möglichkeit bedacht wurde.

2) Erste Ansätze in den „Konstitutionellen Fabriken"

Bedeutsamer für die Entwicklung der Beteiligungsrechte insgesamt sowie auch speziell für die Entwicklung der Kündigungsbeteiligung waren in den Anfangszeiten aber noch die Bemühungen außerhalb des gesetzgeberischen Bereichs. Denn dort entwickelten sich damals zunehmend betriebsverfassungsrechtliche Ideen.

Zunächst war diesen allerdings nahezu keine praktische Bedeutung beschieden, wie z.B. erste, kaum Resonanz erzeugende Überlegungen im Vormärz[90] und die – wegen des geringen Fabrikarbeiteranteils an der Bevölkerung – in der Revolu-

---

[87] Es bestand aber nur ein Antragsrecht; die Festsetzung dieser Punkte erfolgte indes durch den auf Bezirksebene angesiedelten Fabrikrat (§§ 44, 45). Wie sich aus den Motiven zu § 37 schließen läßt, hier aber nicht weiter von Interesse ist, bestand ein solches Antragsrecht wohl auch bezüglich der näheren Bestimmung der ebenfalls in dieser Norm vorgegebenen Gründe für eine fristlose Entlassung, vgl. bei Hassler S. 943.

[88] Das damalige Verständnis uneingeschränkter Kündigungsmöglichkeiten des Arbeitgebers hätte dafür wohl eine ausdrückliche Regelung erfordert. Anders wohl *Klaßen S. 209f.*

[89] S. z.B. Teuteberg S. 112.

[90] Vgl. zu den von Franz v. Baader, Immanuel Wohlwill und Robert v. Mohl im Vormärz geäußerten Gedanken zu Arbeiterausschüssen, die zunächst kaum Resonanz fanden, Teuteberg S. 8ff.

tionszeit vereinzelt gebliebenen Forderungen nach betrieblichen Arbeiterausschüssen[91] zeigen. Bezüglich letzteren ist aber festzustellen, daß sie dennoch schon erste Schritte in Richtung einer Kündigungsbeteiligung darstellten. So kam es während der Revolution sogar zur vereinzelten Bildung von Arbeitervertretungen, denen z.T. *allein* die Befugnis zur „plötzlichen Entlassung von Arbeitern" zustand[92]. Teilweise wurde auch gefordert, das Kündigungsrecht ausschließlich auf gemischte, d.h. überbetrieblich aus Arbeitern und Arbeitgebern zusammengesetzte Kommissionen zu übertragen und so die Entlassung als Mittel der Maßregelung „politisch Verdächtiger" auszuschalten[93] oder die Anzeige an Lokal-Komitees zur Voraussetzung jeder Entlassung zu machen[94].

Etwas später wurde die betriebliche Mitbestimmung in den Fabriken dann teilweise auch tatsächlich umgesetzt, als mit einer gewissen Verzögerung gegenüber Großbritannien schließlich auch hierzulande einzelne fortschrittliche Fabrikbesitzer auf die neuen „Herausforderungen" des Arbeitslebens in der beginnenden Industrialisierung reagierten und in ihren Betrieben Arbeiterausschüsse[95] bildeten. Als Pioniere dieser Entwicklung besonders zu erwähnen sind die Fabrikanten Degenkolb[96], Peters und Hutschenreuther, die 1850, 1860 bzw. 1872 erste Arbeiter- bzw. Unternehmensausschüsse in ihren Unternehmen einrichteten. Auch der Jalousiefabrikant Freese führte 1884 in seinem Betrieb Mitbe-

---

[91] Vgl. dazu Teuteberg S. 78.

[92] Vgl. dazu Klaßen S. 59f.

[93] Vgl. zu dieser Forderung Teuteberg S. 87f, der eine von Stephan Born veröffentlichte Artikelserie zur Sozialreform zitiert.

[94] S. die Forderungen der „Socialen Volks-Charte" des Arbeiterkongresses von 1848, nach denen ein Arbeiter nur entlassen werden können sollte, wenn dies 14 Tage vorher dem Lokal-Komitee angezeigt wurde. Die Lokal-Komitees dürften wohl betriebliche Gewerkschaftsvertretungen gewesen sein. Vgl. dazu Teuteberg S. 91ff.

[95] Neben der im folgenden hauptsächlich verwendeten Bezeichnung „Arbeiterausschüsse" waren auch die Namen „Ältestenkollegien", „Vertrauensmännerkonferenzen", „Arbeitervorstände" und „Beratungskommissionen" gebräuchlich. Vgl. zu den entsprechenden Bezeichnungen z.B. Sering S. 1. Wie Teuteberg in seiner Untersuchung (40, 115ff, 208ff) zeigt, waren diese Einrichtungen nicht bewußt auf das Gedankengut der Sozialreformer des Vormärz – dazu schon o. – gegründet, sondern orientierten sich wohl vielmehr an schon bestehenden Sozialinstitutionen wie Büchsen und Kassen der Handwerksgesellen bzw. der Bergleute.
Zur schon um 1800 durch Robert Owen in einer Baumwollspinnerei in Großbritannien erfolgten Einrichtung eines Arbeiterausschusses mit Mitentscheidungsrechten bezüglich der betrieblichen Sozialpolitik s. Stollreither S. 35f.

[96] Degenkolb war schon die wohl maßgebende Kraft bei der Schaffung des "Minderheitenentwurfs" des Volkswirtschaftlichen Ausschusses gewesen. S. dazu Teuteberg S. 112. Und dessen Bild entsprach nun auch der Arbeiterausschuß in seinem Unternehmen.

stimmungsrechte einer Arbeitervertretung ein, wobei auf ihn wohl die Bezeichnung „konstitutionelle Fabrik" zurückgeht[97].
Die der Tätigkeit der Arbeiterausschüsse, die zwischen 1850 und 1890 zwar zunehmend, aber insgesamt doch nur sehr vereinzelt errichtet wurden[98], zugrundeliegenden Statuten, zeigten insgesamt erhebliche Unterschiede in ihrer Gestaltung und den enthaltenen Aufgaben. Dennoch war eine gewisse Übereinstimmung insofern auszumachen, als ein gemeinsamer Kernbereich von in der Regel immer vorgesehenen Aufgaben bestand[99]. Und vor allem waren auch Kündigungsbeteiligungen, soweit ersichtlich, in der weit überwiegenden Zahl der Statuten dieser Zeit noch nicht vorgesehen. Letztere waren auch nicht etwa in der den Ausschüssen häufig zugewiesenen schiedsrichterlichen Funktion bzw. der Vermittlung bei Streitigkeiten zu sehen, denn diese führte wohl allenfalls in sehr vereinzelten Ausnahmefällen zu einer Beschäftigung der Arbeiterausschüsse mit ausgesprochenen Kündigungen und darf insofern nicht als Möglichkeit einer Kündigungsbeteiligung überschätzt werden[100].

In einzelnen Ausnahmefällen legten die Statuten jedoch eine ausdrückliche Verbindung zwischen Arbeiterausschüssen und Entlassungen fest.
Diesbezüglich sind zunächst einmal die Regelungen zu nennen, nach denen – ähnlich dem heutigen § 104 BetrVG – der „Ältestenrat" die Entlassung von Ar-

---

[97] Vgl. sein Buch „Die konstitutionelle Fabrik" und s. dazu auch GK-BetrVG/Wiese Einleitung Rn 6.

[98] S. zur Seltenheit des Bestehens von Arbeiterausschüssen z.B. Stollreither S. 37: So sollen – den Zahlen ist indes mit Vorsicht zu begegnen – bis 1914 in nur etwa 10% der Betriebe solche freiwilligen Arbeiterausschüsse bestanden haben. Und diese Arbeiterausschüsse waren in der Regel auch noch keine *reinen* Arbeitnehmervertretungen, sondern ihnen gehörten in der Regel auch der Arbeitgeber bzw. von ihm bestellte Vertreter an.

[99] Die Arbeitervertretungen hatten Abänderungen und Ergänzungen der Fabrikordnung vorzuschlagen, über die Einhaltung derselben zu wachen, zur Beilegung von Streitigkeiten – insbesondere zwischen Arbeitern und Fabrikleitung – beizutragen, schiedsrichterliche Funktionen wahrzunehmen, Beschwerden von Arbeitern vorzubringen – wobei wohl oft Beschwerden Einzelner ausgeschlossen waren – und die Sozialeinrichtungen zu verwalten. Vgl. dazu die bei Koch und Sering abgedruckten Fabrikordnungen.

[100] Dafür spricht, daß die Beschreibungen zur Tätigkeit der Arbeiterausschüsse kaum je auf die Befassung mit Kündigungen hindeuten. Sofern in vereinzelten Fällen dennoch eine Vermittlung in Kündigungsfällen auch ohne ausdrücklich geregelte Befugnis durchgeführt wurde, so sollte dies schon deswegen nicht allzu stark bewertet werden, weil es aufgrund der damals als selbstverständlich empfundenen Kündigungsfreiheit des Arbeitgebers – vgl. zu dieser Konsequenz der „Herr-im Hause"-Ansicht Bauderer S. 115-117 – als sehr unwahrscheinlich erscheint, daß im Kündigungsfalle oft Einfluß genommen wurde bzw. werden durfte. Es ist vielmehr anzunehmen, daß die Arbeitgeber es ohne ausdrückliche Kompetenz in der Regel nicht zu präventiven oder nachträglichen Vermittlungsbemühungen o.ä. kommen ließen. Vgl. dazu auch schon o. S. 24. Keinesfalls wurde aber durch „schiedsrichterliche" Aufgaben eine echte Entscheidungsmacht in Kündigungsstreitigkeiten zugestanden.

beitern, die für die Ehre der Fabrik, für die Sittlichkeit, für den Frieden in der Fabrik oder unter den Arbeitern „bedenklich" waren, veranlassen konnte. Des weiteren bestanden auch Beschränkungen der Kündigungsfreiheit, denenzufolge eine Entlassung, sofern sie eine Strafmaßnahme war und sie nicht direkt durch den Fabrikherrn ausgesprochen wurde, nur durch den „Arbeitervorstand" festgesetzt werden konnte[101]. Durch diese Regelung war die ungerechtfertigte Anwendung der drakonischen Strafe „Entlassung" in der Kündigungspraxis zumindest erschwert und ein gewisser Schutz gegen „Willkür und Härte" geboten[102]. Im Hinblick auf den Untersuchungsgegenstand sind die zuvor genannten Bestimmungen allerdings weniger bedeutsam.

Wichtiger für diese Untersuchung sind dagegen andere Vorläuferregelungen der Kündigungsbeteiligung. So z.B. die Befugnisse des von *Max Roesler* eingerichteten Ältestenkollegiums einer hessischen Steingutfabrik, bezüglich derer aus einem späteren, vom ursprünglichen Statut abweichenden Statutenentwurf ersehen werden kann, daß u.a. „alle ... Entlassungen ... bezüglichen Angelegenheiten von der Fabrikleitung dem Ältestenkollegium vorzulegen waren". Selbstverständlich wurde dadurch in keiner Weise die Entscheidungsbefugnis der Fabrikleitung beeinträchtigt, die weiterhin „jederzeit" und „unabhängig von den Ältesten" Kündigungen vornehmen konnte[103]. Diesem von Roesler verwirklichten Beratungsrecht bei Entlassungen entsprach auch das des Arbeiterausschusses im *Heddernheimer Kupferwerk F.A. Hesse*[104]. Auch durch dieses wurde das Alleinentscheidungsrecht der Fabrikherren nicht beeinträchtigt, die gemäß § 10 a.E. „unbeschadet des Rechts ... unabhängig vom Ausschuß" weiter entsprechende Anordnungen treffen konnten.

Besonders bemerkenswert war aber vor allem die Situation in den *Optischen Werkstätten von Carl Zeiß* in Jena. Im Laufe ihrer einzigartigen Umgestaltung

---

[101] Vgl. z.B. §§ 1 f und 2 der „Normalstatuten eines Ältestenkollegiums, empfohlen vom linksrheinischen Verein für Gemeinwohl" und § 30 der „Fabrikordnung von F.Brandts in Mönchengladbach", abgedruckt jeweils bei Koch S. 131ff. Zur Situation in der Marienhütte s. Sering S. 40. Vgl. dazu des weiteren auch die Fallbeispiele bei Teuteberg S. 244f, 249.

[102] S. Teuteberg S. 220, 244f und vgl. auch den bei Sering S. 80ff abgedruckten Bericht Brandts.

[103] Vgl. insges. § 10 dieses Entwurfs, der bei Sering S. 114ff abgedruckt ist. Vgl. auch Teuteberg S. 253 zu weitergehenden, allerdings nie verwirklichten Forderungen Max Roeslers, den Betriebsvertretungen einen „beratenden und *bestimmenden* Einfluß nach Maßgabe der örtlichen Verhältnisse" u.a. bei Einstellung und Entlassung zuzugestehen.

[104] Vgl. § 10 der dortigen Arbeiterausschußsatzung, abgedr. in: Amtliche Mittheilungen aus den Jahres-Berichten der mit Beaufsichtigung der Fabriken betrauten Beamten. Reichsamt des Innern, Jg. 15 (1890), 302-304.

durch Ernst Abbe[105] entstand dort auch ein Fabrikausschuß. Dessen Bildung war zwar nach § 64 des Stiftungsstatuts nicht zwingend vorgesehen[106], er wurde aber dennoch zu einer beständigen Einrichtung in den Zeiß-Werken und bei ihm handelte es sich vor allem auch um eine *wirkliche*, d.h. allein durch die Betriebsangehörigen gewählte Arbeitnehmervertretung[107]. Die von dieser auszuübende beratende Funktion – echte Mitbestimmungsrechte blieben auch ihr vorenthalten – brachte in der tatsächlichen Praxis wohl nicht zu unterschätzende Möglichkeiten der Einflußnahme[108], zumal dieses Beratungsrecht der Vertretung „in allen Angelegenheiten ihres Betriebes auf ihren Antrag" bestand[109]. Tatsächlich wiesen die Verhandlungsgegenstände im Laufe der Jahre eine weitgehende Befassungs-

---

[105] Abbe, der ursprünglich Firmenteilhaber neben Carl Zeiß war, wurde nach dessen Tod und dem Rücktritt von Roderich Zeiß aus der Geschäftsleitung alleiniger Besitzer und nutzte diese neue Position, um 1889 seine sozialethischen Überzeugungen durch die Schaffung der Carl-Zeiß-Stiftung, auf die 1891 das Firmeneigentum überging, zu verwirklichen; dazu Auerbach S. 197f, 254 und Stollreither S. 36. Neben dieser Übertragung der Werke an die Stiftung erfährt Abbes Statut vor allem wegen des darin zum Ausdruck kommenden modernen Verständnisses des Arbeitsverhältnisses als „reiner Interessengemeinschaft" und einer ganzen Reihe besonderer sozialer Regelungen erhebliche Beachtung; vgl. Reichold S. 100f und ausführlich zur dortigen individualarbeitsrechtlichen Situation Bauderer S. 60ff.

[106] Dort waren lediglich *für den Fall der Bildung* eines Arbeiterausschusses mit Befugnissen gegenüber der Gesamtheit oder Teilen der Arbeiterschaft bestimmte Anforderungen an dessen Wahl und Zusammensetzung – insbes. jährliche, direkte und geheime Wahlen durch alle Betriebsangehörigen über 18 Jahren – vorgesehen, um eine „wirkliche" Arbeitervertretung zu sichern. Vgl. auch Abbe S. 251 und 355f.

[107] Wie v.a. auch aus den Motiven zum Statut (1895) zu erkennen, war ein Arbeiterausschuß nicht nur eine theoretische Möglichkeit, sondern seine Bildung vielmehr gängig. Vgl. dazu Abbe S. 355 (Motive zu § 64). Zwar bestand er zunächst nicht ständig, sondern war in einigen Fällen ad hoc gebildet und in Verhandlungen eingeschaltet worden, aber unmittelbar nachdem das Stiftungsstatut im Herbst 1896 wirklich in Kraft getreten war, wurde dann auch ein ständiger Arbeiterausschuß errichtet, der nach Wahlmodus und seiner Zusammensetzung einer wirklichen Arbeitervertretung im Sinne von § 64 des Stiftungsstatuts genügte und im Januar 1897 zum ersten Mal zusammentrat. Vgl. dazu Abbe a.a.O., Petrenz Sp. 738f, Teuteberg S. 268, Bauderer S. 168f, Auerbach S. 207, 255 sowie Reichold S. 100.

[108] Vgl. zur beratenden Funktion Abbe S. 252ff und s. auch Teuteberg sowie Reichold a.a.O. Abbes Äußerungen lassen erkennen, daß das Beratungsrecht, zumal es auch *ungefragt* ausgeübt werden konnte, bei richtigem Gebrauch wohl tatsächlich eine sehr gute Möglichkeit der Einflußnahme darstellte.

[109] Man bestimmte diesen Aufgabenbereich im Stiftungsstatut nicht genauer, sondern überließ dies der weiteren Entwicklung – hinsichtlich dieser war Abbe indes etwas ernüchtert. Vgl. dazu Abbe S. 258f und Stollreither S. 36f. Sofern zuvor von den Aufgaben des Ausschusses die Rede war, so ist zu beachten, daß wegen der kritisch gewordenen Größe des Ausschusses zur Erhaltung der Arbeitsfähigkeit eine wöchentlich tagende „Siebenerkommission" gebildet wurde, die die eigentliche Arbeitervertretung gegenüber der Geschäftsleitung vornahm, während nur sehr wichtige und grundsätzliche Fragen vom Arbeiterausschuß selbst geklärt wurden. Des weiteren wurden Unterausschüsse und Vertrauensmännerpositionen mit eigenen Zuständigkeiten eingerichtet. S. dazu Auerbach S. 208 und Teuteberg S. 268.

kompetenz auf, zu der eben vor allem auch die Beschäftigung mit der Entlassung von Betriebsangehörigen gehörte[110].
Diese in den Zeiß-Werken offenbar bestehende umfassende Kündigungsbeteiligung einer wirklichen Arbeitnehmervertretung auf Betriebsebene ist dabei auch deshalb besonders beachtenswert, weil aufgrund der bei Kündigungen drohenden Abgangsentschädigung und der in §§ 56 II, 58 II, 75 Stiftungsstatut vorgenommenen Beschränkung der Kündigungsfreiheit[111] eine gewisse Verbindung von materiellem Kündigungsschutz und Kündigungsbeteiligung gegeben war. Dies läßt einen größeren Einfluß des Ausschusses auf die Kündigungsentscheidung durchaus vorstellbar erscheinen. Eine wirklich mitbeschließende Stimme bei Entlassungen kam dem Ausschuß aber auch in den Zeißwerken nie zu; eine entsprechende Forderung der Arbeiter von 1902 wurde von der Firmenleitung abgelehnt[112].

Mögen freiwillige Arbeiterausschüsse auch nur in einem sehr kleinen Prozentsatz der Betriebe bestanden haben und noch viel seltener tatsächlich Kündigungsbeteiligungen vorgesehen gewesen sein, so läßt sich nach der Untersuchung des Bereichs „konstitutioneller Fabriken“, also der freiwilligen Schaffung von Arbeitervertretungen durch die Fabrikinhaber, dennoch eines festhalten: Hier wurden die ersten praktischen Schritte auf dem Weg zu einer Betriebsverfassung und in Ausnahmefällen eben auch schon zu Kündigungsbeteiligungen getan, was in einer Zeit nahezu unbeschränkter Kündigungsfreiheit äußerst bemerkenswert war.
Sofern Kündigungsbeteiligungen vorgesehen waren, kam den Ausschüssen dabei eine rein beratende Funktion zu. Da generell kein Kündigungsschutz bestand, blieb allein die Möglichkeit der freien Einwirkung auf den tatsächlichen Kündigungswillen des Arbeitgebers im Sinne einer Vermittlung bzw. Befriedung[113]. Dabei dürfte ein ganz wesentlicher Punkt wohl gewesen sein, den Fabrikherrn schlicht auf ungerechte Entlassungen durch Vorgesetzte hinzuweisen. Eine Ausnahme und insofern besonders erwähnenswert war die in den Zeiß-Werken sich andeutende Verbindung zwischen Einschränkung der Kündigungsfreiheit durch kündigungsschutzrechtliche Bestimmungen und der Beteiligung

[110] Vgl. speziell zur Befassung mit Entlassungen Petrenz Sp. 739f, Teuteberg S. 269, Auerbach S. 208 und Bauderer S. 174. Zur insgesamt weiten Befassungskompetenz gehörte auch die Beschäftigung des Ausschusses mit Auslegungsfragen des Arbeitsvertrags (v.a. Lohn- und Arbeitszeit), der Verwaltung von Wohlfahrtseinrichtungen und der Stiftung, Streitigkeiten, Beschwerden, betrieblichen Verbesserungsvorschlägen sowie der Beaufsichtigung des Lehrlingswesens; s. dazu Petrenz Sp. 739f und Teuteberg S. 268f.
[111] Vgl. dazu – insbesondere auch zu den neben der vorgesehenen Entschädigung materiellen Einschränkungen der Kündigungsfreiheit, die dem heutigen § 1 KSchG durchaus verwandt waren – Bauderer S. 115ff.
[112] Vgl. dazu Petrenz Sp. 741 und Bauderer S. 171.
[113] Vgl. zur Befriedungsaufgabe der Ausschüsse Klaßen S. 94f.

der Arbeitnehmervertretung. In ihr zeigen sich erste Ansätze einer ganz neuen Qualität der Beteiligung.

3) Erste gesetzliche Regelungen

Gegen Ende des 19. und Anfang des 20. Jahrhunderts wurde die Entwicklung der Arbeiterausschüsse dann auch in Gesetzen berücksichtigt[114]. Dabei kommt den ersten dieser gesetzlichen Regelungen zwar eine erhebliche historische Bedeutung zu, da sie eine stufenweise den „Herr-im-Hause"-Standpunkt einschränkende Anerkennung betrieblicher Mitbestimmung durch den Gesetzgeber darstellten[115]. Aber Fortschritte hinsichtlich der speziellen Frage der Kündigungsbeteiligung von Arbeitnehmervertretungen brachten sie noch nicht[116].

Dies änderte sich erst in der extremen Situation kurz nach dem Ende des Ersten Weltkriegs, als es zu einer ganzen Reihe weiterer betriebsverfassungsrechtlicher Regelungen kam. Denn nach den ersten, die Arbeiterausschüsse und deren betriebliche Mitarbeit betreffenden Nachkriegsregelungen – Stinnes-Legien-Abkommen zwischen Arbeitgeberverbänden und Gewerkschaften vom 15.11.1918 und Verordnung über Tarifverträge, Arbeiter- und Angestelltenausschüsse und Schlichtung von Arbeitsstreitigkeiten (TVVO) vom 23.12.1918[117] – ergingen schließlich auch die sogenannten *Demobilmachungsverordnungen.*

---

[114] Vgl. das *Arbeiterschutzgesetz,* das als erstes Gesetz zu Arbeiterausschüssen 1891 an die kaiserlichen Erlasse vom 4.2.1890 anknüpfte und die fakultative Bildung von Arbeiterausschüssen vorsah, die ganze Reihe von erlassenen Berggesetzen, die erstmals obligatorisch die Bildung von Arbeiterausschüssen vorsahen und auch die Beteiligungsrechte erweiterten, und das am 5.12.1916 ergangene Gesetz über den vaterländischen Hilfsdienst (Hilfsdienstgesetz). S. dazu insgesamt z.B. GK-BetrVG/Wiese Einleitung Rn 7ff und Teuteberg S. 385ff.

[115] Vgl. Fn 114 und auch Gamillscheg in Liber Amicorum A.F. Schnitzer S.105ff.

[116] So waren Beteiligungen an der personellen Einzelmaßnahme einer Kündigung, wenn sie auch vereinzelt im Gesetzgebungsverfahren angesprochen wurden – vgl. Teuteberg S. 440 –, letztlich nicht vorgesehen, auch wenn nun in eng begrenzten Bereichen sogar echte Mitbestimmungsrechte gegeben waren. Bezüglich Kündigungen war allenfalls eine gewisse Äußerungsmöglichkeit bezüglich der Gestaltung kündigungsrechtlicher Rahmenbedingungen, wie Kündigungsfristen und Gründe zur fristlosen Kündigung, gegeben und die Arbeiterausschüsse erhielten auch nur in seltenen Ausnahmefällen weitergehende Befugnisse als gesetzlich vorgeschrieben waren, so daß allenfalls *sehr* vereinzelt ein Beratungsrecht bei Kündigungen bestanden haben dürfte, wie es oben schon hinsichtlich einzelner konstitutioneller Fabriken geschildert wurde. Vgl. dazu insgesamt Teuteberg S . 385, 401ff und GK-BetrVG/Wiese Einleitung Rn 7.

[117] Sowohl die TVVO als auch das Stinnes-Legien Abkommen, das auch *Abkommen der Zentralarbeitsgemeinschaft* genannt wurde, ordnete die obligatorische Schaffung von betrieblichen Arbeitnehmervertretungen an. Auch sie brachten indes auf dem speziellen Gebiet der Kündigungsbeteiligung keine Weiterentwicklung.

Diese brachten z.T. besonders interessante Weiterentwicklungen im Bereich der Kündigungsbeteiligung[118]. Sie enthielten nämlich nicht nur ausdrückliche Vorgaben, daß und wie die Auswahl zu kündigender Arbeitnehmer, vor allem anhand sozialer Kriterien, zu erfolgen hatte, sondern sahen darüber hinaus auch vor, daß die betriebliche Arbeitnehmervertretung in diese Auswahlentscheidung einzubeziehen war:
So hatte der Arbeitgeber nach § 6 I der *Verordnung über die Einstellung, Entlassung und Entlohnung der gewerblichen Arbeiter während der Zeit der wirtschaftlichen Demobilmachung*[119] – sofern er Arbeitnehmer überhaupt entlassen durfte[120] – die „zur Entlassung kommenden Arbeiter ... im Benehmen mit dem Arbeiterausschuß([121]) ... zu bestimmen". Dabei machte § 7 für diese „im Benehmen" erfolgende Bestimmung die Vorgaben, daß die Auswahl zunächst „nach Maßgabe" der Betriebsverhältnisse unter besonderer Berücksichtigung der Ersetzbarkeit des Arbeitnehmers, sodann nach Lebens- und Dienstalter sowie dem Familienstand zu erfolgen hatte[122]. Ganz ähnliche Regelungen enthielt auch § 9 der *Verordnung über die Einstellung, Entlassung und Entlohnung der Angestellten während der Zeit der wirtschaftlichen Demobilmachung*[123] und die schließlich an die Stelle dieser beiden Verordnungen tretende *Verordnung über die Einstellung und Entlassung von Arbeitern und Angestellten während der Zeit der wirtschaftlichen Demobilmachung*[124].

---

[118] Hinsichtlich der historischen Bewertung der Demobilmachungsverordnungen ist zu berücksichtigen, daß die dort entstandenen und sehr weitgehenden Beteiligungsrechte vor dem Hintergrund der extremen Situation in der Nachkriegszeit zu sehen sind, weshalb sie sich nicht unbedingt als normaler Entwicklungsschritt in der Geschichte der Betriebsverfassung erweisen.

[119] Vom 4.1.1919, RGBl. 1919, S. 8ff. Die Verordnung griff ab einer Betriebsgröße von 20 Arbeitnehmern.

[120] Die Demobilmachungsverordnungen schränkten entsprechend ihrer grundsätzlichen Zielsetzung, Kündigungen möglichst zu vermeiden, die Kündigungsfreiheit des Arbeitgebers erheblich ein.

[121] Nach § 6 II kamen anstatt der Arbeiterausschüsse auch die in der TVVO vom 23.12.1918, RGBl. 1918, 1456 genannten Arbeitnehmervertretungen in Betracht.

[122] Ältere, eingearbeitete und mit versorgungsberechtigter Familie versehene Arbeitnehmer sowie in Lehre und Fachausbildung befindliche Jugendliche sollten möglichst ihre Arbeitsstelle behalten, während v.a. nicht auf den Erwerb angewiesene Arbeiter, die in anderen Berufen Arbeit finden konnten, zur Entlassung kommen sollten.

[123] Vom 24.1.1919, RGBl. 1919, S. 100ff, geändert durch die im RGBl. 1920, 707 abgedruckte Verordnung. Auf die nähere Darstellung dieser bis auf kleine Abweichungen, die indes die Beteiligungs- und Auswahlregelung nicht weiter berührten, sehr ähnlichen Regelung kann hier verzichtet werden.

[124] Vom 3.9.1919, RGBl. 1919, S. 1500ff. Mit ihren §§ 13 und 14 enthielt auch diese Verordnung entsprechende – nur in für diese Untersuchung unbedeutenden Einzelheiten etwas abweichende – Regelungen zur Auswahl der zu Kündigenden und zur Pflicht sich vor Ausspruch der Kündigung mit der gesetzlichen Arbeitnehmervertretung – bzw., sofern eine sol-

Diese Bestimmungen, mit ihrer so zuvor nicht gekannten Verbindung zwischen Ansätzen eines materiellrechtlichen Kündigungsschutzes und der Beteiligung einer Arbeitnehmervertretung, zeigen damit auch recht deutlich die von letzterer zu erfüllende Funktion. Sofern das vorrangige Ziel, eine Kündigung in der schwierigen Nachkriegszeit zu vermeiden, nicht zu erreichen war, hatten die betrieblichen Arbeitnehmervertretungen im Rahmen der generell vor Kündigungsausspruch und damit präventiv vorgesehenen Kündigungsbeteiligung zusammen mit dem Arbeitgeber die richtige Anwendung der genau vorgegebenen Auswahlregeln auf die im konkreten Betrieb in Frage kommenden Beschäftigten zu beraten. Sie sollten so mit dafür sorgen, daß, orientiert an betrieblichen Bedürfnissen, den nach dem gesetzlichen Maßstab sozial stärksten Arbeitnehmern gekündigt wurde. Demnach ist eine *Beratungs-* sowie eine gewisse, wenn auch nicht mit unmittelbaren rechtlichen Auswirkungen versehene *Kontrollfunktion* des Betriebsrats bei der Umsetzung gesetzlicher Auswahlvorgaben zu erkennen.

che nicht besteht, mit der Mehrzahl der Arbeitnehmer – ins Benehmen zu setzen. Eine erwähnenswerte Veränderung ist allenfalls, daß nun ausdrücklich bestimmt war, daß eine Verletzung der Pflicht, den Betriebsrat entsprechend einzuschalten, der Kündigungswirksamkeit nicht schadet (§ 14 der VO). S. dazu auch Flatow/Kahn-Freund § 74, S. 373f. Durch die Verordnung vom 12.2.1920, RGBl. 1920, S. 213ff wurde § 13 schließlich leicht geändert und § 14 aufgehoben.

II) Die Kündigungsbeteiligung im Betriebsrätegesetz von 1920

Eines der fraglos bedeutendsten gesetzgeberischen Werke in der Entwicklungsgeschichte der betrieblichen Mitbestimmung, nämlich das Betriebsrätegesetz[125] (BRG), trat 1920 in Kraft. Auch seine Gestaltung steht noch unter dem Eindruck des von verlorenem Krieg, zusammengebrochener Wirtschaft und erheblicher Armut geprägten Nachkriegsdeutschland, in dem Klassenkampfdenken und die russischen Vorbildern folgende Rätebewegung die damalige Situation mehr und mehr prägten[126]. So erklärt sich auch der ihm zugrunde liegende Leitgedanke, in dieser revolutionären und äußerst angespannten Lage, für die auch die Toten bei einer Demonstration anläßlich parlamentarischer Beratungen des Gesetzes ein Beleg sind[127], radikale Forderungen etwas abzuschwächen und dadurch im *allgemeinen politischen* sowie im *wirtschaftlichen* Bereich für eine gewisse Stabilisierung und Beruhigung zu sorgen[128]. Dementsprechend folgte das BRG als „erstes Ausführungsgesetz" zu Art. 165 WRV mit der Gestaltung der betrieblichen Mitbestimmung dem Vorbild des Verfassungsartikels von einem modifizierten Rätegedanken und blieb wegen der starken Anknüpfung an die Tradition bisheriger Arbeiterausschüsse an radikalen „Räteerwartungen" gemessen geradezu enttäuschend[129].

---

[125] Vom 4.2.1920, RGBl. 1920, S. 147ff. In dieser Untersuchung wird indes auf das BRG in seiner leicht geänderten Fassung vom 28. Februar 1928, RGBl. 1928, S. 46ff und z.B. auch abgedr. bei Mansfeld S. 7ff, abgestellt, weil dort schon die Einschaltung des Arbeitsgerichts statt des ursprünglich zuständigen Schlichtungsausschusses vorgesehen war und dies bei der hier folgenden Darstellung die Konzentration auf die wichtigen Probleme erleichtert.

[126] Vgl. dazu und zum Folgenden die Darstellungen zur Entstehung des BRG bei Milert/Tschirbs S. 41ff, Herschel in Gedächtnisschrift Kahn-Freund S. 116ff, Hemmer in Festschrift Vetter S. 241ff, Gamillscheg in Liber Amicorum A.F. Schnitzer S.113ff und auch Stier-Somlo S. XVff.

[127] 42 Menschen starben bei Auseinandersetzungen zwischen Polizei und Demonstranten, die sich anläßlich der Lesung zum entsprechenden Gesetzentwurf vor dem Parlament eingefunden hatten. Dieser Vorgang zeigt sehr drastisch, wie spannungsgeladen die Diskussion um die Gestaltung des wirtschaftlichen Lebens und insbesondere um die Mitbestimmung war. Vgl. zu diesem tragischen Zwischenfall die sehr eindrückliche Schilderung in den stenographischen Berichten über den Abbruch der zweiten Beratung zum Gesetzentwurf eines Betriebsrätegesetzes, abgedr. in Verhandlungen der verfassunggebenden Deutschen Nationalversammlung Bd. 331, S. 4196ff.

[128] Neben dem BRG dienten auch schon die o.g. betriebsverfassungsrechtlichen Nachkriegsregelungen dem Ziel, durch ein sehr *abgeschwächtes* Einfließenlassen „radikaler Ideen" auf eine solche Beruhigung hinzuwirken, die radikalen Vorstellungen von Minderheiten also zu „kanalisieren" und damit vor allem auch zu verhindern, daß sich diese durchsetzen konnten.

[129] Vgl. zur Anknüpfung an die Tradition bisheriger Arbeiterausschüsse und ihrer Befugnisse sowie zu gewissen Erweiterungen die Begründung zum Regierungsentwurf des BRG, abgedr. in Verh. d. verfassunggebenden Deutschen Nationalversammlung Bd. 338, Drucks. Nr. 928, S. 17ff. S. des weiteren Herschel in Gedächtnisschrift Kahn-Freund S. 116ff, Milert/Tschirbs S. 41ff sowie Reichold S. 235f.

Trotzdem brachte das BRG gerade auch für den Bereich der Kündigungsbeteiligung mit umfangreichen Regelungen eine wesentliche Weiterentwicklung gegenüber der bisherigen Rechtslage.

1) Das Einspruchsverfahren nach den §§ 84 ff BRG

a) Die gesetzliche Regelung

So sahen die §§ 84ff BRG nun ab einer Betriebsgröße von 20 Arbeitnehmern[130] ein Einspruchsverfahren vor. Dieses begann, sofern der Arbeitnehmer beim Gruppenrat[131] innerhalb von fünf Tagen nach der vom Arbeitgeber ausgesprochenen Kündigung einen Einspruch einlegte. Gemäß der abschließenden Aufzählung in § 84 I Nr. 1-4, II BRG konnte dieser auf folgende Einspruchsgründe gestützt werden: Daß die Kündigung (1.) wegen der Geschlechtszugehörigkeit, wegen politischer, militärischer, konfessioneller oder gewerkschaftlicher Tätigkeit oder Zugehörigkeit zu einem solchen Verein oder Verband erfolgte, daß sie (2.) ohne Angabe von Gründen oder (3.) wegen Weigerung, dauernd andere Arbeit als die bei der Einstellung vereinbarte zu verrichten, ausgesprochen wurde, bzw. daß die Kündigung (4.) eine unbillige, nicht durch das Verhalten des Arbeitnehmers oder durch Verhältnisse des Betriebs bedingte Härte darstellte oder daß sie (5.) im Falle fristloser Kündigung ohne einen zu einer solchen berechtigenden Grund erfolgte[132]. Das Vorliegen von mindestens einem dieser Umstände war gemäß § 86 I 1 BRG bei der Einspruchseinlegung vom Arbeitnehmer darzulegen und zu beweisen[133]. Im übrigen war trotz des Vorliegens oben genannter Gründe das Einspruchsrecht ausgeschlossen, wenn der Arbeitnehmer in einem Tendenzbetrieb beschäftigt war, die Entlassung in Verfolgung einer gesetzlichen, tarifvertraglichen oder auf arbeitsgerichtlichem Beschluß beruhenden Pflicht erfolgte oder auf einer (Teil)-Stillegung des Betriebs beruhte (§ 85).

Gemäß § 86 II BRG kam dem Einspruch zwar keine aufschiebende Wirkung zu; nach seiner Erhebung hatte aber der Gruppenrat in einer „gerichtsartigen Tätigkeit" über Zulässigkeit und Begründetheit desselben zu entscheiden (§ 86 I 2

---

[130] S. §§ 1, 2, 92 BRG: in kleineren Betrieben kam nur die Wahl eines Betriebsobmannes in Betracht, der aber keine Beteiligungsrechte an Kündigungen hatte. Dazu auch Flatow/Kahn-Freund vor § 81, S. 421.

[131] Bei den Gruppenräten handelte es sich um spezielle von Angestellten- bzw. Arbeitermitgliedern des Betriebsrats gebildete Vertretungen für Arbeiter bzw. Angestellte. Sie waren Bestandteile des Betriebsrats. S. §§ 6, 15 BRG und näher Mansfeld § 15, S. 111.

[132] Die Bedeutung des Einspruchsgrunds unberechtigter fristloser Kündigung war umstritten. S. dazu Hueck/Nipperdey I S. 320f und Mansfeld § 84, S. 435ff.

[133] S. Mansfeld § 84 S. 425 und vgl. zu den streitigen Einzelheiten auch die etwas einschränkende Ansicht von Flatow/Kahn-Freund § 84, S.495f.

BRG). Dadurch bestimmte er zugleich, ob dem gekündigten Arbeitnehmer weitere Möglichkeiten offenstanden, gegen die Kündigung vorzugehen.
Hielt der Gruppenrat die Voraussetzungen eines Einspruchs nämlich für gegeben, so hatte er nach § 86 I 2 BRG durch Verhandlung eine Verständigung mit dem Arbeitgeber zu versuchen[134]. Blieb dieser Versuch eine Woche lang erfolglos, so lief erneut eine Fünftagesfrist, in der der betroffene Arbeitnehmer bzw. der Gruppenrat das Arbeitsgericht[135] anrufen konnte (§ 86 I 3 BRG), das dann endgültig über den Einspruch entschied (§ 87 I BRG). Hielt ihn dieses für zulässig und begründet, so bedeutete dies zwar nicht die Unwirksamkeit der Kündigung, da die Einspruchsgründe keine Unwirksamkeitsgründe waren, sondern die Kündigung nur sozial mißbilligenswert machten[136]. Der Arbeitgeber mußte aber nach seiner Wahl den Arbeitnehmer entweder weiterbeschäftigen oder ihm eine nach § 87 I BRG vom Gericht festzulegende Entschädigung zahlen[137].
Entschied der Gruppenrat dagegen, daß die Einspruchsfrist abgelaufen war oder keiner der Einspruchsgründe vorlag bzw. keiner dieser Gründe vom Arbeitnehmer bewiesen werden konnte, waren dem Arbeitnehmer weitere rechtliche Maßnahmen gegen die Kündigung abgeschnitten[138]. Der Gruppenrat hatte also durch Ausübung einer *Vorprüfungsfunktion* dafür zu sorgen, unberechtigte Einsprüche schon auf betrieblicher Ebene als aussichtslos zu unterbinden. Er war „Sperrinstanz“ für den Rechtsschutz[139]. Diese *Sperrfunktion* führte zwar zu Diskussionen in Rechtsprechung und Literatur, blieb aber anerkannt. Dabei reichte diese Anerkennung sehr weit, denn die Möglichkeit eines gerichtlichen Vorgehens blieb sogar für den Fall der Untätigkeit des Rats ausgeschlossen und eine Ausnahme

---

[134] Zu den möglichen Ergebnissen vgl. Mansfeld § 86, S. 448f und Feig-Sitzler § 86, S. 281. Es konnte z.B. auch der Gruppenrat von der Unbegründetheit des Einspruchs überzeugt werden, wodurch eine Klage wieder ausgeschlossen war.

[135] Hinsichtlich der Anrufung des Arbeitsgerichts wird relevant, daß der Untersuchung nicht das BRG in seiner ursprünglichen Fassung zugrundeliegt. Dazu schon o. Fn 125. Vgl. auch Mansfeld § 86, S. 443 und Herschel in Gedächtnisschrift Kahn-Freund S. 122f.

[136] S. dazu Mansfeld § 84, S. 429, Hueck/Nipperdey I S. 323f und auch Flatow/Kahn-Freund § 84, S.432.

[137] Vergingen nach der gerichtlichen Entscheidung drei Tage ohne entsprechende Entscheidung, so galt gemäß § 87 II BRG die Entschädigungszahlung als gewählt.

[138] Umkehrschluß aus § 86 BRG; vgl. nur Feig-Sitzler § 86, S. 280, Mansfeld vor § 84, S. 421 und § 86, S. 455f, Flatow/Kahn-Freund § 86, S. 497 und Hueck/Nipperdey I S. 326 sowie die in JW 1927, 2382 mitgeteilte Entscheidung des OLG Celle, Urt. v. 11.3.27 – 4 U 289/26. Das Recht etwaige Ansprüche aus dem Arbeitsvertrag gerichtlich geltend zu machen, wurde dadurch indes nicht völlig ausgeschlossen: So blieb z.B. die Möglichkeit, die Rechtswidrigkeit einer *fristlosen* Kündigung gerichtlich feststellen zu lassen und Lohnzahlung bis zum Ablauf der ordentlichen Kündigungsfrist zu verlangen, vgl. Feig-Sitzler a.a.O. Da das Einspruchsverfahren eine gültige Kündigung voraussetzte, war es auch immer möglich, gegen eine nichtige Kündigung zu klagen, vgl. Flatow/Kahn-Freund § 84, S. 441 a.E.

[139] So z.B. ausdrücklich Hueck/Nipperdey I S. 326. Von „Sperren“ ist auch bei Mansfeld § 86, S. 445f die Rede. Vgl. zur „Sperrinstanz“ des weiteren Heinze Rn 450ff.

von dieser Sperrfunktion war, soweit ersichtlich, allenfalls dann in eng begrenzten Sonderfällen denkbar, wenn die Untätigkeit des Rats auf „grober Pflichtverletzung" beruhte[140].

Wenn es auch leider an empirischen Erkenntnissen fehlt, die zuverlässig darüber Auskunft geben könnten, welche Bedeutung der Beteiligung des Gruppenrats in der betrieblichen Praxis wirklich zukam, so läßt sich aus einer Reihe von Urteilen und Äußerungen doch auf eine erhebliche tatsächliche Bedeutung des Einspruchsverfahrens und des Auftretens des Gruppenrats als „Sperrinstanz" schließen. Die §§ 84ff BRG dürften aufgrund von Interessenkonflikten in einer erheblichen Zahl von Fällen mehr eine Schranke für die Anwendung des Kündigungsschutzes, denn eine Hilfe für den einzelnen Arbeitnehmer gewesen sein[141].

b) Sinn und Zweck der Sperrfunktion der Kündigungsbeteiligung

Daß 1920 Regelungen zur Beschränkung der Kündigungsfreiheit Gesetz wurden, überrascht angesichts der damaligen desolaten wirtschaftlichen Situation in der Nachkriegszeit, die von wirtschaftlicher Demobilmachung und der damit verbundenen sehr schlechten Lage auf dem Arbeitsmarkt geprägt war, nicht[142]. Es machten sich damals die schon lange bestehenden Mißstände der völligen Kündigungsfreiheit[143] sehr stark und unangenehm bemerkbar, was gerade ange-

---

[140] Eine Übersicht über die Diskussion bietet Stöckl, S. 65ff. Zur Anerkennung und zu Ausnahmen von der „Sperrfunktion" vgl. auch die Nennungen bei Blomeyer in Gedächtnisschrift Dietz S. 159 und Flatow/Kahn-Freund § 86 S. 497ff. S. zu einem Ausnahmefall, in dem der Gruppenrat, die Entlassung eines Arbeitnehmers aus sachfremden Gründen geradezu erpreßt hatte, die Schlichtungsausschußentscheidung in NZfA 1921, 350. Zum Wunsch nach Schaffung eines individualrechtlichen Kündigungsschutzes vgl. Hueck in Molitor S. 215ff und die weiteren Nennungen bei Reichold S. 273.
Soweit das rechtliche Vorgehen gegen die Kündigung aufgrund der §§ 84ff BRG ausgeschlossen war, war wohl ein Schadensersatzanspruch über die §§ 823 II, 826 BGB gegen den Gruppenrat denkbar. S. dazu RAGE 1, 71, Feig-Sitzler § 86, S. 279f und Mansfeld vor § 84, S. 421; a.A. OLG Celle JW 1927, 2382f. Vgl. dazu auch Stöckl S. 84f.

[141] Urteile, die auf die Schrankenfunktion der §§ 84ff BRG hinweisen sind z.B. RGZ 105, 132 und 106, 238, OLG Celle JW 1927, 2382f und LG Mainz JW 1921, 1558. Weitere Nennungen finden sich auch bei Reichold S. 273. Daß die Vermittlungsarbeit eines Ausschusses aber auch durchaus Erfolge haben konnte, zeigt der Tätigkeitsbericht eines Ausschusses bei Milert/Tschirbs S. 137.

[142] S. dazu schon o. S. 34 und auch Herschel in Gedächtnisschrift Kahn-Freund S. 121.

[143] Z.B. das gängige Kündigen als Maßregelung aus „nichtigsten" Gründen, die Entlassung „aus ganz geringfügigen Ursachen" oder als „Reaktion" auf den Abschluß von Tarifverträgen. Vgl. dazu die Äußerungen in den Beratungen zum BRG, abgedr. in: Verh. d. verfassunggebenden Deutschen Nationalversammlung, Bd. 329, S. 2723, 2727, 2746 und Bd. 331, S. 4223.

sichts der diskutierten rechtlichen Neugestaltung des wirtschaftlichen Umfelds wiederum schnell zur Erinnerung an schon vor dem Krieg von Sozialpolitikern erhobene Forderungen nach Beschränkungen der Kündigungsfreiheit führen mußte[144].

Da die §§ 84ff des BRG in ihrer konkreten Ausgestaltung aber ein so extremes Beispiel eines kollektivrechtlichen Kündigungsschutzes und damit des eingangs der Untersuchung dargelegten „Spannungsverhältnisses" darstellten und vom heutigen Verständnis eines individualrechtlichen Kündigungsschutzes äußerst befremdlich erscheinen, ist es durchaus angebracht, etwas eingehender zu untersuchen, wie es zu dieser Regelung kam. Dabei interessiert vor allem, ob die gewählte Gestaltung vielleicht auf einer ganz gezielten Umsetzung von gesetzgeberischen Vorstellungen hinsichtlich Sinn und Zweck bzw. der Funktion der Kündigungsbeteiligung beruhte.

aa) Die „seltsame" bzw. „eigenartige Mischung"[145] von Kollektiv- und Individualinteressen in den §§ 84ff BRG löste schon bald nach ihrem Inkrafttreten eine Diskussion darüber aus, welche Vorstellungen des Interessenschutzes in ihnen wohl zum Ausdruck kamen. So wurde z.T. ein *kollektivistischer* Standpunkt vertreten[146], der allein den Schutz der Kollektivinteressen in den Vordergrund rückte. Demzufolge war die Einordnung der §§ 84ff in das BRG keine der Neuregelung zuzuschreibende Ungenauigkeit, sondern vielmehr eine systematisch konsequente Entscheidung für das Kollektivrecht und gegen die Zuordnung dieser Normen zum Arbeitsvertragsrecht. Nach dieser Ansicht beruhte die durch die §§ 84ff BRG gebotene Möglichkeit, unberechtigten Entfernungen einzelner Arbeitnehmer aus dem Betrieb vorzubeugen, nicht auf einer die Individualinteressen verfolgenden „wohlfahrtspflegerischen" Sicht, sondern diente vordringlich kollektiven Interessen, indem die Zugehörigkeit zur *Betriebsgemeinschaft,* also die Bindung des Einzelnen an das Gemeinwesen, gestärkt werden sollte[147].

---

[144] Vgl. Flatow/Kahn-Freund vor § 81, S. 420.

[145] S. Hueck/Nipperdey I S. 315 und Mansfeld vor § 84, S. 418f.

[146] Vgl. z.B. Herschel Arbeitsgericht 1928, Sp. 225ff und 1930, Sp. 142ff sowie - aus heutiger Sicht - auch Heinze Rn 15ff. Vgl. auch insgesamt zur dogmatischen Einordnung des „Räte-Rechts" der Weimarer Zeit, die durchaus noch im Wandel begriffen war, Reichold 217ff.

[147] Der Schutz des Individuums erschien danach mehr als ein Reflex, während vordringlich der soziologische Zweck einer (Betriebs-)Verfassung verfolgt wurde, indem man den Einzelnen „innerlich an das Gemeinwesen fesseln", ihm das „verwachsen" mit „seinem" Betrieb ermöglichen und so durch „Bodenständigkeit" die Gemeinschaft stärken wollte. Vgl. zum Ganzen Herschel Arbeitsgericht 1930, Sp. 144 und zur Gegenwärtigkeit dieses Betriebsgemeinschaftsdenken im Gesetzgebungsverfahren den Bericht zur 1. Beratung des BRG in: Verh. d. verfassunggebenden Deutschen Nationalversammlung Bd. 329, S. 2725.
Vgl. dazu und zu dem Umstand, daß in diesem alten – nicht unbedingt richtigen – kollektivistischen Verständnis der Betriebsgemeinschaft die Wurzeln des Ultima-ratio-Grundsatzes sowie des Prognoseprinzips liegen und im Versuch Herschels, diese für die außerordentliche

Zum Teil wurde diese kollektivistische Sichtweise aber auch im Hinblick auf die Veränderungen, die die Regelungen der §§ 84ff BRG im Gesetzgebungsverfahren gegenüber dem Regierungsentwurf erfahren hatten und die eine deutliche Tendenz hin zum *Individualschutz* aufwiesen, abgelehnt und stattdessen in der Regelung eine gemischte Berücksichtigung von Kollektiv- und Individualinteressen gesehen. Der Schutz letzterer sollte dabei – wenn auch in unterschiedlichem Umfang – ein wirklich eigenständiges Ziel der Regelung sein[148]. Diese Ansicht betonte, daß das Initiativrecht bezüglich des Einspruchs nun eben nicht mehr der Arbeitnehmervertretung sondern *allein* dem Arbeitnehmer oblag, der später gegebenenfalls auch selbst klagen konnte[149], und daß letztlich auch die endgültige Fassung der Einspruchsgründe den Individualschutz deutlich zum Ausdruck brachte[150].

Kündigung über Parallelen im Ehescheidungsrecht zu behaupten, somit nicht etwa die Propagierung von Rechtsänderungen, „die den Verfechtern der völkisch-rassistischen Rechtserneuerung im Sinne des Nationalsozialismus vorgezeichnet waren" (so Rüthers NJW 1998, 1438), gesehen werden kann, Löwisch BB 1998, 1794f.

[148] Vgl. Hueck/Nipperdey I S. 304, 314f, Feig/Sitzler § 86, S. 279 und Mansfeld vor § 84, S. 418f, 421. Unter Berufung auf die zuvor genannten Veränderungen im Gesetzgebungsverfahren wurde der Zweck der Kündigungsbeteiligung wohl teilweise sogar vordringlich bzw. ausschließlich im Schutz des einzelnen Arbeitnehmers gesehen, so daß die Regelungen systematisch dem Arbeitsvertragsrecht zuzuordnen seien. Speziell dazu Hueck/Nipperdey a.a.O. sowie Hueck in JW 1934, 1025.

[149] Wenn nach dem BRG auch das Klagerecht des Arbeitnehmers neben dem des Gruppenrats bestand – natürlich immer nur, wenn letzterer den Einspruch bestätigte – so hatte doch, trotz des vorausgesetzten Bestehens des Betriebsrats, allein der Arbeitnehmer das Recht das Einspruchsverfahren in Gang zu bringen und er konnte es durch Rücknahme des Einspruchs auch beenden und dem Gruppenrat somit „entziehen". Dies galt selbst dann, wenn dieser schon dessen Begründetheit beschlossen und geklagt hatte. Vgl. Flatow/Kahn-Freund § 86, S. 496, Mansfeld § 84, S. 418f und Hueck/Nipperdey I, S. 314f.
Im Regierungsentwurf eines Betriebsrätegesetzes (Verh. d. verfassunggebenden Deutschen Nationalversammlung Bd. 338, Drucksache Nr. 928) sollte dagegen noch *allein* der Betriebsrat, der 6 Stunden vor Ausspruch einer Kündigung informiert werden mußte, einspruchsberechtigt sein, wenn u.a. wichtige Gründe die Entlassung als Verstoß gegen die berechtigten Interessen des Betriebs oder der Arbeitnehmerschaft erscheinen ließen (§ 40 II RegEntw). Und es sollte auch *allein* der Betriebsrat den Schlichtungsausschuß um eine abschließende Entscheidung anrufen können, sofern die Verhandlungen mit dem Arbeitgeber scheiterten.

[150] Dies legten nicht nur die Einspruchsgründe des § 84 I Nr. 2 u. 3 BRG nahe - anders wohl Heinze Rn 15ff –, sondern auch der Umstand, daß die Generalklausel nur noch die auf den Arbeitnehmer bezogene *unbillige Härte* und nicht mehr, wie noch in § 40 des Regierungsentwurfs, die Einlegung des Einspruchs wegen einer Entlassung in Widerspruch zu den berechtigten Interessen *des Betriebs* oder der Arbeitnehmer*schaft* vorsah. Die genannten Umgestaltungen im Gesetzgebungsverfahren waren auch Grund für die mißbilligende Formulierung Kahn-Freunds, die eine „Depravierung" des an sich kollektivrechtlich gedachten Mitbestimmungsrechts durch eine Stempelung zum Individualrecht konstatierte (zit. nach Reichold S. 272).

bb) Diese Meinungen waren indes nur Versuche, die damals mit den §§ 84ff BRG vorgegebene Rechtslage zu interpretieren und sie handhabbar zu machen, sie dürften dagegen kaum die gesetzgeberischen Überlegungen vor der Gestaltung der Kündigungsbeteiligung widerspiegeln. So steht vielmehr zu vermuten, daß der Gesetzgeber selbst solch klar differenzierte Erwägungen hinsichtlich der beiden verschiedenen Interessengruppen bei Erlaß des Gesetzes noch gar nicht angestellt hatte[151]. Die konkrete Gestaltung der §§ 84ff BRG mit dem Gruppenrat als „Sperrinstanz" war wohl vielmehr eine aus der damaligen Situation folgende „Zufälligkeit".

Wie aus der Begründung des Regierungsentwurfs zum BRG zu ersehen ist, ging diese Regelung der Kündigungsbeteiligung auf Entwicklungen vor dem eigentlichen Gesetzgebungsverfahren zurück. Neben dem allgemeinen Hinweis auf die Fortschreibung der Tradition der Arbeiterausschüsse wurde dort u.a. explizit eine Einigung genannt, die zur Beendigung des damaligen Angestelltenstreiks gefunden worden war[152]. Eben diese wurde hinsichtlich der Kündigungsbeteiligung durch die §§ 39, 40 des Regierungsentwurfs größtenteils wörtlich übernommen und bildete so die Grundlage für die Entwicklung des Einspruchsverfahrens der §§ 84ff BRG sowie für die Einbettung des Kündigungsschutzes in das Kollektivrecht[153].
Die Gestaltung der §§ 84ff BRG beruhte also nicht auf einer ursprünglich vom Gesetzgeber ausgehenden Idee, sondern ging auf Bemühungen der Arbeitnehmerschaft zurück, die in der damaligen Situation einfach bestrebt sein mußte, als eine Einheit zu erscheinen und so einen dualistischen Gegensatz zwischen Arbeitgeber und Arbeitnehmer*schaft* aufzubauen, der eine Institutionalisierung von

---

[151] Schließlich lassen sich ja die unterschiedlichen Bewertungen des mit den §§ 84ff BRG bezweckten Interessenschutzes jeweils sehr gut aus der Regelung des BRG begründen – vgl. nur die Regelung im betriebsverfassungs- und damit kollektivrechtlichem Rahmen sowie die Sperrfunktion bzw. andererseits die individualistischen Umgestaltungen im Gesetzgebungsverfahren. Bei Reichold S. 270f wird dies indes als bemerkenswerter Kompromiß zwischen Kollektiv- und Individualinteressen gewertet.

[152] Vgl. Begründung zum Regierungsentwurf, abgedr. in: Verh. d. verfassunggebenden Deutschen Nationalversammlung Bd. 338 Drucks. Nr. 928, S. 17ff. Die den Angestelltenstreik beendende „Vereinbarung zwischen dem Verband der Berliner Metallindustriellen und der Vertretung der beteiligten Angestelltenverbände und der Streikleitung, betreffend das Mitbestimmungsrecht bei Einstellungen und Entlassungen vom 19. April 1919" ist abgedr. bei Hoeniger/Wehrle Anhang A 3, S. 264.

[153] S. Begründung zum Regierungsentwurf S. 18f (a.a.O.) und vgl. auch die erste Beratung zum Gesetzentwurf eines Betriebsrätegesetzes, in: Verh. d. verfassunggebenden Deutschen Nationalversammlung, Bd. 329, S. 2722f. Dazu auch Flatow/Kahn-Freund vor § 81 S. 420 und § 84 S. 451. Nach einer Stellungnahme des Reichsverbandes der deutschen Industrie zum Entwurf des BRG, soll die Einführung der Kündigungsbeteiligung ein rein zufälliger Vorgang gewesen sein, der letztlich nur auf die Suche nach einer Streikparole im Angestelltenstreik zurückzuführen sei.

Arbeitnehmervertretungen ermöglichte. Erst dies bot eine erfolgversprechende Möglichkeit, die absolute Machtstellung des Arbeitgebers etwas zu beschneiden und elementarste Belange der Arbeitnehmer durchzusetzen[154].

Damit hängt wohl auch die Schaffung eines vom Betriebsrat abhängigen Kündigungsschutzes zusammen. Herschel bemerkt zum BRG, daß dieses und seine §§ 84ff nicht aus der „materiellen" sondern aus der *„formellen Sozialpolitik"* hervorgegangen seien[155]. Dies beschreibt, daß die sozialpolitische Diskussion damals schlicht von dem Versuch beherrscht wurde, über die Durchsetzung des Mitbestimmungsrechts eine Demokratisierung der Wirtschaft herbeizuführen und dadurch die Probleme zu lösen. In den radikalen Forderungen nach einem Rätesystem sowie in den moderateren Bestrebungen, die Mitbestimmung durchzusetzen, stand die „formelle" Frage der Demokratisierung, also der Neugestaltung des Ablaufs betrieblicher Entscheidungsprozesse durch Mitspracherechte der Arbeitnehmer im Vordergrund. Die einzelnen *materiellen* Mitbestimmungspunkte dienten dabei lediglich als notwendige „Aufhänger" für die Mitbestimmungsdiskussion, während die Mitbestimmung als solche – durch die Ausschaltung des als Grundproblem angesehenen Alleinentscheidungsrechts des Arbeitgebers – die Arbeitswelt ganz allgemein einer gerechten Gestaltung zuführen und so die einzelnen Problemkreise automatisch mitlösen sollte.

Da damals die baldige Verwirklichung der Mitbestimmung möglich schien, lag es wohl auch für den Gesetzgeber nahe, nicht für jeden einzelnen Mißstand in den Arbeitsverhältnissen eine eigene Lösung auf individualrechtlicher Ebene zu erarbeiten. Vielmehr bot es sich an, der drängenden Probleme durch entsprechende Regelungen der Mitbestimmung Herr zu werden, und so sah man hinsichtlich des Kündigungsschutzes das Einspruchsverfahren vor[156].
Daß der Gestaltung der §§ 84ff BRG mit dem Gruppenrat als Sperrinstanz die Problematik möglicher Interessenkonflikte zwischen Kollektiv und Individuum innewohnte, war dem Gesetzgeber aufgrund gerade im Kündigungsbereich noch nicht ausreichend bewußter Differenzierung zwischen Kollektiv- und Individu-

[154] Vgl. dazu auch Stöckl S. 29, 64ff.
[155] S. Herschel Arbeitsgericht 1930, Sp. 143.
[156] Sofern in den Beratungen des Parlaments zum BRG die Regelung der Kündigungsbeteiligung begrüßt wurde, geschah dies schlicht unter Hinweis auf die Notwendigkeit Maßnahmen zu ergreifen, die dem bisherigen Mißbrauch der Kündigungsfreiheit entgegentreten, wobei in diesen Äußerungen vor allem die Ungerechtigkeit der bisherigen Praxis gegenüber dem einzelnen Arbeitnehmer eine Rolle spielte. Daß die Umsetzung über das Einspruchsverfahren im BRG offensichtlich nicht problematisch erschien, zeigt sich am Fehlen jeglicher Begründung dafür, daß trotz der verstärkten Integration von Individualinteressen im BRG weiter an der Abhängigkeit von Bestehen und Entscheidung des Gruppenrats und dem somit vorhandenen Gruppenbezug festgehalten wurde.

alinteressen wohl noch gar nicht gegenwärtig[157]. Einzig der Ausschluß betriebsratsloser Betriebe aus dem Bereich des Kündigungsschutzes wurde zunächst als problematische Folge seiner kollektivrechtlichen Gestaltung erkannt. Aber auch dies wurde letztlich nicht als hinderlich angesehen[158]. Die Problematik des den §§ 84ff BRG innewohnenden Interessenkonflikts stellte so eine wichtige Erfahrung dar, die erst die Anwendung des BRG mit sich brachte.

cc) Somit läßt sich als Ergebnis festhalten, daß mit der Regelung der §§ 84ff BRG damals schlicht der Schutz vor Kündigungen durch die Kündigungsfreiheit beschränkende Regelungen beabsichtigt war. Daß dabei für den Kündigungsschutz der Weg über betriebsverfassungsrechtliche Regelungen gegangen wurde, lag in der damaligen Situation einfach nahe und ging wohl nicht auf differenzierte Überlegungen zur Schutzrichtung zurück. Zwischen den Kollektiv- und den Individualinteressen wurde diesbezüglich noch nicht ausreichend unterschieden, sondern es ging schlicht um den Schutz vor Kündigungen. Und insofern ist festzustellen, daß mit dem BRG auch die absolute Kündigungsfreiheit durch Gründe sozialer Mißbilligung, auf die sich der Arbeitnehmer berufen konnte, zumindest etwas eingeschränkt wurde. Der Betriebsrat wurde dann als *Kontrollinstanz* tätig und prüfte, ob solche Gründe wirklich vorlagen; er hatte also nicht mehr nur die Aufgabe, lediglich beratend durch tatsächliches Einwirken auf den Willen des Arbeitgebers Einfluß zu nehmen[159]. Damit festigte sich eine ganz wesentliche Weiterentwicklung der Kündigungsbeteiligung.
Daß die konkrete Ausgestaltung des Einspruchsverfahrens den Gruppenrat letztlich zu einer *„Sperrinstanz"* machte, beruhte wohl auf der Überlegung, die Ge-

---

[157] So wurde im Gesetzgebungsverfahren zwar erhebliche Kritik am Regierungsentwurf mit seinen Beteiligungen an personellen Einzelmaßnahmen geäußert. Diese richtete sich aber in der Regel gegen die Mitbestimmung an Einstellungen. Nur für diesen speziellen Fall sah man offenbar einen möglichen Interessenkonflikt zwischen Betriebsrat und dem, indes außerhalb des Betriebs stehenden, Individuum. Die Kündigungsbeteiligung wurde dagegen nur selten kritisiert und ein möglicher Interessenkonflikt dort nicht beachtet. Die vereinzelten Einwände folgten meist schlicht aus einer allgemeineren Ablehnung des Mitbestimmungsrechts in gewissen Kernbereichen unternehmerischer Dispositionsfreiheit. Vgl. dazu die Beratungen zum Gesetzentwurf eines Betriebsrätegesetzes, abgedr. in: Verh. d. verfassunggebenden Deutschen Nationalversammlung, Bd. 329, S. 2721, Bd. 331, S. 4203ff, Bd. 332, S. 4356ff.

[158] Daß durch die Regelung im BRG große Teile der Arbeitnehmerschaft ohne Kündigungsschutz gestellt zu werden drohten, führte wohl zur Stellung der Anträge Nr. 220 und 221, die den Kündigungsschutz zu einem echten Individualrecht machen sollten. Diesen Forderungen trat man mit den Argumenten entgegen, daß der Schutz von Arbeitnehmern ohne Betriebsrat erst durch andere Gesetze zu verwirklichen sei, die Regelungen des BRG mithin keine „Entrechtung" einer Vielzahl von Arbeitnehmern darstelle. S. dazu den Ausschußbericht zu den Beratungen über das BRG, abgedr. in: Verh. d. verfassunggebenden Deutschen Nationalversammlung, Bd. 340, S. 1928 und die erste (a.a.O. Bd. 329, S. 2736) sowie die zweite Beratung zum Entwurf eines Betriebsrätegesetzes, a.a.O., Bd. 331, S. 4219.

[159] Vgl. die früheren Beteiligungen der Arbeiterausschüsse.

richte vor einer Flut unberechtigter Klagen zu schützen. Die darin liegende Gefahr von Interessenkonflikten wurde zunächst nicht erkannt. Erst im Laufe der Anwendung des BRG erwies sich, daß die Regelung aufgrund dieser Problematik verfehlt und zu korrigieren war[160].

2) Die Beteiligung nach § 74 BRG

a) Die Regelung

Neben den §§ 84ff BRG enthielt das Betriebsrätegesetz mit § 74 noch eine weitere interessante, allerdings wegen geringerer Auswirkungen auf die kündigungsschutzrechtliche Position des Individuums weniger problematische Regelung zur Kündigungsbeteiligung.
Das BRG enthielt zwar keine den Demobilmachungsverordnungen entsprechende Regelung, die generell die Beteiligung des Betriebsrats vor dem Ausspruch von Kündigungen vorsah[161], so daß eine präventive Einflußnahmemöglichkeit des Betriebsrats auf Auswahlentscheidungen nicht mehr grundsätzlich gegeben war[162]. Aber § 74 BRG sah eine Pflicht zur Beteiligung vor Ausspruch der Kündigung zumindest für die Fälle der Durchführung von *Betriebsänderungen* vor, die „die Einstellung oder die Entlassung einer größeren Zahl von Arbeitnehmern erforderlich" machten[163]. Dann hatte sich der Arbeitgeber mit dem Betriebsrat „möglichst längere Zeit vorher über Art und Umfang der erforderlichen Einstellungen und Entlassungen und über die Vermeidung von Härten bei letzteren ins Benehmen zu setzen"[164].

---

[160] Daß die Sperrinstanzregelung überwiegend für verfehlt gehalten wurde, zeigten v.a. auch die gesetzgeberischen Tätigkeiten nach 1945; dazu sogleich unten. Vgl. zum Versuch, die Sperrinstanzregelung der §§ 84ff BRG dennoch dogmatisch einzuordnen, z.B. Hueck ZHR 1921, 391ff. S. dazu auch Reichold S. 275.

[161] Die §§ 84ff BRG sahen eben nur eine *fakultative* Beteiligung *nach* Ausspruch der Kündigung vor.

[162] Auch § 78 Nr. 8 BRG regelte keine solche Einflußmöglichkeit, da er nur für Einstellungsrichtlinien galt.

[163] § 74 BRG gebraucht den Begriff „Betriebsänderung" noch nicht, sondern umschreibt ihn als „Erweiterung, Einschränkung oder Stillegung des Betriebs ... oder Einführung neuer Techniken oder neuer Betriebs- oder Arbeitsmethoden". Die Beurteilung der weiteren Voraussetzung einer „größeren Zahl" zu entlassender Arbeitnehmer war eine Fallfrage, die im wesentlichen von der Größe des Betriebs abhing. Sie war dann anzunehmen, wenn die Zahl der aus den genannten betrieblichen – nicht etwa aus anderen – Gründen Gekündigten erheblich über den Rahmen des gewöhnlichen Belegschaftswechsels hinausging. S. dazu insgesamt Mansfeld § 74, S. 359f.

[164] Nach § 74 BRG bestand zwar eine Pflicht des Arbeitgebers zur Betriebsratsbeteiligung, aber es handelte sich insofern nur um eine „Ordnungsvorschrift", die zumindest keine unmittelbar rechtliche Sanktion für die Wirksamkeit der Entlassungen enthielt, wenn gegen sie ver-

Schon die für das BRG ungewöhnliche Formulierung des „ins Benehmen setzen" macht die Anlehnung dieser Vorschrift an die vorher geschilderten Demobilmachungsverordnungen deutlich[165]. So statuierte auch § 74 BRG nicht etwa ein echtes Mitbestimmungsrecht, das eine Zustimmung des Betriebsrats erforderte, sondern verlangte nur dessen „geistige Mitwirkung" im Sinne der Vorschlagsunterbreitung, bei der seine Zuziehung und eine sachgemäße Aussprache mit ihm über „Art und Umfang" verlangt wurde. Er war also über Zeitpunkt und vor allem auch über die für die Veränderungen erforderlichen Maßnahmen anzuhören[166]. Eine Einigung über die zu Entlassenden war dabei lediglich das „erstrebenswerte" Ziel[167].

Erfolgten Kündigungen „im Benehmen" mit dem nach § 74 BRG beteiligten Betriebsrat, so war ein direkter Einfluß auf die kündigungsschutzrechtliche Position der betroffenen Arbeitnehmer nicht ausdrücklich vorgesehen. Zu erwähnen ist aber, daß entsprechende Einigungen für diese doch erhebliche Folgen gehabt zu haben scheinen. Denn es wurde wohl eine Bindung des Betriebs- bzw. Gruppenrats angenommen, der den entsprechenden Kündigungsaussprüchen dann im Verfahren nach den §§ 84ff BRG keinen Einspruch wegen unbilliger Härte der Kündigung mehr entgegenhalten konnte. Das bedeutete, sofern er nicht wegen anderer Einspruchsgründe einschreiten wollte, letztlich den Ausschluß des Kündigungsschutzes[168].

---

stoßen wurde. S. Mansfeld § 74, S. 359f, 362 und Flatow/Kahn-Freund § 74 S. 374f. Dort auch dazu, daß bei einem Verstoß § 823 II BGB nicht griff, sondern ggf. nur die Strafvorschriften der §§ 90ff BRG galten. Es wurde lediglich teilweise diskutiert, bei einer Nichtanhörung eine Vermutung dafür sprechen zu lassen, daß der Arbeitgeber bei der Auswahl der zu Kündigenden nicht mit der nötigen Sorgfalt vorgegangen sei, und ihm deswegen den Nachweis des Nichtvorliegens einer unbilligen Härte aufzuerlegen, so zumindest Mansfeld § 74, S. 362.

[165] S. Flatow/Kahn-Freund § 74, S. 373 und vgl. auch die Begründung zum Regierungsentwurf, abgedr. in: Verh. d. verfassunggebenden Deutschen Nationalversammlung Bd. 338 Drucks. Nr. 928, S. 17ff.
Etwas str. war bei § 74 BRG, ob statt des Betriebsrats nicht vielleicht der Gruppenrat zuständig sein sollte, wenn nur Arbeitnehmer einer Gruppe betroffen waren, dazu Mansfeld § 74, S. 360 m.w.N.

[166] S. Mansfeld § 74, S. 361 und Flatow/Kahn-Freund § 74, S. 374. Dementsprechend wurde wohl auch das Merkmal „längere Zeit vorher" ausgelegt: es bestand ein gewisses Ermessen des Arbeitgebers, aber er mußte die Beteiligung so rechtzeitig vorher beginnen, daß der Betriebsrat noch Ermittlungen anstellen und begründete Gegenvorschläge machen konnte, s. Mansfeld a.a.O.

[167] Vgl. Mansfeld § 74, S. 361.

[168] Kam also eine Einigung zustande, sollte sie wohl durchaus Bedeutung für das Verfahren nach den §§ 84ff BRG haben – so zumindest Mansfeld a.a.O. –, indem die Geltendmachung einer unbilligen Härte im Einspruchsverfahren nach § 84ff BRG ausgeschlossen sein sollte, wenn der Betriebsrat zugestimmt hatte. So sollte die Entscheidung des Betriebsrats auch für

b) Die Funktion dieser Betriebsratsbeteiligung

§ 74 BRG bot somit als gewisse Fortführung der schon in den Demobilmachungsverordnungen vorhandenen Bestimmungen wieder eine Gelegenheit zur tatsächlichen, präventiven Einflußnahme auf den Kündigungswillen des Arbeitgebers – diesmal indes nur bezogen auf den Sonderfall von Betriebsänderungen. Der Zweck der Beteiligung lag neben der Auseinandersetzung und gegebenenfalls Verständigung über die unternehmerische Entscheidung der Betriebsänderung als solcher[169] wohl gerade auch in der *Verständigung über die Auswahl* der zu kündigenden Arbeitnehmer. Wegen der deutlichen Anlehnung an die genannten Bestimmungen der Demobilmachungsverordnungen steht dabei zu vermuten, daß die Beteiligung vor allem auch der Wahrung sozialer Gesichtspunkte bei der Auswahl der zu Kündigenden diente[170]. Da im Unterschied zur Situation nach den Demobilmachungsverordnungen keine ausdrückliche gesetzliche Vorgabe des Auswahlmaßstabs vorlag, waren diesbezüglich wohl die alten Auswahlvorgaben der Demobilmachungsverordnungen zu beachten[171].
Für den die Auswahl der zu Kündigenden betreffenden Teil der Funktion der Betriebsratsbeteiligung nach § 74 BRG war also grundsätzlich wieder die bereits zu den Demobilmachungsverordnungen geschilderte *Beratungsfunktion* gegeben. Nimmt man die erwähnte Bindungswirkung des Ins-Benehmen-Setzens für das Einspruchsverfahren nach den §§ 84ff BRG an, so ist des weiteren festzuhalten, daß dem Betriebsrat auch schon *vor Ausspruch* der Kündigungen über § 74 BRG die oben zu den §§ 84ff BRG geschilderte *Rechtmäßigkeitsprüfungsfunktion mit Sperrwirkung* zukommen konnte.

---

den Gruppenrat bindend sein, weil es gegen Treu und Glauben verstieße, dem Arbeitnehmer trotzdem den Klageweg zu eröffnen. Vgl. i.ü. die Darstellung zu den §§ 84ff BRG o. S. 34ff.

[169] Insofern wurden über die Beteiligung an der wirtschaftlichen Angelegenheit der Betriebsänderung selbst, zunächst einmal Kollektivinteressen geschützt. Vgl. zum Schutz kollektiver Interessen durch diese Vorschrift auch Mansfeld § 74, S. 359.

[170] Möglich waren z.B. Abgangsentschädigungen und auch das Hinwirken auf die „Beobachtung gewisser Richtlinien bezüglich der Reihenfolge der Entlassung“, denen der zwar aufgehobene, aber „als Richtschnur nach wie vor verwendbare § 13 der VO v. 12.2.20“ zugrundegelegt werden konnte. S. dazu Flatow/Kahn-Freund § 74, S. 374. Vgl. auch Mansfeld § 74, S. 359, 361.

[171] Vgl. die Fn zuvor.

III) Die Kündigungsbeteiligung im Gesetz zur Ordnung der nationalen Arbeit von 1934

Das Ende des Betriebsrätegesetzes kam unter der Herrschaft der Nationalsozialisten. Diese erließen 1934 das *Gesetz zur Ordnung der nationalen Arbeit*[172] (AOG), dessen §§ 56ff nun statt der §§ 84ff BRG den Kündigungsschutz und die Kündigungsbeteiligung regelten.

1) Die Regelung des Kündigungsschutzes und der Kündigungsbeteiligung in den §§ 56ff AOG

Nach § 56 I AOG hatte in Betrieben mit in der Regel mindestens zehn Beschäftigten ein Arbeitnehmer nach einjähriger Beschäftigungszeit das Recht, durch eine innerhalb von zwei Wochen vor dem Arbeitsgericht erhobene Widerrufsklage eine unbillige und nicht durch die Verhältnisse des Betriebs bedingte Härte der Kündigung geltend zu machen. Damit konnte zwar wiederum nicht die Weiterbeschäftigung erzwungen werden, aber so bestand zumindest ein Entschädigungsanspruch, sofern der Arbeitgeber im Falle eines Obsiegens des Arbeitnehmers die Weiterbeschäftigung ablehnte (§§ 57f AOG).

Dabei war es nach dem AOG für die Erhebung der Klage nicht mehr Voraussetzung, daß der *Vertrauensrat*, als die in diesem Gesetz vorgesehene „Arbeitnehmervertretung", einen an ihn gerichteten Einspruch für begründet erklärte. Der Vertrauensrat hatte nach Ausspruch einer Kündigung lediglich über diese zu beraten. § 56 II AOG verlangte daneben nur noch, daß der Arbeitnehmer seiner Klage eine Bescheinigung über die Erfolglosigkeit dieser Beratung beifügte, wobei auch dies überflüssig war, wenn überhaupt kein Vertrauensrat bestand oder der gekündigte Arbeitnehmer den Vertrauensrat rechtzeitig angerufen, dieser aber nicht innerhalb von fünf Tagen reagiert hatte[173]. Der Kündigungsschutz des AOG war somit individualrechtlich ausgestaltet, da er weder vom Bestehen

---

[172] Vom 20.1.1934, RGBl. I 1934, S. 45ff. Angemerkt sei auch noch, daß neben dem für die Privatwirtschaft gültigen AOG auch noch das AOGÖ (RGBl. I 1934, S. 220ff) für öffentliche Betriebe geschaffen wurde, für die nach § 22 AOGÖ die §§ 56 ff AOG indes entsprechend galten, s. Hueck/Nipperdey AOG Vorbem. § 56 Rn 4.

[173] Rechtzeitige Anrufung bedeutete innerhalb von fünf Tagen nach der Kündigung. Zu gewissen Unklarheiten dieser gesetzlichen Regelung s. z.B. Wessel Deutsches Arbeitsrecht 1934, 140f, der noch weitere Ausnahmen von der Vorlagepflicht herleiten will. Vgl. dazu auch Hueck/Nipperdey AOG § 56 Rn 25 m.w.N.

noch von einem bestimmten Verhalten der Arbeitnehmervertretung abhängig war; eine „Sperrfunktion“ kam ihr also nicht mehr zu[174].

2) Der Vertrauensrat: ein nationalsozialistischer Bruch in der geschichtlichen Entwicklung betrieblicher Arbeitnehmervertretungen

Betrachtet man einfach den Gesetzestext der §§ 56ff AOG, so scheint eine wesentliche, die entscheidenden Schwächen der §§ 84ff BRG beseitigende und moderne Weiterentwicklung eingetreten zu sein. Denn dem Arbeitnehmer wurde ein festgeschriebener Kündigungsschutz gewährt und diese kündigungsrechtliche Position war nicht mehr von einer Arbeitnehmervertretung abhängig, sondern letztere wurde nur noch neben dem Kündigungsschutz nachträglich vermittelnd tätig. Um die §§ 56ff AOG wirklich sachgerecht in die geschichtliche Entwicklung der Kündigungsbeteiligung einordnen zu können, bedarf es aber der Berücksichtigung weiterer Punkte.

a) Die Unvereinbarkeit einer mitbestimmungsrechtlichen Arbeitnehmervertretung mit der nationalsozialistischen Ideologie

So ist zunächst einmal festzustellen, daß mit dem AOG nicht einfach die Geschichte der Betriebsverfassung fortgeführt wurde. Denn die Tätigkeit einer Arbeitnehmervertretung wurde nicht etwa grundsätzlich akzeptiert und lediglich die entscheidende Einflußnahme auf den Kündigungsschutz abgelehnt. Es lag vielmehr insgesamt ein „Bruch in der geschichtlichen Entwicklung“ der Betriebsverfassung vor[175]. In der nationalsozialistischen Ideologie war für die Institution einer Arbeitnehmervertretung schlicht überhaupt kein Raum, da das AOG das Führersystem nun auch auf die Betriebsebene übertrug[176]. So bestand für eine mitbestimmungsberechtigte Arbeitnehmervertretung keinerlei „Notwendigkeit” mehr, sie war sogar mit der propagierten „Betriebsgemeinschaft“ , in der es keinen Raum für ein Klassendenken oder Interessengegensätze zwischen Gemeinschaft und Individuum geben konnte, unvereinbar[177]. Dementsprechend war

[174] Vgl. dazu Hueck/Nipperdey AOG § 56 Rn 23f und Mansfeld AOG § 56, S. 502f. Nur konsequent war es insofern, daß in den §§ 56ff auch kein eigenes Klagerecht des Vertrauensrats gegen die Kündigung vorgesehen war.

[175] Dieser „Bruch“ wird konstatiert bei GK-BetrVG/Wiese Einleitung Rn 15. Vgl. dazu und zur folgenden Beschreibung der Aspekte, die deutlich machen, daß der Vertrauensrat keine Arbeitnehmervertretung im bisherigen Sinne war, auch Kranig S. 41ff.

[176] So hatte nach den §§ 1, 2 AOG der Unternehmer „als Führer des Betriebes” gegenüber seiner ”Gefolgschaft” allein zu entscheiden und für deren „Wohl ... zu sorgen”, wobei diese ihm „die in der Betriebsgemeinschaft begründete Treue“ halten mußte.

[177] Vgl. dazu Mayer-Maly RdA 1989, 234 und Kranig S. 44f

auch die Regelung der Berufung des Vertrauensrats in § 9 AOG überhaupt nicht darauf ausgelegt, den Arbeitnehmern unabhängigen Einfluß auf die Zusammensetzung zu gewähren und somit eine Grundlage für echte Beteiligungsrechte zu bieten. Stattdessen war der Vertrauensrat vielmehr eine vom Arbeitgeber sowie der nationalsozialistischen Führung abhängige Hülle ohne mitbestimmungsrechtlichen Wert und diente wohl vordringlich der staatlichen Kontrolle der Betriebe[178].

b) Die zweifelhafte „Verbesserung" des individualrechtlichen Kündigungsschutzes

Des weiteren ist es zwar richtig, daß das AOG, neben der Beseitigung unnötiger Formalismen und der Klärung alter Streitfragen, gerade auch wegen des individualrechtlich und damit von der Arbeitnehmervertretung unabhängig gestalteten Kündigungsschutzes Aufmerksamkeit und Lob erfuhr[179]. Aber auch diesbezüglich bietet eine von der Gesamtsituation isolierte Betrachtung des Gesetzestextes ein verzerrtes Bild der damaligen Wirklichkeit. Herschel stellte mit Recht fest, daß das Gesetz zwar mit dem Kollektivismus, wie er noch im BRG vorhanden war, brach, es aber trotzdem noch weit von einem wirklich individualistischen Arbeitsrecht entfernt war[180], da es keine Überwindung kollektivistischer Regelungen *zugunsten* des Interessenschutzes des Individuums gab. Die Beseitigung der „Sperrfunktion" erfolgte nicht im Interesse einer Verbesserung des Schutzes des Individuums und der Emanzipation seiner Interessen vom Kollektivrecht, sondern das AOG zielte darauf ab, die, wie

---

178 Vgl. zum Ganzen Kranig S. 42f. Das Wahlrecht für die Vertrauensmänner lag zwar grundsätzlich bei der Arbeitnehmerschaft, doch das Vorschlagsrecht der Vertrauensmännerwahlliste stand dem Unternehmer und dem Obmann der Nationalsozialistischen Betriebszellenorganisation zu. Sofern diese sich nicht einigten oder die Liste von der Arbeitnehmerschaft nicht akzeptiert wurde, konnte letztlich der Treuhänder der Arbeit, dies war ein Reichsbeamter, der dem Arbeitsminister unterstand, Vertauensmänner berufen. Es war also sichergestellt, daß der Vertauensrat aus der Partei ergebenen Leuten bestand, die sich trotz des Wortlauts der §§ 6 II, 10 AOG in Wirklichkeit vordringlich um die staatliche Überwachung des Betriebs kümmerten, dazu Wiese in JuS 1994, 102.
Im übrigen fehlte es dieser „Arbeitnehmervertretung" auch an der institutionellen Unabhängigkeit vom Arbeitgeber, weil er selbst dem Vertrauensrat angehörte, diesem sogar vorstand und dessen Handlungsfähigkeit von ihm abhängig war, wobei dem Vertrauensrat durchsetzbare Rechte gegenüber dem „Führer des Betriebs" völlig fehlten. Aufgrund der konsequenten Umsetzung des Führerprinzips konnte von Mitbestimmung gar nicht und von Mitwirkungsrechten nur sehr begrenzt gesprochen werden. S. dazu Hemmer in Festschrift Vetter, S. 241 (dort Fn 1), Kranig S. 41ff und vgl. auch Hueck/Nipperdey AOG Vorbem. § 56 Rn 1.

179 Vgl. z.B. Hueck/Nipperdey AOG vor § 56 Rn 1f und Mansfeld AOG vor § 56, S. 488ff.

180 Herschel Soziale Praxis 1934, Sp. 362f.

schon dargelegt, „störende“ Existenz eines Betriebsrats und seiner Beteiligungsrechte zu beseitigen.

So kam in dem tatsächlich durch die §§ 56ff AOG gebotenen Kündigungsschutz auch mehr eine nationalsozialistische Beseitigung von Rechten, denn eine Verbesserung zum Ausdruck; in der praktischen Anwendung des Gesetzes spielte der Schutz des Einzelnen nur eine untergeordnete Rolle[181]. Insofern täuschten die Buchstaben des Gesetzes über die Realität, da das AOG natürlich auch im Sinne des „nationalsozialistischen Geistes“ ausgelegt wurde. Wie geschickt das nationalsozialistische Regime bei der Einführung dieses „verbesserten“ Kündigungsschutzes gehandelt hatte, zeigt sich darin, daß dieser „verbesserte“ Schutz die Interessen des Regimes nicht nur nicht belastete, sondern sich sogar als überaus nützliches Hilfsmittel zur gezielten Entlassung – und damit zur Zerstörung der Lebensgrundlage – unliebsamer Personen nutzen ließ:
Aus den vielen Einspruchsgründen des § 84 BRG war nun die Generalklausel der unbillig harten und nicht durch die Verhältnisse des Betriebs bedingten Kündigung geworden. Mögen die Einspruchsgründe Nr. 1-3 des alten § 84 BRG in der Praxis auch nie große Bedeutung erlangt haben, so kam doch dem Wegfall der Nr. 1 mit seiner ausdrücklichen Erwähnung der Mißbilligung von Kündigungen wegen „....politischer, ..., konfessioneller oder gewerkschaftlicher Betätigung“ bzw. Zugehörigkeit zu einer entsprechenden Gruppe geradezu Signalwirkung für die Rechtsprechung zu, die oft nicht zögerte, die so gewonnene Auslegungsfähigkeit der Begriffe *unbillige Härte* und *Betriebsbedingtheit* im politisch beeinflußten Sinne zu gebrauchen[182].
Insgesamt steht zu vermuten, daß die Nationalsozialisten nur aus Angst vor sozialem Unfrieden und dem Wiederaufkommen klassenkämpferischer Bestrebun-

---

181 Diese geringe Bedeutung des Einzelnen in arbeitsrechtlichen Fragen zeigte sich in der allgegenwärtigen Betonung der harmonisch-idealisierten „Betriebsgemeinschaft“ und in der Berufung auf den „gemeinen Nutzen von Volk und Staat“ bzw. die „Volksgemeinschaft“. Vgl. dazu Kranig S.44f und Rüthers in AuR 1970, 102-107. Vgl. zum „Aufbauen auf der weltanschaulichen Grundlage des Nationalsozialismus“ auch Herschel Soziale Praxis 1934, Sp. 362f und Sp. 392f sowie als Beispiel für die damalige Begründung der Gestaltung des Kündigungsschutzes nach den §§ 56ff AOG Mansfeld AOG S. 30f und vor § 56, S. 488f – Mansfeld war bei der Ausarbeitung des Entwurfs federführend gewesen.

182 Vgl. Kranig S. 47f, die Beispiele bei Rüthers AuR 1970, 106f und auch Mansfelds Äußerung – zitiert nach Löwisch BB 1998, 1794f –, die den damaligen Wunsch der für das Gesetz verantwortlichen Personen deutlich macht, mit der unbilligen Härte einen „elastischen“ Begriff zu erhalten, den man „mit nationalsozialistischem Inhalt“ erfüllen konnte. Insofern erschienen damals auch die Objektivierungsbestrebungen Herschels i.S.d. Ultima-ratio-Prinzips als unerwünscht, vgl. dazu auch schon o. Fn 147. Den Erfolg dieser Vortäuschung eines verbesserten Schutzes erkennt man auch an der Wertschätzung als unpolitisch und arbeitnehmerfreundlich, die der Gesetzgebung der Nationalsozialisten zum Arbeitsrecht zunächst durchaus auch von vielen der nationalsozialistischen Ideologie oft fernstehenden Beteiligten entgegengebracht wurde. Vgl. dazu auch Rüthers AuR 1970, 107.

gen, also aus rein taktischem Machtkalkül, einen Kündigungsschutz als symbolisch wichtigen Teil des Arbeitsrechts zumindest plakativ beibehielten, um den Anschein der „Arbeiterpartei“ zu wahren[183].

3) Zwischenergebnis

Weil das AOG aus den genannten Gründen einen „Bruch“ in der betriebsverfassungs- und kündigungsrechtlichen Entwicklung darstellte, war die Regelung der §§ 56ff AOG nur von sehr eingeschränkter Bedeutung für die Entwicklung der Kündigungsbeteiligung. Es ist hier somit lediglich festzuhalten, daß mit dem AOG die unglückliche „Sperrfunktion“ der Arbeitnehmervertretung, die das Betriebsrätegesetz gebracht hatte, beseitigt und der, zumindest dem Gesetzeswortlaut nach bestehende, Kündigungsschutz allein in die Hand des Arbeitnehmers gelegt wurde. Daraus Schlußfolgerungen bezüglich der Funktion der „Arbeitnehmervertretung“ im Rahmen der Kündigungsbeteiligung zu ziehen, verbietet sich dagegen aufgrund der geschilderten Umstände.

183 Warum der Kündigungsschutz mit der Abschaffung des BRG nicht vollständig in Wegfall geriet, sondern trotz des fehlenden Willens Individualinteressen zu schützen durch die §§ 56ff AOG ersetzt wurde, läßt sich aufgrund der Zerstörung von Akten zur Entstehungsgeschichte nicht gesichert feststellen, s. Kranig S. 38. Es spricht jedoch vieles für ein Handeln aus reinem Machtkalkül, denn das nationalsozialistische Regime sah es zur Erreichung seiner Ziele als notwendig an, die Arbeitnehmerschaft zu befrieden und den Schein der NSDAP als „Arbeiterpartei“ zu waren, vgl. Mayer-Maly RdA 89, 234, 238. Die völlige Beseitigung der den Arbeitnehmern zugute kommenden Kündigungsschutzvorschriften hätte diese Bestrebungen aufgrund der sowieso schon schlechten wirtschaftlichen Lage und der daraus resultierenden Unzufriedenheit der Bevölkerung wohl erheblich gefährdet. Gerade bei Abbau von Rechten in diesem sensiblen Bereich hätten leicht erhebliche Spannungen, sozialer Unfriede und daraus folgend das Wiederauftreten klassenkämpferischer Bestrebungen entstehen können, die das NS-Regime geradezu fürchtete; vgl. dazu Kranig Arbeitsrecht S. 17ff. So bedurfte es eines „Ersatzes“ für die §§ 84ff BRG.
Spätere Beschränkungen der Kündigungsfreiheit wie z.B. der Arbeitsplatzwechselverordnung zeigen noch deutlicher, daß Arbeitnehmer durch staatliche Regelungen zwar in gewisser Weise Schutz vor Kündigungen erfuhren, die Regelungen aber ganz andere Ziele verfolgten, denn im Fall der angesprochenen Verordnung ging es einzig um die Bewältigung des Mangels an Arbeitskräften durch eine aus nationalsozialistischer Sicht volkswirtschaftlich sinnvoll erscheinende staatliche Lenkung der Verteilung der Arbeitskräfte. Vgl. dazu v.Hoyningen-Huene/Linck KSchG Einleitung Rn 15.

IV) Die Kündigungsbeteiligung in den Landesgesetzen der Nachkriegszeit

Nach dem Ende der nationalsozialistischen Herrschaft stellte zunächst das von den Besatzungsmächten erlassene *Kontrollratsgesetz Nr. 22* (KRG) die Bildung von Betriebsräten, die schon unmittelbar nach Kriegsende unter Berufung auf das an sich nicht mehr in Kraft befindliche BRG erneut begonnen hatte, wieder auf eine gesetzliche Grundlage[184]. Dabei legte es allerdings nur die Grundsätze des Betriebsrätewesens fest und wies den Betriebsräten somit nur sehr zurückhaltend Aufgaben zu, zu denen keine unmittelbaren Beteiligungsbefugnisse sowie insbesondere keine Kündigungsbeteiligungen gehörten[185]. Die konkrete Bestimmung von Befugnissen überließ das KRG als Rahmenregelung vielmehr den nach seinem Art. V 1 b, 2 möglichen Vereinbarungen von Betriebsordnungen zwischen Arbeitgeber und Arbeitnehmerschaft. Tatsächlich kam es vielerorts recht schnell zum Abschluß solcher Betriebsvereinbarungen, die wohl z.T. auch von der in Art. V 1 b, 2 KRG explizit vorgesehenen Möglichkeit, Regelungen zur Kündigungsbeteiligung zu schaffen, Gebrauch machten[186].

Bedeutender, als es diese vielfältigen betriebsinternen Vereinbarungen sein konnten, waren für die hier interessierenden Aspekte der Rechtsentwicklung indes Regelungen, die staatlicherseits in Ländern der *französischen und amerikanischen Besatzungszone*[187] ergingen. Dort wurden zur „Konkretisierung" des

---

[184] Das KRG, abgedr. z.B. bei Anders C 22, hob zwar nicht die nach dem Zusammenbruch des Nationalsozialismus hinfälligen Regelungen des AOG und AOGÖ auf, was erst durch die Kontrollratsgesetze Nr. 40 und 56 geschah, schuf aber die Grundlage für die erneuten Betriebsratsbildungen. Vgl. Art. 1 KRG und dazu GK-BetrVG/Wiese Einleitung Rn 17 m.w.N.

[185] S. GK-BetrVG/Wiese Einleitung Rn 17 und vgl. auch Arnold S. 18f.

[186] Vgl. zu dem vielschichtigen Bild, daß sich aufgrund der vielen, schon in der ersten Zeit nach Erlaß des KRG geschlossenen Betriebsvereinbarungen bot, z.B. Arnold S. 20ff, Nikisch BB 1947, 90 und Hueck BlStSozArbR 1949, 134 Fn 22.

[187] Entsprechende Ländergesetze gab es in der britischen und der sowjetischen Besatzungszone dagegen in der Regel nicht: So blieben in der britischen Besatzungszone Regelungen zu Mitbestimmungsrechten und damit auch der Kündigungsbeteiligung grundsätzlich den genannten Betriebsvereinbarungen vorbehalten. Eine Ausnahme von diesem Verzicht auf gesetzliche Regelungen bildete lediglich das schleswig-holsteinische *Gesetz zur Regelung vordringlicher Angelegenheiten des Betriebsräterechts,* vom 3.5.50 - GuVOBl. 1950, 169ff. So blieb der Schutz vor Kündigungen in der britischen Besatzungszone mangels gesetzlicher Regelungen grundsätzlich allein der Rechtsprechung überlassen, die dem mit der Anwendung der §§ 138, 242 BGB zu genügen versuchte, was zwar inhaltlich zu einem ansprechenden Schutz führte, aber eben auch mit erheblichen Streitfragen und erheblicher Rechtsunsicherheit belastet war. Vgl. dazu insgesamt Herschel/Steinmann KSchG Vorgeschichte S. 12f, Hueck KSchG Einleitung S. 18f, ders. in BlStSozArbR 1949,134f und Göller S. 90.
Auch in der sowjetischen Besatzungszone blieb das schon im Oktober 1945 in Thüringen ergangene und 1949 aufgehobene *Gesetz über die Bildung vorläufiger Betriebsräte, ihrer Rechte und Aufgaben*, das unter anderem ein Mitbestimmungsrecht der Betriebsräte bei Ent-

KRG schon bald eine ganze Reihe von Landesgesetzen erlassen, die angelehnt an das Vorbild des BRG – aber doch modifizierend und dessen Beteiligung z.T. erweiternd – den Betriebsräten wieder unmittelbare Mitbestimmungs- und Mitwirkungsrechte zuwiesen[188]. Dabei spielten Kündigungsbeteiligung und Kündigungsschutz eine ganz wesentliche Rolle. Denn durch die Aufhebung des AOG und das Fehlen entsprechender Regelungen im KRG bestand zunächst keine gesetzliche Regelung eines Kündigungsschutzes mehr und diese Regelungslücke konnte von der Rechtsprechung nur notdürftig behoben werden[189].
Die deswegen entstandenen Kündigungsregelungen der einzelnen Länder wiesen eine Vielzahl z.T. erheblicher Unterschiede auf, die in dieser Untersuchung nicht umfassend dargestellt werden können und sollen[190]. Einzugehen ist hier jedoch auf die Grundzüge der jeweiligen Beeinflussung der kündigungsrechtlichen Situation betroffener Arbeitnehmer durch den Betriebsrat.

1) Die Beibehaltung der „Sperrfunktion" des Betriebsrats in manchen Landesgesetzen

So ergingen in Rheinland-Pfalz, Bayern und Bremen wieder Regelungen, die den Betriebsrat in einer dem BRG 1920 entsprechenden Weise als *"Sperrinstanz"* über das Eingreifen des Kündigungsschutzes entscheiden ließen.

---

lassungen vorsah, eine Ausnahme. Die Regelung der Mitbestimmung des Betriebsrats blieb dort fast völlig betrieblichen bzw. tariflichen Vereinbarungen überlassen. Vgl. dazu insgesamt Roesch RdA 1949, 179 und Arnold S. 24f. Ab 1948 treten in der sowjetischen Besatzungszone schließlich die Betriebsgewerkschaftsleitungen, das waren Vertretungen der gewerkschaftlich organisierten Arbeitnehmer, in zunehmendem Maße an die Stelle der Betriebsräte und wurden so mehr und mehr zum Träger betrieblicher Mitbestimmungsrechte, dazu Roesch a.a.O.; dabei kann dahinstehen, inwieweit in den Betriebsgewerkschaftsleitungen damals noch unabhängige Arbeitnehmervertretungen gesehen werden konnten, denn da die allgemeinpolitische Situation immer mehr auf die Trennung vom westlichen Teil zusteuerte, beeinflußte die Entwicklung in der Ostzone die weitere Gesetzgebungsgeschichte zur Kündigungsbeteiligung in der Bundesrepublik Deutschland nicht mehr.

[188] Vgl. GK-BetrVG/Wiese Einleitung Rn 18 und für einen Überblick über die Regelungen Arnold S. 24ff.

[189] S. zu den Problemen der Rechtsprechungslösungen schon o. Fn 187 und Nikisch BB 1947, 89.

[190] Für einen umfassenden Überblick über die Unterschiede des Kündigungsschutzes in vier dieser Ländergesetze vgl. z.B. Hueck in BlStSozArbR 1949, 119ff, 131ff.

a) Die Regelung in Rheinland-Pfalz

Dabei kopierte die rheinland-pfälzische Regelung[191] (rpBRVO) mit ihren §§ 46, 48 die §§ 84, 86 BRG fast wörtlich und übernahm auf diese Weise das Einspruchsverfahren des BRG in den entscheidenden Punkten nahezu unverändert[192]. Dementsprechend hatte der betroffene Arbeitnehmer dem Betriebsrat die Einspruchsgründe darzulegen und zu beweisen, damit dieser als „Sperrinstanz" die Berechtigung des Einspruchs prüfen konnte. Nur wenn er sie bejahte, wurde ein Verständigungsversuch unternommen, dessen Scheitern überhaupt erst eine Klagemöglichkeit des Betriebsrats oder des Arbeitnehmers eröffnete[193].
Ein Unterschied zum BRG bestand lediglich im Hinblick auf § 48 IV rpBRVO. Dieser sah für Betriebe mit weniger als fünf Arbeitnehmern, die wegen ihrer Größe zur Errichtung eines Betriebsrats bzw. zur Wahl eines Vertrauensmannes zu klein waren, die Möglichkeit des Gekündigten vor, innerhalb einer zehntägigen Frist unmittelbar das Arbeitsgericht anzurufen. Zumindest insofern erhielt der Kündigungsschutz eine individualrechtliche Ausgestaltung.

b) Die Regelung in Bayern

Die bayerische Regelung[194] (bayerBRG) orientierte sich zwar nicht ganz so streng am Wortlaut des BRG, enthielt in ihren §§ 67ff aber auch ein, bis auf kleinere Veränderungen[195], diesem alten Vorbild doch inhaltlich fast entsprechendes Einspruchsverfahren. Auch hier war die Möglichkeit des betroffenen Arbeitnehmers, gegen die Kündigung zu klagen, wohl davon abhängig, daß der

---

[191] *Landesverordnung über die Errichtung und Tätigkeit von Betriebsräten* vom 15.5.47, VOBl. 1947, 258ff.

[192] Abgesehen vom praktisch wenig bedeutsamen Wegfall eines Einspruchsgrunds und klarstellenden Regelungen zum Einspruchsverfahren bei fristlosen Entlassungen.

[193] Entsprechend der einhelligen Ansicht zum alten BRG – s. dazu schon o. S. 34ff – und der wörtlichen Übernahme der Regelung im rpBRVO wurde nun auch hier wieder aufgrund eines Umkehrschlusses aus § 48 II von der „Sperrfunktion" ausgegangen. Vgl. dazu nur Hueck BlStSozArbR 1949, 131.

[194] Die hier untersuchte bayerische Regelung ist das nach Gründung der BRD geschaffene *Betriebsrätegesetz* vom 25.10.50, GuVOBl. 1950, 227ff, die aber bezüglich des Kündigungsrechts auf das nahezu inhaltsgleiche und durch § 126 bayerBRG aufgehobene *Kündigungsschutzgesetz,* GuVOBl. 1947, 165ff, zurückgeht.

[195] Die Formulierung der Generalklausel der Einspruchsgründe folgt der Formulierung des AOG, das Einspruchsrecht entsteht nach dem bayerBRG erst nach einer Mindestbeschäftigungszeit, die Einspruchsfrist weicht etwas ab und in § 76 bayerBRG wird der Fall der fristlosen Kündigung eindeutiger geregelt.

Betriebsrat seinen Einspruch, der auf die schon nach dem BRG vorgesehenen Einspruchsgründe gestützt werden konnte, für berechtigt hielt[196].
Allerdings wich auch die bayerische Regelung insofern vom Vorbild des BRG ab, als § 69 II bayerBRG den Kündigungsschutz rein individualrechtlich gestaltete, sofern der Betrieb zwar regelmäßig mindestens fünf Arbeitnehmer zählte, aber die nach § 11 bayerBRG für die Betriebsratsbildung notwendige Zahl von zehn Arbeitnehmern nicht erreichte[197].

c) Die Regelung in Bremen

An der „Sperrfunktion" des Betriebsrats hielt darüber hinaus auch das bremische Betriebsrätegesetz[198] (bremBRG) fest. Dieses kannte zwar kein Einspruchsverfahren mehr, sondern verpflichtete nun vielmehr den *Arbeitgeber* dazu, den Betriebsrat *vor* Ausspruch der Kündigung zu unterrichten und dessen Zustimmung einzuholen. Die aus bestimmten Gründen mögliche Zustimmungsverweigerung hatte aber eben nicht nur aufschiebende Wirkung hinsichtlich des Ausspruches der Kündigung[199], sie war vielmehr gemäß § 40 I bremBRG auch Voraussetzung für ein Klagerecht des Gekündigten[200]. Beachtenswerterweise gab es im

---

[196] § 69 bayerBRG ordnete an, daß der Klage eine Bescheinigung über den Verständigungsversuch, der nach der Bejahung der Begründetheit des Einspruchs durch den Betriebsrat erfolgte, beizufügen war. Entsprechend der Anlehnung an das BRG sah man in dieser Anordnung die Bestimmung einer Zulässigkeitsvoraussetzung, der nicht genügt wurde, wenn keine Bescheinigung vorlag, weil der Betriebsrat den Einspruch abgelehnt und deswegen keinen Verständigungsversuch unternommen hatte, so daß dem Betriebsrat auch nach dem bayrBRG die Funktion einer "Sperrinstanz" zukam. So z.B. Hueck BlfStSozArbR 1949, 131 m.w.N. für das bayerKSchG, dessen Regelungen nahezu unverändert in das bayerBRG übernommen wurden - vgl. dazu Oechsle in RdA 1950, 441f, 444. Zumindest vereinzelt wurde dies wohl allerdings bestritten, s. Müller BB 1948, 534f und Hübner RdA 1950, 52f auch jeweils zum bayerKSchG.

[197] Diese Möglichkeit einer individualrechtlichen Ausgestaltung bestand nach dem bayerKSchG – s. o. Fn 194 – noch nicht.

[198] *Ausführungsgesetz zu Artikel 47 der Landesverfassung der freien Hansestadt Bremen (Bremisches Betriebsrätegesetz)* vom 10.1.49, GBl. 1949, 7ff.

[199] Vgl. dazu Galperin RdA 1949, 92. Die Gründe, aus denen die Zustimmung verweigert werden konnte, wichen trotz des unterschiedlichen Wortlauts wohl inhaltlich nicht erheblich von den alten Einspruchsgründen des BRG ab; auch dazu Galperin a.a.O. Interessant ist in diesem Zusammenhang, daß eine Zustimmungsverweigerung ohne Vorliegen dieser Gründe gemäß ausdrücklicher Regelung in den §§ 50, 51 sanktionsbewehrt war.

[200] Vgl. dazu Galperin RdA 1949, 92. Auch nach dem bremBRG bestand i.ü. bei erfolgreicher Klage grundsätzlich ein Wahlrecht des Arbeitgebers, ob er den Arbeitnehmer entschädigen oder weiterbeschäftigen wollte – s. dazu § 41 bremBRG und Galperin a.a.O. S. 93.

bremBRG auch keine von dieser Klagevoraussetzung absehende Ausnahmevorschrift für Betriebe, die für die Bildung eines Betriebsrats zu klein waren[201].

2) Die Beseitigung der „Sperrfunktion" des Betriebsrats durch manche Landesgesetze

In den Landesgesetzen von Hessen, Württemberg-Baden, Württemberg-Hohenzollern und Baden wurde dagegen die Abhängigkeit des Kündigungsschutzes von einer bestimmten Entscheidung des Betriebsrats und somit dessen „Sperrfunktion" beseitigt.

a) Die Regelung in Hessen

Nach den §§ 42ff des Betriebsrätegesetzes des Landes Hessen[202] (hessBRG) war eine Beteiligung des Betriebsrats *vor* Ausspruch einer ordentlichen Kündigung vorgesehen[203], bei der er seine Zustimmung verweigern konnte, wenn die Kündigung unbillig hart und nicht durch die Umstände des Betriebs bedingt war. Einer etwaigen Verweigerung mußte dann ein Verständigungsversuch mit dem Arbeitgeber folgen (§ 42 hessBRG). Aber ganz unabhängig davon, wie der Betriebsrat sich entschied, konnte sowohl der Arbeitgeber die Kündigung aussprechen, als auch der Arbeitnehmer nach § 43 hessBRG eine Widerrufsklage beim Arbeitsgericht erheben[204]. Damit hing der Kündigungsschutz nicht mehr von einer bestimmten Entscheidung der Arbeitnehmervertretung ab, die somit nicht mehr „Sperrinstanz" für denselben war. Der Klage war lediglich eine Bescheinigung des Betriebsrats beizufügen, die über dessen *Entscheidung* Auskunft

---

[201] Dazu Galperin RdA 1949, 92 Fn 3. Da nach § 1 bremBRG Betriebsräte in Betrieben ab fünf Arbeitnehmern zu errichten waren, blieb in den unter dieser Grenze liegenden „Kleinstbetrieben" und in den doch häufigeren Fällen gesetzwidriger Nichtbildung von Betriebsräten der Kündigungsschutz ausgeschlossen.

[202] *Betriebsrätegesetz für das Land Hessen* vom 31.5.48, GuVOBl. 1948, 117ff. Zu beachten ist, daß für den Fall der Einzelkündigung die §§ 42ff dieses Gesetzes leges speciales gegenüber den §§ 37ff sind. S. dazu Engler BRG S. 190.

[203] Schon hier wurde i.ü. das Problem diskutiert, ob eine Nichtbeteiligung die Unwirksamkeit der Kündigung zur Folge haben sollte. Vgl. Kauffmann RdA 1949, 176 und Müller BB 1948, 535.

[204] Hatte die Klage Erfolg, so wurde der Arbeitgeber im Urteil grundsätzlich zum Widerruf der Kündigung verpflichtet und es wurde festgestellt, daß er den Arbeitnehmer weiterhin zu beschäftigen hatte. Eine Entschädigung statt des Widerrufs kam dagegen nur im Ausnahmefall in Betracht. Vgl. § 44 hessBRG.

gab[205]. Es bestand also allenfalls die Möglichkeit eines gewissen tatsächlichen Einflusses auf die gerichtliche Entscheidung[206] über die Begründetheit der Klage.

Entgegen dem allgemeinen Trend blieb allerdings auch in diesem Gesetz das grundsätzliche Eingreifen des Kündigungsschutzes weiterhin an das Bestehen eines Betriebsrats gebunden[207].

b) Die Regelung in Württemberg-Baden

Im Kündigungsschutzgesetz von Württemberg-Baden[208] war dagegen sowohl die Bindung des Kündigungsschutzes an eine bestimmte Betriebsratsentscheidung als auch die Abhängigkeit vom Bestehen eines Betriebsrats beseitigt. Auch dieses Gesetz sah zwar ein am alten BRG orientiertes Einspruchsverfahren und damit eine gewisse Anknüpfung an den Betriebsrat vor[209]. Der Kündigungsschutz setzte aber, da § 2 II, III wübaKSchG für die Klageerhebung des Betroffenen nur noch die Vorlage einer Bescheinigung über die *erfolgte Anrufung* des Betriebsrats verlangte, keine bestimmte *Entscheidung* über den Kündigungseinspruch des Arbeitnehmers mehr voraus. Selbst diese Bescheinigung über die Anrufung mußte nicht vorgelegt werden, wenn der Arbeitnehmer nachwies, daß er den Betriebsrat fristgerecht angerufen hatte, bzw. glaubhaft machte, daß er trotz aller ihm zumutbaren Sorgfalt verhindert gewesen war, dies zu tun.

---

205 Diese Pflicht zur Vorlage der Bescheinigung wurde wohl überwiegend nicht als Prozeßvoraussetzung angesehen, so daß der Betriebsrat auch nicht durch pflichtwidriges Unterlassen der Ausstellung die Klagemöglichkeit verhindern konnte. Vgl. dazu Engler BRG S. 212, Kauffmann RdA 1949, 175f und Müller BB 1948, 535.

206 Zu diesem möglichen Einfluß Engler BRG S. 211, 214f.

207 Vgl. § 43 hessBRG, der es zwar für unerheblich hält, ob der Betriebsrat den Einspruch billigt, aber dessen Bestehen erkennbar voraussetzt und eben keine Ausnahmebestimmung für Betriebe ohne Betriebsrat enthält. S. dazu Kauffmann RdA 1949, 175, Hueck BlfStSozArbR 1949, 120 und vgl. auch Göller S. 87; a.A. Engler BRG S. 211f. Nach § 2 hessBRG bestand ab fünf Arbeitnehmern eine Pflicht zur Betriebsratsbildung.

208 *Gesetz Nr. 708. Kündigungsschutzgesetz* vom 18.8.48, RegBl. 1948, 134ff. Regelungen zur Kündigungsbeteiligung und zum Kündigungsschutz finden sich für Württemberg-Baden zwar auch im *Gesetz Nr. 726 über die Beteiligung der Arbeitnehmer an der Verwaltung und Gestaltung der Betriebe der Privatwirtschaft* vom 18.8.48, es ist hier aber dennoch allein das KSchG einschlägig, da diese Regelungen des "Beteiligungsgesetzes" Nr. 726 gemäß dessen § 13 nach Inkrafttreten dieses KSchG nicht mehr greifen sollten. Vgl. Gros in RdA 1948, 128 und Löwisch/Müller BRG § 13, S. 25.

209 S. §§ 1, 2 wübaKSchG. Auch nach dem wübaKSchG hatte der Arbeitgeber bei Erfolg der Klage grundsätzlich noch ein Wahlrecht zwischen Entschädigung und Widerruf der Kündigung.

Vor allem schuf aber § 3 wübaKSchG für alle Arbeitnehmer in betriebsratslosen Betrieben die Möglichkeit der unmittelbaren Widerrufsklage ohne Einschaltung eines Betriebsrats. Damit bestand in diesen Fällen ein rein individualrechtlicher Kündigungsschutz.

c) Die Regelung in Württemberg-Hohenzollern

Ganz entsprechend stellte sich die Rechtslage nach dem Betriebsrätegesetz von Württemberg-Hohenzollern[210] (wühoBRG) dar. Wenn dieses Gesetz auch insgesamt so stark an das BRG angelehnt war, daß es in seiner Präambel sogar als abgeänderte Fassung desselben dargestellt wurde, so war in den §§ 84ff wühoBRG der Kündigungsschutz letztlich doch unabhängig vom Bestehen und bestimmten Entscheidungen des Betriebsrats geregelt[211]. Dies beruhte auf den §§ 86 II, III und 86a wühoBRG, die größtenteils wörtliche Übernahmen der vorgenannten § 2 II, III und 3 wübaKSchG waren[212].

d) Die Regelung in Baden

Besonders bemerkenswert ist die Ausgestaltung des badischen Betriebsrätegesetzes[213] (badBRG), das ebenfalls die Abhängigkeit des Kündigungsschutzes sowohl vom Bestehen als auch von einer bestimmten Entscheidung des Betriebsrats beseitigte. Hierbei wurde allerdings trotz der Regelung des Kündigungsschutzes im kollektivrechtlichen Rahmen eines Betriebsrätegesetzes in einem bisher nicht gekannten Maße zwischen Kündigungsschutz und Kündigungsbeteiligung differenziert.
Während in den vorgenannten Gesetzen der Kündigungsschutz immer noch mit der Kündigungsbeteiligung verquickt war und die Abhängigkeit vom Bestehen eines Betriebsrats nur über Ausnahmevorschriften beseitigt werden konnte, war die Kündigungsbeteiligung des § 21 I c badBRG – die Wirksamkeit einer ordentlichen Kündigung setzte die vorherige Zustimmung des Betriebsrats vor-

---

[210] Vom 21.5.49, RegBl. 1949, 153ff.

[211] Ansonsten erfolgte aber eine weitgehende Anlehnung an die §§ 84ff BRG. So waren auch die Einspruchsgründe und die Einspruchsfrist nur etwas modifiziert. Hinzu kam lediglich die Einführung einer Mindestbeschäftigungsdauer und eine Klarstellung für den Fall der fristlosen Kündigung.

[212] Vgl. dazu schon o. S. 53f. Nach § 86c wühoBRG hatte der Einspruch zunächst aufschiebende Wirkung. Bei erfolgreicher Klage gegen die Kündigung blieb es auch nach dem wühoBRG bei einem Wahlrecht des Arbeitgebers bezüglich Weiterbeschäftigung oder Entschädigung, das aber in Ausnahmefällen ausgeschlossen sein konnte, §§ 89 b und c.

[213] *Landesgesetz über die Bildung von Betriebsräten (Betriebsrätegesetz)* vom 24.9.48, GuVOBl. 1948, 209ff.

aus[214] – von der eigentlichen Regelung des Kündigungsschutzes völlig unabhängig. Letzterer war isoliert in den §§ 35-37 badBRG geregelt, die eine Widerrufsklage ohne Bezug zur Betriebsratsbeteiligung vorsahen[215]. Eine solche Klage konnte auf mit den alten Einspruchsgründen übereinstimmende Gründe gestützt werden und hatte gegebenenfalls bestandsschützende Wirkung. Aufgrund der Unabhängigkeit der Klagemöglichkeit von der Beteiligungsregelung war es auch nur konsequent, daß § 37 badBRG den Kündigungsschutz der §§ 35, 36 badBRG über den eigentlichen Anwendungsbereich des badBRG hinaus auf Arbeitnehmer ausdehnte, die in nicht betriebsratspflichtigen gewerblichen Betrieben, also solchen mit vier oder weniger Arbeitnehmern, beschäftigt waren.

3) Spezialregelungen der Kündigungsbeteiligung bei Massenentlassungen und Betriebsänderungen

Im Gegensatz zu den Regelungen der Betriebsratsbeteiligung am Einzelfall der Kündigung sind die Bestimmungen der Ländergesetze, die den anderen für diese Untersuchung interessanten Bereich der Beteiligung von Arbeitnehmervertretungen im Vorfeld des Ausspruches einer größeren Anzahl von Kündigungen und an den vorausgehenden Auswahlentscheidungen behandeln, dagegen kaum erwähnenswert. In diesem Bereich wurde durch die Landesgesetze in der Regel entweder schlicht die Regelung des BRG zur Beteiligung an Betriebsänderungen nahezu inhaltsgleich fortgeschrieben[216] oder die Gesetze enthielten gar keine

---

[214] S. dazu Meves RdA 1949, 247.

[215] Eine gewisse Verbindung bestand lediglich noch insofern, als bei Zustimmungsverweigerung des Betriebsrats gar keine wirksame Kündigung vorlag und somit auch keine Widerrufsklage denkbar war bzw. nach § 36 II b badBRG ein zwischen Arbeitgeber und Betriebsrat geführter Arbeitsgerichtsprozeß über die Zustimmungsverweigerung, bei dem das Gericht die Zustimmung des Betriebsrats ersetzte, die Widerrufsklage ausschloß. Vgl. dazu Meves RdA 1949, 248f. Lediglich leichte Veränderungen gegenüber dem Einspruchsverfahren nach dem BRG sind des weiteren hinsichtlich der Fristen und der Regelung der fristlosen Kündigung festzustellen.

[216] So die weitgehende Übernahme der alten Regelung durch § 59 bayerBRG – der lediglich nicht mehr auf verschiedene Arten betrieblicher Änderungen, sondern nur noch auf die Zahl der erforderlich werdenden Einstellungen oder Entlassungen abstellt – und durch § 74 wühoBRG. Ganz ähnlich sah § 41 hessBRG für Massenentlassungen – bei Betrieben mit i.d.R. weniger als 100 Beschäftigten werden mindestens neun entlassen bzw. bei mindestens 100 Beschäftigten 10 % derselben oder aber mehr als 50 –, „ganz gleich aus welchem Grunde" diese erfolgen, vor, daß der Arbeitgeber verpflichtet ist, „sich mindestens vier Wochen vorher über Art und Umfang der beabsichtigten Maßnahmen mit dem Betriebsrat zu verständigen", dazu Engler § 41, S. 200f.

speziellen Bestimmungen für die Beteiligung an entsprechenden Auswahlentscheidungen[217].

Lediglich im bremischen Betriebsrätegesetz war eine – gerade im Hinblick auf heutige Regelungen – äußerst bemerkenswerte Bestimmung zu *Massenentlassungen*[218] enthalten. So ordnete § 38 bremBRG an, daß der Arbeitgeber angemessene Zeit vor den Entlassungen mit dem Betriebsrat eine *Vereinbarung* über Art und Umfang der Maßnahme zu treffen hatte. Diese Vereinbarung sollte, wie sich aus der weiteren Regelung schließen läßt, wohl vor allem auch den Kreis der zu Entlassenden bzw. die Reihenfolge der Entlassungen regeln[219]. Insofern weist diese Vereinbarung doch schon eine beachtliche Nähe zur später auftretenden Figur der Namensliste auf. Im Zusammenhang mit dieser *Vereinbarung* ist dabei auch zu beachten, daß sie grundsätzlich die Voraussetzung für den wirksamen Ausspruch der Kündigungen war[220], weshalb dem Betriebsrat ein ganz erheblicher Einfluß auf die Auswahlentscheidung zugekommen sein dürfte. Offen bleibt indes, wie frei die Betriebsparteien[221] bei der Festlegung des Auswahlergebnisses wirklich waren.

4) Zwischenergebnis

Die vergleichende Betrachtung der Ländergesetze hat die grundsätzlichen Unterschiede der kündigungsrechtlichen Auswirkungen der Betriebsratsbeteiligungen aufgezeigt und damit zugleich das damals zunehmende Bewußtsein für die Problematik einer Abhängigkeit des Kündigungsschutzes vom Betriebsrat deutlich gemacht.

---

[217] So machten solche Sonderregelungen natürlich keinen Sinn, sofern für den wirksamen Kündigungsausspruch ohnehin eine Zustimmung des Betriebsrats notwendig war. Vgl. z.B. die Regelung in Baden, dazu schon o. S. 57f.

[218] Solche lagen dort vor, sofern in Betrieben mit i.d.R. weniger als 50 Beschäftigten mehr als neun und bei Betrieben mit i.d.R. mindestens 50 Beschäftigten 20 % bzw. mehr als 25 entlassen wurden, § 38 II bremBRG.

[219] Vgl. Abs. III der Norm: bei allein saisonbedingten Massenentlassungen soll sich die Vereinbarung nach Abs. I *nur* auf den Kreis der zu Entlassenden und die Reihenfolge der Entlassungen beziehen.

[220] Kam es zu keiner Einigung zwischen Arbeitgeber und Betriebsrat, so konnte der Schiedsausschuß um eine bindende, die Einigung ersetzende Entscheidung angerufen werden, §§ 47ff bremBRG. Dies war notwendig, da ohne Einigung im Rahmen der Massenentlassung ausgesprochene Kündigungen wohl wirkungslos und im übrigen auch nach § 51 strafbar waren, dazu Galperin RdA 1949, S. 92. Lag bei der Kündigung keine Einigung vor, dann konnte der Arbeitnehmer oder der Betriebsrat mit seiner Zustimmung als sein Vertreter beim Arbeitsgericht klagen, § 40 I bremBRG – dazu auch schon o. S 53.

[221] Ob die Auswahl also frei nach eigenen Vorstellungen gestaltet werden konnte bzw. inwieweit Vorgaben einzuhalten waren, die ggf. auch gerichtlich kontrolliert wurden.

So beruht die Unterschiedlichkeit der fraglichen Regelungen doch vor allem auf wachsenden Bestrebungen, den Kündigungsschutz vom Betriebsrat zu emanzipieren. Zum einen verzichteten die meisten Landesgesetze nun auf eine strikte Bindung an das *Bestehen eines Betriebsrats* und sahen zumindest für Betriebe, die die erforderliche Größe für einen Betriebsrat nicht hatten, einen individualrechtlich gestalteten Kündigungsschutz vor. Zum anderen wurde aber vor allem auch mehr und mehr davon abgesehen, dem Betriebsrat eine *„Sperrfunktion"* zuzuweisen, also den Kündigungsschutz von einer bestimmten Entscheidung dieses Gremiums abhängig zu machen.
Es zeigt sich somit, daß einige Gesetzgeber damals umfassend auf die mit der Kündigungsbeteiligung des BRG gemachten Erfahrungen und die an ihm geäußerte Kritik reagiert haben. Dies wurde wohl auch größtenteils begrüßt und nur sehr vereinzelt, vor allem aus Furcht vor einer Flut unberechtigter Kündigungsschutzklagen, negativ bewertet[222].
Besonders bemerkenswert ist innerhalb dieser auszumachenden Tendenz der Emanzipation des weiteren, daß in einem ersten, sehr modernen Ansatz auch schon eine wirkliche Überwindung des Kündigungsschutzes als „kollektiv gedachter" Regelung erreicht war[223]. So wurde in einem Landesgesetz – dem badischen BRG – deutlich zwischen Kündigungsschutz und Kündigungsbeteiligung differenziert.

Entsprechend läßt sich auch für die Funktion der Kündigungsbeteiligung des Betriebsrats in den Landesgesetzen zunehmend eine leichte Veränderung ausmachen. So oblag dem Betriebsrat zwar weiterhin, wie schon im BRG vorgesehen, eine gewisse *Rechtmäßigkeitsprüfung* der Kündigung anhand ganz spezieller Punkte – nämlich der Einspruchsgründe. Diese diente aber zunehmend nur noch als Grundlage für die Wahrnehmung einer *Vermittlungs- bzw. Verständi-*

---

[222] Zur überwiegend begrüßten Ausweitung des Kündigungsschutzes auf Arbeitnehmer in bestimmten betriebsratslosen Betrieben s. Meves RdA 1949, 249f, Hueck BlStSozArbR 1949, 120, ders. in RdA 1948, 170 und vgl. auch Gröninger in RdA 1949, 213. Nur vereinzelt wurde diesbezüglich etwas kritischer auf die Unnötigkeit einer solchen Ausweitung, da auch in betriebsratslosen Betrieben über die Anwendung des § 242 BGB ein Kündigungsschutz bestehe, und auf den historischen Ursprung des Kündigungsschutzes als „kollektiv gedachte" Regelung hingewiesen, so Kauffmann in RdA 1949, 175f.
Zur vereinzelten Kritik an der Aufgabe der Sperrfunktion vgl. auch Hueck BlStSozArbR 1949, 131f, der den Kündigungsschutz zwar als Verfolgung von Individualinteressen begriff und die so beseitigte Möglichkeit des Mißbrauchs der Machtstellung des Betriebsrats grundsätzlich anerkannte, aber die Gefahr, daß die Gerichte ohne eine begrenzende Sperrinstanz einer Flut von unberechtigten Klagen erlebten, für überwiegend hielt. S. dazu auch Engler BRG S. 211.
[223] S. zum „kollektiv gedachten" Kündigungsschutz schon Fn zuvor und vgl. auch o. S. 47f dazu, daß im AOG ein solcher *echter* Ansatz zu einer Differenzierung noch nicht gegeben war.

gungsaufgabe[224] und stellte dann keine der „Sperrfunktion“ zugrundeliegende gerichtsähnliche Prüfung mit kündigungsrechtlich gestaltender Wirkung mehr dar.

Für die Sondersituation der Massenentlassungen ist des weiteren zu bemerken, daß in einem Einzelfall ein interessanter Ansatz für die Vorfeldbeteiligung an der Sozialauswahl bei Massenentlassungen auszumachen war, der sich heutigen Figuren durchaus schon annäherte. So wurde im bremischen Betriebsrätegesetz offenbar auch schon daran gedacht, in diesen Sondersituationen den Betriebsrat die konkret zu entlassenden Arbeitnehmer im Rahmen einer Vereinbarung mitauswählen zu lassen. Welche Aufgabe der Betriebsrat dabei im einzelnen ausfüllen sollte, läßt sich aber aufgrund fehlender Erkenntnisse zum möglichen Auswahlspielraum nicht mehr ausmachen.

---

[224] Für die von ihm untersuchten Länder stellte diese Funktion auch Hueck, BlStSozArbR 1949, 131, fest.

V) Die Kündigungsbeteiligungen im Kündigungsschutzgesetz von 1951 und im Betriebsverfassungsgesetz von 1952

Schon allein angesichts der obigen, nur auf ganz bestimmte Punkte bezogenen und somit lediglich wenige Unterschiede aufzeigenden Darstellung der Landesgesetze verwundert es nicht, daß das Vorliegen der Voraussetzungen für eine bundeseinheitliche Gesetzgebung schnellstens genutzt wurde, um die Rechtszersplitterung auf dem Gebiet des Betriebsverfassungs- und Kündigungsrechts, die die gewünschte Rechts- und Wirtschaftseinheit beeinträchtigte, zu beenden[225]. So ergingen zur Rechtsvereinheitlichung schon bald bundesweit ein Kündigungsschutz- und ein Betriebsverfassungsgesetz, die auch beide Regelungen zur Betriebsratsbeteiligung an Kündigungen enthielten.

1) Die Kündigungsbeteiligung im Kündigungsschutzgesetz von 1951

a) Die Einspruchsmöglichkeit nach § 2 KSchG

Zunächst wurde 1951 mit dem *Kündigungsschutzgesetz* (KSchG)[226] die schon in den Landesgesetzen teils auszumachende Tendenz konsequent zu Ende geführt, zwischen individualrechtlichem Kündigungsschutz – hier dann durch eine gewisse „kündigungsschutzrechtliche" Beteiligung ergänzt – und mitbestimmungsrechtlicher Beteiligung an der Kündigung strikt zu trennen[227].

Das KSchG gewährte den Arbeitnehmern innerhalb seines Geltungsbereichs[228] einen echten, d.h. gegebenenfalls den Bestand des Arbeitsverhältnisses erhaltenden Schutz gegen sozial ungerechtfertigte Kündigungen, indem es innerhalb einer Dreiwochenfrist eine Klage auf Feststellung der Unwirksamkeit der Kündigung erlaubte. Dabei war das KSchG individualrechtlich ausgestaltet, denn sein Greifen war weder vom *Bestehen* eines Betriebsrats abhängig, noch war für den Fall des Bestehens die *Betriebsratsbeteiligung* oder gar eine *bestimmte Ent-*

---

225 Vgl. zu diesem Bedürfnis bundeseinheitlicher Regelung die Begründung des Regierungsentwurfs für ein Kündigungsschutzgesetz, abgedr. in RdA 1951, 62f, und auch Hueck RdA 1949, 332.

226 Vom 10. August 1951, BGBl. I 1951, 499ff.

227 Diese Trennung betonte die Begründung zum Regierungsentwurf – abgedr. in RdA 1951, 63 – gegenüber Forderungen nach weitergehenden Regelungen zur Kündigungsbeteiligung, wenn sie darauf hinwies, daß die Regelung einer – neben der kündigungsrechtlichen Beteiligung bestehenden und eventuell weitergehenden – Kündigungsbeteiligung im Rahmen der Mitbestimmung in personellen Angelegenheiten dem noch zu erlassenden Betriebsverfassungsgesetz überlassen blieb. Dazu auch Bötticher RdA 1951, 81f.

228 Das Gesetz galt schließlich für Beschäftigte, die in Betrieben mit mehr als fünf Arbeitnehmern arbeiteten, das 20. Lebensjahr vollendet hatten und eine mehr als sechsmonatige Beschäftigungszeit aufwiesen, §§ 1, 21 I S. 2 KSchG.

scheidung desselben Voraussetzung für den Schutz. Es war nach *§ 2 KSchG* vielmehr nur ergänzend zum Kündigungsschutz eine fakultative Beteiligung nach Ausspruch der Kündigung vorgesehen, die dem heutigen Beteiligungsverfahren nach § 3 KSchG entsprach.

So konnte der betroffene Arbeitnehmer aufgrund seiner freien Entscheidung innerhalb einer Woche beim Betriebsrat Einspruch unter Berufung auf eine sozial ungerechtfertigte Kündigung einlegen. Nur für den Fall, daß er dies tat, war im KSchG die Einschaltung des Betriebsrats vorgesehen, der dann sachlich prüfen mußte, ob er den Einspruch wegen Sozialwidrigkeit der Kündigung für begründet hielt[229].
Diese Entscheidung war nach § 2 S. 2 KSchG zunächst insofern wichtig, als der Betriebsrat für den Fall, daß er den Einspruch für begründet hielt, einen Verständigungsversuch mit dem Arbeitgeber durchzuführen hatte. Ganz unabhängig vom gefundenen Ergebnis kam der Stellungnahme des Betriebsrats zur Berechtigung des Einspruchs aber auch noch Bedeutung im späteren Kündigungsstreit zu: Der Arbeitnehmer *sollte* eine solche *Stellungnahme* gemäß § 3 II S. 3 KSchG der Kündigungsschutzklage beifügen – daneben blieb auch immer noch dem Arbeitgeber die Möglichkeit, diese in das gerichtliche Verfahren einzuführen[230]. Irgendeine Bindungswirkung entfaltete die Entscheidung des Betriebsrats allerdings in keinem Falle. Sie konnte allenfalls gewissen Einfluß auf die gerichtliche Tatsachenfeststellung und Würdigung haben[231].

b) Die Funktion dieser Kündigungsbeteiligung

aa) Im Hinblick auf die dem Betriebsrat mit dieser Beteiligung konkret zugewiesene Funktion ist es interessant, kurz die fraglichen Regelungen der dem KSchG – teilweise außerhalb des eigentlichen Gesetzgebungsverfahrens – vorausgehenden Gesetzentwürfe zu betrachten.

---

[229] Nach § 2 S. 1 u. 2 KSchG erfolgte die Einspruchseinlegung des Arbeitnehmers unter Berufung auf die *sozial ungerechtfertigte* Kündigung und der Betriebsrat hatte eben die Begründetheit dieses Einspruchs zu prüfen. Er war damit an die Feststellung sozialwidrigkeitsbegründender und damit konkret beschriebener Tatbestandsmerkmale gebunden.

[230] Der Arbeitgeber konnte diese Möglichkeit nutzen, wenn der Gekündigte die Bescheinigung nicht beibrachte, denn § 2 S. 3 KSchG gab nicht nur dem Arbeitnehmer sondern auch dem Arbeitgeber das Recht, sich diese Stellungnahme schriftlich vom Betriebsrat mitteilen zu lassen. Vgl. dazu auch Erdmann/Müller KSchG § 2, S. 59.

[231] Vgl. zu dieser Arbeitnehmer und Arbeitgeber gleichermaßen zukommenden Möglichkeit die Stellungnahme des Betriebsrats nicht nur für eigene Entschließungen zu nutzen, sondern sich auch vor Gericht darauf zu berufen, insgesamt Erdmann/Müller KSchG § 2, S. 59, Mayr § 3, S. 44, Rohwer/Kahlmann § 2, S. 72f und Auffahrt/Müller § 2 Rn 2, 6.

So sah zwar auch schon der am 20.7.1949 unternommene Gesetzgebungsversuch des Wirtschaftsrats des Vereinigten Wirtschaftsgebiets zum Erlaß eines Kündigungsschutzgesetzes[232] (WRG) ein nahezu entsprechendes Einspruchsverfahren vor. In Verfolgung einer strikten Trennung der Beteiligung von dem durch das WRG gewährten Kündigungsschutz[233] war der Betriebsrat dabei aber, sofern er eingeschaltet worden war und aufgrund seiner Rechtmäßigkeitsprüfung den Einspruch für begründet hielt, strikt auf eine reine Vermittlungstätigkeit zwischen Arbeitgeber und Betriebsrat beschränkt. Es sollte nach diesem Entwurf also keinerlei Verbindung zum gerichtlichen Verfahren bestehen[234].

Entsprechend der daraufhin geäußerten Kritik an dieser geringen Bedeutung der Kündigungsbeteiligung in dem Entwurf bauten die folgenden Entwürfe, die ansonsten weitestgehend das WRG wörtlich übernahmen, die Bedeutung der Beteiligung für das weitere Verfahren wieder etwas aus, um die nützliche Weitergabe der besonderen Kenntnisse des Betriebsrats von der betrieblichen Situation zu sichern[235]. So war in § 3 II S. 2 des aus Verhandlungen zwischen Gewerkschaften und Arbeitgeberverbänden hervorgegangenen *Hattenheimer Entwurfs eines Kündigungsschutzgesetzes*[236] für den fraglichen Punkt vorgesehen, daß bei erfolgter Anrufung des Betriebsrats das Ergebnis eines gegebenenfalls durchge-

---

[232] Vgl. zu dem entsprechenden Beschluß eines Kündigungsschutzgesetzes und ausführlich zu dessen Regelungen Hueck in RdA 1949, 331ff und Weber BB 1949, 666ff. Es blieb insofern beim Gesetzgebungsversuch, weil diesem Gesetz von der Militärregierung die Zustimmung verweigert wurde, um eine solche Regelung der Bundesgesetzgebung vorzubehalten. Seine Regelungen bildeten aber die Grundlage für alle weiteren Arbeiten an einem Kündigungsschutzgesetz. Vgl. auch v.Hoyningen-Huene/Linck KSchG Einleitung Rn 28 und Begründung zum Regierungsentwurf eines KSchG, abgedr. in RdA 1951, 62f.

[233] Dieser Kündigungsschutz sah vor, daß in Betrieben mit mehr als 10 Arbeitnehmern die Kündigung eines Arbeitnehmers mit mindestens einjähriger Betriebszugehörigkeit einer sozialen Rechtfertigung bedurfte. Vgl. dazu Hueck RdA 1949, 333f und Weber BB 1949, 666 sowie auch die Begr. z. Regierungsentwurf d. KSchG, abgedr. in RdA 1951, 63.

[234] Vgl. dazu, daß bei bejahendem Ergebnis nur ein Verständigungsversuch mit dem Arbeitgeber zu unternehmen war und für die fakultative Rechtmäßigkeitsprüfung durch den Betriebsrat keine weiteren Konsequenzen – insbesondere keine Einflüsse auf das gerichtliche Verfahren – vorgesehen waren, Hueck RdA 1949, 334f und RdA 1950, 66.

[235] Vgl. Hueck in RdA 1949, 334f und ders. 1950, 66f.

[236] Vom 13.1.50, abgedr. in RdA 1950, 63ff. Dieser Entwurf übernahm die Regelungen des WRG größtenteils wörtlich. Zu den kleineren Veränderungen - z.B. hinsichtlich der erforderlichen Betriebsgröße, der Dauer der Betriebszugehörigkeit und der Rückkehr zum Ansehen der Kündigung als grundsätzlich zulässig, solange sie nicht sozial ungerechtfertigt ist –, auf die hier nicht weiter einzugehen ist, vgl. Hueck RdA 1950, 65ff.
Der Hattenheimer Entwurf wurde auch fast wörtlich vom Berliner Kündigungsschutzgesetz, vom 20.5.1950, VOBl. 1950, S. 173ff, übernommen. S. Riese RdA 1950, 371 Fn 1. Wegen der Übereinstimmung in den hier interessierenden Fragen wird insofern auf dessen nähere Behandlung verzichtet.

führten Vermittlungsversuchs dem Arbeitsgericht durch Vorlage einer Bescheinigung mitgeteilt werden sollte. Dies konnte letztlich nur den Sinn haben, das Arbeitsgericht anzuhalten, bei seiner Würdigung des Falles auch das Ergebnis der Betriebsratsbeteiligung in Betracht zu ziehen[237]. Und im Regierungsentwurf des KSchG[238] wurde dies durch die letztlich auch ins KSchG übernommene Anordnung des § 3 S. 2 noch verdeutlicht: Der Arbeitnehmer sollte, sofern er beim Betriebsrat Einspruch eingelegt hatte, der Klage die *„Stellungnahme"* des Betriebsrats zu diesem Einspruch beifügen.

bb) Was nun die vom Betriebsrat in der Beteiligung nach dem KSchG wahrzunehmende Funktion anbelangt, so zeigen die §§ 2, 3 KSchG, daß er die Kündigung auf *Sozialwidrigkeit zu prüfen* hatte. Diese Prüfungsfunktion und die dadurch bewirkte Bindung an eine kündigungsschutzrechtliche Bewertung bildeten die Grundlage für sein weiteres Tätigwerden. Sein Handeln war damit insgesamt am KSchG und dessen individualschützendem Zweck[239] ausgerichtet, der auf diese Weise verbessert werden sollte.
Über die Berücksichtigung der zuvor genannten Veränderungen läßt sich diese Funktion dabei noch etwas genauer einordnen. So diente diese Prüfung und die aus ihr folgende Stellungnahme zwar sicherlich zunächst dazu, Arbeitgeber und Arbeitnehmer schon aufgrund der Kenntnis des Ergebnisses der Betriebsratsprüfung ihr weiteres Verhalten noch einmal überdenken zu lassen. Gegebenenfalls, d.h. wenn der Betriebsrat den Einspruch für begründet hielt, wurde auch noch eine Vermittlungstätigkeit ausgelöst, die die dann sehr wahrscheinliche Eskalation in eine gerichtliche Auseinandersetzung noch einmal zu verhindern versuchte[240]. Aber die Prüfungstätigkeit sollte eben, wie die zuvor geschilderte Entwicklung gezeigt hat, darüber hinaus offensichtlich auch gerade dazu dienen, dem Gericht eine Stellungnahme des Betriebsrats zur Rechtmäßigkeit zurKenntnis zu bringen; auch wenn diese keinerlei Bindungswirkung hatte. Dem Gericht sollte gezeigt werden, wie der Betriebsrat als eine nicht direkt am Kündigungsstreit beteiligte, aber mit spezifischen Kenntnissen der betrieblichen Situation vertraute und der arbeitgeberseitigen Sichtweise grundsätzlich kritisch gegen-

---

[237] Vgl. zu dieser der geäußerten Kritik folgenden Veränderung die Nenn. in Fn 235.

[238] Mit Begründung abgedr. in RdA 1951, 58ff. Der Regierungsentwurf wich seinerseits wiederum nur in Feinheiten vom Hattenheimer Entwurf ab und wurde schließlich auch nahezu unverändert ins KSchG übernommen.

[239] Vgl. zum individualschützenden Charakter des KSchG Erdmann/Müller KSchG § 1, S. 21, Auffahrt/Müller § 1 Rn 163 und Sabin JR 1953, 445.

[240] Zur Tätigkeit als Vermittlungsinstanz vgl. z.B. Rohwer/Kahlmann § 2, S. 73. Bei einer solchen nachträglichen Vermittlung zur Vermeidung weiteren Streits kommt auch das bei einer Beteiligung im Sinne von Mitbestimmung sonst übliche Einwirken auf den ursprünglichen Entscheidungsprozeß des Arbeitgebers nicht mehr in Betracht. Vgl. dazu auch sogleich die Darstellung zu § 66 BetrVG 1952.

überstehende Institution, die Kündigung bewertete[241]. Es konnte und sollte dies dann durchaus – denkbar z.B. als Indiz für das Vorliegen bestimmter Umstände – bei seiner Entscheidung über die Kündigung in seine Überlegungen miteinbeziehen[242].

2) Die Kündigungsbeteiligung im BetrVG 1952

Dem KSchG folgte bald das *Betriebsverfassungsgesetz von 1952*[243] (BetrVG 1952) nach, dessen Entstehung, wie dies auch beim BRG der Fall gewesen war, von heftigen außerparlamentarischen Diskussionen um die Ideen der Mitbestimmung begleitet wurde[244]. Dementsprechend wurden auch, nachdem zunächst der Versuch einer mit Gewerkschaften und Arbeitgeberverbänden abgestimmten Regelung gescheitert war[245], verschiedenste Vorschläge zur Gestaltung des Betriebsverfassungsgesetzes in das Gesetzgebungsverfahren eingebracht. Was die hier allein interessierende Kündigungsbeteiligung anbelangt, so ging die letztlich im BetrVG 1952 getroffene Regelung indes nicht auf diese zunächst in das Gesetzgebungsverfahren eingebrachten Entwürfe zurück, die z.T. sehr starke Kündigungsbeteiligungen vorsahen[246]. Vorbild war vielmehr ein späterer, von

[241] Der Betriebsrat ist zwar kein *neutraler* Dritter, aber als nicht direkt am Streit beteiligte Institution bietet er doch eine gewisse Kontrollposition gegenüber der Arbeitgeberbeurteilung der Sozialwidrigkeit. Zum Wert der Beurteilung durch den Betriebsrat vgl. zunächst Wagner S. 95; auf diesen Wert wird später noch genauer zurückzukommen sein.

[242] Welche Bedeutung das Gericht der Stellungnahme letztlich zumaß, mußte der richterlichen Würdigung im Einzelfall überlassen bleiben. Vgl. dazu die zum Hattenheimer Entwurf von Hueck RdA 1950, 66 geäußerten Verbesserungsvorschläge sowie schon o. S. 62 Fn 231.

[243] Vom 11. Oktober 1952, BGBl. I 1952, 681ff.

[244] Ausführlich zu diesen Mitbestimmungsforderungen im außerparlamentarischen Raum Arnold S. 43ff. Die Diskussion war nach dem Ende des zweiten Weltkriegs wieder stark aufgekommen, wobei unter dem Stichwort „Wirtschaftsdemokratie" z.T. sehr weitreichende Forderungen erhoben wurden.

[245] Die von der Bundesregierung unterstützten Bemühungen der Sozialpartner, sich in den Hattenheimer Verhandlungen über einen Gesetzentwurf zur Regelung des Mitbestimmungsrechts zu einigen, führten im Gegensatz zum Erfolg beim Kündigungsschutzrecht weder in Hattenheim noch bei späteren Verhandlungen zu einem Ergebnis, was vor allem auf unüberbrückbare Gegensätze im Bereich der wirtschaftlichen Mitbestimmung zurückzuführen war. Vgl. insgesamt dazu Arnold S. 72ff und GK-BetrVG/Wiese Einleitung Rn 20 jeweils m.w.N. Im Anschluß an dieses Scheitern veröffentlichten die Verhandlungspartner dann lediglich noch eigene Vorschläge für die Gestaltung der neuen gesetzlichen Regelung der Mitbestimmung – so gab es einen Gesetzesvorschlag des DGB – abgedr. in RdA 1950, 227ff – und die Stellungnahme des Gemeinschaftsausschusses der deutschen Wirtschaft – teilweise abgedr. in RdA 1950, 185ff – .

[246] Während der Entwurf der SPD-Fraktion vom 25.7.1950, BT-Drucks. 1229 – entsprechend dem Vorschlag des DGB – selbst keine Kündigungsbeteiligung enthielt, sahen ein Entwurf der CDU/CSU-Fraktion vom 17.5.1950, BT-Drucks. 970, und der spätere Regierungsentwurf

den zuständigen Ausschüssen erarbeiteter Entwurf[247]. Denn erst dieser konnte das zwischenzeitlich erlassene KSchG berücksichtigen[248], mit dem man sich für eine individualrechtliche Gestaltung des Kündigungsschutzes und somit für eine Trennung zwischen diesem und mitbestimmungsrechtlichen Kündigungsbeteiligungen entschieden hatte[249]. Diese Entscheidung erforderte nun eine entsprechend harmonisierte Regelung der Kündigungsbeteiligung im BetrVG 1952, um eine Zweigleisigkeit der Kündigungsbeschränkungen zu vermeiden.
Nach erheblichen Auseinandersetzungen in den zuständigen Ausschüssen schlug man so in § 66 I des Ausschußentwurfs eine schlichte Anhörungspflicht vor, die nur eine kleine mitbestimmungsrechtliche „Ergänzung" zum sonstigen Kündigungsrecht darstellte und schließlich in § 66 I BetrVG 1952 übernommen wurde[250].

a) Die Anhörung des Betriebsrats nach § 66 I BetrVG 1952

Dementsprechend bestimmte § 66 I BetrVG 1952 in Verbindung mit § 60 I, II für Betriebe mit in der Regel mehr als 20 Arbeitnehmern, daß der Arbeitgeber, sofern er einem Arbeitnehmer kündigen wollte, *vorher* den Betriebsrat anhören *mußte*. Bei dieser zwingend vorgeschriebenen Anhörung hatte der Arbeitgeber dem Betriebsrat die bevorstehende Kündigung sowie sämtliche Kündigungsgründe, auf die er diese stützen wollte, mitzuteilen und ihn um eine Äußerung unter Gewährung ausreichender Bedenkzeit zu ersuchen[251]. Mit einer etwaigen Äußerung des Betriebsrats hatte sich der Arbeitgeber dann auseinanderzusetzen, wobei dies jedoch keine Erörterung der Argumente mit dem Betriebsrat erforderte[252].

Bezüglich des Verhältnisses zwischen Anhörungsverfahren und KSchG bestimmte § 66 III BetrVG 1952, daß die dortige Regelung einer Beteiligungsmöglichkeit nicht berührt wurde. Dadurch war zugleich ausdrücklich klargestellt,

---

vom 30.10.50, BT-Drucks. 1546, Mitbestimmungsrechte bei Kündigungen vor, durch die eine Kündigung zumindest vorläufig verhindert werden konnte. Vgl. grundsätzlich zur Entstehung des BetrVG 1952 und speziell zum Gesetzgebungsverfahren GK-BetrVG/Wiese und Arnold jeweils a.a.O.

[247] S. den schriftlichen Bericht des – federführenden – Ausschusses für Arbeit vom 8.7.1952, BT-Drucks. Nr. 3585 (1. Wahlperiode).

[248] Zuvor stand dessen genaue Ausgestaltung für eine Berücksichtigung noch nicht konkret genug fest.

[249] Vgl. dazu schon o. S. 61f.

[250] Vgl. zu dieser Auseinandersetzung Arnold S. 170f und Sabel im Schriftlichen Bericht des Ausschusses BT-Drucks. Nr. 3585 (1. Wahlperiode), S. 13.

[251] S. Neumann-Duesberg S. 538.

[252] S. Neumann-Duesberg S. 539.

daß, selbst wenn der Betriebsrat sich bei der Anhörung mit der Kündigung einverstanden zeigte, daraus keine Sperrwirkung bezüglich des Kündigungsschutzes entstand[253].

Der Gesetzgeber war allerdings der Regelung eines in der Praxis sehr wichtigen Punktes, nämlich der Frage, ob und gegebenenfalls welche Sanktion einem Verstoß gegen die zwingende Anhörungspflicht nachfolgte, ausgewichen[254]. Damit hatte er zunächst erheblichen Streit darüber ausgelöst, ob ein solcher Verstoß zur Unwirksamkeit der ausgesprochenen Kündigung führen sollte oder nicht[255]. Schließlich entschied das Bundesarbeitsgericht[256], daß die unterlassene Anhörung zwar grundsätzlich nicht die Unwirksamkeit der Kündigung bewirke. Sie könne aber im Sinne der unzulässigen Rechtsausübung insofern den „Erfolg" der Kündigung vereiteln, als sie dem Arbeitgeber unter bestimmten Umständen im Kündigungsschutzprozeß eine Berufung auf die soziale Rechtfertigung der Kündigung, wie sie das KSchG forderte, verwehre. Dies sollte gelten, sofern die Betriebsratsbeteiligung nach § 66 I BetrVG 1952 „vorsätzlich, rechtswidrig und schuldhaft" unterlassen worden war. War mit dieser Sanktion auch eine gewisse Verbindung zum Kündigungsschutz und dem gerichtlichen Verfahren geschaffen worden, so betraf dies doch nur den Fall der Nichtanhörung und es sollte damit keinesfalls die Trennung zwischen Kündigungsschutz und mitbestimmungsrechtlichem Anhörungsverfahren beseitigt werden. Vielmehr wurde die Rechtsprechung gerade auch mit dieser Trennung begründet[257].

---

[253] Dazu Neumann-Duesberg S. 539.

[254] Bötticher RdA 1962, 382.

[255] Einen umfassenden Überblick über den Streitstand mit entspr. Nennungen der Vertreter der verschiedenen Meinungen bieten z.B. die Leitentscheidung des BAG zur entsprechenden Frage BAG, Urt. v. 15.9.54 – 1 AZR 258/54, AP Nr. 1 zu § 66 BetrVG 1952, Neumann-Duesberg S. 544ff und Reinhardt in Festschrift Nikisch S. 109ff.

Z.T. wurde eine sog. *Wirksamkeitstheorie* vertreten, nach der eine fehlende Anhörung die Wirksamkeit der Kündigung grundsätzlich nicht berührte. Die Gegenmeinung sah dagegen eine Kündigung ohne Anhörung des Betriebsrats als unwirksam an, wobei man dies entweder dadurch begründete, daß der Verstoß gegen § 66 I BetrVG 1952 ein Fall des § 134 BGB sei, oder man in der zwingenden betriebsverfassungsrechtlichen Anhörungspflicht schlicht eine Wirksamkeitsvoraussetzung sah.

[256] S. BAG, Urt. v. 15.9.54 – 1 AZR 258/54, AP Nr. 1 zu § 66 BetrVG 1952. Für zustimmende Stellungnahmen zu dieser umstrittenen Entscheidung vgl. z.B. Isele RdA 1962, 375 oder Hueck in der Urteilsanm. a.a.O.

[257] So ging gerade auch die vom BAG geteilte Kritik an der teilweise vertretenen Annahme, die Kündigung sei bei Nichtanhörung unwirksam, dahin, daß so die gesetzlich vorgesehene Trennung zwischen KSchG und BetrVG mißachtet werde, weil nur die Annahme der Wirksamkeit der Kündigung auch bei Nichtanhörung den Kodifikationscharakter des KSchG beachte. Vgl. zu dieser Argumentation BAG, Urt. v. 15.9.54 – 1 AZR 258/54, AP Nr. 1 zu § 66 BetrVG 1952, Sommer BB 1952, 980, Osswald Arbeitgeber 1953, 389, Osthold Arbeitgeber 1955, 211f. Zur Kritik am BAG, insofern nicht genau genug zu trennen, vgl. Siebert in Festschrift Nikisch S. 133, 138f und LAG Stuttgart, Urt. v. 29.1.55 – II Sa 208/54, BB 1950, 450.

Was die Auswirkungen der Anhörung anbelangt, bleibt somit festzuhalten, daß § 66 BetrVG 1952 über die durch die Anhörung gebotene *tatsächliche* Möglichkeit, den Kündigungswillen des Arbeitgebers zu beeinflussen, hinaus nichts – insbesondere keine kündigungsrechtlichen Auswirkungen – vorsah. Und ihm wurde auch von der Rechtsprechung nichts Entsprechendes beigemessen.

b) Die Funktion der Betriebsratsanhörung nach § 66 I BetrVG 1952

aa) Im Gegensatz zur *fakultativen* Beteiligung des § 2 KSchG *nach* Ausspruch der Kündigung, über deren Vornahme allein der Arbeitnehmer entschied, ordnete § 66 I BetrVG 1952 also eine Anhörung *vor* Ausspruch der Kündigung an, die vom Arbeitgeber eingeleitet wurde und *zwingend* war. § 66 I BetrVG 1952 gewährte auf diese Weise dem Betriebsrat immer das Recht, sich als Interessenvertreter für die Berücksichtigung der Belange der Arbeitnehmerschaft *und* des Individuums in den Entscheidungsprozeß des Arbeitgebers einzuschalten[258]. Es lag also eine *Beteiligung an der Entscheidungsfindung des Arbeitgebers* und somit tatsächlich eine unter den Oberbegriff der Mitbestimmung fallende Mitwirkung vor[259]. Durch sie wurde zwar die Entscheidungsfreiheit des Arbeitgebers nicht eingeschränkt, aber dieser Zwischenschritt verfolgte dennoch den urtümlichen Zweck, Entscheidungen im Sinne einer „Herr-im-Hause-Politik" entgegenzuwirken. Mit der Verpflichtung des Arbeitgebers, seine Kündigungsgründe zu äußern und sich diese somit bewußt zu machen, sowie durch die Ermöglichung eines argumentativen Einwirkens der Arbeitnehmervertretung auf den Entschei-

---

Das BAG (a.a.O.) bemerkte allerdings auch, daß die Anhörung nach § 66 I BetrVG im wesentlichen auch zum Komplex der Sozialwidrigkeit durchgeführt wird, so daß von den inhaltlichen Aspekten doch eine gewisse Nähe zum KSchG besteht.
Dazu, daß auch die Vertreter der Unwirksamkeitstheorie angaben, die durch beide Gesetze verwirklichte Trennung zwischen Betriebsverfassungs- und Kündigungsschutzrecht zu achten, s. z.B. LAG Freiburg, Urt. v. 21.3.53 – 2 Sa 20/53, NJW 1953, 999f, Siebert in Festschrift Nikisch S. 136ff und Reuß RdA 1954, 57. Vgl. auch die Streitstandsbeschreibung bei Gross AuR 1953, 115.

[258] Ein solcher *auch-kündigungsschutzrechtlicher* oder *auch-individualrechtlicher* Zweck wurde von der weit überwiegenden Meinung angenommen. Vgl. BAG, Urt. v. 15.9.54 – 1 AZR 258/54, AP Nr. 1 zu § 66 BetrVG 1952, die Urteilsanm. v. Hueck a.a.O., Neumann-Duesberg S. 540, 548, und Auffahrt/Müller § 2 Rn 7. Vgl. auch Reinhardt in Festschrift Nikisch S. 115, 117f. Anders wohl Gross in AuR 1953, 115.

[259] S. zur mitbestimmungsrechtlichen „Einschränkung der Leitungsbefugnisse" durch § 66 I BetrVG auch BAG, Urt. v. 15.9.54 – 1 AZR 258/54, AP Nr. 1 zu § 66 BetrVG 1952 und vgl. zum Mitbestimmungsbegriff auch Creifelds unter Mitbestimmung sowie Stollreither S. 1ff. Entscheidend ist die Teilhabe der Arbeitnehmervertretung am eigentlichen Entscheidungsprozeß.

dungsprozeß sollte das „sozialverantwortliche Verhalten“ eine gewisse *Sicherung durch Verfahren* erhalten[260].

bb) Die konkrete *Funktion* des Betriebsrats im Anhörungsverfahren lag somit schlicht darin, dem Arbeitgeber eine *Begründung abzuverlangen* und gegebenenfalls zu versuchen, seinen Kündigungswillen *tatsächlich zu beeinflussen*. So sollte den Interessen des betroffenen Individuums oder denen der gesamten Arbeitnehmerschaft zur Geltung verholfen werden. Kündigungs*rechtliche* Auswirkungen der Anhörung fehlten, da sie darauf nicht ausgerichtet war[261]. Entsprechend war der Betriebsrat in dieser mitbestimmungsrechtlichen, vom Kündigungsschutz getrennten Beteiligung auch nicht auf Rechtmäßigkeitsargumente hinsichtlich der Kündigung beschränkt, sondern wurde beteiligt, um Interessen aus dem gesamten Spektrum des kollektiv- und individualschützenden BetrVG wahrzunehmen. Zum Auftreten der heute wieder so gegenwärtigen *Problematik des Spannungsverhältnisses* konnte dies wegen der strikten Trennung vom eigentlichen Kündigungsschutz dennoch nicht führen.

cc) Aufgrund dieser Universalität der Beteiligung nach § 66 I BetrVG, wurden in ihrem Rahmen regelmäßig auch schon die kündigungsrechtlichen Fragen umfassend abgehandelt[262]. Dies und der Umstand, daß sie schon *vor* Ausspruch der Kündigung *zwingend* vorgesehen war, führte allerdings dazu, daß sie dem Einspruchsverfahren nach dem KSchG, das selbst keine weitergehenden rechtlichen Möglichkeiten bot und auch tatsächlich oft nichts Neues erwarten ließ, weitestgehend die Bedeutung in der betrieblichen Praxis zu nehmen begann[263]. Demnach wurde die von KSchG und BetrVG 1952 konstruktiv vorgesehene Differenzierung zwischen den beiden Beteiligungsverfahren in der Praxis wohl nicht wirklich umgesetzt. Das änderte indes nichts daran, daß – aufgrund der fehlenden kündigungsrechtlichen Auswirkungen der Anhörung – das Auftreten der Problematik des Spannungsverhältnisses ausgeschlossen blieb.

---

260 Vgl. Reinhardt S. 118, 120 und Neumann-Duesberg S. 548.

261 Es besteht auch nur die tatsächliche Möglichkeit, daß es dem Betriebsrat gelingt, den Arbeitgeber von seinem Kündigungswillen abzubringen.

262 Vgl. dazu auch BAG, Urt. v. 15.9.54 – 1 AZR 258/54, AP Nr. 1 zu § 66 BetrVG 1952.

263 Zum Bedeutungsverlust des Verfahrens nach dem KSchG z.B. Erdmann/Müller KSchG § 2, S. 59. Ebenso Auffahrt/Müller § 2 Rn 2, dort wird aber – wegen der Bedeutung der Stellungnahme aus der kündigungsschutzrechtlichen Beteiligung – die Durchführung der nachträglichen Beteiligung empfohlen.

3) Die Sonderregelungen des BetrVG 1952 für Massenentlassungen und Betriebsänderungen

a) Die §§ 66 II, 72 BetrVG 1952

Für die Sondersituationen der Massenentlassungen bzw. Betriebsänderungen sah das BetrVG 1952 spezielle Beteiligungsrechte vor. So regelte sein § 66 II u.a. für den Fall, daß Massenentlassungen[264] zu erwarten waren, die Pflicht des Arbeitgebers, „dies dem Betriebsrat so früh wie möglich mitzuteilen und mit ihm über Art und Umfang der erforderlichen Einstellungen oder Entlassungen sowie über die Vermeidung von Härten bei Entlassungen zu beraten". Daneben ordnete § 72 BetrVG 1952 für Betriebe mit in der Regel mehr als 20 Arbeitnehmern ein „Mitbestimmungsrecht"[265] hinsichtlich der aufgelisteten Betriebsänderungen an, falls diese wesentliche Nachteile für die Belegschaft oder erhebliche Teile der Belegschaft zur Folge haben konnten. Beide Regelungen entsprachen damit, wenn sie z.T. auch andere Formulierungen verwandten und zwischen Betriebsänderungen und Massenentlassungen differenzierten, hinsichtlich der Art der Beteiligung weitgehend dem schon aus früheren Regelungen bekannten und dort auch schon üblichen „ins Benehmen setzen"[266]. Auch nach den beiden Regelungen des BetrVG 1952 sollte jeweils eine den Interessen der verschiedenen Arbeitnehmer und der Wahrung ihrer Rechte dienende Beratungsfunktion und Kontrolle durch Verfahren ausgeübt werden. Dazu schufen auch diese Vorschriften u.a. die Möglichkeit zu einer tatsächlichen Einflußnahme auf die Auswahl der zu Kündigenden und gewisse andere Modalitäten der Kündigungen, ohne dafür besondere kündigungsrechtliche Auswirkungen vorzusehen.

Interessant ist im Hinblick auf die vorliegende Untersuchung allerdings, daß § 72 BetrVG 1952 nun ausdrücklich den *„Interessenausgleich"* als mögliches Ergebnis der Auseinandersetzung zwischen Arbeitgeber und Betriebsrat um die Betriebsänderung und damit zugleich als Ziel dieser Beteiligung nannte[267]. Wesentliche Veränderungen hinsichtlich der hier interessierenden Möglichkeiten

---

[264] Massenentlassungen lagen vor, sofern in Betrieben mit in der Regel mehr als 20 und weniger als 50 Arbeitnehmern mehr als fünf, bei Betrieben mit in der Regel mindestens 50 und weniger als 500 Arbeitnehmern mindestens 10 % oder aber mehr als 25 Arbeitnehmer sowie in Betrieben mit in der Regel mindestens 500 mindestens 50 Arbeitnehmer entlassen wurden.

[265] Zur Verwendung des Begriffs Mitbestimmungsrecht, obwohl der Arbeitgeber nicht gehindert wird, auch gegen den Willen des Betriebsrats die Maßnahmen durchzuführen, und der inhaltlichen Übereinstimmung mit der alten Formulierung des „ins Benehmen setzen" s. Neumann-Duesberg S. 594ff und insbes. auch S. 597f sowie Döring BlStSozArbR 1965, 350f. Vgl. dazu auch BAG, Urt. v. 20.1.61 – 1 AZR 53/60, AP Nr. 2 zu § 72 BetrVG.

[266] Vgl. dazu o. S. 42f und auch Fn 265.

[267] § 72 II BetrVG 1952. Vgl. zum Verfahren bei Nichteinigung Döring BlStSozArbR 1965, 351f.

der Einflußnahme auf die Kündigungen und damit der zu untersuchenden Funktion der Betriebsratsbeteiligung sollte diese erstmalige gesetzliche Einführung der auch heute noch üblichen Bezeichnung wohl nicht bringen und brachte sie auch nicht. Denn das Gesetz verwandte diese neue Bezeichnung „Interessenausgleich" ohne nähere Beschreibung möglicher Regelungsinhalte oder eindeutig erkennbares Ziel und entsprechend unklar blieben seine Möglichkeiten[268]. Vor allem wurde durch diese neue Bezeichnung, aber auch keine strikte Bindung des Arbeitgebers bewirkt. Weder in dem Sinne, daß er ohne Einhaltung des § 72 BetrVG 1952 oder bei Verstoß gegen einen „Interessenausgleich" bzw. eine Einigung oder einen „verbindlichen" Einigungsvorschlag nach § 73 nicht wirksam entlassen konnte, noch dahingehend, daß für eventuell in einem Interessenausgleich getroffene Vereinbarungen zu Kündigungen andere echte kündigungsschutzrechtliche Auswirkungen vorgesehen waren. Lediglich die hier drohende Abfindungspflichtigkeit[269] verschaffte der Betriebsratsbeteiligung vielleicht etwas mehr tatsächliches Gewicht.

b) Die Diskussion über Kündigungsrichtlinien

Interessant ist des weiteren, daß vor dem Hintergrund des BetrVG 1952, wenn dort auch ausdrückliche Regelungen zur Erstellung von Auswahlrichtlinien oder Namenslisten für Kündigungen noch nicht vorgesehen waren, doch schon die Zulässigkeit von Vereinbarungen der Betriebsparteien über Kündigungsfragen diskutiert wurde. Dabei wurde die grundsätzliche Möglichkeit betrieblicher Regelungen von Kündigungsbelangen vielfach in Form freiwilliger Betriebsvereinbarungen nach § 57 BetrVG 1952 und z.T. auch in Verbindung mit einem Interessenausgleich als zulässig angesehen[270]. Hinsichtlich dieser Vereinbarun-

---

[268] Insofern liegt es nahe zu vermuten, daß auch diesbezüglich nur ein Anknüpfen unter neuer Bezeichnung an die schon bisher im Rahmen der Beteiligung an Betriebsänderungen üblichen Vereinbarungen zwischen Arbeitgeber und Betriebsrat erfolgte. Jedenfalls sind keine Anhaltspunkte ersichtlich, die allein aus dieser „modernen" Bezeichnung auf eine gezielte Entwicklung – etwa hin zum heutigen Stand möglicher Inhalte eines Interessenausgleichs wie z.B. Vereinbarung von Auswahlrichtlinien oder Namenslisten – schließen lassen. Entsprechend war die Diskussion darüber, was vereinbart werden konnte, damals noch im Fluß. Vgl. z.B. Galperin BB 1967, 469ff.

[269] Zur Auslegung des § 74 BetrVG in direkter oder analoger Anwendung und der Abfindungspflichtigkeit, die gegenüber abredewidrig, aber wirksam gekündigten Arbeitnehmern bestand, wenn das Arbeitgebervorgehen nicht durch einen zwingenden Grund gedeckt war, vgl. insgesamt Neumann-Duesberg S. 595f. Vgl. speziell für den Fall, daß das Verfahren nach § 72 nicht eingehalten wurde, auch BAG, Urt. v. 29.2.72 – 1 AZR 176/71, SAE 1973, 73f m. Anm. Schlüter.

[270] Vgl. dazu z.B. Neumann-Duesberg S. 568f und Galperin/Siebert § 52 Rn 49f, 53 sowie vor § 60 Rn 23. Eine kurze Übersicht zum Meinungsstand findet sich bei Fritz S. 2f.

gen hatte man zwar vor allem solche Regelungen im Auge, die sich mit Form, Frist und den Gründen von Kündigungen befaßten, aber es wurde vereinzelt auch die Frage der Festlegung von Auswahlkriterien angesprochen[271]. Wenn diese Vorstellungen zu Kündigungsrichtlinien auch insgesamt nur partiell mit den heutigen Kündigungsrichtlinien übereingestimmt haben dürften[272] und sie somit in ihrer Bedeutung für die Rechtsentwicklung nicht überschätzt werden sollten, stellen sie dennoch gewisse Vorläufer der später in § 95 BetrVG 1972 getroffenen Regelung dar.

4) Zwischenergebnis

Die Untersuchung des KSchG und des BetrVG 1952 hat zunächst gezeigt, daß es das Verdienst dieser bundesgesetzlichen Regelungen war, das bis zu diesem Zeitpunkt in der Regel diffuse Zusammenspiel von Mitbestimmungsrecht und Kündigungsschutz beendet zu haben. Im KSchG wurde der Kündigungsschutz konsequent individualrechtlich ausgestaltet und zusammen mit seiner „kündigungsschutzrechtlichen" Beteiligung konstruktiv vom Betriebsverfassungsrecht und der dortigen mitbestimmungsrechtlichen Kündigungsbeteiligung getrennt. So sollte es nach der gesetzlichen Konzeption zum einen eine Beteiligung geben, die einer strikt am Kündigungsschutzrecht ausgerichteten *Rechtmäßigkeitsprüfung* und damit dem Schutz des Individuums diente. Zum anderen war eine nicht an den Kündigungsschutz gebundene, lediglich auch-individualschützende Beteiligung im Sinne eines *tatsächlichen Einwirkens* auf den Arbeitgeberwillen vor Ausspruch der Kündigung vorgesehen.
Durch diese Trennung und durch die insgesamt – im übrigen auch bei den Beteiligungen in den Sondersituationen von Massenentlassungen und Betriebsänderungen – fehlenden kündigungsrechtlichen Auswirkungen war das Auftreten der *Problematik des Spannungsverhältnisses* ausgeschlossen. Dies änderte sich auch nicht dadurch, daß diese gesetzlich konzipierte Trennung zwischen zwei verschiedenen Beteiligungen in der betrieblichen Praxis vermutlich nicht wirklich entsprechend umgesetzt wurde. Daß dies vielmehr eine künstliche Vorstellung blieb, weil § 66 I BetrVG zur praktisch allein bedeutsamen Kündigungsbeteiligung wurde, erklärt aber vielleicht, warum man in der späteren Gesetzgebung schon bald wieder zu einer problematischen Verbindung von Kündigungsschutz und –beteiligung zurückkehrte.

---

[271] Zu den herkömmlichen Nennungen zum Regelungsinhalt vgl. z.B. Neumann-Duesberg S. 568. Regelungen zur Auswahl der zu Kündigenden werden genannt bei Fitting/Kraegeloh/Auffahrt § 72 Rn 30 i.V.m. § 73 Rn 7 und 10. Vgl. auch Galperin BB 1967, 469ff.
[272] Vgl. GK-BetrVG/Kraft § 95 Rn 4 und Fritz S. 3.

Das BetrVG 1952 und seine Beteiligungsregelungen für die Sondersituationen der *Massenentlassungen und Betriebsänderungen* hielten sich grundsätzlich im Rahmen der bislang üblichen Regelungen[273] und brachten somit – zumindest hinsichtlich der gesetzlichen Regelung selbst – nichts wesentlich Neues. Es bleibt nur festzuhalten, daß vor dem Hintergrund dieses Gesetzes begonnen wurde, mit *Interessenausgleichen und Auswahlrichtlinien* Ideen umzusetzen, die wohl als eine gewisse Grundlage für spätere Entwicklungen angesehen werden können. Darauf konnten das BetrVG 1972 und die nachfolgenden Gesetze mit den Regelungen zu Namenslisten und Auswahlrichtlinien sowie deren Einfluß der Betriebsratsbeteiligung auf die Sozialauswahl aufbauen.

Insgesamt bleibt nach der die Betrachtung zur Rechtsentwicklung abschließenden Untersuchung des KSchG von 1951 und des BetrVG von 1952 festzuhalten, daß diese Gesetze eine erhebliche Weiterentwicklung der Kündigungsbeteiligung brachten. Sie legten dadurch den Grundstein, auf dem das BetrVG 1972 und einige weitere Gesetze den heutigen Stand der Regelungen zur Kündigungsbeteiligung schufen. Auf das BetrVG 1972, die weiteren Gesetze und die durch sie bewirkten Veränderungen wird bei der folgenden Betrachtung der heutigen Bestimmungen noch näher einzugehen sein.

---

[273] Auch hier wurde der Betriebsrat weiterhin im Interesse der Belegschaft sowie des Arbeitnehmers und der Wahrung seiner Rechte rein beratend, d.h. allein mit einem gewissen tatsächlichen Einfluß sowie einer gewissen tatsächlichen Kontrollfunktion versehen, tätig. S. dazu o. S. 70ff.

VI) Ergebnis der Betrachtung der Rechtsentwicklung

Wie die Betrachtung der Rechtsentwicklung gezeigt hat, sind Kündigungsbeteiligungen des Betriebsrats schon bei Erstellung der ersten betriebsverfassungsrechtlichen Regelungen häufig mit angedacht und zum Teil dort schon verwirklicht worden.
Hinsichtlich der Kündigungsbeteiligung am einzelnen Fall der Entlassung, sozusagen der *Kündigungsbeteiligung im engeren Sinn*, haben sich die Regelungen von da an als eine ständige Fortentwicklung erwiesen, bei der es zu starken Veränderungen der einschlägigen Bestimmungen und insbesondere ihrer kündigungsschutzrechtlichen Bedeutung kam. Dementsprechend hat die geschichtliche Untersuchung auch keinen dem heutigen § 102 BetrVG wirklich gleichartigen Vorgänger zu Tage gebracht. Dennoch sind die aus der Rechtsentwicklung gewonnenen Erkenntnisse insofern von besonderem Interesse, als sich durch sie Entwicklungstendenzen aufzeigen lassen und damit anhand der entwicklungsgeschichtlichen Besonderheiten der heutigen Regelung auch deren Einordnung und Bewertung leichter fällt. Bei ihr handelt es sich nämlich offenbar um einen Versuch, verschiedene Entwicklungen zu verknüpfen.
Waren zu Zeiten der ersten Arbeiterausschüsse erste Kündigungsbeteiligungen geregelt, so hatten sie zunächst nicht die Funktion einer Rechtmäßigkeitsprüfung. Denn mangels eines materiellen Kündigungsschutzrechts herrschte Kündigungsfreiheit, so daß mit der Beteiligung grundsätzlich nur die Möglichkeit eines *tatsächlichen Einwirkens auf den Kündigungswillen* des Arbeitgebers bestand. Dies änderte sich mit Inkrafttreten des BRG von 1920 völlig. Dieses Gesetz brachte einen Kündigungsschutz für die Arbeitnehmer und diesbezüglich kam dem Betriebsrat durch seine Beteiligung eine „Sperrfunktion" zu. Er hatte also die rechtlichen Chancen eines Kündigungsschutzbegehrens des Betroffenen und damit *Rechtmäßigkeitsaspekte* der Kündigung zu *prüfen*. Dabei entschied das Ergebnis seiner Prüfung darüber, ob der Arbeitnehmer nach Ausspruch der Kündigung Kündigungsschutz gerichtlich geltend machen konnte. Dem präventiven Einwirken auf die Kündigungsentscheidung des Arbeitgebers konnte diese Beteiligung dagegen nicht dienen, da sie erst nach Ausspruch der Kündigung erfolgte.
Da die *Sperrfunktion* aber schon bald als wesentliche Schwäche der Kündigungsbeteiligung nach den §§ 84ff BRG erkannt worden war, ist die weitere Entwicklung der Kündigungsbeteiligung weitgehend davon geprägt, diese zu beseitigen bzw. den Kündigungsschutz sogar ganz von der Kündigungsbeteiligung zu emanzipieren. Im übrigen diente die Beteiligungsregelung des BRG aber weiter als Vorbild. Dementsprechend behielt der Betriebsrat insbesondere die Aufgabe, eine gewisse Rechtmäßigkeitskontrolle vorzunehmen, während ein präventives Einwirken auf den Willen des Arbeitgebers oft weiterhin nicht gegeben war.

Erst 1951/52 veränderte sich die Situation in der zuvor beschriebenen Weise wieder grundlegend. Durch KSchG und BetrVG 1952 war die Emanzipation des Kündigungsschutzes und dessen kündigungsrechtlicher Beteiligung vom Betriebsverfassungsrecht durch eine strikte Trennung vollständig verwirklicht worden. § 66 I BetrVG 1952 regelte eine das *präventive Einwirken auf den Arbeitgeberwillen* ermöglichende Anhörung, in der kündigungsrechtliche Aspekte lediglich auch eine Rolle spielten. Dagegen war die Funktion der nachträglichen *Prüfung von allein kündigungsschutzrechtlichen Rechtmäßigkeitsaspekten* grundsätzlich der Beteiligungsregelung des § 2 KSchG vorbehalten. Letztere blieb indes praktisch relativ unbedeutend.
Interessanterweise beließ man es nicht bei dieser strikten – aber eher theoretischen – Trennung zwischen Kündigungsschutz und Betriebsverfassungsrecht. So blieb das Einspruchsverfahren nach § 3 KSchG zwar bis heute unverändert[274] und erfüllt somit an sich weiter die Funktion nachträglicher Rechtmäßigkeitsprüfung. Aber mit § 102 BetrVG schuf man eine neue Regelung, die zwar zu einem guten Teil durch Fortführung der „Anhörung" nach § 66 I BetrVG 1952 eine *präventive Regelung* geblieben ist, die andererseits aber auch erhebliche, an frühere, der *Rechtmäßigkeitsprüfung* dienende Regelungen erinnernde Veränderungen gebracht hat, ohne dabei zur „Sperrfunktion" zurückzukehren. Darauf wird sogleich zurückzukommen sein, denn in dieser Vermengung liegt das Charakteristische der heutigen Regelung, das bei deren Auslegung besonders zu beachten ist.

Was die Sonderformen der *Beteiligung an Massenentlassungen bzw. an* Kündigungen, die im Rahmen von *Betriebsänderungen* erfolgen, anbelangt, so verlief die Entwicklung etwas weniger bewegt. Die Problematik der Entlassung mehrerer bzw. der Auswahl aus mehreren war zwar bald erkannt worden und hatte zunehmend zu entsprechenden Beteiligungsregelungen geführt. Hier hatte sich aber schon bald die Regelung eingebürgert, daß der Betriebsrat vor Massenentlassungen bzw. aus Betriebsänderungen folgenden Entlassungen beratend einzubinden war. Und diese reine Beratung zielte insbesondere auch auf die Auswahl der Arbeitnehmer ab, wobei der Einfluß diesbezüglich nur gering variierte. Echte kündigungsrechtliche Wirkungen kamen den Beteiligungen in der Regel nicht zu. Die heute bestimmte kündigungsrechtliche Bedeutung nach § 1 IV KSchG und § 125 InsO stellt insofern eine neuartige Entwicklung dar. Was in der früheren Rechtsentwicklung lediglich auszumachen ist, sind erste tatsächliche Ansätze zur Vereinbarung von Kündigungsrichtlinien bzw. der genauen Bestimmung von zu Kündigenden in Vereinbarungen zwischen Betriebsrat und Arbeitgeber.

---

[274] Lediglich die §§-Nummerierung hat sich geändert, nachdem sich die Regelung nun in § 3 KSchG findet. Vgl. KR-Rost § 3 KSchG und Möhn NZA 1995, 113.

Zweiter Teil: Die Funktionen der Betriebsratsbeteiligung an Kündigungen

Im zweiten Teil der Untersuchung sind nun die Funktionen der Betriebsratsbeteiligung an Kündigungen herauszuarbeiten, die dieser durch die verschiedenen heutigen Beteiligungsregelungen zugewiesen sind. Dabei werden in einem ersten Schritt (Abschnitte I - III) zunächst *§ 102 BetrVG* und *§ 3 KSchG* untersucht. Daran anschließend (Abschnitte IV und V) erfolgt eine Betrachtung der erst vor kurzen mit erheblichen kündigungsrechtlichen Auswirkungen versehenen Sonderformen der Kündigungsbeteiligung, wie sie in *§ 1 IV KSchG* und *§ 125 InsO* geregelt sind.

I) Die Funktion der Betriebsratsanhörung nach § 102 I – V[275] BetrVG

1) Die herkömmliche Beschreibung von Sinn und Zweck dieser Betriebsratsbeteiligung

Aufgrund der erheblichen Veränderungen der wirtschaftlichen, technischen und gesellschaftlichen Verhältnisse, die nach dem Inkrafttreten des BetrVG 1952 mit der Zeit eingetreten waren, wurde das Betriebsverfassungsrecht 1972 durch den Erlaß eines neuen BetrVG umfassend reformiert[276]. Dabei wurde mit § 102 BetrVG und ihn ergänzenden Änderungen im KSchG eine deutliche Stärkung

---

[275] Die Beteiligungsregelung des § 102 VI BetrVG soll hier bei der nun zunächst erfolgenden Untersuchung der Beteiligung im normalen Anhörungsverfahren noch nicht mit dargestellt werden, da dort gerade ein die normale Anhörung ersetzendes Verfahren geregelt werden kann. Ist im folgenden vom Anhörungsverfahren die Rede, so ist die Beteiligung nach § 102 I-V BetrVG gemeint.

[276] Vgl. zur Begründung für die Bestrebungen, ein neues BetrVG zu schaffen, die Begründung zum Regierungsentwurf eines BetrVG, BT-Drucks. VI/1786, Vorblatt u. S. 31. Dort – m.w.N. – auch zum Rückgriff auf schon in der 5. Legislaturperiode erarbeitete Vorlagen.

Maßgeblich für die Fassung des BetrVG 1972 (BGBl. I 1972, S. 13ff) in den hier interessierenden Punkten waren neben dem genannten Regierungsentwurf auch noch ein Entwurf der CDU/CSU für ein Gesetz über die Mitbestimmung der Arbeitnehmer in Betrieb und Unternehmen, BT-Drucks. VI/1806, sowie der entsprechende schriftliche Bericht des Ausschusses für Arbeit und Sozialordnung, BT-Drucks. VI/2729. Soweit die Entwicklungen und Begründungen im Gesetzgebungsverfahren für die vorliegende Untersuchung von Interesse sind, wird im folgenden an geeigneten Stellen darauf zurückzukommen sein.

der Beteiligung des Betriebsrats an Kündigungen vorgesehen, um der für den Arbeitnehmer einschneidenden Bedeutung der Kündigung besser Rechnung zu tragen[277].

Mit der durch das Betriebsverfassungsgesetz von 1972 eingeführten Beteiligungsregelung des § 102 BetrVG haben sich Rechtsprechung und Wissenschaft seither intensiv beschäftigt, weil in ihr doch eine ganze Reihe strittiger Auslegungsfragen von erheblicher praktischer Bedeutung angelegt waren. Hinsichtlich der Bestimmung von Sinn und Zweck des in § 102 BetrVG vorgesehenen Anhörungsverfahrens besteht aber im wesentlichen Einigkeit. Denn die herkömmlich übereinstimmend verwandten und in der Regel recht kurz gehaltenen[278] Zweckbestimmungen stellen grundsätzlich auf drei Aspekte ab.

So wird zunächst einmal ganz allgemein eine doppelte Schutzrichtung konstatiert. Die Einschaltung des Betriebsrats im Anhörungsverfahren nach § 102 BetrVG diene – ohne daß dabei ein bestimmtes Verhältnis angegeben wird – sowohl dem *Schutz des Individuums* vor der Kündigung als auch dem *Schutz der kollektiven Interessen* der Belegschaft hinsichtlich deren Zusammensetzung[279]. Des weiteren wird bezüglich der Art und Weise, wie die Tätigkeit des Betriebsrats den genannten Interessenschutz erreichen soll, festgestellt, daß es Sinn und Zweck – in der hier verwendeten Terminologie: die *Funktion* – des Anhörungsverfahrens nach § 102 BetrVG sei, dem Betriebsrat *im Vorfeld* der Kündigung *tatsächlichen Einfluß* auf die Willensbildung des Arbeitgebers zu ermöglichen.

---

277 Vgl. die Begründung zum Regierungsentwurf des BetrVG, BT-Drucks. VI/1786, S. 32 und s. auch die entsprechende Zielrichtung des CDU/CSU Entwurfs eines Mitbestimmungsgesetzes, BT-Drucks. VI/1806, S. 31.

278 Eine ausführliche Auseinandersetzung mit Sinn und Zweck der Regelung des § 102 BetrVG, die speziell zwischen den einzelnen Absätzen der Regelung differenziert, erfolgt bei Heinze Rn 450ff. Lediglich vereinzelt sind des weiteren im Rahmen der Zweckbestimmungen kleinere Abweichungen zu finden. So sind z.B. Ansätze festzustellen, dem Widerspruch und seinen Folgen einen eigenen speziellen und neben den des Anhörungsverfahrens tretenden Sinn und Zweck beizumessen – so z.B. Stege-Weinspach BetrVG § 102 Rn 116, Galperin/Löwisch § 102 Rn 53f und Richardi BetrVG § 102 Rn 139.
Auf diese Ansätze und insbesondere auch die Untersuchung von Heinze wird im folgenden immer wieder zurückzukommen sein. Zunächst soll aber einmal die herkömmlich verwandte Zweckbestimmung zum Anhörungsverfahren nach § 102 BetrVG näher betrachtet werden.

279 Vgl. nur BAG Urt. v. 18.9.75, EzA § 102 BetrVG 1972 Nr. 17, BAG, Urt. v. 13.7.78 - 2 AZR 717/76, AP Nr. 17 zu § 102 BetrVG 1972, BAG Urt. v. 27.6.85 - 2 AZR 412/84, AP Nr. 37 zu § 102 BetrVG 1972, BAG, Urt. v. 18.9.75. – 2 AZR 594/74, BB 1976, 227, GK-BetrVG/Kraft § 102 Rn 3, ders. in Festschrift Kissel S. 620, DKK-Kittner § 102 Rn 3, MünchArbR/Matthes § 356 Rn 2, Stege/Weinspach § 102 Rn 27, Meisel Rn 375f, Raab ZfA 1995, 517f, Rinke NZA 1998, 77f und Oppertshäuser NZA 1997, 923. Heinze Rn 454ff und APS/Koch § 102 BetrVG Rn 1, 3 betont die (alleinige) Zielrichtung auf den individualrechtlichen Schutz.

Indem er durch eine Stellungnahme seine Ansicht zum Kündigungsvorhaben darstellt, soll er Gelegenheit bekommen, auf die Ermessensbetätigung des Arbeitgebers hinsichtlich des Kündigungsausspruchs einzuwirken[280]. Die Anhörung habe eben über die reine Unterrichtung des Betriebsrats hinaus den Sinn, diesem „Gelegenheit zu geben, seine Überlegungen zu der Kündigungsabsicht aus Sicht der Arbeitnehmerseite dem Arbeitgeber zur Kenntnis zu bringen". Dadurch solle letzterer in die Lage versetzt werden, „bei seiner Entscheidung die Stellungnahme des Betriebsrats, insbesondere dessen Bedenken, gegebenenfalls auch dessen Widerspruch gegen die beabsichtigte Kündigung zu berücksichtigen", damit es „in geeigneten Fällen erst gar nicht zu einer Kündigung kommt"[281].
Und schließlich wird zum Zweck bzw. zur Funktion in der Regel noch ergänzend bemerkt, daß das Anhörungsverfahren nicht dazu da sei, die Wirksamkeit der beabsichtigten Kündigung zu prüfen. Der Betriebsrat solle dort gerade *keine Rechtmäßigkeitskontrolle* vornehmen, da das Anhörungsverfahren kein vorgezogener Kündigungsschutzprozeß sei[282]. Es gehe nicht um eine objektive Überprüfung der Kündigungsgründe, sondern der Betriebsrat solle sich vielmehr in die Rolle des Arbeitgebers versetzen und überlegen, wie er an dessen Stelle handeln würde[283].

2) Die Notwendigkeit einer verbesserten Funktionsbestimmung

a) Zutreffende Grundannahmen

Diese herkömmliche Zweckbestimmung liefert über die drei genannten Aspekte grundsätzlich richtige Anhaltspunkte hinsichtlich Sinn und Zweck des Anhörungsverfahrens nach § 102 BetrVG.

---

[280] S. BAG, Urt. v. 13.7.78 - 2 AZR 717/76, AP Nr. 17 zu § 102 BetrVG 1972, BAG, Urt. v. 11.4.85 – 2 AZR 239/84, AP Nr. 39 zu § 102 BetrVG 1972, Kraft in Festschrift Kissel S. 613, Rinke NZA 1998, 77f, Weber/Ehrich/Hörchens S. 630f Rn 275, Stege/Weinspach § 102 Rn 27, Meisel Rn 375f, Oppertshäuser NZA 1997, 923, Raab ZfA 1995, 517, MüArbR-Matthes § 356 Rn 1, HSG-Schlochauer § 102 Rn 28.

[281] So z.B. ausdrücklich BAG, Urt. v. 13.7.78 – 2 AZR 798/77, AP Nr. 18 zu § 102 BetrVG 1972.

[282] S. BAG, Urt. v. 22.9.94 – 2 AZR 31/94, SAE 1996, 22ff, BAG, Urt. v. 24.11.83 – 2 AZR 347/82, AP Nr. 30 zu § 102 BetrVG 1972 und vgl. auch BAG, Urt. v. 24.3.77 – 2 AZR 289/76, AP Nr. 12 zu § 102 BetrVG 1972. S. des weiteren Kraft in Festschrift Kissel S. 613, HSG-Schlochauer § 102 Rn 1, Stege-Weinspach BetrVG a.a.O. und Oppertshäuser NZA 1997, 923.

[283] S. Kraft in Festschrift Kissel S. 614.

So ist zum einen am Vorliegen einer *doppelten*, also auf Kollektiv- und Individualinteressen bezogenen *Schutzrichtung* nicht zu zweifeln. Denn der Schutz verschiedener Interessen wird hier genauso verfolgt wie im Rahmen der Vorgängerregelung § 66 I BetrVG 1952, deren Anhörungsverfahren § 102 BetrVG grundsätzlich – wenn auch in verschiedenen Belangen weiterentwickelt – fortführt[284]. Daß der Individualschutz, der dem § 102 BetrVG eindeutig innewohnt, keinesfalls allein verfolgt wird, deutet sich darüber hinaus auch schon dadurch an, daß das Anhörungsverfahren – unter Androhung der Unwirksamkeitssanktion – zwingend und ohne ausdrücklich angeordnete Möglichkeit des Arbeitnehmers, auf die Durchführung zu verzichten, vorgeschrieben ist[285].
Des weiteren hebt auch die Annahme der herkömmlichen Zweckbestimmung, dem Anhörungsverfahren komme die *Funktion* eines *präventiven Kündigungsschutzes* durch die Ermöglichung *tatsächlichen Einwirkens* auf den noch nicht ausgeübten Kündigungswillen des Arbeitgebers zu, einen richtigen und zugleich wichtigen Aspekt hervor. So zwingt die Anhörung nach § 102 BetrVG den Arbeitgeber, schon vor Ausspruch der Kündigung über seine Motivation zur Kündigung Auskunft zu geben, diese auch sich selbst tatsächlich zu vergegenwärtigen und anschließend etwaige Einwände des Betriebsrats zur Kenntnis zu nehmen[286]. Daß die an § 66 BetrVG 1952 anknüpfende „Anhörung" mit ihrer präventiven Wirkung eines *Kündigungsschutzes durch Verfahren*[287] auch tatsächliche Bedeutung hat, zeigt ein Blick auf die Erfahrungen, die in der Praxis damit gemacht wurden. Denn es ist tatsächlich zu einem gewissen Prozentsatz ein präventiver Kündigungsschutz durch Beeinflussung des Arbeitgeberwillens im Anhörungsverfahren festzustellen, da den Anhörungsreaktionen eine gewisse Bedeutung für den Willensentschluß zum Ausspruch der Kündigung zukommt[288].

---

[284] Vgl. oben S. 68f. Daß der von § 66 I BetrVG 1952 bezweckte Schutz aller vom BetrVG erfaßten Interessen mit § 102 BetrVG fortgeführt werden soll, zeigt § 102 BetrVG, wenn er grundsätzlich am Anhörungsverfahren festhält und die Möglichkeit der Bedenkenäußerung schafft, die eine völlig freie Äußerungsmöglichkeit bietet. Vgl. dazu, daß gerade auch in den Widerspruchsgründen der Schutz kollektiver Interessen zum Ausdruck kommen soll, Raab ZfA 1995, 517f und Kraft in FS Kissel S. 620.

[285] Vgl. dazu Meisel Rn 375.

[286] S. dazu schon die Nenn. o. Fn 280f und vgl. auch noch F/K/H/E § 102 Rn 33 sowie Berkowsky § 4 Rn 53f.

[287] Vgl. dazu schon o. S. 68f. und speziell zum Kündigungsschutz durch Verfahren auch Berkowsky § 1 Rn 9 sowie F/K/H/E § 102 Rn 33.

[288] Vgl. Falke/Höland/Rhode/Zimmermann S. 124, 214ff: Nach einer Unternehmensbefragung wurde dem erkennbaren – nicht in Form des Widerspruchs geäußerten – Widerstand des Betriebsrats in 6 % der Unternehmen „häufig" und in 2,8 % der Unternehmen „immer" kündigungsverhindernde Wirkung beigemessen. In der weit überwiegenden Anzahl der Unternehmen hatte der Widerstand diese Wirkung allerdings „nie" bis „selten". Nach einem Widerspruch sollen in 30 % der Fälle Kündigungen tatsächlich unterblieben sein. Eine Befragung der Betriebsräte zeigte, daß ca. 80 % von ihnen den Eindruck hatten, zumindest

Überschätzt werden sollte diese Bedeutung des faktischen Einwirkens allerdings nicht[289].

Letztlich ist auch der Annahme der herkömmlichen Zweckbestimmung, eine *Rechtmäßigkeitsprüfung* sei *nicht Sinn und Zweck* des Anhörungsverfahrens, zumindest insoweit zuzustimmen, als damit festgestellt werden soll, daß die Betriebsratsbeteiligung keine einem arbeitsgerichtlichen Kündigungsschutzverfahren entsprechende Rechtmäßigkeitsprüfung mit einer völlig entsprechenden Darlegungslast und *endgültigen* rechtlichen Beurteilungen zur Kündigung darstellen kann. Der Kündigungsschutz darf, wie die Rechtsentwicklung und insbesondere die Konzeption des heutigen KSchG zeigen, nicht in die Betriebsverfassung verlagert werden; dementsprechend ist eine *gerichtsgleiche* Rechtmäßigkeitsprüfung durch den Betriebsrat ausgeschlossen[290]. Gegen eine solche spricht im übrigen auch schon die zumindest nicht umfassend gesicherte kündigungsrechtliche Kompetenz des Betriebsrats[291] sowie die fehlende Unabhängigkeit und Neutralität des Betriebsrats als Institution arbeitnehmerseitiger Interessenvertretung. Hinzu kommt die praktische Unwägbarkeit, dem Arbeitgeber im zeitlich oft engen Rahmen vor Ausspruch der Kündigung eine gerichtlichen Verfahren entsprechende Darlegungs- und Beweislast der kündigungsrechtlich relevanten Tatsachenlage aufzuerlegen[292].

---

gelegentlich die Kündigungsentscheidung des Arbeitgebers beeinflussen zu können.

In größeren Betrieben soll es sogar teilweise eine „auch ohne formale Rechtsgrundlage faktisch wirksame Zustimmungspraxis" geben, nach der keine Kündigung erfolgt, wenn der Betriebsrat widersprochen hat. Dazu Falke/Höland/Rhode/Zimmermann S. 188 unter Verweis auf Kotthoff S. 342ff.

[289] In der weit überwiegenden Mehrzahl der Anhörungen findet der Betriebsrat mit seiner Stellungnahme eben schlicht keine Beachtung – s. Fn zuvor –, was u.a. auch die feststellbare Unzufriedenheit der Betriebsräte damit, daß trotz eines Widerspruchs gekündigt werden kann, erklärt; dazu Falke/Höland/Rhode/Zimmermann S. 223f.

[290] Vgl. dazu schon o. die Nenn. in Fn 282 und auch S. 65f sowie Bütefisch S. 361f, Berkowsky § 4 Rn 53ff. Da somit eine die Gerichte bindende Entscheidungskompetenz des Betriebsrats ohnehin nicht in Betracht kommt, können auch keine verfassungsrechtlichen Bedenken gegen die Regelung im Hinblick auf die Gerichtsschutzgarantie bestehen; vgl. dazu Henssler RdA 1991, 268.

[291] So halten nach Falke/Höland/Rhode/Zimmermann S. 747ff 78,4 % der Arbeitsrichter die Betriebsräte schon mit der Anfertigung von Widersprüchen für überfordert. Offen bleibt selbstverständlich, ob nicht die Überforderung gerade aus einer Überspannung der Anforderungen der Rechtsprechung an die Widersprüche resultiert. Zumindest bewerten 80% der Betriebsräte ihre Rechtskenntnisse als ausreichend, s. Falke/Höland/Rhode/Zimmermann S. 218.

[292] Vgl. dazu, daß auf die Anhörung nicht die im Kündigungsschutzprozeß an die Darlegungspflicht gestellten Anforderungen übertragen werden können, o. S. 79 Fn 282.

b) Notwendigkeit verbesserter Funktionsbestimmung

Daß trotz dieser zutreffenden Annahmen dennoch ein gewisser Verbesserungsbedarf besteht, wird an sich schon daraus deutlich, daß die herkömmlich verwandte Zweckbestimmung auch sehr gut eine Beschreibung des alten Anhörungsverfahrens nach § 66 I BetrVG 1952 sein könnte[293]. § 102 BetrVG ist aber keine Kopie der alten Regelung. Die Kündigungsbeteiligung hat vielmehr, indem die schlichte Anordnung der Anhörung in einem einzigen Satz durch eine komplexe Regelung ersetzt worden ist, erhebliche Veränderungen erfahren. Es ist nun ein Katalog verschiedener Reaktionsmöglichkeiten vorgesehen, an die teilweise auch Auswirkungen auf die kündigungsrechtliche Stellung des Arbeitnehmers anknüpfen. Durch diese Veränderungen beseitigt § 102 BetrVG entgegen der davor durch § 66 I BetrVG 1952 und das KSchG 1951 geschaffenen Situation zumindest die *strikte* Trennung zwischen Beteiligungsrecht und Kündigungsschutz wieder und nähert sich älteren Vorgängerregelungen an. Daß gerade diese charakteristische Weiterentwicklung keinen deutlichen Ausdruck in der herkömmlich verwandten Zweckbestimmung des Anhörungsverfahrens als solchem findet, läßt eine ausreichende Erfassung der heutigen Regelung durch sie fragwürdig erscheinen[294].

Und genauer betrachtet, bestätigt sich das auch. Herkömmlich werden Sinn und Zweck des Anhörungsverfahrens nach § 102 BetrVG mit der Feststellung beschrieben, daß es in ihm um den Schutz von Kollektiv- und Individualinteressen durch Einwirken auf den Kündigungswillen des Arbeitgebers vor Ausspruch der Kündigung gehe. Dies deckt jedoch wichtige Aspekte der gesetzlichen Regelung nicht ausdrücklich bzw. nicht angemessen ab.
Im wesentlichen kommt in dieser Beschreibung des Anhörungsverfahrens nur der durch die Absätze I und II des § 102 BetrVG vorgegebene kommunikative Vorgang vor Ausspruch der Kündigung zum Ausdruck. Die Absätze III bis V mit dem dort geregelten Widerspruch, dem zwar auch ein gewisser, durchaus wichtiger präventiv-kommunikativer Charakter innewohnt, und seinen mit bzw. *nach* Ausspruch der Kündigung greifenden Folgen der Zuleitung des Betriebsratswiderspruchs an den Arbeitnehmer (Abs. IV), des Weiterbeschäftigungsanspruchs (Abs. V) oder auch der kündigungsrechtlichen Auswirkungen nach § 1

---

[293] Und das obwohl die Rechtsprechung wegen der Veränderungen des § 102 BetrVG gegenüber der Vorgängerregelung des § 66 BetrVG die alte Rechtsprechung hierzu als größtenteils nicht mehr verwertbar betrachtete. S. BAG, Urt. v. 28.2.1974 – 2 AZR 455/73, AP Nr. 2 zu § 102 BetrVG 1972.

[294] Es werden so Aspekte, die den speziellen Charakter der heutigen Regelung im Hinblick auf die Rechtsentwicklung prägen, indem sie die präventive Funktion mit der alten Funktion der Prüfung von Rechtmäßigkeitsaspekten – vgl. dazu schon o. S. 74f - verbinden, zumindest nicht ausreichend für die Zweckbestimmung des Anhörungsverfahrens beachtet.

II S. 2 u. 3 KSchG finden dagegen keine wirklich ausreichende Berücksichtigung. Diese wird insbesondere auch nicht durch die doch sehr pauschale Angabe der allgemeinen Zielrichtung des Schutzes von Kollektiv- und Individualinteressen erreicht, zumal damit gerade im Falle der Kündigung häufig gegensätzliche Interessen beschrieben werden.

Es kann letztlich auch nicht überzeugen, die Bestimmung von Sinn und Zweck des Anhörungsverfahrens etwa allein auf die Anhörung im engeren Sinne, also ausschließlich auf das Verfahren in seiner *kommunikativen Wirkung vor Ausspruch der Kündigung* zu beschränken. Dazu wären die nach Ausspruch der Kündigung eintretenden Folgen, die vor allem der Widerspruch bewirkt, davon isoliert zu betrachten und diesem müßte neben dem Anhörungsverfahren ein ganz eigener Zweck beigemessen werden[295]. § 102 BetrVG gibt aber ein *Gesamtbild eines Anhörungsverfahrens* vor. Nach diesem beginnt die zwingend durchzuführende Anhörung mit der Information durch den Arbeitgeber und führt schließlich, wofür § 102 II S. 2 BetrVG sorgt, *zwingend* zu einer im gesetzlichen Katalog vorgesehenen Form *wertender Reaktion* des Betriebsrats: Am Ende des Anhörungsverfahrens liegt entweder eine Zustimmung – gegebenenfalls in Form einer Fiktion –, eine Bedenkenäußerung und/oder ein Widerspruch vor[296]. Der Widerspruch ist also eine unter mehreren Reaktionsmöglichkeiten des Betriebsrats, mit denen das Anhörungsverfahren abgeschlossen werden soll. Er ist kein eigenes Beteiligungsrecht, sondern vielmehr in das Anhörungsverfahren „eingebettet"[297] und dessen Teilzweck.

Dementsprechend sollte schon die Zweckbestimmung des Anhörungsverfahrens die Teilfunktion mitbeschreiben, die der Betriebsratsbeteiligung mit der „Auch-Ausrichtung" auf den Widerspruch und seine Folgen zugewiesen ist. Insofern besteht Verbesserungsbedarf. Letztlich bedarf es einer Funktionsbeschreibung der Beteiligung im Anhörungsverfahren, die alle Reaktionsmöglichkeiten erfaßt und insbesondere auch deren *Vielfalt und Einteilung* durch entsprechend die einzelnen *Reaktionsmöglichkeiten* umfassende Aussagen zufriedenstellend

---

[295] S. zu solch einer getrennten Zweckbestimmung zwischen Anhörung als solcher und dem Widerspruch und seinen Folgen schon o. Fn 278.

[296] So stellt § 102 BetrVG über die Unwirksamkeitssanktion des Abs. I S. 3 die Durchführung der Anhörung sicher und über eine Fiktionsregelung trifft er auch Vorkehrungen für ein Schweigen des Betriebsrats.

Was die tatsächliche Häufigkeit der einzelnen Reaktionsformen anbelangt, so ergab sich nach Falke/Höland/Rhode/Zimmermann bei einer Unternehmensbefragung eine Verteilung von 66% Zustimmung, 19,6% Schweigen, 6,2% Bedenken, 8,2% Widerspruch (S. 118ff) und bei einer Befragung von Betriebsräten eine Verteilung von 34,0% Zustimmung, 27,5% Schweigen, 12,5 % Bedenken, 18,8 % Widerspruch (S. 188ff). Zu beachten ist hinsichtlich dieser Zahlen allerdings, daß in der Praxis offenbar Schwierigkeiten zur Abgrenzung zwischen Bedenken und Widerspruch bestehen.

[297] Richardi BetrVG § 102 Rn 138f; dort wird allerdings auch angemerkt, daß das Widerspruchsrecht in seiner Zweckbestimmung über die der Anhörung „hinausgeht".

erklärt[298]. Nur durch eine solch umfassende Funktionsbeschreibung kann dann auch gesichert werden, daß die Auslegung der Anhörungserfordernisse in einer Weise geschieht, die das Anhörungsverfahren, wie vom Gesetz vorgesehen, die Basis für sämtliche Reaktionsformen sein läßt[299].

Hinzu kommt, daß dem Anhörungsverfahren gerade im Hinblick auf den Widerspruch und seine Folgen doch eine zumindest nicht zu unterschätzende praktische Bedeutung[300] zukommt. Denn die „nachträglichen" Auswirkungen des kollektivrechtlichen Widerspruchs berühren die kündigungsrechtliche Stellung des Individuums. Im Hinblick auf die Problematik des Spannungsverhältnisses bedarf, wie in der Einführung gezeigt[301], eine solche kollektivrechtliche Beeinflussung des Kündigungsschutzes eines sachlichen Grundes und dieser sollte auch in der Zweckbestimmung des Anhörungsverfahrens deutlich zum Ausdruck kommen. Sie muß über die beschriebenen Funktionen erklären, warum die Betriebsratsbeteiligung im Anhörungsverfahren solche Kündigungsregelungen herbeiführt.

3) Ergänzung der Funktionsbeschreibung durch Analyse der Vorgaben

Die bisherige Zweckbestimmung des Anhörungsverfahrens ist also durch eine Erweiterung der beschriebenen Funktionen so zu ergänzen, daß damit alle Regelungsaspekte des § 102 I-V BetrVG hinreichend genau erfaßt werden. Wie zuvor dargelegt, ist dabei insbesondere auch die Funktion des Anhörungsverfahrens im Hinblick auf die Widerspruchsmöglichkeit und ihre Folgen zu bestimmen. Darüber hinaus ist des weiteren zu prüfen, ob sich eine auf den Zeitraum nach Ausspruch der Kündigung bezogene Funktion des Anhörungsverfahrens wirklich nur allein aus dem Widerspruchsrecht ergibt, oder ob nicht auch die anderen Reaktionsformen eine bisher nicht ausreichend berücksichtigte nachträgliche Wirkung haben.

---

298 So hätte z.B. eine allein auf die Präventivfunktion abstellende Zweckbestimmung kaum die Möglichkeit, zufriedenstellend zu erklären, warum der Gesetzgeber diese Vielfalt an Reaktionsmöglichkeiten geschaffen hat und nicht, statt mit Widerspruch und Bedenken zwei die Kündigung ablehnende Reaktionsformen vorzugeben, einfach eine Möglichkeit des Bedenkenäußerns, die „*insbesondere* auch" in den von § 102 III BetrVG erfaßten Fällen gegeben wäre, vorsah.

299 Nur dies ermöglicht dann auch, die Sanktion des § 102 I S. 3 BetrVG wirklich so anzupassen, daß ein Zwang besteht, in der Anhörung die für alle Reaktionsmöglichkeiten wesentlichen Punkte ihrer Bedeutung entsprechend zur Sprache zu bringen; deswegen überzeugt es auch nicht, den Zweck des Widerspruchs getrennt von dem des Anhörungsverfahrens zu betrachten.

300 Vgl. dazu nur APS/Koch § 102 BetrVG Rn 1,3.

301 Vgl. o. S. 11ff.

a) Die Funktion des Anhörungsverfahrens hinsichtlich des Widerspruchs und seiner Folgen

aa) Die Betrachtung des abschließenden Katalogs der *Widerspruchsgründe* nach § 102 III BetrVG – der im übrigen auch nicht durch die dem Betriebsrat über die §§ 80 I Nr. 8 und 92a BetrVG neu zugewiesene Aufgabe der Beschäftigungsförderung und Beschäftigungssicherung erweitert wird –[302] zeigt, daß es sich bei diesen um Tatbestände handelt, die weitgehend schon vor Schaffung des BetrVG als wesentliche Aspekte der Beurteilung der kündigungsschutzrechtlichen Sozialwidrigkeit anerkannt waren und es auch heute zumindest größtenteils sind[303].

Demnach zielt das Anhörungsverfahren auch darauf ab, den Betriebsrat das tatsächliche Vorliegen einzelner, ganz genau bestimmter und für die Rechtmäßigkeit der Kündigung relevanter Aspekte bewerten zu lassen. Denn es dient ja u.a. dazu, eine Entscheidung über die Frage, ob Widerspruch erhoben werden soll, herbeizuführen. Der Betriebsrat liefert durch seine Tätigkeit indes keine für den weiteren Vorgang verbindliche Entscheidung über die rechtliche Bewertung. Insbesondere würdigt er die Kündigung nicht umfassend in rechtlicher Hinsicht, sondern prüft nur das Gegebensein einzelner Sachverhaltsaspekte aus seiner Sicht. Deswegen erscheint diese Tätigkeit auch hinsichtlich eines richtig verstandenen Ausschlusses der Rechtmäßigkeitsprüfung durch den Betriebsrat nicht bedenklich[304]. Er soll mit seiner Stellungnahme schlicht kundtun, ob aus seiner Sicht einer der im Katalog des § 102 III BetrVG bestimmten Sozialwidrigkeitsaspekte vorliegt *und* dieser unter Berücksichtigung der Gesamtumstände der konkreten Situation die Kündigung seiner Meinung nach auch wirklich ungerechtfertigt erscheinen läßt. Diese zweite Voraussetzung ist erforderlich, da

[302] Vgl. zum abschließenden Charakter und dazu, daß die genannten, dem Betriebsrat neu zugewiesenen Aufgaben nicht etwa ein besonderes Widerspruchsrecht begründen, schon o. Fn 13. § 92a BetrVG kann allerdings mittelbare kündigungsschutzrechtliche Bedeutung hinsichtlich der Frage zumutbarer Fortbildungs- und Umschulungsmaßnahmen bzw. bezüglich der Weiterbeschäftigung zu veränderten Arbeitsbedingungen haben – s. dazu Löwisch BB 2001, 1794 – und sich insofern auch auf das Vorliegen der Widerspruchsgründe auswirken.

[303] Vgl. dazu schon o. S. 11. Die Widerspruchsgründe in ihrer heutigen Form gehen auf den Regierungsentwurf des BetrVG, BT-Drucks. VI/1786, zurück. Vgl. zur heutigen kündigungsschutzrechtlichen Relevanz der Widerspruchsgründe nur Richardi BetrVG § 102 Rn 149, 153f und 159f. Auf die genaue kündigungsrechtliche Bedeutung des Verstoßes gegen eine Auswahlrichtlinie und des entsprechenden Widerspruchsgrunds sowie seiner Abgrenzung zu § 102 III Nr.1 BetrVG wird später noch zurückzukommen sein.

[304] Insofern zeigt § 102 III BetrVG mit den kündigungsrechtlich relevanten Widerspruchsgründen, daß ein pauschaler Ausschluß der „Rechtmäßigkeitsprüfung" durch den Betriebsrat zumindest mißverständlich ist. Die Ablehnung ist eben nur insofern zutreffend, als sie wirklich den Ausschluß eines „vorgezogenen Kündigungsschutzprozesses", also nicht die Rechtmäßigkeitsprüfung als solche, sondern eben nur den gerichtlichen Charakter einer abschließenden Entscheidung umfaßt. Vgl. dazu auch schon o. S. 79ff.

der Betriebsrat bei Vorliegen eines Widerspruchsgrunds nur widersprechen „*kann*". Darin ist indes schon vor dem Hintergrund der Problematik des Spannungsverhältnisses kein freies Ermessen, sondern vielmehr die Möglichkeit zur Berücksichtigung von Sondersituationen zu sehen ist. Mit dem Widerspruch, der hinsichtlich des Vorliegens der Widerspruchsgründe genauer zu begründen ist, bringt der Betriebsrat somit zum Ausdruck, daß er aufgrund der punktuell vorgegebenen Widerspruchsmöglichkeiten, d.h. aufgrund ganz bestimmter Sozialwidrigkeitsgründe, die Kündigung für unwirksam hält[305].

Obwohl der Betriebsrat hinsichtlich der Kündigung sicher keine neutrale Instanz ist und häufig auch nicht über umfassende Kenntnisse des Kündigungsrechts verfügen wird, ist seine dadurch abgegebene Bewertung für das weitere Verfahren dennoch interessant. Sie ist nämlich das Urteil einer mit den betrieblichen Gegebenheiten bestens vertrauten und zumindest nicht direkt am Streit beteiligten sowie der Arbeitnehmerentscheidung grundsätzlich kritisch gegenüberstehenden Instanz. Von ihr wird aufgrund des Katalogs der Widerspruchsgründe schlicht die Bewertung des tatsächlichen Vorliegens ganz bestimmter Sachverhaltsaspekte verlangt, über die sie einen viel besseren Überblick hat als der Arbeitnehmer oder das Arbeitsgericht[306].
Dieses Abstellen auf den besseren Überblick erklärt im übrigen auch, daß das Gesetz einen abschließenden Katalog von Widerspruchsgründen gesetzlich vorgibt. Der Gesetzgeber hat dadurch wertend entschieden, bezüglich welcher Aspekte er glaubt, einen besseren Überblick des Betriebsrats nutzen zu können. Ob der Katalog des § 102 III BetrVG erweitert werden könnte oder sollte, kann im Rahmen dieser Funktionsuntersuchung dahinstehen. Denn diesbezüglich in-

---

[305] Vgl. auch GK-BetrVG/Raab § 102 Rn 108. Zur Begründungspflicht s. Löwisch/Kaiser BetrVG § 102 Rn 41ff und GK-BetrVG a.a.O. Rn 110. Im Fall des Widerspruchs bezieht der Betriebsrat also eindeutig gegen die Kündigung Stellung und lehnt sie ab; darin wird auch die maßgebliche Unterscheidung zwischen Bedenken und Widerspruch gesehen, vgl. nur Wolff S. 50 m.w.N.

[306] Vgl. zum beabsichtigten Nutzen, den besseren Überblick des Betriebsrats über die den Widerspruchsgründen zugrundeliegenden Sachverhalte zu nutzen, die Begründung zum Regierungsentwurf des BetrVG, BT-Drucks. VI/1786, S. 32f, 52 und auch BAG, Urt. v. 17.5.84 – 2 AZR 109/83, AP Nr. 21 zu § 1 KSchG 1969 betriebsbedingte Kündigung sowie HK-KSchG/Höland § 1 Rn 1186, 1196. Vgl. dazu, dass es im Hinblick auf diesen Nutzen auch richtig erscheint, die Widerspruchsgründe auf einen genau definierten Katalog zu beschränken – und insbesondere auch zur Gegenansicht – schon die Nenn. o. Fn 13.
Daß der Betriebsrat bei seiner Entscheidung über die Erhebung des Widerspruchs auch nicht einfach den Wünschen des Gekündigten das Wort redet, zeigt schon die erhebliche Zustimmungsquote - dazu schon o. Fn 296 – sowie der Umstand, daß nach Falke/Höland/Rhode/Zimmermann S. 348f fast 60% der gekündigten Arbeitnehmer mit der Handlungsweise des Betriebsrats unzufrieden sind.

teressiert das geltende Recht; zumal die in § 102 III BetrVG getroffene Auswahl jedenfalls vertretbar ist.

bb) Auch die für den Widerspruch vorgesehenen Folgen sind natürlich vor dem Hintergrund der zuvor genannten Voraussetzungen für seinen Ausspruch zu betrachten.

So ordnet *§ 102 IV BetrVG* als erste Folge an, daß der Arbeitgeber, wenn er trotz des ergangenen Widerspruchs kündigt, dem Betroffenen eine Abschrift der Stellungnahme des Betriebsrats mit der Kündigung zuleiten muß. Dies geschieht, um entsprechend der dem Arbeitgeber gegenüber immer erfolgenden Bekanntgabe auch die Kenntnis des Arbeitnehmers vom Widerspruch[307] zu sichern. Wie empirische Erhebungen erkennen lassen, steigert ein ergangener Widerspruch des Betriebsrats die Bereitschaft des gekündigten Arbeitnehmers, eine Kündigungsschutzklage zu erheben, deutlich[308]. Es ist offenbar so, daß ein Widerspruch Arbeitnehmern durchaus ein *Indiz für die Sozialwidrigkeit* der Kündigung bieten kann[309], und genau das soll § 102 IV KSchG wohl auch bewirken. So wohnt dem begründeten Widerspruch nicht nur die den Arbeitgeber vielleicht psychologisch hemmende Tatsache inne, sich mit dem Kündigungsausspruch *offen* gegen die Bewertung des Betriebsrats stellen zu müssen. Vielmehr soll die Beteiligung über den begründeten Widerspruch auch eine *Indizfunktion* für den Arbeitnehmer[310] ausüben, indem diesem durch die Mittei-

---

[307] Aus § 102 IV BetrVG läßt sich keine über ihren klaren Wortlaut hinausgehende, allgemeine Mitteilungspflicht bezüglich aller denkbaren Stellungnahmen herleiten; so aber Heinze Rn 532f, der diesbezüglich ein Redaktionsversehen annimmt. Die Regelung des § 102 IV BetrVG macht auch mit ihrem engen Wortlaut Sinn: gerade für den Fall eines Widerspruch sollte eben eine Mitteilung – beachte: der gesamten Stellungnahme, d.h. ggf. auch nebenbei geäußerter Bedenken – ausdrücklich gesichert werden und im übrigen sollte deutlich zum Ausdruck kommen, daß eben auch trotz Widerspruch gekündigt werden kann.

[308] Vgl. dazu Falke/Höland/Rhode/Zimmermann S. 393f, 739ff: So zeigt sich der hohe Einfluß des Betriebsratswiderspruchs auf das Klageverhalten dort u.a. im hochgerechneten Verhältnis der Kündigungsschutzklagen pro Kündigungen. Dies wurde bei Zustimmung und Schweigen des Betriebsrats mit 1/10,3, bei Bedenken mit 1/9,0 und bei Widerspruch schließlich mit 1/5,4 bestimmt. Insgesamt bleibt allerdings auch zu bemerken, daß in einem Großteil der Kündigungsschutzklagen der Betriebsrat gar nicht widersprochen hat und häufig der Arbeitnehmer auch gar nicht über die Reaktion des Betriebsrats informiert zu sein scheint.

[309] Dies kann wohl angenommen werden, obschon es auch denkbar ist, daß der Betriebsrat häufig in solch schwerwiegenden Fällen widerspricht, in denen auch ohne seine Entscheidung geklagt würde.

[310] Die *Indizwirkung* der Beteiligung konstatierten auch schon Otto DB 1973, 671 und Anton S. 6, 26. § 102 IV BetrVG bezweckt dabei eine Indizwirkung für den Arbeitnehmer, während die Beteiligung und insbesondere der Widerspruch aber natürlich *auch* schon vorher eine solche präventiv für den Arbeitgeber – hinsichtlich möglicherweise gegebener Sozialwidrigkeitsgründe und der Gefahr einer Niederlage vor Gericht – bewirken sollen.

lung des Widerspruchs und damit der in ihm enthalten Bewertung der Kündigung eine Hilfe bezüglich der Beurteilung der Erfolgsaussichten einer Kündigungsschutzklage geboten wird. Dabei erlangt er auch noch konkret verwendbare Ansätze zur Argumentation in einem Kündigungsschutzprozeß[311]. Eine bedeutende Hilfe ist dies speziell wegen des besseren Überblicks, den der Betriebsrat über das Vorliegen der in den Widerspruchsgründen genannten kündigungsrechtlich relevanten Sachverhalte hat[312].

Auch die Rechtsfolge des *§ 102 V BetrVG* ist Ausdruck einer *Indizwirkung* der zum Widerspruch führenden Betriebsratsbeteiligung. Nach der Vorschrift hat der Arbeitgeber im Falle einer trotz frist- und ordnungsgemäßen Widerspruchs des Betriebsrats erfolgten Kündigung den Gekündigten weiterzubeschäftigen, wenn der Arbeitnehmer Kündigungsschutzklage nach § 4 KSchG erhebt und Weiterbeschäftigung verlangt[313]. So soll die Problematik „vollendeter Tatsachen", die den eigentlich vom KSchG beabsichtigten Bestandsschutz oft ins Leere gehen läßt, überwunden werden. Denn es wird so wenigstens in den Widerspruchsfällen durch tatsächliche Weiterbeschäftigung während des Verfahrenslaufs sichergestellt, daß der Arbeitnehmer bei gerichtlichem Obsiegen seinen Arbeitsplatz auch tatsächlich behält[314]. Allerdings ist die Zahl der aufgrund § 102 V BetrVG tatsächlich weiterbeschäftigten Arbeitnehmer im Verhältnis zu den Gekündigten eher gering. Angesichts der Quote der Weiterbe-

---

[311] Vgl. dazu die Begründung zum Regierungsentwurf des BetrVG, BT-Drucks. VI/1786, S. 52, GK-BetrVG/Raab § 102 Rn 140, Heinze Rn 576 und Richardi BetrVG § 102 Rn 178f (7. Auflage). Zu beachten ist allerdings, daß § 102 IV BetrVG nicht etwa nur dann anwendbar ist, wenn das KSchG greift – s. dazu nur GK-BetrVG und Richardi BetrVG jeweils a.a.O; aber selbst in diesen Fällen ist eine gewisse rechtliche Überprüfung möglich, so daß auch insofern diese Funktion sinnvoll bleibt.

[312] Vgl. zu diesem besseren Überblick schon o. S. 86 und Fn 306.

[313] Vgl. zu den Voraussetzungen im einzelnen z.B. Richardi BetrVG § 102 Rn 207ff oder Löwisch/Kaiser BetrVG § 102 Rn 49ff. Ausführlich zum Weiterbeschäftigungsanspruch nach § 102 V BetrVG auch Wolff: Vorläufiger Bestandsschutz des Arbeitsverhältnisses.
Der Weiterbeschäftigungsanspruch nach § 102 V BetrVG geht letztlich auf einen dem damaligen Regierungsentwurf für ein Betriebsverfassungsgesetz (BT-Drucks. VI/1786) gegenübergestellten Gesetzentwurf von CDU/CSU, BT-Drucks. VI/1806, und dessen § 39 zurück. Durch den dort vorgesehenen – für den Arbeitgeber in Ausnahmefällen abwendbaren – Fortbestand des Arbeitsverhältnisses bis zum rechtskräftigen Abschluß des Kündigungsrechtsstreits sollte die Stellung des Arbeitnehmers deutlich verbessert werden.

[314] Die genannte Problematik besteht darin, daß der betroffene Arbeitnehmer auch bei letztlich als unwirksam festgestellter Kündigung wegen während des Rechtsstreits geschaffener vollendeter Tatsachen wie Auflösung des Arbeitsplatzes, Beschäftigung anderer Personen etc. nicht weiterbeschäftigt wird. Vgl. zur Entwicklungsgeschichte des Weiterbeschäftigungsanspruchs sowie zu den verschiedenen, für diese Untersuchung indes nicht weiter interessanten dogmatischen Begründungen hierfür nur Richardi BetrVG § 102 Rn 200ff und GK-BetrVG/Raab § 102 Rn 176 sowie auch Wolff S. 17ff.

schäftigungsverlangen bei Widerspruchsfällen und den Chancen, die sie im einzelnen für einen tatsächlichen Arbeitsplatzerhalt bieten kann und die gerade in Zeiten hoher Arbeitslosigkeit Relevanz erlangen, sollte dies jedoch nicht dazu führen, die Bedeutung der Regelung zu unterschätzen[315].

Daß Arbeitgebern damit auferlegt wird, Arbeitnehmer trotz an sich abgelaufener Kündigungsfrist einer eventuell wirksamen Kündigung weiterzubeschäftigen, kann nur als eine risikobewertende Abwägung des Gesetzgebers zwischen den Interessen des Arbeitgebers und denen des gekündigten Arbeitnehmers verstanden werden[316]. Interessanterweise löst nämlich der Widerspruch über Abs. V eine ganz ähnliche Folge aus, wie man sie mittlerweile auch einem der Kündigungsschutzklage in erster Instanz stattgebenden Urteil beimißt. Dabei wird der durch ein solches Urteil ausgelöste allgemeine Weiterbeschäftigungsanspruch ganz offen mit der gestiegenen Wahrscheinlichkeit des Obsiegens des Gekündigten begründet[317]. Da für § 102 V BetrVG die Überzeugung des Betriebsrats vom Vorliegen eines Widerspruchs- und damit eines Sozialwidrigkeitsgrunds vorausgesetzt ist, wird der Anknüpfungspunkt des Gesetzgebers deutlich. Er geht für die Risikoverteilung aufgrund der Bewertung des Betriebsrats von einer gegenüber Nichtwiderspruchsfällen erhöhten Chance gerichtlichen Obsiegens des Arbeitnehmers aus. Dies rechtfertigt es, den Arbeitgeber das Risiko der Weiterbeschäftigung tragen zu lassen. Dieses Vorliegen einer sozusagen gesetzlichen *„Obsiegensprognose"* für den Fall des Widerspruchs bestätigt letztlich auch § 102 V S. 2 BetrVG, denn durch ihn wird dem Arbeitgeber zumindest eingeschränkt erlaubt, die Prognose zu *entkräften*[318].

---

[315] Insbesondere ist die Bedeutung des Weiterbeschäftigungsanspruchs wohl nicht geringer einzustufen als die tatsächlich feststellbare Bedeutung der präventiven Wirkung des Anhörungsverfahrens. Zahlen und Überlegungen zum tatsächlichen Auftreten der Weiterbeschäftigung nach § 102 V BetrVG finden sich bei Falke/Höland/Rhode/Zimmermann S. 851ff. Vgl. dazu auch Wolff S. 17ff und seine kritische Betrachtung der z.T. sehr strengen Anforderungen an einen ordnungsgemäßen Widerspruch auf den S. 51ff, 128ff.

[316] S. GK-BetrVG/Raab § 102 Rn 176 und den dortigen Vergleich mit § 940 ZPO.

[317] Zum außerhalb von § 102 V BetrVG gewährten Weiterbeschäftigungsanspruch nach einem erstinstanzlichen, der Kündigungsschutzklage stattgebenden Urteil vgl. nur BAG, Urt. v. 27.2.85 – GS 1/84, AP Nr. 14 zu § 611 BGB Beschäftigungspflicht, Löwisch KSchG § 4 Rn 96ff und HK-KSchG/Dorndorf § 1 Anh. 2 Rn 7ff.

[318] Zur Risikotragung durch den Arbeitgeber s. Richardi BetrVG § 102 Rn 223. Vgl. dazu, daß § 102 V S. 2 BetrVG auch die gesetzliche „Obsiegensprognose" belegt, vor allem die Nr. 1 und 2 der Regelung. Mit einem diesen Konstellationen entsprechendem Vortrag kann der Arbeitgeber die Weiterbeschäftigungspflicht beseitigen, weil er auf diese Weise die *erhöhte Wahrscheinlichkeit* der Sozialwidrigkeit beseitigt. Daß die Verteidigungsmöglichkeiten des Arbeitgebers im Rahmen des § 102 V S. 2 BetrVG sehr stark eingeschränkt, ist eine Wertungsentscheidung des Gesetzgebers. Sie beruht wohl insbesondere darauf, daß er die Aussagen des die Kündigung selbst aussprechenden Arbeitgebers nur sehr eingeschränkt als zur Widerlegung der Indizwirkung des Widerspruchs geeignet ansieht. Denn der Betriebsrat ist, wie schon dargelegt, anders als der Arbeitgeber zumindest nicht direkt am Kündigungsvor-

Offenbar soll § 102 V BetrVG also wegen eines an die Aussage des Betriebsrats über rechtswidrigkeitsbegründende Aspekte geknüpften Wahrscheinlichkeitsurteils die kündigungsrechtliche Stellung des Arbeitnehmers verbessern.

Bezüglich der dritten – nämlich durch *§ 1 II S. 2 u. 3 KSchG* – vorgesehenen Folge eines Widerspruchs aus den dort genannten Gründen[319] wurde oben schon auf den verunglückten Gesetzeswortlaut hingewiesen. Dieser ließe den Widerspruch Voraussetzung für das Greifen bestimmter Sozialwidrigkeitsgründe sein und bedarf deswegen korrigierender Auslegung dahin, daß die Geltendmachung der in den fraglichen Widerspruchstatbeständen beschriebenen Sozialwidrigkeitsgründe durch den Arbeitnehmer nicht etwa bei Fehlen eines Widerspruchs ausgeschlossen ist[320]. Daß der Widerspruch nach § 1 II S. 2 u. 3 KSchG dennoch, will man der gesetzlichen Bestimmung nicht jede Bedeutung versagen, eine gewisse Beeinflussung der kündigungsrechtlichen Position des Arbeitnehmers nach Ausspruch der Kündigung bringen muß, steht an sich außer Frage. Schwierig ist es allerdings, diese Wirkung genau zu bestimmen.
So werden die in § 1 II S. 2 u. 3 KSchG aufgeführten Widerspruchstatbestände zwar als „absolute Sozialwidrigkeitsgründe"[321] bezeichnet, da die Kündigung an sich stets sozial ungerechtfertigt sein soll, wenn einer dieser Widerspruchsgründe vorliegt und vom Betriebsrat frist- und formgerecht geltend gemacht wird[322]. Dennoch wird ihnen häufig eine materiell-kündigungsrechtliche Bedeutung weitgehend abgesprochen[323]. Sie könnte allenfalls insofern in Betracht kommen, als sie die bei einer Überprüfung der Kündigung teilweise angenommene Notwendigkeit einer Interessenabwägung entfallen ließe[324]. Für diese bleibt aber ohnehin, da die Widerspruchsgründe meist nur für betriebsbedingte Kündigungen relevant werden dürften[325], kaum Raum[326]. Letztlich steht deswegen, um den

---

gang beteiligt. Ausführlich zur Regelung des § 102 V S. 2 BetrVG und insbesondere auch zur Möglichkeit, unzumutbare Belastungen geltend zu machen, Wolff S. 194ff.

319 Nämlich aus den Widerspruchsgründen § 102 III Nr. 2-5 BetrVG, auf die § 1 II S. 2 u. 3 KSchG verweist, vgl. v.Hoyningen-Huene/Linck KSchG § 1 Rn 496.

320 S. dazu schon o. S. 11ff.

321 S. z.B. Ascheid S. 190, HK-KSchG/Höland § 1 Rn 1194, KR-Etzel § 1 KSchG Rn 706 und v.Hoyningen-Huene/Linck KSchG S. 374.

322 S. die Begründung zum Regierungsentwurf des BetrVG, BT-Drucks. VI/1786, S. 59.

323 Vgl. Löwisch KSchG § 1 Rn 413. KR-Etzel a.a.O. verneint sogar eine Verbesserung des individuellen Kündigungsschutzes und auch bei HK-KSchG/Höland § 1 Rn 1194 wird die geringe praktische Bedeutung betont.

324 Vgl. BAG, Urt. v. 13.9.73, AP Nr. 2 zu § 1 KSchG 1969, Ascheid S. 190, v.Hoyningen-Huene/Linck KSchG § 1 Rn 498, HK-KSchG/Höland § 1 Rn 1187.

325 Vgl. dazu, daß die Widerspruchsgründe nach § 102 III Nr. 3-5 BetrVG nicht nur für *betriebsbedingte* Kündigungen greifen, Löwisch § 1 KSchG Rn 413, HK-KSchG/Höland § 1 Rn 1189 und v.Hoyningen-Huene/Linck KSchG § 1 Rn 520 – dort aber auch dazu, daß die Fälle des § 102 III BetrVG eben doch vor allem Fälle betriebsbedingter Kündigungen betreffen.

fraglichen Widerspruchsgründen und ihrer Einstellung in § 1 II S. 2 u. 3 KSchG wirklich angemessene Auswirkungen zukommen zu lassen, nur die Beeinflussung des Bereichs der Darlegungs- und Beweislast zur Verfügung. Denn grundsätzlich hat der Arbeitgeber aufgrund von § 1 II S. 4 KSchG das Fehlen einer Weiterbeschäftigungsmöglichkeit darzulegen und zu beweisen, wobei er dieser Pflicht aber nur im einzelnen nachkommen muß, sofern der Arbeitnehmer konkret darlegt, wie er sich eine Weiterbeschäftigung vorstellt[327]. Im Hinblick darauf wird den Widerspruchsgründen nach § 102 III Nr. 3-5 BetrVG[328] die Wirkung zugestanden, diese herkömmliche Situation dahin zu verändern, daß nun, sofern der Arbeitnehmer schlicht die ordnungsgemäße Erhebung eines Widerspruchs nach § 102 III Nr. 3-5 BetrVG nachweist, der Arbeitgeber beweisen muß, daß eine im Widerspruch behauptete Weiterbeschäftigungsmöglichkeit fehlt[329]. Darin besteht die nach § 1 II S. 2 u. 3 KSchG bewirkte Veränderung der kündigungsrechtlichen Position zugunsten des Arbeitnehmers, und auch sie stellt somit wieder eine gewisse Indizwirkung dar[330].
Der Widerspruch muß allerdings nicht nur auf einen der in § 1 II S. 2 u. 3 KSchG genannten Gründe gestützt werden, sondern das tatsächliche Vorliegen eines solchen Grundes wird vom Gericht auch voll nachgeprüft, bevor die Folge eintritt. Insofern knüpft hier die Indizwirkung daran an, daß der Betriebsrat unter Berücksichtigung der Gesamtumstände – man beachte das *„kann"* in § 102 III BetrVG – nach Bejahung des Widerspruchsgrundes auch tatsächlich widersprochen hat, weil er die Kündigung wegen des Widerspruchsgrunds auch für ungerechtfertigt *hielt*.

cc) Diese Betrachtung zeigt eindeutig, welche Funktion dem Anhörungsverfahren bezogen auf den Widerspruch und seine Folgen zukommt. Der Betriebsrat soll aus seiner Sicht bewerten, ob bestimmte, nämlich durch die Widerspruchsgründe vorgegebene, kündigungsrechtlich relevante Aspekte tatsächlich vorliegen. Ist dies der Fall und verhindern aus seiner Sicht auch die übrigen Gesamt-

---

[326] Deswegen zu Recht ablehnend gegenüber einer entsprechenden Wirkung des § 1 II S. 2 u. 3 KSchG KR-Etzel § 1 KSchG Rn 706, 547ff.

[327] Vgl. Löwisch KSchG § 1 Rn 408.

[328] Auf den Widerspruchsgrund des Verstoßes gegen eine Auswahlrichtlinie nach § 95 BetrVG (§ 102 III Nr. 2 BetrVG) wird später noch speziell einzugehen sein. Er soll hier zunächst noch ausgespart bleiben.

[329] S. Löwisch KSchG § 1 Rn 415 und v.Hoyningen-Huene/Linck KSchG § 1 Rn 541f. Anders HK-KSchG/Höland § 1 Rn 1207. Zur herkömmlichen Verteilung der Darlegungs- und Beweislast vgl. BAG, Urt. v. 24.3.83 – 2 AZR 21/82, AP Nr. 12 zu § 1 KSchG 1969 betriebsbedingte Kündigung und BAG, Urt. v. 10.1.94 – 2 AZR 489/93, AP Nr. 8 § 1 KSchG 1969 Konzern.

[330] Nichts anderes als eine – allerdings verstärkte – Indizwirkung läge auch vor, wenn man den „absoluten Sozialwidrigkeitsgründen" vor allem die Wirkung der Beseitigung des Erfordernisses einer Interessenabwägung beimessen würde.

umstände nicht ausnahmsweise, daß die Kündigung ungerechtfertigt erscheint, soll der Betriebsrat durch den Widerspruch deutlich zum Ausdruck bringen, daß er einen oder mehrere Widerspruchsgründe und damit eine an einem Sozialwidrigkeitsgrund leidende Kündigung als gegeben ansieht.
Diese spezielle, dem Schutz der Individualinteressen des Betroffenen dienende[331] Stellungnahme des Betriebsrats sieht der Gesetzgeber vor, damit er sie – neben der präventiven Indizwirkung für den Arbeitgeber – generell als Hinweis für gestiegene Obsiegenschancen des Arbeitnehmers im Kündigungsschutzprozeß verwenden und die rechtliche Situation entsprechend anpassen kann. So werden an eine zum Widerspruch führende Beteiligung verschiedene Folgen geknüpft, die die kündigungsrechtliche Position des Betroffenen verbessern und die sich allesamt als Indizwirkungen der Bewertung durch den Betriebsrat erweisen. Ohne eine die gerichtliche Entscheidung vorwegnehmende oder sie ganz oder teilweise ausschließende Veränderung des Ergebnisses des Kündigungsschutzes zu bewirken, wird so die durch den Widerspruch anders bewertete Wahrscheinlichkeit des Ausgangs eines möglichen Kündigungsrechtsstreits berücksichtigt[332].

Der Betriebsrat übt also hinsichtlich des Widerspruchs und seiner Folgen eine *Indizfunktion im Anhörungsverfahren* aus. Diese Funktion tritt neben die herkömmlich beschriebene, der Beeinflussung des Arbeitgeberwillens dienende *Präventivfunktion.* Gerade diese dem Betriebsrat zugewiesene Aufgabe, im Hinblick auf die Kündigung ein Rechtswidrigkeitsindiz zu schaffen, das generell eine entsprechende Anpassung der kündigungsrechtlichen Stellung des Individuums ermöglicht, erklärt auch, daß mit dem Widerspruch neben der Äußerung von Bedenken eine weitere gegen die Kündigung sprechende Reaktionsform gegeben ist.

---

[331] Die hinsichtlich des Widerspruchs und seiner Folgen gegebene Vorrangigkeit des Individualschutzes zeigt sich deutlich am Abstellen der Widerspruchsgründe auf die Sozialwidrigkeitsrelevanz im Sinne des individualschützenden KSchG. Gestützt wird dies des weiteren auch durch die dem Individuum dienenden Widerspruchsfolgen, deren Eintreten im übrigen auch überwiegend vom Willen des Gekündigten abhängig ist. Zum individualschützenden Charakter des Widerspruchs und seiner Folgen auch Heinze Rn 535ff.

[332] Damit wird nicht gegen den richtig verstandenen Ausschluß einer *gerichtsgleichen* Rechtmäßigkeitsprüfung durch den Betriebsrat verstoßen. Eine umfassende und Verbindlichkeit erzeugende Rechtmäßigkeitsprüfung, gegen die Einwände berechtigt wären, bezweckt die Indizfunktion gerade nicht. Es geht hier nur darum, daß der Betriebsrat Stellung dazu nimmt, ob aus seiner Sicht bestimmte Sachverhaltsaspekte tatsächlich vorliegen, die für die Rechtmäßigkeit der Kündigung von Bedeutung sind und eben nicht um eine abschließende rechtliche Bewertung der Situation. Es erfolgt nur eine vorübergehende Risikoverteilung bis zur gerichtlichen Entscheidung. Vgl. dazu auch schon o. S. 85f.

b) Die Funktion des Anhörungsverfahrens hinsichtlich nachträglicher Auswirkungen der Äußerung von Bedenken und Zustimmung

Im Gegensatz zum Widerspruch haben Zustimmung und Bedenken vor allem die von der herkömmlichen Zweckbestimmung zutreffend beschriebene *präventive Bedeutung*. Bei ihnen fehlt die gesetzliche Anordnung einer Beeinflussung der kündigungsrechtlichen Stellung des Arbeitnehmers. Dies ist auch insofern überzeugend, als diese beiden Reaktionen des Betriebsrats – wie dargelegt – nicht auf Überlegungen zurückgehen müssen, die kündigungsrechtlicher Art sind, sondern bei ihnen grundsätzlich die gesamte Weite des Interessenschutzes des BetrVG einfließen kann[333].
Dennoch stellt sich die Frage, ob nicht einer zu Bedenken führenden Beteiligung – vielleicht sogar einer Zustimmung – zumindest beiläufig eine gewisse Wirkung auch nach Ausspruch der Kündigung zukommt, die vielleicht den oben beschriebenen Indizwirkungen etwas ähnelt.

aa) Aus den genannten Gründen wird überwiegend von einer allein präventiven Wirkung von Bedenken und Zustimmung ausgegangen, so daß diese auf die kündigungsrechtliche Stellung bzw. den Kündigungsschutzprozeß des Arbeitnehmers keine Auswirkungen haben sollen[334]. Zumindest teilweise wird aber, obwohl anerkannt ist, daß konkrete Rechtswirkungen auf die kündigungsrechtliche Stellung des Arbeitnehmers eindeutig nicht vorgesehen sind, auch vertreten, daß *Bedenkenäußerungen* mit kündigungsrechtlich relevanten Aussagen durchaus „mittelbare" Auswirkungen auf die kündigungsrechtliche Stellung haben können bzw. eine „mittelbare" Stärkung der Erfolgsaussichten im Kündigungsschutzprozeß möglich ist[335].

---

[333] Die in § 102 II BetrVG vorgesehene Bedenkenäußerung bildet sozusagen ein Auffangbecken, das sicherstellt, daß vor der Kündigungsentscheidung alles zur Sprache kommen kann, was aus Sicht des Betriebsrats gegen eine Kündigung spricht. Die nicht ausdrücklich vorgesehene, aber ohne weiteres aus § 102 II S. 2 BetrVG zu schließende Zustimmungsmöglichkeit macht darüber hinaus explizit die Selbstverständlichkeit deutlich, daß es für den Betriebsrat auch angemessen sein kann, den Kündigungswillen des Arbeitgebers zu unterstützen.

[334] So – abgesehen von der Rechtsfolge, daß der Arbeitgeber nach einer Bedenkenäußerung den Fristablauf nicht abwarten muß – APS/Koch § 102 BetrVG Rn 148, D/K/K-Kittner § 102 Rn 159f, HSG-Schlochauer § 102 Rn 70 und KR-Etzel § 102 BetrVG Rn 134f.

[335] Während die Zustimmung in der Regel nicht genannt wird, werden den Bedenken z.T. mittelbar-faktische Wirkungen nach Ausspruch der Kündigung zugewiesen. Vgl. MüArbR-Matthes § 356 Rn 27, ErfK/Hanau/Kania § 102 Rn 13, F/K/H/E § 102 Rn 70, Gamillscheg in Festschrift BAG S. 118 und KR-Rost § 3 KSchG Rn 25.
Vgl. zur Interpretation einer stärkeren *rechtlichen* Bedeutung der Bedenken – dazu sogleich – und zur ausdrücklichen Nennung von Folgen der Zustimmung Heinze Rn 530ff.

Diesbezüglich darf man sicherlich nicht zu weit gehen. Die Annahme von Veränderungen, die nicht nur faktische, sondern unmittelbar rechtliche Verstärkungen des Kündigungsschutzes durch die Bedenkenäußerungen herbeiführen, überzeugt nicht. So können z.B. nicht grundsätzlich Kündigungsgründe widerlegt oder die Interessenabwägung unmittelbar rechtlich beeinflußt bzw. grundsätzlich Auswirkungen auf die Darlegungs- und Beweislast zugunsten des Arbeitnehmers angenommen werden, auch wenn diese Folgen graduell „deutlich ‚schwächer' ausgestaltet" sein sollten als beim Widerspruch[336]. Dadurch bekämen Rechtmäßigkeitsaspekte auch in einer Bedenkenäußerung des Betriebsrats ein derart starkes Gewicht, daß die notwendige Differenzierung gegenüber dem Widerspruch kaum noch bestünde[337]. Der die Vielfalt der Reaktionsmöglichkeiten rechtfertigende klare Unterschied liegt doch gerade im Fehlen der unmittelbar rechtlichen Auswirkungen[338] bei Zustimmung und Bedenkenäußerung.
Überzeugend ist es andererseits auch nicht, den Bedenken jegliche Bedeutung nach Ausspruch der Kündigung abzusprechen bzw. diese nicht offen zu benennen. Denn es ist doch so, daß diese Stellungnahmen, die immerhin schriftlich begründet werden müssen, tatsächlich zugänglich sind. Daß die Mitteilungspflicht des § 102 IV BetrVG nur für den Widerspruchsfall – dann allerdings umfassend, also auch hinsichtlich etwa mitgeäußerter Bedenken – gilt, erlaubt eben nicht den Umkehrschluß, daß der Gesetzgeber eine reine Innenwirkung von Bedenken, also sozusagen ein Geheimverfahren zwischen Betriebsrat und Arbeitgeber, wollte[339]. Dagegen sprechen deutliche Hinweise im Gesetzgebungsverfahren[340]. Es bleibt dem Betriebsrat letztlich unbenommen und ist aufgrund dieser Hinweise wohl sogar wünschenswert, daß er seine Bedenken enthaltende Stellungnahme immer auch dem Arbeitnehmer bekanntgibt. Im übrigen kann sich natürlich auch der Arbeitnehmer beim Betriebsrat erkundigen.

---

[336] So aber wohl Heinze a.a.O. u. insbes. Fn 782ff mit seinen Beschreibungen der Auswirkungen von Bedenken und Zustimmung.

[337] Vgl. auch o. S. 82ff.

[338] Außer der Möglichkeit, die Kündigung nach einer endgültigen Zustimmung oder der Äußerung von Bedenken vor Fristablauf auszusprechen. Dazu schon o. Fn 334.

[339] Außer im Falle des Widerspruchs wird eben eine Mitteilung nur als nicht zwingend angesehen. Sie kann natürlich erfolgen. Im übrigen ist eben auch im Widerspruchsfall die gesamte Stellungnahme – also auch ggf. mitgeäußerte Bedenken – weiterzugeben. Vgl. schon o. Fn 307.

[340] So wurde im Gesetzgebungsverfahren offensichtlich davon ausgegangen, der Arbeitnehmer erhalte von der Stellungnahme grundsätzlich und nicht nur im Widerspruchsfall Kenntnis, vgl. die Begründung zum Regierungsentwurf eines BetrVG, BT-Drucks. VI/1786, S. 33 und den Ausschußbericht, BT-Drucks. VI/2729 S. 7 – die Notwendigkeit einer berichtigenden Auslegung von § 102 IV BetrVG läßt sich daraus indes nicht herleiten. S. dazu schon o. Fn 307.

Wenn das Gesetz für die somit durchaus realistische Möglichkeit, daß Bedenken des Betriebsrats ins gerichtliche Verfahren eingebracht werden[341], keine standardisierten Auswirkungen auf die Situation nach Ausspruch der Kündigung vorsieht, wie dies bei einem Widerspruch der Fall ist, so folgt daraus keineswegs ein Verbot jeglicher Berücksichtigung durch das Gericht. Eine solche dürfte vom Gesetzgeber angesichts der vorausgehenden Rechtsentwicklung vielmehr bedacht worden sein[342], zumal sie häufig auch sinnvoll erscheint. Denn der Betriebsrat ist zwar bei der Geltendmachung von Bedenken nicht auf die Äußerung kündigungsrechtlich relevanter Belange beschränkt, wird sich aber in der Regel doch häufig aus seiner Sicht zu Gegebenheiten des Betriebs und Umständen der Kündigung äußern, die *kündigungsschutzrechtlich* relevant sind[343]. Darin liegt, wie schon dargelegt[344], aufgrund seiner besonderen Kenntnisse eine sehr interessante Erkenntnismöglichkeit für das Gericht.

Letztlich hat das Gericht, wenn eine Bedenkenäußerung des Betriebsrats in das Kündigungsverfahren eingebracht wird, im Rahmen seiner Beweiswürdigung zu entscheiden, ob eine Bedenkenäußerung fundierte, also gut begründete, plausible und überzeugende Aussagen über das tatsächliche Vorliegen kündigungsschutzrechtlich relevanter Sachverhaltsaspekte enthält. Diese sind dann gegebenenfalls zu berücksichtigen und können sich als gewisse Anhaltspunkte für das Vorliegen einer sozialwidrigkeitsrelevanten Tatsache auswirken, so daß auch ihnen eine gewisse *Indizwirkung* zukommen kann. Indem auf diese Weise auf die Überzeugung des Gerichts Einfluß genommen werden kann, ist es möglich, daß dem Arbeitnehmer – *mittelbar faktisch* aus den Bedenken folgend – der Beweis erleichtert bzw. der Arbeitgeber mit der Darlegung bzw. – bei Überzeugung des Gerichts vom Vorbringen des Betriebsrats – mit dem Beweis des Nichtvorliegens der vom Betriebsrat behaupteten Tatsache belastet wird.

---

[341] Z.B. über Zeugenaussagen von Betriebsratsmitgliedern oder ggf. durch Vorlage der schriftlichen Begründung. Vgl. auch o. Fn. 335.

[342] Vgl. dazu, daß in den Vorgängerregelungen den Stellungnahmen des Betriebsrats sehr häufig auch Bedeutung für etwaige Kündigungsschutzprozesse zugekommen ist, o. Teil I. Dies dürfte auch der Gesetzgeber des BetrVG 1972 bedacht haben, als er beschloß, den Betriebsrat im Verfahren nach § 102 BetrVG Stellungnahmen abgeben zu lassen.

[343] Wenn die Kategorie „Bedenken“ viel offener gestaltet sein mag als dies beim Widerspruch der Fall ist und so einen präventiven Dialog ermöglicht, in dem alles zur Sprache kommen soll, was irgendwie gegen die Kündigung sprechen kann, dürfte – insbesondere auch im Hinblick auf die Dichte des heutigen Kündigungsschutzrechts – wohl kaum zu bestreiten sein, daß vor allem solche Argumente wirkungsvoll in das präventive Stellungnehmen eingebracht werden können, die auch für die kündigungsschutzrechtliche Bewertung von Bedeutung sind. D.h. der Entscheidung, Bedenken zu äußern, muß zwar keine gezielte Rechtmäßigkeitsprüfung zugrundeliegen, rechtmäßigkeitsrelevante Punkte dürften aber ein wichtiger – vielleicht der wichtigste – Teil dieser Entscheidung sein.

[344] Vgl. o. S. 86 und Fn 306.

bb) Die Indizwirkung kann grundsätzlich auch für die *Zustimmung* des Betriebsrats zur Kündigung in Betracht kommen, so daß auch etwaige Wirkungen zu Lasten des Arbeitnehmers an sich nicht ausgeschlossen sind. In aller Regel werden sie aber deswegen nicht vorkommen, weil eine Zustimmung nicht begründet werden muß und meist auch nicht wird. In diesem Fall fehlt es an der Darlegung tatsächlicher Anhaltspunkte und damit an der Voraussetzung für jegliche Berücksichtigung[345].

cc) Für das Anhörungsverfahren bleibt damit letztlich festzuhalten, daß es nicht nur über den Widerspruch Auswirkungen auf die Situation nach Ausspruch der Kündigung hat. Mittelbar können und sollen solche vielmehr auch bei der Äußerung von Bedenken – und in vereinzelten Fällen der Zustimmung – in Betracht kommen. Mag dies auch gegenüber der Präventivfunktion nur untergeordnete Bedeutung haben, so dient die Beteiligung des Betriebsrats doch auch hinsichtlich der Äußerung von Bedenken zumindest nebenbei dazu, durch Aussagen zu kündigungsrechtlich relevanten Tatsachen möglicherweise gewisse Indizien für eine gerichtliche Beurteilung der Unwirksamkeit der Kündigung zu schaffen. Auch insofern ist also durchaus die Wahrnehmung einer Indizfunktion festzustellen.

dd) Dieser der Regelung auch hinsichtlich der Bedenkenäußerung innewohnenden Indizfunktion und der damit dem Betriebsrat in gewissem Umfang zugewiesenen Prüfung rechtmäßigkeitsrelevanter Aspekte widerspricht im übrigen auch nicht, daß die Anhörung des Betriebsrats nach § 102 BetrVG auch vor Kündigungen von Arbeitnehmern, die *nicht unter das KSchG fallen*, durchzuführen ist[346].

Dies ergäbe sich ohne weiteres, folgte man der neuerdings deutlich auszumachenden Tendenz in der höchstrichterlichen Rechtsprechung, § 242 BGB als „Fundament eines allgemeinen Kündigungsschutzes“ zu nutzen[347]. Denn dann

---

345 Da die Möglichkeit der Zustimmung gar nicht ausdrücklich im Gesetz benannt ist, ist natürlich auch keine Begründungspflicht vorgesehen. Und daß der Fiktion einer Zustimmung keine Begründung zugrundeliegt, versteht sich von selbst.

346 Vgl. dazu, daß, wie sich aus dem Gesetzeswortlaut ergibt, die Anhörung nach § 102 BetrVG auch bei Kündigungen, für die nicht das KSchG einschlägig ist, zu erfolgen hat, z.B. Rinke NZA 1998, 87 und Hümmerich/Mauer BB 1997, 165.

347 Vgl. zu dieser Tendenz ausführlich und kritisch Annuß BB 2001, 1898ff. Es geht insofern, um einen nach BAG, Urt. v. 21.2.01 – 2 AZR 15/00, AP Nr. 12 zu § 242 BGB Kündigung zumindest für die Kündigung von solchen Arbeitnehmern, die sich deswegen nicht auf das KSchG berufen können, weil sie in nicht erfaßten Kleinbetrieben arbeiten, auszumachenden Wandel der Rechtsprechung - teilweise unter Berufung auf das Bundesverfassungsgericht. So soll dort nun über § 242 BGB zumindest ein gewisser Mindeststandard für die Durchführung der Sozialauswahl gesichert werden.

gälte auch für Kündigungen außerhalb des Geltungsbereichs des KSchG ein materieller Kündigungsschutz. Dieser brächte, wenn er auch nicht den Standard des KSchG erreichte, rechtliche Anforderungen an Kündigungen, die eine allgemeine rechtliche Überprüfung der Kündigung am Maßstab des § 242 BGB erlaubten. In dem – ungenauen – Maß, in dem solche Rechtmäßigkeitsanforderungen gestellt würden, käme der Betriebsratsbeteiligung auch dort wieder die Indizfunktion zu.

Richtigerweise ist die Anerkennung eines auf § 242 BGB gestützten Kündigungsschutzes aber abzulehnen. Denn gegen ihn spricht die ansonsten zu befürchtende Rechtsunsicherheit und die eindeutig entgegengesetzte Entscheidung des Gesetzgebers für einen begrenzten Wirkungsbereich des Kündigungsschutzes, die der Rechtsprechung an sich keinen Raum für eine „Korrektur" läßt[348]. Hinzu kommen aber vor allem auch sachliche Erwägungen, Kleinbetriebe und die Probezeit nicht mit dem KSchG zu belasten[349].
Aber auch bei Ablehnung eines solchen Kündigungsschutzes bleibt immer noch eine rechtliche Kontrolle in Randbereichen. Es bleibt die Prüfung der Ausnahmefälle, ob eine Kündigung nach den §§ 134, 138 BGB gesetz- oder sittenwidrig ist bzw. vielleicht auch ein Fall grober Treuwidrigkeit vorliegt[350]. Zumindest in diesem Bereich ist auch in Fällen außerhalb des KSchG vom Betriebsrat gegebenenfalls mit der Bedenkenäußerung die Indizfunktion wahrzunehmen. Dabei ist allerdings zuzugeben, daß sie insofern selten eine Rolle spielen und deswegen außerhalb des Geltungsbereichs des KSchG die präventiv-tatsächliche Einwirkungsfunktion doch deutlich im Vordergrund stehen dürfte.
Ein Argument dagegen, daß der Betriebsrat im Rahmen der Anhörung nach § 102 BetrVG auch mit der Bedenkenäußerung eine Indizfunktion zu erfüllen hat, ist dies aber nicht. Diese Sondersituation, die auftritt, weil die Anhörung auch außerhalb des Geltungsbereichs des KSchG notwendig ist, belegt vielmehr

---

Vgl. bei Annuß a.a.O. auch die Nennungen zum Streitstand um einen auf zivilrechtliche Generalklauseln gestützten Kündigungsschutz außerhalb des Geltungsbereichs des KSchG

348 Vgl. zu diesen Gegenargumenten nur Annuß BB 2001, 1902 und auch die Betonung in BAG, Urt. v. 21.2.01 – 2 AZR 15/00, AP Nr. 12 zu § 242 BGB Kündigung, es dürften keine § 1 KSchG entsprechenden Anforderungen gestellt werden, wobei allerdings eine klare Festlegung der *geringeren* Anforderungen fehlt.

349 Die besondere Situation des Kleinunternehmers und die deswegen berechtigte Entscheidung des Gesetzgebers, das KSchG in diesem Bereich nicht anzuwenden, sieht an sich auch das BAG a.a.O.

350 Denkbar wäre insofern die Unwirksamkeit von Kündigungen wegen Treuwidrigkeit, die ein widersprüchliches Verhalten des Arbeitgebers darstellen, sowie in Fällen, in denen in ehrverletzender Form gekündigt wird. Vgl. dazu – allerdings noch weitergehend – die Aufzählung bei BAG, Urt. v. 21.2.2001 – 2 AZR 15/00, AP Nr. 12 zu § 242 BGB Kündigung, bei BAG, Urt. v. 5.4.2001 – 2 AZR 185/00, AP Nr. 13 zu § 242 BGB Kündigung und die Nennungen bei Annuß BB 2001, 1899.

allein, daß dieser Funktion in einem solchen Fall lediglich eine eingeschränkte Bedeutung zukommt.

c) Die Vereinbarkeit der Indizfunktion der Betriebsratsbeteiligung mit der Problematik des Spannungsverhältnisses

Die Beteiligung des Betriebsrats im Anhörungsverfahren kann also sowohl über die Erhebung eines Widerspruchs als auch über die Äußerung von Bedenken – und im Einzelfall sogar über die Zustimmung – Einfluß auf kündigungsrechtliche Positionen im weiteren Sinne haben. Aufgrund dieser kollektivrechtlichen Beeinflussung des individualrechtlichen Kündigungsschutzes ist die Vereinbarkeit mit der Problematik des Spannungsverhältnisses zu hinterfragen.

Beim *Widerspruch* ist aufgrund seiner Auswirkungen nach § 102 V BetrVG und § 1 II S. 2 u. 3 KSchG die Beeinflussung individualrechtlicher Schutzpositionen durch das Kollektivrecht offensichtlich. Die Regelungen fallen damit deutlich in den Bereich der hier besonders in den Blick genommenen Problematik des Spannungsverhältnisses. Genauso eindeutig zeigt die nachgewiesene Funktion aber auch, daß die dort gewählte Gestaltung kollektivrechtlicher Beeinflussungen des Kündigungsschutzes durchaus sachlich gerechtfertigt ist.
Dies beruht darauf, daß über die Regelung des Widerspruchs und der an ihn anknüpfenden Folgen die besondere Kenntnis des Betriebsrats von den betrieblichen Umständen in das weitere Verfahren eingebracht wird[351] . So können Kenntnisse sinnvoll genutzt werden, die weder Arbeitnehmer noch Gericht – ohne weiteres – haben. Es ist selbstverständlich, daß eine solche Nutzung und damit auch ihre Regelung das Bestehen eines Betriebsrats voraussetzt. Des weiteren ist im Hinblick auf die Problematik des Spannungsverhältnisses zu bemerken, daß der Widerspruch nur eine Indizwirkung entfaltet. Die Bewertung des tatsächlichen Vorliegens von kündigungsrechtlich relevanten Aspekten durch den Betriebsrat ermöglicht nur eine Berücksichtigung für den Arbeitnehmer sprechender Wahrscheinlichkeiten in dem mit Beginn des Ausspruches der Kündigung anlaufenden Verfahren, ohne daß dadurch eine endgültige Aussage zur Beurteilung der kündigungsrechtlichen Wirksamkeit der Kündigung oder Teilaspekten hiervon getroffen würde. Durch sie wird nur entweder eine tatsächliche Hilfestellung geboten, vorübergehend aufgrund Wahrscheinlichkeitsüberlegungen weiterbeschäftigt oder eine Beweiserleichterung für den Arbeitnehmer geschaffen. Vor allem wird dem Arbeitnehmer hier aber nicht etwa ein echter Kündigungsschutz gewährt, den er ohne entsprechende Mitwirkung des Betriebsrats nicht erreichen könnte.

---

[351] Vgl. dazu schon o. S. 86 und Fn 306.

Entsprechend unproblematisch stellt sich die Kündigungsbeteiligung auch hinsichtlich der Äußerung von *Bedenken* und der dabei möglichen Auswirkungen auf das Kündigungsschutzverfahren dar. Hier greift letztlich die gleiche sachliche Rechtfertigung. Denn es werden besondere Kenntnisse des Betriebsrats sinnvoll genutzt, wobei vor allem auch zu berücksichtigen ist, daß diese Nutzung hier noch in wesentlich geringerer Intensität, nämlich nur durch mittelbare Auswirkungen auf die kündigungsrechtliche Situation im weiteren Sinne, geschieht. In Bedenkenäußerungen enthaltene Angaben zu tatsächlichen Verhältnissen im Betrieb können allenfalls die Rolle eines Indizes – gegebenenfalls auch in Form einer Vermutung – in der gerichtlichen Beweiswürdigung spielen. Sie stellen damit keinesfalls ein endgültiges Gewähren oder Entziehen kündigungsschutzrechtlicher Positionen dar[352].

4) Zwischenergebnis: Die erweiterte Funktionsbeschreibung des Anhörungsverfahrens nach § 102 I – V BetrVG

Für eine dem Gesamtbild der Reaktionsmöglichkeiten entsprechende Funktionsbeschreibung ist somit festzuhalten, daß die Beteiligung des Betriebsrats im Anhörungsverfahren hinsichtlich aller Reaktionsmöglichkeiten sowohl einer *Präventiv-* als auch einer nach Ausspruch der Kündigung wirkenden *Indizfunktion* dient. Die Gewichtung variiert dabei je nach den verschiedenen Reaktionsmöglichkeiten. Die von der herkömmlichen Zweckbestimmung zutreffend beschriebene Präventivfunktion erfüllt das Anhörungsverfahren vor allem über die Reaktionsformen Zustimmung und Bedenken. Die Widerspruchsmöglichkeit wirkt dabei lediglich ergänzend mit, indem sie eine auf bestimmte wichtige Rechtmäßigkeitsaspekte spezialisierte und insofern besonders gewichtige „Geltendmachung von Bedenken“ darstellt.

Die eigentliche Bedeutung des Widerspruchs liegt aber, und darauf gründet im wesentlichen die andere Funktion der Beteiligung im Anhörungsverfahren, in den an ihn anknüpfenden Folgen. Durch diese Folgen kommt der Anhörung im Widerspruchsfalle eine konkret bestimmte Indizfunktion für das weitere Verfahren nach Ausspruch der Kündigung zu. Dabei wird in der im Widerspruch enthaltenen Aussage bezüglich des Vorliegens genau bestimmter sozialwidrigkeitsrelevanter Sachverhaltsaspekte ein standardisiertes Wahrscheinlichkeitsurteil über die gerichtlichen Obsiegenschancen des Gekündigten gesehen. Dieses wirkt sich zugunsten des Betroffenen auf seine kündigungsrechtliche Stellung nach Ausspruch der Kündigung aus. Eine Indizfunktion kommt dem Anhörungsverfahren aber nicht nur im Hinblick auf den Widerspruch und seine

[352] Sowohl Arbeitnehmer als auch Arbeitgeber können das Vorliegen oder Nichtvorliegen der fraglichen Umstände auch ohne den Betriebsrat beweisen. Es liegt lediglich eine rein tatsächliche Bedeutung im Rahmen richterlicher Beweiswürdigung vor.

Folgen zu, sondern in deutlich abgeschwächter Form zielt auch die Äußerung von Bedenken – und im Einzelfall von Zustimmung – „mittelbar“ in diese Richtung.

Im Hinblick auf dieses Ergebnis ist letztlich auch zu bemerken, daß im Anhörungsverfahren zwar alle Überlegungen, Interessen und Aspekte, die gegen eine Kündigung sprechen, Berücksichtigung und Ausdruck in Bedenkenäußerungen finden können. Aber die wichtigste Rolle spielen die individualschützenden Aspekte des Kündigungsschutzrechts. Hinsichtlich der Indizfunktion sind allein sie maßgeblich. Aber auch hinsichtlich der Präventivfunktion dürften sie entscheidend sein, berücksichtigt man, daß der Arbeitgeber sich in einer argumentativen Auseinandersetzung doch vor allem von kündigungsrechtlich relevanten Tatsachen beeinflussen lassen wird[353].

[353] Wenn auch die genauen „präventiven“ Wirkungszusammenhänge zwischen der Reaktion des Betriebsrats und der Entscheidung des Arbeitgebers, von der Kündigung abzusehen, noch nicht untersucht sind, so scheint es doch sehr wahrscheinlich zu sein, daß in der Regel nicht „irgendwelche“ Argumente des Betriebsrats den Arbeitgeber dahingehend umstimmen werden, von der Kündigung abzulassen. Vielmehr dürfte vor allem der Hinweis auf Punkte, die eine Kündigung sozialwidrig und damit unwirksam machen würden, also einen verlorenen Kündigungsschutzprozeß erwarten lassen, besonders erfolgversprechend sein. Vgl. auch o. S. 95, Fn 343.

II) Die Funktion einer nach § 102 VI BetrVG vereinbarten Beteiligung

Nach § 102 VI BetrVG besteht die Möglichkeit, ein Erfordernis der Zustimmung des Betriebsrats zur Kündigung zu vereinbaren[354]. So kann eine echte, sozusagen qualitative Erweiterung des Mitwirkungsrechts bei Kündigungen bewirkt werden, indem das *positive Konsensprinzip* an die Stelle der einfachen Anhörung tritt[355]. Da solch ein nach § 102 VI BetrVG vereinbartes Zustimmungsverfahren das herkömmliche Anhörungsverfahren nach § 102 I-V BetrVG ersetzt bzw. ersetzen kann[356], stellt sich die Frage, welche Funktion die Betriebsratsbeteiligung dort erfüllen soll.

Allerdings bereitet die Funktionsbestimmung für die nach § 102 VI BetrVG zugelassene Verfahrensregelung, die Zustimmung des Betriebsrats zur zivilrechtlichen Wirksamkeitsvoraussetzung zu machen, insofern Schwierigkeiten, als das Gesetz den Betriebsparteien offenbar einen nicht unerheblichen Vereinbarungsspielraum beläßt. So wird es nach § 102 VI BetrVG z.B. auch für möglich gehalten, allein die Rechte des Betriebsrats im Anhörungsverfahren auszubauen, ohne wirklich ein Zustimmungserfordernis zu vereinbaren[357], bzw. das Zustimmungsverfahren nicht generell einzuführen, sondern etwa eine Beschränkung auf bestimmte Zustimmungsverweigerungsgründe, auf die Kündigung bestimmter Personengruppen oder auf bestimmte Kündigungsarten

---

[354] Die Möglichkeit der Vereinbarung des Zustimmungsverfahrens besteht nur für arbeitgeberseitige Kündigung. Bezüglich außerordentlicher Kündigungen, die hier indes nicht betrachtet werden, ist sie umstritten. Vgl. zum Anwendungsbereich von Vereinbarungen nach § 102 VI BetrVG nur Richardi BetrVG § 102 Rn 284ff. Zu denkbaren Vorteilen einer Vereinbarung nach § 102 VI BetrVG auch für den Arbeitgeber s. F/K/H/E § 102 Rn 74ff (20. Auflage).
§ 102 VI BetrVG betrifft die Vereinbarung zwischen Arbeitgeber und Betriebsrat. Vgl. zum Meinungsstand bezüglich der nicht zum Untersuchungsgegenstand gehörenden, aber wohl auch zur Festlegung eines entsprechenden Zustimmungsverfahrens zulässigen Form der Vereinbarung in Tarifverträgen GK-BetrVG/Raab § 102 Rn 199 und BAG, Urt. v. 21.6.00 – 4 AZR 379/99, AP Nr. 121 zu § 102 BetrVG 1972 m. Anm. Kraft; gerade über die Vereinbarung in Tarifverträgen scheint das Zustimmungsverfahren zumindest etwas praktische Bedeutung zu erlangen.

[355] S. zu dieser Wirkung der Vereinbarung GK-BetrVG/Raab § 102 Rn 197f, 200 m.w.N.

[356] Vgl. GK-BetrVG/Raab § 102 Rn 200, F/K/H/E § 102 Rn 125, Löwisch/Kaiser BetrVG § 102 Rn 67, HSG-Schlochauer § 102 Rn 196, Galperin/Löwisch § 102 Rn 133, Heinze Rn 731, ErfK/Hanau/Kania § 102 Rn 47 sowie KR-Etzel § 102 BetrVG Rn 251. Differenzierend Richardi BetrVG § 102 Rn 296f, 302ff. Anders MüArbR-Matthes § 358 Rn 15, DKK-Kittner § 102 Rn 313, Bösche Rn 267.

[357] Vgl. dazu, daß auch reine Ausweitungen der Befugnisse im Anhörungsverfahren *bis hin* zum Zustimmungserfordernis möglich sind BAG, Urt. v. 6.2.97 – 2 AZR 168/96, NZA 1997, 877 und F/K/H/E § 102 Rn 124, 131.

vorzunehmen[358]. Je nach Vereinbarung – z.B. des dort für die Beteiligung vorgesehenen Anwendungsbereichs oder der Maßstäbe und Auswirkungen der Zustimmungsverweigerung – kann sich aber auch die Funktion der Beteiligung verändern. Da eine umfassende Abdeckung der Vereinbarungsmöglichkeiten in dieser Untersuchung nicht möglich ist, soll hier nur der Fall einer Vereinbarung, die den durch § 102 VI BetrVG vorgegebenen Rahmen ausnutzt, untersucht werden. Bei der folgenden Bestimmung der Funktion der Beteiligung wird also davon ausgegangen, daß die Vereinbarung jede ordentliche Kündigung von einer Zustimmung des Betriebsrats abhängig macht und die Zustimmungsverweigerung dabei nicht nur aus einzelnen in einem Katalog aufgeführten Gründen möglich ist.

1) Die Grenzen der Vereinbarung eines Zustimmungserfordernisses

Die erste Frage, die dabei aufgeworfen wird, ist die nach den Grenzen zulässiger Vereinbarungen eines Zustimmungserfordernisses.

a) Keine Veränderung des materiellen Kündigungsrechts und der Klagemöglichkeit des Arbeitnehmers

Eine dieser Grenzen besteht darin, daß durch eine Vereinbarung nach § 102 VI BetrVG nicht das materielle Kündigungsschutzrecht, also der allgemeine und besondere Kündigungsschutz des Arbeitnehmers zu seinen Lasten oder zu seinen Gunsten verändert werden kann. Dem Gekündigten stehen auch unabhängig davon, ob der Betriebsrat die Zustimmung erteilt, sie verweigert oder im weiteren Verfahren eine Zustimmungsersetzung stattfindet, weiterhin die normalen Klagemöglichkeiten offen[359]. Demnach ist es keinesfalls Zweck des *§ 102 VI*

---

[358] S. zu Beschränkungsmöglichkeiten z.B. den BAG, Urt. v. 21.6.00 – 4 AZR 379/99, AP Nr. 121 zu § 102 BetrVG 1972 zugrundeliegenden Fall und auch Richardi BetrVG § 102 Rn 289f, F/K/H/E § 102 Rn 124, Bösche Rn 266 sowie Rieble AuR 1993, 44.

[359] Vgl. dazu, daß die Vereinbarung der Zustimmung als Wirksamkeitsvoraussetzung für die Kündigung den Bereich des herkömmlichen materiellen Kündigungsschutzes nicht zu berühren vermag und der Arbeitnehmer unabhängig von der Entscheidung des Betriebsrats Kündigungsschutzklage erheben kann, GK-BetrVG/Raab § 102 Rn 198, 210, F/K/H/E § 102 Rn 126, Löwisch/Kaiser BetrVG § 102 Rn 65, Heinze Rn 727, Richardi BetrVG § 102 Rn 290, 301 und DKK-Kittner § 102 Rn 309. Für die Möglichkeit, über § 102 VI BetrVG den Kündigungsschutz verstärken zu können, dagegen Rieble BB 1991, 471. Zu außerhalb von § 102 VI BetrVG bestehenden Möglichkeiten, in Betriebsvereinbarungen Regelungen zu Kündigungen zu treffen, vgl. den Hinweis bei Löwisch/Kaiser a.a.O.
Zur präjudiziellen Wirkung der Arbeitsgerichtsentscheidung über eine Zustimmungsersetzung vgl. nur Rieble AuR 1993, 46.

BetrVG, dem Betriebsrat zu ermöglichen, durch Betriebsvereinbarung das materielle Kündigungsschutzrecht umzugestalten oder durch seine Entscheidung über die Zustimmung eine Sperrfunktion für den Kündigungsschutz des einzelnen Arbeitnehmers auszuüben.

b) Die Grenzen der Zustimmungsverweigerung

Problematisch ist indes, ob in den nach § 102 VI BetrVG vereinbarten Verfahren die Gründe, auf die eine Zustimmungsverweigerung des Betriebsrats gestützt werden kann, generell eingeschränkt sind.

aa) Unumstritten möglich, nach wohl herrschender Meinung aber auch die äußerste Grenze für eine Vereinbarung nach § 102 VI BetrVG, ist es, dem Betriebsrat ein Zustimmungsverweigerungsrecht[360] zu geben, sofern die Kündigung gegen kündigungsrechtliche Bestimmungen verstößt, also rechtswidrig ist[361]. Träfe dies zu, so wirkte sich dies auch auf die dem Arbeitgeber in einer wirksamen Vereinbarung über ein Zustimmungserfordernis zwingend zuzugestehende Möglichkeit aus, bei einer Zustimmungsverweigerung eine Entscheidung der Einigungsstelle und gegebenenfalls daran anschließend – bzw. bei entsprechender Vereinbarung auch unmittelbar – des Arbeitsgerichts einzuholen[362]. In diesen Verfahren müßte dann die Zustimmung zur Kündigung zwingend ersetzt werden, sofern die Nachprüfung ergibt, daß die Kündigung rechtmäßig und damit wirksam ausgesprochen werden kann. Da der Betriebsrat und die Einigungsstelle über eine reine Rechtsfrage entschieden, bestünde letztlich eine volle Nachprüfbarkeit durch das Arbeitsgericht[363].

---

[360] Vgl. dazu, daß keine durchsetzbare Pflicht zur Zustimmungsverweigerung besteht, MüArbR-Matthes § 358 Rn 12.

[361] S. GK-BetrVG/Raab § 102 Rn 198, KR-Etzel § 102 BetrVG Rn 249a,b; vgl. auch Heinze Rn 728. Nicht eindeutig BAG, Urt. v. 21.6.00 – 4 AZR 379/99, AP Nr. 121 zu § 102 BetrVG 1972.

[362] Dazu, daß der Arbeitgeber die Einigungsstelle und – ggf. auch direkt – das Arbeitsgericht anrufen können muß, BAG Urt. v. 21.6.00 – 4 AZR 379/99, AP Nr. 121 zu § 102 BetrVG 1972, GK-BetrVG/Raab § 102 Rn 205ff – dort auch näher zum Verfahrensgang -, F/K/H/E § 102 Rn 126f – allerdings wird dort die Einschaltung der Einigungsstelle als zwingend angesehen –, Löwisch/Kaiser BetrVG § 102 Rn 65f, Heinze Rn 728, HSG-Schlochauer § 102 Rn 200, ErfK/Hanau/Kania § 102 Rn 44ff. A.A. Bösche Rn 264 und wohl auch Richardi BetrVG § 102 Rn 292ff.

[363] Weder dem Betriebsrat noch der Einigungsstelle stünde ein unüberprüfbarer Spielraum zu. S. dazu GK-BetrVG/Raab § 102 Rn 208, ErfK/Hanau/Kania § 102 Rn 45f, Löwisch/Kaiser BetrVG § 102 Rn 66, HSG-Schlochauer § 102 Rn 200, Heinze Rn 730 und vgl. auch F/K/H/E § 102 Rn 127. Kritisch zur Begründung aber i.E. entsprechend Henssler RdA 1991, 268ff.

Demgegenüber zieht eine andere Auffassung die Grenze der Vereinbarungsmöglichkeiten zum Zustimmungsbedürfnis erheblich weiter. Sie nimmt an, daß es auch[364] zulässig sei, dem Betriebsrat über § 102 VI BetrVG ein echtes *paritätisches Mitbestimmungsrecht* einzuräumen, es also in sein Ermessen zu stellen, die Zustimmung zu verweigern[365]. Damit würde die Zustimmung als Wirksamkeitsvoraussetzung die Besonderheit aufweisen, daß sie keinen zwingenden Bezug zum Vorliegen von Kündigungsgründen hätte. Denn der Betriebsrat wäre auch bei Vorliegen eines Kündigungsgrunds und an sich gegebener Rechtmäßigkeit der Kündigung nicht zur Zustimmungserteilung verpflichtet, so daß dem Arbeitgeber kein Anspruch hierauf zustünde[366]. Dementsprechend bestünde bei einer solchen Vereinbarung bezüglich einer Kündigungserklärung eine fast völlige Abhängigkeit des Arbeitgebers vom Betriebsrat. Zwar bliebe ihm wohl auch hier die Anrufung der Einigungsstelle und eine gerichtliche Prüfung der Zustimmungsverweigerung[367]. Dies dürfte aber, selbst wenn die Kündigung kündigungsrechtlich zulässig wäre, nur selten zum gewünschten Ziel führen. Denn das Arbeitsgericht könnte hinsichtlich der Zustimmungsverweigerung allenfalls prüfen, ob der Betriebsrat ermessensfehlerhaft entschieden hat[368].

bb) Weder der Wortlaut des § 102 VI BetrVG, der keine Voraussetzungen für die Zustimmungsverweigerung vorschreibt, noch die Gesetzesmaterialien schließen diese weite Auslegung ausdrücklich aus. Vor diesem Hintergrund wird teilweise betont, daß § 102 VI BetrVG eine für den Arbeitgeber völlig freiwillige Vereinbarungsmöglichkeit schaffe. Er könne selbst entscheiden, ob und wie sehr er sich durch ein Mitbestimmungsrecht seiner Kündigungsfreiheit begebe. Deshalb bestünde aus Rechtsgründen keine Veranlassung, den Wortlaut der Vorschrift des § 102 VI BetrVG einschränkend auszulegen[369]. Unter anderem wird noch darauf verwiesen, daß man die Entscheidung des Betriebsrats über die Zustimmung als eine Regelungsfrage verstehen müsse, damit die Einschaltung der Einigungsstelle nicht mehr als eine funktionswidrige und rechtspolitisch verfehlte Vorschrift erscheine[370].

---

364 Die Festlegung auf eine strikt gebundene Rechtmäßigkeitskontrolle wird wohl auch nach dieser Auslegung nicht ausgeschlossen. Vgl. dazu Rieble AuR 1993, 40ff.

365 So MüArbR-Matthes § 358 Rn 5, 9 – dort sogar ins „Belieben" gestellt –, DKK-Kittner § 102 Rn 310f, Bösche Rn 264f und wohl auch Richardi BetrVG § 102 BetrVG Rn 291,294,299 sowie Schaub § 123 Rn 136 (9. Auflage). Mit Einschränkungen hinsichtlich des Ermessensspielraums Rieble AuR 1993, 40ff.

366 MüArbR-Matthes § 358 Rn 9.

367 Zur Möglichkeit der Einschaltung der Einigungsstelle Rieble AuR 1993, 45, aber auch MüArbR-Matthes § 358 Rn 5, 10.

368 Vgl. insges. MüArbR-Matthes § 358 Rn 10, Bösche Rn 265 und im Rahmen der o.g. Einschränkungen auch Rieble AuR 1993, 46.

369 S. MüArbR-Matthes § 358 Rn 5 und Schaub § 123 Rn 136 (9. Auflage).

370 Vgl. Henssler RdA 1991, 275, der im Falle des § 102 VI BetrVG letztlich eine solche

Die weite Auslegung des § 102 VI BetrVG überzeugt aber letztlich nicht. Dies gilt ganz unabhängig von der Frage, ob durch sie eine merkwürdige einseitige Schlechterstellung des Arbeitgebers gegenüber den rechtlichen Möglichkeiten des Arbeitnehmers eintritt[371] oder dem Betriebsrat bzw. der Einigungsstelle fragwürdigerweise in rechtlich als richtig oder falsch zu bewertenden und dementsprechend voll revisiblen Fragen ein gerichtlich nicht überprüfbarer Spielraum eingeräumt wird[372]. Entscheidend ist vielmehr ein anderer Punkt. Denn bei einer pauschalen Bindung der Kündigung an eine Zustimmung, deren Verweigerung nicht nach kündigungsrechtlichen Kriterien auf ihre Berechtigung kontrolliert werden kann, wird die Grenze zur wirtschaftlichen Mitbestimmung deutlich überschritten[373].

§ 102 VI BetrVG kann und will aber nicht derart in essentielle Teile der vertragsautonomen Gestaltungsfreiheit des Arbeitgebers eingreifen, sondern die grundsätzliche Entscheidung über den Ausspruch einer Kündigung soll nach wie vor allein bei diesem liegen[374]. Das zeigt sich dadurch ganz deutlich, daß diese Vereinbarungsmöglichkeit auf einer Teilregelung des § 102 BetrVG beruht:

Das Gesetz sieht im Anhörungsverfahren die Bedenkenäußerung als Grundform des betriebverfassungsrechtlichen Schutzes gegen Kündigungen vor. Dieser wird durch den „erweiterten Bestandsschutz" des an bestimmte Sozialwidrig-

---

Funktionswidrigkeit annimmt. Gegen diese Bewertung, weil hier eine Regelungsfrage gegeben sei, DKK-Kittner § 102 Rn 310 und Rieble AuR 1993,41f, 47.

Daneben wird auch vorgebracht, daß so die in bestimmten Fragen – auf die gerade das Ermessen bezogen sei – mit besseren Kenntnissen versehene und somit sachnähere, betriebsinterne und schnellere Instanz eine Konfliktlösung herbeiführe und sich auch ein flexiblerer, verbesserter Schutz des Arbeitnehmers, der z.B. auch greifen kann, wenn das KSchG nicht gilt oder schlicht Belegschaftsbelange betroffen sind, ergebe. Dazu Rieble AuR 1993, 41f. Dort auch zu Parallelen zu den Personalvertretungsgesetzen der Länder.

371 Henssler RdA 1991, 274 weist auf eine interessenwidrige Unausgewogenheit hin, die darauf beruhe, daß durch die „abschließende Entscheidungsbefugnis" von Betriebsrat oder Einigungsstelle einseitig der Arbeitgeber schlechter gestellt würde, der gegen eine ihm nachteilige Entscheidung nicht realistisch vorgehen könne, während dem Arbeitnehmer bei ihm nachteiliger Entscheidung die volle gerichtliche Kontrolle bliebe.

372 Vgl. zur damit drohenden Rechtsunsicherheit, die sich mit der existentiellen Bedeutung der Kündigung für den Arbeitnehmer nicht vereinbaren ließe, ebenfalls Henssler RdA a.a.O., 274f.

373 S. Galperin/Löwisch § 102 Rn 128 – dort auch dazu, daß allerdings über § 88 BetrVG in gewissem Rahmen sogar ein Kündigungsausschluß vereinbart werden kann – und Henssler RdA 1991, 274. Vgl. des weiteren die Betonung der vollen gerichtlichen Überprüfbarkeit bei BAG, Urt. v. 21.6.00 - 4 AZR 379/99, AP Nr. 121 zu § 102 BetrVG 1972.

374 Vgl. Heinze Rn 728, Henssler RdA 1991, 274. Angesichts des Umstands, daß es hier speziell um § 102 VI BetrVG und die Abhängigmachung der Kündigung von einer bestimmten Entscheidung in der Betriebsratsbeteiligung geht, überzeugt es auch nicht, sofern dagegen vorgebracht wird, der Arbeitgeber könne durch Tarifvertrag oder Betriebsvereinbarung sein ordentliches Kündigungsrecht doch sogar ganz ausschließen – s. aber Rieble AuR 1993, 41 –. Vgl. auch Löwisch/Kaiser BetrVG § 102 Rn 65f und KR-Etzel § 102 Rn 248a.

keitsgründe geknüpften Widerspruchsrechts und seiner Folgen verstärkt. Daran schließt sich die nach Abs. VI mögliche Zustimmungsvereinbarung systematisch passend an, sofern sie durch das Zustimmungsverfahren eine Rechtmäßigkeitskontrolle bewirkt und somit den Schutz im Sinne einer Stufenfolge lediglich fortentwickelt. In einer solchen, nach § 102 VI BetrVG möglichen Rechtmäßigkeitskontrolle werden dann nicht mehr nur einzelne Rechtmäßigkeitsaspekte berücksichtigt oder Folgen einer ausgesprochenen Kündigung lediglich „abgemildert". Denn dem Arbeitgeber bleibt es zwar grundsätzlich unbenommen, eine Kündigung trotz Zustimmungsverweigerung tatsächlich auszusprechen. Diese ist aber rechtswidrig. Der *rechtmäßige* und *wirksame* Ausspruch der Kündigung wird also zunächst verhindert. Als Wirksamkeitsvoraussetzung schafft die Zustimmung so eine „zusätzliche verfahrensmäßige Hürde"[375].

Ganz anders stellte sich dies dar, sofern § 102 VI BetrVG die Einräumung eines echten Mitbestimmungsrechts ermöglichte, denn dies bewirkte einen systematischen Bruch innerhalb des § 102 BetrVG[376]. Der *wirksame* Ausspruch kündigungsrechtlich an sich zulässiger Kündigungen könnte dann vom Betriebsrat *endgültig* verhindert werden. Die Einbringung eines solchen Fremdkörpers in die Regelung des § 102 BetrVG hätte aber, da sie eine schwerwiegende Form wirtschaftlicher Mitbestimmung mit sich brächte, einer eindeutigen gesetzgeberischen Wertentscheidung bedurft. Für diese fehlt indes jegliches Anzeichen.

cc) Deshalb ist davon auszugehen, daß eine Zustimmungsverweigerung nur dann zulässig ist, wenn die Kündigung gegen kündigungsrechtliche Vorschriften verstößt. Dies bedeutet auch, daß die Berechtigung einer Zustimmungsverweigerung im Einigungsstellenverfahren und/oder durch ein Gericht voll überprüft werden kann.
Wegen der zwingenden Bindung an das Kündigungsrecht erscheint im übrigen eine Begründung der Zustimmungsverweigerung, wenn sie auch im Gesetz nicht ausdrücklich vorgeschrieben ist, zumindest geboten. So ist dringend anzuraten, eine entsprechende Pflicht bei Vereinbarungen nach § 102 VI BetrVG ausdrücklich zu regeln. Denn der Betriebsrat wird durch eine solche Transparenz zumindest angehalten, die zulässigen Gründe einer Zustimmungsverweigerung zu beachten.

---

[375] BAG, Urt. v. 21.6.00 – 4 AZR 379/99, AP Nr. 121 zu § 102 BetrVG 1972.

[376] S. GK-BetrVG/Raab § 102 Rn 198, ErfK/Hanau/Kania § 102 Rn 43 und vgl. dazu auch Henssler RdA 1991, 273f.

2) Die Funktion der Betriebsratsbeteiligung im Zustimmungsverfahren

a) Die Indizwirkung der Zustimmungsverweigerung

Das Zustimmungsverweigerungsrecht ist an die kündigungsrechtliche Zulässigkeit der Kündigung gebunden. Somit kann hinsichtlich der Funktion des Zustimmungsverfahrens festgestellt werden, daß die Betriebsratsbeteiligung im Zustimmungsverfahren nach § 102 VI BetrVG dazu dient, über eine Prüfung der Rechtmäßigkeit[377] den individuellen Kündigungsschutz zu verbessern. Es soll durch die zumindest vorläufige Verhinderung des Ausspruches einer *wirksamen* Kündigung eine „verfahrensmäßige Absicherung ... auf der kollektiven Ebene" erfolgen[378].

aa) Dies ähnelt dem durch das herkömmliche Anhörungsverfahren nach § 102 I-V BetrVG gebotenen Schutz, verstärkt ihn aber deutlich. Nach § 102 I-V BetrVG werden durch die Beteiligung ein *präventiv-tatsächlicher* Kündigungsschutz durch Verfahren und rechtliche, an die Indizwirkung des Widerspruchs angepaßte *Auswirkungen nach Ausspruch der Kündigung*, die deren Folgen abmildern, geboten. Dagegen reicht die gesetzliche Vorgabe[379] hinsichtlich des Zustimmungsverfahrens weiter. Denn die Zustimmungsverweigerung verhindert einen wirksamen Ausspruch der Kündigung zumindest zunächst. In diesem Verfahren gewährt die Beteiligung also statt einem rein tatsächlichen Einwirken auf den Kündigungswillen des Arbeitgebers gegebenenfalls *präventiv-rechtlichen Schutz gegen* dessen Willen[380].
Der Betriebsrat kann durch eine Zustimmungsverweigerung dem Arbeitgeber auferlegen, sich zunächst vor der Einigungsstelle oder vor Gericht eine Zustimmungsersetzung zu erstreiten. Erst dann kann dieser wirksam kündigen. So ist es dem Betriebsrat möglich, eine „Umverteilung der Initiativpflicht"[381] zu bewirken. Deswegen wird auch formuliert, der Arbeitnehmer sei zunächst von der „Last der Kündigungsschutzklage" befreit[382]. Letzteres könnte allerdings falsche Vorstellungen erzeugen. Denn dem Arbeitgeber bleibt es unbenommen, eine

---

[377] Vgl. auch Löwisch BetrVG (4.Auflage) § 102 Rn 62, der eine „Vorprüfung der Rechtmäßigkeit" konstatiert. Ob tatsächlich eine *Vor*prüfung zwingend ist, wird sogleich noch zu untersuchen sein.

[378] S. GK-BetrVG/Raab § 102 Rn 198. Vgl. dazu, dass die Kündigung auch ohne Zustimmungsverweigerung *tatsächlich* ausgesprochen werden kann, schon o.

[379] Dazu, daß § 102 VI BetrVG einen weiten Spielraum für Vereinbarungen eröffnet und dadurch auch andere Funktionen denkbar sind, schon o. S. 101f.

[380] Es erfolgt zumindest vorübergehend eine erhebliche Einschränkung der personalpolitischen Entscheidungsfreiheit, s. GK-BetrVG/Raab § 102 Rn 205.

[381] Henssler RdA 1991, 274.

[382] Rieble AuR 1993, 40. Anders wohl MüArbR-Matthes § 358 Rn 13f, der in bestimmten Fällen auch wirksame Kündigungen trotz Zustimmungsverweigerung zuläßt.

wegen Zustimmungsverweigerung rechtswidrige Kündigung tatsächlich auszusprechen; dann hat der Arbeitnehmer sich doch wieder im Klagewege zur Wehr zu setzen.

Grundlage für die Entscheidung des Betriebsrats bezüglich des Ob des Schutzes durch Zustimmungsverweigerung ist nach dem Leitbild des § 102 VI BetrVG eine Rechtmäßigkeitsprüfung der beabsichtigten Kündigung. Das Zustimmungsverweigerungsrecht soll nicht, wie dies hinsichtlich der Bedenkenäußerung im Anhörungsverfahren der Fall ist, auf alles gegründet werden können, was in irgendeiner Weise gegen die Kündigung spricht. Der Betriebsrat ist diesbezüglich vielmehr auf eine reine Prüfung der Rechtmäßigkeit der Kündigung festgelegt. Diese Rechtmäßigkeitsprüfung ist aber eine umfassende, so daß sie bezüglich des Bewirkens rechtlicher Folgen nicht – wie im Fall des § 102 III BetrVG – auf bestimmte Sozialwidrigkeitsaspekte beschränkt ist[383]. Die kündigungs*rechtliche* Ausrichtung macht des weiteren deutlich, daß die Entscheidung über die Zustimmung als solche allein dem Individualschutz dient[384].

bb) Insgesamt tritt so – nur etwas abgewandelt und verstärkt – wieder die *Indizfunktion* des herkömmlichen Anhörungsverfahrens zutage. Die Betriebsparteien können über § 102 VI BetrVG vereinbaren, daß der Betriebsrat die Kündigung auf ihre Rechtmäßigkeit prüft. Lehnt er die Kündigung ab, dann wirkt sich diese Entscheidung im weiteren Verfahren wie eine Wahrscheinlichkeitsaussage gegen die Rechtmäßigkeit der Kündigung aus. Dies geschieht in der sehr starken Weise, dass im weiteren Verfahren von den üblichen „Initiativpflichten" abgewichen wird. Die Zustimmungsverweigerung wirkt sich also von Anfang an rechtlich auf die Kündigung bzw. auf das ihr vorausgehende Verfahren aus. Sie ist nicht wie der Widerspruch nach § 102 III BetrVG darauf beschränkt, nachträglich die Folgen der Kündigung abzumildern, und stellt damit insgesamt einen verbesserten und auf einer qualitativ höheren Stufe stehenden Schutz dar.

Vor diesem Hintergrund läßt sich dann auch die Einschaltung der Einigungsstelle überzeugend erklären. Sie erscheint nicht etwa unpassend. Weil Vorschaltinstanzen dem Arbeitsrecht nicht fremd sind[385] und gerade der Betriebsratsbeteili-

---

[383] Eine Vereinbarung nach § 102 VI BetrVG könnte dies natürlich auch auf bestimmte Gründe, z.B. den Katalog des § 102 III BetrVG, einschränken, was wohl auch wünschenswert wäre. Vgl. zu solch einer Einschränkungsmöglichkeit nur KR-Etzel § 102 BetrVG Rn 249a.

[384] Vgl. dazu, daß § 102 VI BetrVG dem individuellen Kündigungsschutz dienen und diesen verbessern soll, ErfK/Hanau/Kania § 102 BetrVG Rn 43 und MüArbR-Matthes § 358 Rn 1. Daß die Wahrnehmung von Kollektivinteressen bei der Vereinbarung eines Zustimmungsverfahrens nicht völlig ausgeschlossen ist, zeigt die Möglichkeit im Zustimmungsverfahren nach § 102 VI BetrVG z.B. auch Bedenkenäußerungen weiterhin vorzusehen.

[385] Vgl. Rieble BB 1991, 473, der allerdings einen solchen Charakter gerade im Fall der Einigungsstelle und ihrer Einschaltung bei betriebverfassungsrechtlichen Mitbestimmungs-

gung nach § 102 VI BetrVG im Falle der Zustimmungsverweigerung eine sehr starke Indizwirkung zukommt, entfaltet die Einschaltung der Einigungsstelle besonderen Nutzen. Über ihre Entscheidung kann sozusagen ein „einstweiliger Rechtsschutz" – genauer: eine Beseitigung der Indizwirkung – erreicht werden. Es wird dem Arbeitgeber eine relativ schnelle und unproblematische Möglichkeit geboten, eventuell doch an eine Zustimmung zu gelangen und damit ohne vorausgehende Klage kündigen zu können.

cc) Der Betriebsrat übt also auch im Rahmen des Zustimmungsverfahrens eine Indizfunktion aus. Diese kann aber gegenüber der Beteiligung nach § 102 I-V BetrVG einen verstärkten Schutz des betroffenen Arbeitnehmers bewirken. Auf die Frage, ob diese Indizfunktion des Zustimmungsverfahrens zwingend auf einer *Vor*kontrolle der Kündigung durch den Betriebsrat beruhen muß, wird später noch zurückzukommen sein, wenn die Möglichkeit einer nachträglichen Zustimmung im Verfahren nach § 102 VI BetrVG diskutiert wird.

b) Die Regelung des § 102 VI BetrVG und die Problematik des Spannungsverhältnisses

Diese Funktion rechtfertigt die Regelung des § 102 VI BetrVG auch im Hinblick auf die Problematik des Spannungsverhältnisses ausreichend.
Daß das Gesetz über § 102 VI BetrVG eine Möglichkeit vorsieht, den Betriebsrat die Rechtmäßigkeit einer Kündigung umfassend bewerten zu lassen, erscheint hier – trotz grundsätzlich bestehender Bedenken dagegen[386] – vertretbar. Dies deswegen, weil eine solche Vereinbarung das Einverständnis des Arbeitgebers voraussetzt. Mit dieser bringt er zum Ausdruck, daß auch er dem Betriebsrat eine solche Prüfung zutraut.
Vor allem findet auch weder auf Seiten des Arbeitgebers noch auf Seiten des Arbeitnehmers ein endgültiger Entzug kündigungsrechtlicher Positionen statt. Die Möglichkeit und Wirksamkeit der Kündigung beurteilt sich letztlich – gegebenenfalls durch die gerichtliche Entscheidung über die Zustimmungsersetzung – allein nach dem herkömmlichen Kündigungsrecht. Der Zustimmungsverweigerung, die nur auf kündigungsrechtliche Überlegungen und den dadurch allein gebotenen Schutz der Interessen des Individuums gestützt werden darf, kann lediglich eine Indizwirkung zukommen, die dem Arbeitgeber die Initiativpflicht auferlegt. Daß die kündigungsrechtliche Situation des betroffenen Arbeitnehmers auf diese Art und Weise beeinflußt wird, erklärt sich auch hier, wie gleichermaßen oben schon beschrieben, aus dem besonderen Wert, den das

---

rechten ablehnt. Zuzugeben ist, daß die Einigungsstelle im Rahmen des § 102 VI BetrVG nicht die üblicherweise von ihr wahrgenommenen Aufgaben erfüllt.
[386] Vgl. dazu o. S. 79, 81, 85f.

Gesetz einer Bewertung der Rechtmäßigkeit der Kündigung durch den besonders mit den betrieblichen Verhältnissen vertrauten Betriebsrat beimißt und auch beimessen kann[387]. Dabei wird die starke Indizwirkung der Zustimmungsverweigerung noch dadurch gestützt, daß durch eine Vereinbarung nach § 102 VI BetrVG auch der Arbeitgeber sein Vertrauen in die Fähigkeiten des Betriebsrats zum Ausdruck gebracht hat.

Ganz anders verhielte es sich hinsichtlich der Rechtfertigung indes, wenn der Betriebsrat die Zustimmungsverweigerung nicht nur im Falle einer rechtswidrigen Kündigung, sondern auch aus anderen in seinem Ermessen liegenden Gründen verweigern könnte. Er wäre dann in der Lage, bestimmte Arbeitnehmer nahezu vollständig vor Kündigungen schützen, weil keine Bindung an einen festen rechtlichen Maßstab vorläge und Ermessensfehler nur sehr schwer ausgemacht werden könnten. Daß bedeutete, neben den Einschränkungen für den Arbeitgeber, vor allem auch für die Arbeitnehmer eine nicht zu rechtfertigende Gefahr, im Sinne eines „Vetoabkaufs" zur Verhandlungsmasse des Betriebsrats zu werden. Es würde die für das Individuum existentiell wichtige Frage der Beendigung des Arbeitsverhältnisses gegebenenfalls mit Erwägungen verknüpft, die mit dem individualrechtlichen Verhältnis zwischen Arbeitgeber und einzelnem Arbeitnehmer nichts zu tun haben[388]. Diese Überlegungen bestätigen nochmals die oben schon getroffene Entscheidung für eine enge Auslegung der Vereinbarungsmöglichkeiten nach § 102 VI BetrVG.

III) Die Funktion der Betriebsratsbeteiligung nach § 3 KSchG

1) Die Vorgaben der Regelung des § 3 KSchG

Das heute in § 3 KSchG vorgesehene Einspruchsverfahren entspricht dem 1951 durch § 2 KSchG 1951 geschaffenen Verfahren. Dementsprechend kann hinsichtlich der Funktion der heutigen Betriebsratsbeteiligung auch grundsätzlich auf die zu dieser früheren Regelung getroffenen Feststellungen zurückgegriffen werden[389].

---

[387] Zur Rechtfertigung, an Aussagen des Betriebsrats eine Indizwirkung zu knüpfen, schon o. S. 85f.

[388] Vgl. zu dieser Gefahr eines Vetoabkaufs Rieble AuR 1993, 43 und zu möglichen Divergenzen zwischen kollektivrechtlicher Ebene und individualbezogenem Kündigungsschutz auch Henssler RdA 1991, 275.

[389] Vgl. zur – abgesehen von der §§-Numerierung – seit Einführung des KSchG 1951 unveränderten Beibehaltung des Einspruchsverfahrens und speziell zur dortigen Funktion der Betriebsratsbeteiligung schon o. S. 61ff und Fn 274.

a) Die Rechtmäßigkeitsprüfung

Wie der Gesetzeswortlaut deutlich zeigt, wird dem unter den Geltungsbereich des KSchG fallenden Arbeitnehmer durch das Einspruchsverfahren nach § 3 KSchG die Möglichkeit gegeben, den Betriebsrat die Rechtmäßigkeit der Kündigung prüfen zu lassen[390]. Die Beteiligung des Betriebsrats dient also zunächst dazu, den Kündigungssachverhalt aus seiner Sicht auf den Verstoß gegen Bestimmungen des KSchG zu überprüfen und dementsprechend einen bewertenden Beschluß über die Begründetheit des Einspruchs zu fassen[391].

b) Die Verwendung des Ergebnisses der Entscheidung über den Einspruch

aa) Wie schon dargelegt wurde, soll das Ergebnis dieser Rechtmäßigkeitsprüfung auf unterschiedliche Weise Verwendung finden. So sieht § 3 S. 2 KSchG für den Fall, daß der Betriebsrat den Einspruch für begründet erachtet, als zwingende Verpflichtung des Betriebsrats zunächst die Vornahme eines Verständigungsversuchs vor. Diesen hat er als mit den betrieblichen Verhältnissen besonders gut vertraute Institution mit dem Arbeitgeber zu führen, um die gerichtliche Eskalation der Streitigkeit zu vermeiden[392]. Dabei kann der Betriebsrat, ohne grundsätzlich Vertreter des Arbeitnehmers zu sein, z.B. versuchen, die Beendigung des Arbeitsverhältnisses hinauszuschieben, die Zahlung einer Abfindung an den Arbeitnehmer oder eventuell auch eine Fortsetzung des Arbeitsverhältnisses zu erreichen[393].

---

[390] Vgl. dazu schon o. S. 61f. Wegen dieser Prüfungsaufgabe ist auch eine Einspruchsbegründung, die das Gesetz nicht vorschreibt, praktisch von besonderer Bedeutung, vgl. v. Hoyningen-Huene/Linck KSchG § 3 Rn 6, KR-Rost § 3 KSchG Rn 11 und HK-KSchG/Hauck § 3 Rn 18 – s. dort auch Rn 23 dazu, daß der Betriebsrat aber nicht an das Vorbringen des Arbeitnehmers gebunden ist, sondern auch eigene Sachverhaltsaufklärung betreiben darf.
Zum Geltungsbereich dieser fakultativen Beteiligungsregelung Brill AuR 1977, 110 und HK-KSchG a.a.O. Rn 1, 14.

[391] Vgl. zum entsprechenden Verfahren des Betriebsrats HK-KSchG/Hauck § 3 Rn 23ff und v.Hoyningen-Huene/Linck KSchG § 3 Rn 7.

[392] S. dazu schon o. S. 64f sowie HK-KSchG/Hauck § 3 Rn 1, 26. Dieser Versuch eine Verständigung herbeizuführen geht zumindest von seiner Zielsetzung auch deutlich über § 102 I BetrVG hinaus, da dort nur eine Stellungnahme des Betriebsrats erfolgt, die der Arbeitgeber zur Kenntnis zu nehmen hat, während die Regelung hier auf ein wirkliches Verhandeln abzielt, vgl. Brill AuR 1977, 111.

[393] Zu Beispielen einer Verständigungsmöglichkeit und dazu, daß der Betriebsrat nicht schon einfach durch die Beteiligung nach § 3 KSchG zu einem für den Arbeitnehmer im Verständigungsversuch abschlußberechtigten Vertreter desselben wird, vgl. Löwisch KSchG § 3 Rn 6, v.Hoyningen-Huene/Linck § 3 Rn 7, HK-KSchG/Hauck § 3 Rn 26ff und Brill AuR 1977, 110.

bb) Mit § 3 KSchG soll aber gerade nicht zur überkommenen Verfolgung individueller Rechte durch die kollektivrechtliche Institution Betriebsrat[394] zurückgekehrt werden. Dies zeigt sich vor allem daran, daß die Rechtmäßigkeitsprüfung des Betriebsrats – wie gesehen – auch eine außerhalb des Verständigungsversuchs liegende Bedeutung haben soll. Der Betriebsrat entscheidet im Rahmen dieser Beteiligung eben nicht nur über das Ob eines Verständigungsversuchs, sondern das Verfahren soll vor allem auch seine Stellungnahme zur Sozialwidrigkeit der Kündigung herbeiführen. Und diese soll, da er eine mit den betrieblichen Verhältnissen bestens vertraute Instanz ist, als Indiz tatsächliche Bedeutung für Arbeitnehmer, Arbeitgeber und auch das Arbeitsgericht erlangen können[395]. Deswegen sehen die §§ 3 S. 3 und 4 S. 3 KSchG vor, daß das Ergebnis der Rechtmäßigkeitsprüfung durch den Betriebsrat, unabhängig davon, ob der Einspruch für begründet oder unbegründet gehalten wird, Arbeitgeber und Arbeitnehmer auf Verlangen – allerdings nur dann – schriftlich mitgeteilt wird und daß die Stellungnahme einer etwaigen Kündigungsschutzklage beigefügt werden soll.

Durch die mit konkreten Tatsachen begründete Bewertung des Betriebsrats soll dem *Arbeitnehmer* so bei der Entscheidung über die Erhebung der Kündigungsschutzklage geholfen und dem *Arbeitgeber* ein Hinweis darauf gegeben werden, ob er vielleicht rechtswidrig gehandelt hat und sich jetzt gegebenenfalls verständigungsbereit zeigen sollte[396]. Gerade um diese Wirkung erzielen zu können, wird auch eine Begründungspflicht für die Stellungnahme angenommen[397]. Im Hinblick auf diese *Indizwirkung* einer Bewertung der Kündigung durch den Betriebsrat als rechtswidrig erweist sich dann auch die Verständigungspflicht

394 Wie die geschichtliche Entwicklung zeigt, ist dies eine im Kündigungsschutz wegen ihrer Problematik zu Recht überkommene Tendenz; dazu schon o. Teil I und insbesondere S. 61ff. Insofern ist es auch bedeutsam, daß dem Betriebsrat im Verfahren nach § 3 KSchG eben gerade nicht automatisch Vertretungsmacht gegenüber dem Arbeitnehmer zukommt. S. dazu Fn zuvor.

395 Zu dieser Wirkung schon o. S. 64f. Auch zum Betriebsrat als Drittem und seinen besonderen Kenntnissen der betrieblichen Situation schon o. S. 86. Dazu insgesamt auch Brill AuR 1977, 111f.

396 Genannt wird vor allem die Entscheidungshilfe für den Arbeitnehmer, vgl. nur Löwisch KSchG § 3 Rn 3. Der für den Arbeitnehmer letztlich aber genauso für den Arbeitgeber interessante, indizähnliche Hinweis besteht vor allem in der vom Betriebsrat abzugebenden Begründung dafür, ob er den Einspruch für begründet oder unbegründet hält, da beide so anhand der angeführten Bewertung konkreter Tatsachen die Tragfähigkeit ihrer eigenen Argumente noch einmal überdenken können.

397 Der Betriebsrat darf es nicht dabei bewenden lassen, einfach nur den Einspruch für begründet oder unbegründet zu erklären, sondern er muß im einzelnen die Gründe darlegen, aus denen sich seine Entscheidung über die Rechtmäßigkeit ergibt. S. dazu nur v.Hoyningen-Huene/Linck § 3 Rn 10, Löwisch KSchG § 3 Rn 5 und KR-Rost § 3 KSchG Rn 24.

nach § 3 S. 2 KSchG als eine den Wahrscheinlichkeiten angepaßte[398] Deeskalationsmöglichkeit. Es soll eine letzte Chance geboten werden, den wahrscheinlicher gewordenen gerichtlichen Streit doch noch zu verhindern.
Neben dieser Bedeutung auf betrieblicher Ebene soll die Entscheidung des Betriebsrats über den Einspruch aber gegebenenfalls auch ein außerbetrieblich wirkendes Indiz sein können. Dies macht, wie ebenfalls schon dargelegt, § 4 S. 3 KSchG deutlich, wenn er dem Arbeitnehmer auferlegt, dieser solle, sofern er ein Einspruchsverfahren nach § 3 KSchG durchgeführt hat, die Betriebsratsstellungnahme der Kündigungsschutzklage beifügen. Die Bewertung des Betriebsrats soll also auch in die *gerichtliche Würdigung* eingehen und zwar unabhängig davon, ob der Betriebsrat den Einspruch für begründet oder für unbegründet hält[399]. Auch wenn das Gericht in keiner Weise an die Stellungnahme gebunden ist – wie dies z.B. zur Zeit der Geltung des BRG bei Einspruchsabweisung noch der Fall war[400] –, kann diese doch im Rahmen der Beweiswürdigung als Anhaltspunkt für das tatsächliche Vorliegen oder Nichtvorliegen kündigungsrechtlich relevanter Aspekte Bedeutung erlangen. Dadurch kann sich die Stellungnahme zum Vorteil für die Prozeßpartei auswirken, zu deren Gunsten sie Aussagen über den Sachverhalt enthält[401].

2) Die Berücksichtigung des Nebeneinanders von § 3 KSchG und § 102 BetrVG

Die Funktion des Einspruchsverfahrens allein über die Regelung des § 3 KSchG zu betrachten, griffe indes zu kurz. Denn dem Einspruchsverfahren steht heute

---

[398] Da der Arbeitnehmer seine Konfliktbereitschaft zu einem gewissen Grade schon dadurch bewiesen hat, daß er den Weg des Einspruchsverfahrens beschreitet, erscheint die Wahrscheinlichkeit groß, daß er nach Kenntnisnahme der Entscheidung des Betriebsrats tatsächlich zur Klage neigen wird.
[399] Vgl. dazu auch schon o. S. 62, 64f. Dort auch dazu, daß keine Sanktion vorgesehen ist, wenn der Arbeitnehmer eine für ihn ungünstige Stellungnahme nicht beifügt, sondern dann allein die Möglichkeit einer Beibringung durch den Arbeitgeber besteht. Vgl. zum Abzielen des Einspruchsverfahrens auf eine Wirkung im gerichtlichen Verfahren auch den Umstand, daß ein Einspruch – zumindest theoretisch – noch nach Klageerhebung möglich ist; dazu KR-Rost § KSchG Rn 18 und HK-KSchG/Hauck § 3 Rn 21.
[400] Vgl. o. S. 34ff.
[401] Vgl. auch hier wieder die o. – insbes. auch S. 64f – schon dargelegte Bedeutung der Bewertung durch den Betriebsrat und die Begründungspflicht für die Stellungnahme. Vgl. zu dieser Indizwirkung auch KR-Rost § 3 KSchG Rn 25, Schaub § 135 Rn 4, v.Hoyningen-Huene/Linck § 3 Rn 9 und HK-KSchG/Hauck § 3 Rn 32 sowie Brill AuR 1977, 111f. Auch hier geht es – entsprechend den Bedenken bei § 102 BetrVG – weniger darum, daß das Gericht besondere Erkenntnisse aus einer umfassenden Beurteilung der Rechtmäßig- oder Rechtswidrigkeit der Kündigung zieht, sondern Wirkung werden vielmehr Angaben über das tatsächliche Vorliegen von Sachverhaltsaspekten mit rechtlicher Relevanz erzielen.

nicht mehr nur, wie dies noch zu Zeiten des § 2 KSchG 1951 und des § 66 I BetrVG 1952 der Fall war, eine schlichte Anhörung gegenüber. Dementsprechend überzeugt die damalige Differenzierung nicht mehr, die zumindest nach den theoretischen Vorgaben eindeutig zwischen einer der Kündigung vorausgehenden, auf eine präventive Beeinflussung des Kündigungswillens abzielenden, mitbestimmungsrechtlichen Beteiligung und einer kündigungsrechtlichen, der Kündigung nachfolgenden Beteiligung unterschied[402].

a) § 102 BetrVG als vorherrschendes Beteiligungsverfahren

aa) Die bislang gewonnenen Erkenntnisse zu den Funktionen der Beteiligung im Anhörungsverfahren und der im Einspruchsverfahren zeigen, daß der Unterschied nicht darin liegt, daß § 3 KSchG eine Mitwirkung beim Kündigungsschutz und § 102 BetrVG eine Mitwirkung bei der Kündigung[403] selbst sei. Unterschiedliche Voraussetzungen und Zielsetzungen ergeben sich nicht automatisch daraus, daß ein Fall individualrechtlichen und ein Fall kollektivrechtlichen Schutzes vorliegt.

§ 102 BetrVG ist – neben seiner betriebsverfassungsrechtlichen Bedeutung – gerade auch auf nachträgliche Auswirkungen im Kündigungsschutz ausgerichtet: Mit ihm entstand eine deutliche Verknüpfung von kollektivrechtlichem und individualrechtlichem Kündigungsschutz, so daß insgesamt nicht mehr *strikt* zwischen beidem getrennt wird[404]. Deswegen bestehen letztlich, wenn das Anhörungsverfahren nach § 102 BetrVG auch zu einem großen Teil präventiv auf den Willen des Arbeitgebers bezogen ist und damit eine betriebsverfassungsrechtliche Einwirkungsfunktion ausübt, auch Parallelen zu § 3 KSchG, der die nach Ausspruch der Kündigung stattfindende Auseinandersetzung um den Kündigungsschutz beeinflußt. So bauen beide Beteiligungen – die nach § 3 KSchG insgesamt und ausdrücklich, die nach § 102 BetrVG weitgehend – auf der Prüfung der Rechtmäßigkeit der Kündigung auf[405]. Dies wird auch bei beiden Beteiligungen bewußt zur Herbeiführung von Indizwirkungen genutzt. Beide Verfahren sollen vor allem auch dazu dienen, Arbeitnehmer, Arbeitgeber und Arbeitsgericht Anhaltspunkte zu liefern, um sie die Übereinstimmung der Kündigung mit kündigungsschutzrechtlichen Vorstellungen besser überblicken zu lassen[406].

[402] Vgl. dazu o. S. 61ff.
[403] S. Brill AuR 1977, 111.
[404] Vgl. dazu schon o. S. 3ff, 11ff, 82ff. Dort auch zur Veränderung gegenüber der strikten Trennung zwischen beiden Bereichen zur Zeit des BetrVG 1952.
[405] Auch dazu o. S. 103ff, 84ff.
[406] § 102 BetrVG sieht insofern allerdings etwas differenziertere Wirkungen vor. Vgl. dazu o. S. 84ff.

Letztlich wirft dies die Frage auf, ob § 3 KSchG nicht überflüssig ist. Denn während § 102 BetrVG über seinen Abs. V und § 1 II S. 2 u. 3 KSchG sogar noch *rechtliche* Auswirkungen auf den Kündigungsschutz des Arbeitnehmers nach Ausspruch der Kündigung vorsieht, bietet § 3 KSchG solche überhaupt nicht. Auch insgesamt wird die vom Betriebsrat in der Beteiligung nach § 3 KSchG zu erfüllende Funktion von diesem schon weitgehend durch die zwingende sowie früher durchzuführende Anhörung nach § 102 BetrVG miterfüllt. Dies erklärt auch, daß die Neuregelung des Anhörungsverfahrens 1972 die schon zuvor eher geringe praktische Bedeutung des § 3 KSchG noch weiter gemindert hat[407].

bb) Mag dies auch bewußt geschehen sein, so bleibt dennoch zu beachten, daß bei der Einführung des BetrVG 1972 am Bestehen zweier Kündigungsbeteiligungsverfahren festgehalten wurde. Diesbezüglich kann, mag die Beibehaltung des § 3 KSchG auch weitgehend historisch zu erklären sein[408], nicht angenommen werden, daß der Gesetzgeber mit § 3 KSchG eine neben § 102 BetrVG überflüssige Regelung aufrecht erhalten wollte. Sonst machte auch § 102 VII BetrVG keinen Sinn, der verdeutlicht, daß die Anhörung nach § 102 BetrVG eine Beteiligung nach § 3 KSchG nicht ausschließt und Betriebsratsstellungnahmen in beiden Verfahren unabhängig voneinander sind[409]. Dies muß bei der Betrachtung der Funktion der Beteiligung nach § 3 KSchG berücksichtigt werden. Sie ist so zu bestimmen, daß das bewußte Nebeneinander gerechtfertigt wird und das Einspruchsverfahren nicht überflüssig erscheint.

b) Die Bedeutung der Beteiligung nach § 3 KSchG neben § 102 BetrVG

Dementsprechend ist zusätzlich zu den oben beschriebenen Aspekten für die Funktionsbeschreibung des § 3 KSchG noch ein Umstand heranzuziehen, der die Beibehaltung dieser Beteiligungsmöglichkeit trotz vorheriger und zwingender Durchführung des Anhörungsverfahrens rechtfertigt.
Als dieser sinngebende Unterschied kommt letztendlich nur die unterschiedliche Art und Weise der Informationsgewinnung für die Rechtmäßigkeitsprüfung in Betracht. Die Beteiligung nach § 3 KSchG schafft hier zusätzliche Möglichkeiten und stellt dadurch ein Sicherungsverfahren dar, das angesichts des bezweckten Eingangs der betriebsrätlichen Bewertung der Kündigung in das gerichtliche Verfahren auch durchaus seine Berechtigung hat. So berücksichtigt die Beibe-

---

[407] Diese geringe praktische Bedeutung des Einspruchsverfahrens konstatieren z.B. HK-KSchG/Hauck § 3 Rn 2 und v.Hoyningen-Huene/Linck § 3 Rn 12. Dazu auch schon o. S. 69.
[408] MüArbR-Berkowsky § 147 Rn 95.
[409] Dazu v.Hoyningen-Huene/Linck KSchG § 3 Rn 1, 4, HK-KSchG/Hauck § 3 Rn 6 und KR-Rost § 3 KSchG Rn 23.

haltung des § 3 KSchG, daß die Stellungnahme im Verfahren nach § 102 BetrVG gegen verschiedene Mängel nicht gefeit ist, bestimmte Aspekte dort z.B. gar nicht oder nur unzureichend beachtet worden sein können:
Dem Arbeitnehmer wird so eine Möglichkeit gesichert, sich auf jeden Fall selbst dem Betriebsrat gegenüber zu äußern; ein Recht, das nach § 102 BetrVG nicht gewährleistet ist[410]. Dadurch kann er den Betriebsrat anhalten, alle seine Argumente und gegebenenfalls auch neu aufgetretene Aspekte zu berücksichtigen, die die Sachlage in rechtlich relevanter Weise verändert haben[411]. Diese Information bietet dabei, weil sie grundsätzlich in der Hand des Arbeitnehmers liegt, einen interessanten Gegenpol zur Information durch den Arbeitgeber nach § 102 BetrVG. Nebenbei stellt § 3 KSchG auch sicher, daß der Arbeitnehmer wirklich in jedem Fall Kenntnis von der Meinung des Betriebsrats erlangen kann[412] und zwingt – zumindest sofern Arbeitnehmer oder Arbeitgeber Mitteilung verlangen – den Betriebsrat, seine Stellungnahme schriftlich abzugeben[413]. Letzteres ist ein Mittel, das erfahrungsgemäß die Wirkung hat, zu Sorgfalt anzuhalten[414].
Aus dem Zusammenspiel mit § 102 BetrVG ergibt sich somit, daß das fakultative Verfahren nach § 3 KSchG dem Arbeitnehmer – gerade im Hinblick auf das gerichtliche Verfahren – eine Chance liefern soll, eine gewisse Korrektur ihn nicht zufriedenstellender Aussagen einer Beteiligung nach § 102 BetrVG herbeizuführen[415].

c) Ergebnis

Insgesamt läßt sich als Ergebnis für die Funktionsbeschreibung der Beteiligung nach § 3 KSchG festhalten, daß der Betriebsrat im Einspruchsverfahren nach dieser Norm auf Wunsch des Arbeitnehmers eine Rechtmäßigkeitsprüfung

---

[410] S. die Sollvorschrift des § 102 II S. 4 BetrVG. Zu dieser Bedeutung des § 3 KSchG auch Löwisch KSchG § 3 Rn 2f und HK-KSchG/Hauck § 3 Rn 7.

[411] Zu dieser Bedeutung hinsichtlich eines veränderten Sachverhalts nach Ausspruch der Kündigung KR/Rost § 3 KSchG Rn 8, Löwisch KSchG § 3 Rn 2, v.Hoyningen-Huene/Linck KSchG § 3 Rn 4, und HK-KSchG/Hauck § 3 Rn 7f.

[412] Vgl. dazu Löwisch KSchG § 3 Rn 3, HK-KSchG/Hauck § 3 Rn 7 und KR-Rost § 3 KSchG Rn 8. Vgl. insofern die Regelungslücke im Rahmen des § 102 BetrVG, der über seinen Abs. IV nur für den Fall des Widerspruchs die Information des Arbeitnehmers sichert; dazu schon o. S. 87, Fn 307.

[413] Dies fordert § 102 BetrVG nur bezüglich Bedenken und Widerspruch, während sich der Betriebsrat diese Arbeit bei Zustimmungen nicht machen muß und er i.ü. ja auch einfach schweigen kann. Vgl. zur tatsächlichen Häufigkeit dieser Reaktionsformen schon o. Fn 296.

[414] S. Löwisch KSchG § 3 Rn 3 und HK-KSchG/Hauck § 3 Rn 7.

[415] Etwas größere Bedeutung kann dem Einspruchsverfahren nach § 3 KSchG v.a. dann zukommen, wenn der Betriebsrat nach § 102 keinen Widerspruch erhoben hat, vgl. KR-Rost § 3 Rn 23.

vorzunehmen hat. Diese kann im weiteren Verfahren eine gewisse tatsächliche *Indizwirkung* für *Arbeitnehmer*, *Arbeitgeber* und *Arbeitsgericht* entfalten und gerade unter Berücksichtigung dieser zusätzlich zu einem Verständigungsversuch führen. Die Aufgabe, eine die kündigungsrechtliche Zulässigkeit bewertende und damit indiztaugliche Aussage über die Kündigung zu treffen, wird dabei als Ergänzung neben die Beteiligung des § 102 BetrVG gestellt. Dadurch soll eine Sicherung gegen die spätere Verwertung im weitesten Sinne „fehlerhafter" oder „ungenügender" Beurteilungen von Kündigungen durch den Betriebsrat geboten werden.

IV) Die Funktion der Betriebsratsbeteiligung an der Erstellung von Auswahlrichtlinien im Sinne des § 1 IV KSchG

Nach der zuvor erfolgten Auseinandersetzung mit den Regelungen der Kündigungsbeteiligungen am eigentlichen Kündigungsvorgang bleiben nun noch zwei weitere Beteiligungsformen zu betrachten. Diese knüpfen zwar grundsätzlich an schon länger bestehende Beteiligungsrechte des Betriebsrats an, stellen mit ihren neuen und speziellen Auswirkungen auf die kündigungsrechtliche Stellung der betroffenen Arbeitnehmer jedoch eine ganz neue Entwicklung dar und sind deswegen auch für diese Untersuchung von besonderem Interesse. Es handelt sich um die eingangs schon kurz dargestellten Betriebsratsbeteiligungen an der Auswahl der Arbeitnehmer und damit um ein Mitwirken im Vorfeld der eigentlichen Kündigung, das in Form von Auswahlrichtlinien nach § 1 IV KSchG bzw. Namenslisten nach § 125 InsO[416] erfolgt.

Von den beiden Bestimmungen wird in diesem Abschnitt die Regelung des § 1 IV KSchG untersucht. Sie wurde 1996 durch das *Gesetz zur Förderung von Wachstum und Beschäftigung (Arbeitsrechtliches Beschäftigungsförderungsgesetz)* in das KSchG eingefügt und erfuhr danach 1998 noch leichte Veränderungen. Das Arbeitsrechtliche Beschäftigungsförderungsgesetz verfolgte – u.a. mit verschiedensten Regelungen zum Abbau von Hemmnissen des Kündigungsschutzes und dabei insbesondere auch rechtlicher Unsicherheiten hinsichtlich der Sozialauswahl – das Ziel, positive Impulse für den Arbeitsmarkt zu geben[417]. Entsprechend diesem Ziel sieht § 1 IV KSchG kündigungsrechtliche Folgen u.a. für die Fälle vor, in denen mit dem Betriebsrat vereinbarte *Auswahlrichtlinien*

---

[416] S. den kurzen Überblick über die Regelungen o. S. 8ff.

[417] Vgl. allgemein zum Gesetz zur Förderung von Wachstum und Beschäftigung (Arbeitsrechtliches Beschäftigungsförderungsgesetz) von 1996 (BGBl. I 1996, S. 1476ff) Löwisch NZA 1996, 1009ff und Preis NJW 1996, 3369ff. Ein Schwerpunkt dieses Gesetzes war die Beschränkung des § 1 III S. 1 KSchG auf die drei Grunddaten sowie eine Änderung des S. 2 dieser Norm. Diese Veränderungen wurden dann v.a. auch von der Einführung der Abs. IV und V des § 1 KSchG – der letztgenannte Absatz wurde 1998 schon wieder aufgehoben - sowie der vorzeitigen Inkraftsetzung des § 125 InsO begleitet.
Diesem Gesetz folgte nach dem Regierungswechsel des Jahres 1998 rasch das Gesetz zu Korrekturen in der Sozialversicherung und zur Sicherung der Arbeitnehmerrechte von 1998 (BGBl. I 1998, 3843ff) – im folgenden „Korrekturgesetz" –, das in seinem arbeitsrechtlichen Teil u.a. – neben der Aufhebung des § 1 V KSchG sowie der Rückkehr zur alten Fassung des Abs. III dieser Norm – den § 1 IV KSchG leicht veränderte, indem es ihn an die erneute Umgestaltung des § 1 III S. 1 KSchG anpaßte. Vgl. allgemein zum arbeitsrechtlichen Teil dieses Gesetzes Löwisch BB 1999, 102ff.
Soweit die Gesetzgebungen – bzw. die ihnen zugrundeliegenden Gesetzgebungsverfahren – der Jahre 1996 und 1998 sowie insbesondere auch die Veränderungen von 1998 gegenüber 1996 für die hier vorzunehmende Betrachtung von Belang sind, wird darauf später am jeweiligen Punkt der Untersuchung im einzelnen einzugehen sein.

für Kündigungen[418] bestimmte Anforderungen erfüllen. Damit schafft diese Norm hinsichtlich der interessierenden Vereinbarungsform keine wirklich eigenständige Betriebsratsbeteiligung, sondern stellt nur eine Sonderregelung für eine Betriebsratsbeteiligung an den speziellen Auswahlrichtlinien im Sinne des § 1 IV KSchG dar, während grundsätzlich auf der Beteiligung nach § 95 BetrVG[419] aufgebaut wird.

1) Die Betriebsratsbeteiligung an der Erstellung von Auswahlrichtlinien für Kündigungen nach § 95 BetrVG

Deshalb hat die Betrachtung hier auch zunächst mit der herkömmlichen Betriebsratsratsbeteiligung an Auswahlrichtlinien für Kündigungen zu beginnen, wie sie sich *allein nach § 95 BetrVG* bisher dargestellt hat bzw. sich z.T. auch heute – nach Einführung des § 1 IV KSchG – noch darstellt[420]. Die Beschäftigung damit, was in allein nach § 95 BetrVG zu beurteilenden Auswahlrichtlinien unter Mitwirkung des Betriebsrats überhaupt zulässigerweise vereinbart werden kann und welche Auswirkungen sich daraus für die kündigungsrechtliche Situation tatsächlich ergeben, liefert die notwendige Grundlage für die Auseinandersetzung mit § 1 IV KSchG und seiner Funktion.

a) Die rechtlichen Bindungen bei der Erstellung von Kündigungsrichtlinien nach § 95 BetrVG

§ 95 BetrVG regelt die Beteiligung des Betriebsrats an der Erstellung von Auswahlrichtlinien für verschiedene Arten personeller Einzelmaßnahmen. Dabei stellt er grundsätzlich[421] das Erfordernis einer Zustimmung des Betriebsrats auf

---

[418] Vgl. dazu, daß im Rahmen dieser Untersuchung von den nach § 1 IV KSchG möglichen Varianten nur die durch Betriebsvereinbarung nach § 95 BetrVG festgelegten Auswahlrichtlinien für Kündigungen zu betrachten sind, schon o. Fn 31.

[419] Auswahlrichtlinien für Kündigungen können im übrigen auch im Rahmen eines Interessenausgleichs nach § 112 BetrVG erstellt werden; vgl. dazu nur Löwisch/Kaiser BetrVG § 112 Rn 5. Mangels inhaltlicher Unterschiede bedarf diese Möglichkeit im Rahmen dieser Untersuchung indes keiner gesonderten Betrachtung.

[420] So wird unter 1) nun die Rechtslage betrachtet, wie sie sich ohne Berücksichtigung des § 1 IV KSchG darstellt. Dies beschreibt indes nicht nur die Situation wie sie vor Einführung des § 1 IV KSchG bestand. Aufgrund des Umstands, daß § 1 IV KSchG besondere Anforderungen an Auswahlrichtlinien stellt, bleibt verschiedenen Auswahlrichtlinien, die unter § 95 BetrVG fallen – weil sie z.B. nicht in Form einer Betriebsvereinbarung geschlossen wurden oder nicht die Gewichtung der sozialen Belange zueinander regeln –, die Wirkung des § 1 IV KSchG versagt. Vgl. dazu z.B. v.Hoyningen-Huene/Linck KSchG § 1 Rn 482c, 482e.

[421] Es besteht allerdings bei Verweigerung der Zustimmung auch die Möglichkeit, die Eini-

und trifft in Abs. II die Sonderregelung, daß Betriebsräte in Betrieben mit mehr als 500 Arbeitnehmern[422] die Aufstellung von Auswahlrichtlinien verlangen können, dort also auch ein Initiativrecht gegeben ist[423]. Zum möglichen Regelungsinhalt von entsprechenden Auswahlrichtlinien für betriebsbedingte[424] Kündigungen gehören neben den für diese Untersuchung weniger interessanten Verfahrensregelungen gewöhnlich auch materielle Regelungen hinsichtlich der Auswahl, die Maßstäbe zur Bestimmung vergleichbarer Arbeitnehmer, zur Berücksichtigung betrieblicher Belange und vor allem auch zur Berücksichtigung sozialer Gesichtspunkte und ihrer Gewichtung festlegen[425]. Die damit verbundene Frage ist allerdings, welche Freiheit bzw. welcher „Spielraum"[426] den Betriebsparteien hinsichtlich dieser grundsätzlich anerkannten Regelungsinhalte überhaupt zusteht.

Dazu ist zunächst festzustellen, daß die anerkannte und offenbar auch vom Gesetzgeber gewünschte[427] Möglichkeit, nach § 95 BetrVG materielle Festlegun-

---

gungsstelle entscheiden und die Einigung ersetzen zu lassen. S. § 95 I S. 2 u. 3, II S. 2 u. 3 BetrVG.

[422] Auf diese Zahl wurde das Quorum durch das Betriebsverfassungsreformgesetz, BGBl. I 2001,1852ff, - früher waren 1000 Arbeitnehmer vorgesehen – herabgesetzt. S. dazu, daß bezüglich dieses Quorums nur die Arbeitnehmer mitzuzählen sind, die in einem Arbeitsverhältnis mit dem Betriebsinhaber stehen, und nicht etwa die nach dem neuen § 7 II wahlberechtigten Leiharbeitnehmer, Löwisch BB 2001, 1794 und 1737.

[423] Näher zum Umfang der Beteiligungsrechte Löwisch/Kaiser BetrVG § 95 Rn 9f und GK-BetrVG/Kraft § 95 Rn 19ff. Dort auch näher zur Frage, ob die unterschiedlichen Formulierungen in den Abs. 1 und 2 auch einen Unterschied im Regelungsgegenstand bewirken.

[424] Vgl. zur Frage, ob sie sich, wie dies überwiegend vertreten wird, nur auf betriebsbedingte Kündigungen beziehen können, nur Richardi BetrVG § 95 Rn 37 m.w.N.

[425] S. Löwisch/Kaiser BetrVG § 95 Rn 4f, HK-KSchG/Dorndorf § 1 Rn 1141ff, 1205, F/K/H/E § 95 Rn 3ff, APS/Kiel § 1 KSchG Rn 760 und v.Hoyningen-Huene/Linck KSchG § 1 Rn 526ff.

[426] Die schwierige Frage, inwiefern den Betriebsparteien ein Freiraum zusteht, kommt auch in der Auseinandersetzung zum Ausdruck, mit welchen Begriffen die Möglichkeiten der Betriebsparteien bei der Gestaltung von Auswahlrichtlinien am besten zu bezeichnen sind. In Anlehnung an das Verwaltungsrecht werden die Bezeichnungen ‚Ermessens- oder Beurteilungsspielraum' und ggf. auch der Begriff ‚Wertungsspielraum' oder gar ‚Beurteilungsermessen' verwandt. Vgl. dazu z.B. Weller AuR 1986, 231f, Zöllner in Festschrift Müller S. 686f und v.Hoyningen-Huene in Anm. zu BAG AP Nr. 13 zu § 1 KSchG 1969 betriebsbedingte Kündigung. Da allerdings durchaus Zweifel bestehen, ob diese aus dem Verwaltungsrecht auf das Arbeitsrecht übertragenen Begriffe für die fragliche Situation eine sachgerechte Unterscheidungskraft besitzen, soll im Rahmen dieser Untersuchung auf ihre Verwendung verzichtet und neutral von dem in Betracht kommenden „Spielraum" der Betriebsparteien bei der Schaffung von Auswahlrichtlinien die Rede sein. Vgl. –allerdings in etwas anderem Zusammenhang – zur Verwendung der Begriffe ‚Ermessens- und Beurteilungsspielraum' im Arbeitsrecht sowie zu ihrer Unterscheidung im Verwaltungsrecht auch Rieble BB 1991, 472.

[427] Vgl. den Abs. II des § 95 BetrVG.

gen zur Sozialauswahl zu treffen, nicht von der Beachtung höherrangigen Rechts entbindet. So haben die Regelungen in Auswahlrichtlinien zum einen selbstverständlich gesetzliche Diskriminierungsverbote zu achten. Zum anderen ist auch der Rahmen des gesetzlichen Kündigungsschutzrechts einzuhalten. Der Kündigungsschutz kann über § 95 BetrVG also nicht erweitert oder verkürzt werden[428]. Dies bedeutet insbesondere auch für das Verhältnis zwischen den Kündigungsrichtlinien nach § 95 BetrVG und § 1 III KSchG, daß letzterer gegenüber den Auswahlrichtlinien Vorrang hat, wie dies die allgemeine Ansicht schon immer überzeugend vertritt[429]. Dies gilt, auch wenn die genannten Vorschriften und die Äußerungen im Gesetzgebungsverfahren zum BetrVG entsprechende Vorstellungen des Gesetzgebers bei der Einführung des § 95 BetrVG nicht zwingend erkennen lassen und deswegen die Dispositivität des § 1 III KSchG gegenüber Kündigungsrichtlinien nach § 95 BetrVG teilweise zumindest angedacht wurde[430].

b) Der Regelungsspielraum

Lägen damit nun rechtliche Bindungen vor, die jeglichen Spielraum der Betriebsparteien bei der Erstellung von Kündigungsrichtlinien nach § 95 BetrVG ausschlössen, dann drohten Kündigungsrichtlinien allerdings zu nahezu nutzlosen Figuren des BetrVG zu werden. Sie müßten, abgesehen von den möglichen Verfahrensregeln[431], rein deklaratorische Beschreibungen der Vorgaben des § 1 III KSchG enthalten. Damit dienten sie letztlich allein der „Prophezeiung“ gerichtlicher Entscheidungen zur jeweiligen Sozialauswahl[432].

---

[428] Vgl. zur Pflicht, die gesetzlichen Diskriminierungsverbote einzuhalten nur GK-BetrVG/Kraft § 95 Rn 27, HSG-Schlochauer § 95 Rn 19 und zur Bindung an das Kündigungsschutzrecht BAG, Urt. v. 11.3.76 – 2 AZR 43/75, BB 1976, 883 sowie Löwisch/Kaiser BetrVG § 95 Rn 5. Inwieweit sich durch § 1 IV KSchG für bestimmte Auswahlrichtlinien bezüglich der Einhaltung des KSchG Abweichungen ergeben, wird später noch zu betrachten sein.

[429] Vgl. zur Vorrangstellung des § 1 III KSchG und zu den dafür sprechenden Argumenten Weller AuR 1986, 232, v.Hoyningen-Huene/Linck KSchG § 1 Rn 482c und auch GK-BetrVG/Kraft § 95 Rn 36. Auch heute können trotz § 1 IV KSchG zumindest die Grundwertungen des § 1 III KSchG nicht verdrängt werden, vgl. Löwisch/Kaiser BetrVG § 95 BetrVG Rn 5.

[430] Vgl. zu solchen Überlegungen Zöllner in Festschrift Müller S. 684ff, der letztlich aber auch keine echte Dispositivität vertritt.

[431] Die im Rahmen dieser Untersuchung aber weniger interessant sind.

[432] S. zur Nutzlosigkeit solcher „Prophezeiungen“ wegen der zweifelhaften Richtigkeit der Prognosen Zöllner in Festschrift Müller S. 685f.

aa) So ist es indes nicht. Denn auch wenn § 1 III KSchG der Vorrang gegenüber Auswahlrichtlinien zukommt, so fordert dieser in S. 1 vom Arbeitgeber doch nur eine „ausreichende“ Berücksichtigung sozialer Belange. Insbesondere ist auch kein allgemein verbindlicher Maßstab vorgegeben, wie diese Belange zueinander ins Verhältnis zu setzen sind. Das schafft letztlich einen Spielraum für den Arbeitgeber, der sich über die mitbestimmungsrechtlichen Auswahlrichtlinien ausfüllen läßt[433]. Betont wird dies von der Rechtsprechung im Hinblick auf die vom Gesetzgeber über § 95 BetrVG speziell eingeräumte Befugnis zur Aufstellung von Auswahlrichtlinien für Kündigungen auch dadurch, daß den Betriebsparteien dabei ein nur begrenzt überprüfbarer Spielraum zugestanden wird, in dem die Gerichte „die Wertung der Betriebspartner nicht durch ihre eigene ersetzen“ dürfen[434]. Dies gilt allerdings nur, soweit die Auswahlrichtlinien überhaupt vertretbar erscheinen, wofür eben Voraussetzung ist, daß sie sich an die Wertung des § 1 III S. 1 u. 2 KSchG halten. Sie müssen zumindest die drei Grundkriterien in erheblichem und ausgewogenem Maße berücksichtigen, die Einhaltung des Sozialauswahlcharakters beachten und weiterhin Raum für eine abschließende Berücksichtigung der Besonderheiten des Einzelfalls durch den Arbeitgeber lassen[435].

bb) In diesen Grenzen steht es den Betriebsparteien offen, in Auswahlrichtlinien „eigene“ Regelungen zu treffen. So können sie unter Beachtung dieser Vorgaben und vor allem einer ausgewogenen Berücksichtigung der drei Grundkriterien im Bereich der Sozialauswahl *im engeren Sinne* die konkrete Festlegung der zu berücksichtigenden sozialen Kriterien und ihrer Gewichtung vornehmen, also insbesondere Punktetabellen für die Auswahl erstellen[436].

---

[433] Vgl. dazu, daß § 1 III KSchG wegen der nur geforderten „ausreichenden“ Berücksichtigung sozialer Belange keine ideale Sozialauswahl durch den Arbeitgeber verlangt, so daß geringfügige Unterschiede der sozialen Schutzbedürftigkeit, weil es auch keinen allgemeingültigen Auswahlmaßstab gibt, gerichtlich unsanktioniert bleiben und eben eine Toleranz besteht, in der sich die Auswahlentscheidung bewegen darf, nur BAG, Urt. v. 26.6.64 – 2 AZR 373/63, AP. Nr. 15 zu § 1 KSchG 1969 betriebsbedingte Kündigung, BAG Urt. v. 18.10.84 – 2 AZR 543/83 AP Nr. 6 § 1 KSchG 1969 Soziale Auswahl und Löwisch KSchG § 1 Rn 353. Vgl. zum typischen Anknüpfen von Mitbestimmungsrechten an einen bestehenden Spielraum des Arbeitgebers nur Rieble AuR 1993, 40f.

[434] Vgl. BAG Urt. v. 20.10.1983 – 2 AZR 211/82 AP Nr. 13 zu § 1 KSchG 1969 Betriebsbedingte Kündigung, BAG, Urt. v. 15.6.89 – 2 AZR 580/88, AP Nr. 18 zu § 1 KSchG 1969 soziale Auswahl. Vgl. auch BAG, Urt. v. 18.1.90 – 2 AZR 357/89, AP Nr. 19 zu § 1 KSchG 1969 soziale Auswahl und dazu MüArbR-Berkowsky § 139 Rn 189f.

[435] Vgl. BAG Urt. v. 20.10.1983 – 2 AZR 211/82 AP Nr. 13 zu § 1 KSchG 1969 betriebsbedingte Kündigung und BAG, Urt. v. 15.6.89 – 2 AZR 580/88, AP Nr. 18 zu § 1 KSchG 1969 soziale Auswahl.

[436] S. zu den Punktetabellen z.B. BAG, Urt. v. 18.1.90 – 2 AZR 357/89, AP Nr. 19 zu § 1 KSchG 1969 soziale Auswahl.

Daneben können auch Regelungen zu den beiden anderen Auswahlstufen, also der Vergleichbarkeit und der Berücksichtigung betrieblicher Belange nach § 1 III S. 2 KSchG, getroffen werden. Diese machen insofern Sinn, als auf diese Weise spezielle Erfahrungen und Kenntnisse der Betriebsparteien in diese mitunter schwierigen Auslegungsfragen eingebracht werden können. Allerdings ist deutlich zu erkennen, daß aufgrund der strikteren kündigungsrechtlichen Vorgaben in diesen Bereichen kaum ein wirklich unüberprüfbarer Regelungsspielraum in Betracht kommt und dementsprechend diesbezügliche Regelungen in Auswahlrichtlinien kaum den Schwerpunkt bilden[437].

c) Erste Rückschlüsse auf die Funktion der Betriebsratsbeteiligung

Angesichts dieser bestehenden Regelungsmöglichkeiten sowie dem mit den Auswahlrichtlinien verfolgten Ziel, die Durchschaubarkeit und Versachlichung der Auswahlentscheidung im Interesse des Betriebsfriedens und einer gerechteren Behandlung der Arbeitnehmer zu erhöhen[438], wird auch die grundsätzliche Funktion der Betriebsratsbeteiligung deutlich.

Durch die Regelungen in den Auswahlrichtlinien sollen die Vorgaben des generalklauselartigen § 1 III KSchG auf den einzelnen Betrieb und die dortigen Auswahlentscheidungen *konkretisiert* sowie auch eine gewisse Bindung des Spielraums des Arbeitgebers herbeigeführt werden[439]. Gerade hinsichtlich der Kriterien für die Sozialauswahl *im engeren Sinne* ist dabei auch eine gewisse *Gestaltungsaufgabe* wahrzunehmen.
Da die Erstellung solcher Auswahlrichtlinien nach § 95 BetrVG zumindest grundsätzlich die Zustimmung des Betriebsrats erfordert[440], ist dabei weitgehend eine Beteiligung gesichert, über die die besondere Sachkenntnis des Betriebsrats und seine Stellung als Interessenvertreter wirksam eingebracht werden kann. Dem Arbeitgeber wird mit dem Betriebsrat, der grundsätzlich auf die Wahrnehmung der Arbeitnehmerinteressen ausgerichtet ist, eine kritische Instanz gegen-

---

[437] Vgl. zur Möglichkeit, die Berücksichtigung betrieblicher Belange und die Vergleichbarkeit der Arbeitnehmer in Auswahlrichtlinien zu regeln, BAG, Urt. v. 15.6.89 – 2 AZR 580/88, AP Nr. 18 zu § 1 KSchG 1969 soziale Auswahl und BAG, Urt. v. 18.1.90 – 2 AZR 357/89, AP Nr. 19 zu § 1 KSchG 1969 soziale Auswahl sowie dazu, daß diesen Urteilen letztlich kein echter Spielraum für die Betriebsparteien zu entnehmen ist – er i.ü. auch nicht genau definiert und so für die Praxis wertlos wäre – MüArbR-Berkowsky § 139 Rn 190. S. dazu auch Kohte BB 1998, 951f.

[438] Vgl. die Begründung zum Regierungsentwurf des BetrVG, BT-Drucks. VI/1786, S. 32 u. 50.

[439] S. dazu HSG/Schlochauer § 95 Rn 1 und 10, GK-BetrVG/Kraft § 95 Rn 2, 13 und F/K/H/E § 95 Rn 21.

[440] Vgl. dazu o. Fn 421.

übergestellt, die von den Auswahlrichtlinien ebenfalls überzeugt sein muß, bevor diese Anwendung finden können. Das bewirkt grundsätzlich ein Erfordernis des *Miteinander-Regelns*, so daß der Betriebsrat eine *Mitgestaltungsfunktion* ausübt[441].
Er hat dabei als Interessenvertreter der Arbeitnehmer – der daneben natürlich auch dem betrieblichen Wohl verpflichtet ist – auf eine sachgerechte, den Belegschaftsinteressen angepaßte und die Grundwertungen des § 1 III KSchG einhaltende, d.h. insgesamt also auf eine sozial gerechte Gestaltung der Auswahlkriterien zu achten.

d) Der reine Vorauswahlcharakter von Auswahlrichtlinien nach § 95 BetrVG

Bei der Betrachtung der Rechtslage nach § 95 BetrVG ist allerdings auch eine bereits angedeutete wesentliche Einschränkung der Bedeutung der Auswahlrichtlinien zu berücksichtigen. Diese rührt daher, daß Kündigungsrichtlinien nach § 95 BetrVG dem Arbeitgeber stets nur eine Vorauswahl vorgeben dürfen. Ihm muß immer Raum für eine abschließende Entscheidung des Einzelfalls bleiben, den er dann für die Berücksichtigung individueller Besonderheiten des Einzelfalls und zur Vermeidung unbilliger Härten zu nutzen hat[442].

aa) Das bedeutet, daß Auswahlrichtlinien zum einen den Arbeitgeber bei seiner Auswahlentscheidung nur eingeschränkt einer Bindung unterwerfen dürfen. Zum anderen folgt daraus aber auch, daß ihre Vorgaben keine wirklich entscheidende Veränderung der kündigungsrechtlichen Situation in Kündigungsschutzprozessen bewirken.
Dem Arbeitgeber wird die Berücksichtigung der Besonderheiten des Einzelfalls zwingend auferlegt und diese unterliegt entsprechender gerichtlicher Überprüfung. Damit bleibt auch bei einer Auswahl aufgrund von Kündigungsrichtlinien nach § 95 BetrVG das *Risiko* bestehen, daß im Einzelfall an die Auswahlentscheidung – eben wegen Besonderheiten des Einzelfalls – vom Gericht wieder besondere und von den Festlegungen der *Auswahlrichtlinie abweichende Anforderungen* hinsichtlich der zu berücksichtigenden Belange

---

[441] Dies ist eben nur dann nicht der Fall, wenn die Einigungsstelle entscheidet. Im Fall des § 95 II BetrVG kann der Betriebsrat die Einigungsstellenentscheidung indes selbst herbeiführen, wenn er sich nicht durchsetzen konnte, also die Mitgestaltungsfunktion seiner Ansicht nach nicht genügend zum Tragen kam.

[442] S. dazu nur BAG Urt. v. 18.1.1990 – 2 AZR 357/89, AP Nr. 19 zu § 1 KSchG 1969 Soziale Auswahl, BAG, Urt. v. 20.10.83 – 2 AZR 211/82, AP Nr. 13 zu § 1 KSchG 1969 betriebsbedingte Kündigung, v.Hoyningen-Huene/Linck KSchG § 1 Rn 482, GK-BetrVG/Kraft § 95 Rn 2, 13, Caspers Rn 145 und APS-Kiel § 1 KSchG Rn 758. Vgl. aber auch die teilweise a.A. bei DKK-Klebe § 95 Rn 21ff.

und der entsprechenden Gewichtung gestellt werden[443]. Das bedeutet letztlich, daß materielle Festlegungen in Kündigungsrichtlinien zwar hinsichtlich der Nuancen der festgelegten Gewichtung sozialer Belange vom Gericht geachtet werden mögen, und es mag auch so sein, daß ein Verstoß gegen die Auswahlrichtlinie ein Widerspruchsrecht nach § 102 BetrVG mit weiteren kündigungsrechtlichen Folgen nach sich zieht. An der grundsätzlichen kündigungsrechtlichen Position der Betroffenen vermögen sie aber nichts Wesentliches zu verändern. Denn für die gerichtliche Entscheidung ist nicht die von der Auswahlrichtlinie vorgegebene Vorauswahl von entscheidendem Interesse, sondern es wird vielmehr die individuelle Abschlußentscheidung des Arbeitgebers und die Frage nach ausreichender Berücksichtigung der Besonderheiten des Einzelfalls geprüft. Damit bleiben den Betroffenen grundsätzlich die Chancen erhalten, die Einzelfallgerechtigkeit anhand aller nach § 1 III KSchG relevanter Kriterien gerichtlich so prüfen zu lassen, wie dies auch in Fällen ohne Auswahlrichtlinie gehandhabt wird.

bb) Insofern wirkt sich auch hier aus, daß die Komplexität einer Sozialauswahl schon in der Situation ohne Kündigungsrichtlinie eine genaue und generell gültige Festlegung verhindert, welche sozialen Gesichtspunkte zu berücksichtigen und wie sie zu gewichten sind, damit der Arbeitgeber eine „ausreichende" und damit gerichtlich nicht zu beanstandende Sozialauswahl vornimmt[444]. Entsprechend unterliegt auch die Möglichkeit, nach § 95 BetrVG Kündigungsrichtlinien

---

[443] Vgl. Hueck/v.Hoyningen-Huene KSchG (12. Auflage) § 1 Rn 483. Die Auswahlrichtlinien vermögen eben für die Auswahlentscheidung keine neuen Entscheidungsgrundlagen zu schaffen, sondern die Rechtsprechung behält sich letztlich über das Erfordernis der Abschlußentscheidung des Arbeitgebers vor, das Ergebnis der vorgenommenen Sozialauswahl wieder genauso umfassend auf seine Richtigkeit bzw. Einzelfallgerechtigkeit zu untersuchen wie dies auch schon bisher möglich war. Vgl. zur praktischen Unergiebigkeit eines zwar eingeräumten, aber nicht genau definierten Spielraums der Betriebsparteien bei der Erstellung von Auswahlrichtlinien auch MüArbR-Berkowsky § 139 Rn 190. Sofern in einem Sachverhalt z.B. außer den drei Grunddaten noch andere soziale Belange bei den betroffenen Arbeitnehmern tatsächlich eine nicht vernachlässigenswerte Rolle spielen, muß der Arbeitnehmer diese berücksichtigen, denn es besteht das Risiko, daß die Rechtsprechung ansonsten aufgrund einer etwaigen Nichtberücksichtigung dieser Umstände davon ausgeht, daß ein „deutlich" schutzbedürftigerer Arbeitnehmer gekündigt wurde und die Sozialauswahl damit fehlerhaft ist.
S. zu diesem Problem auch die Begründung zum Gesetzentwurf der Regierungskoalition für das Arbeitsrechtliche Beschäftigungsförderungsgesetz, BT-Dr. 13/4612, S. 9, mit dem schließlich § 1 IV KSchG eingeführt wurde, um Auswahlrichtlinien eine größere Bedeutung zu verschaffen.

[444] Sicher ist nur, daß er *zumindest* die drei Grunddaten des § 1 III S. 1 KSchG ausgewogen beachten muß. Tut er dies, dann soll *normalerweise* bzw. *in der Regel* eine „ausreichende" Berücksichtigung sozialer Belange vorliegen. S. dazu z.B. Löwisch KSchG § 1 Rn 353 und vgl. auch BAG Urt. v. 18.10.1984 – 2 AZR 543/83 AP Nr. 6 zu § 1 KSchG 1969 soziale Auswahl.

festzulegen, dem „Mangel", daß es an einer exakten Definition des gerichtlich unüberprüfbaren Spielraums der Betriebsparteien bei der Festlegung der Regelungen in solchen Kündigungsrichtlinien fehlt. Aus diesem Grunde behält sich die Rechtsprechung, auch wenn sie die Unerheblichkeit geringfügiger Unterschiede der sozialen Schutzbedürftigkeit für die gerichtliche Überprüfung betont, letztlich doch eine umfassende Kontrolle der Einzelfallgerechtigkeit vor. Dadurch bleibt aber eben auch in jedem einzelnen Kündigungsschutzprozeß das nicht zu unterschätzende Risiko bestehen, daß andere als die durch die Auswahlrichtlinie vorgegebenen Kriterien bzw. eine andere als die dortige Gewichtung verlangt wird[445]. Es kann bei einer Entscheidung, die auf einer die Grundwertungen des § 1 III KSchG einhaltenden Kündigungsrichtlinie beruht, eben nur *in der Regel* davon ausgegangen werden, daß sie gerichtlich nicht beanstandet wird.

e) Die Funktion der Betriebsratsbeteiligung nach § 95 BetrVG

Für die Funktion der Betriebsratsbeteiligung ergibt sich aus diesem geringen Einfluß auf die kündigungsrechtliche Prüfung durch das Gericht, daß die zur Sicherung einer sachgerechten Aufstellung der Auswahlkriterien in der Richtlinie erfolgende Mitgestaltung durch den Betriebsrat offenbar nur sehr eingeschränkt darauf ausgerichtet ist, kündigungsrechtliche Wirkungen zu erzielen. Damit bleibt für diese *Mitgestaltungsfunktion* der Betriebsratsbeteiligung vor allem eine Ausrichtung auf den *tatsächlich-betrieblichen* Bereich:
So gibt die unter Mitgestaltung durch den Betriebsrat gegebenenfalls zustandegekommene „greifbare" Festlegung von Auswahlkriterien – insbesondere in Form von Punktetabellen – der Belegschaft zum einen eine gewisse Sicherheit bezüglich einer die Grundwertungen des § 1 III KSchG achtenden sowie auch im übrigen sachgerechten Erstellung der Auswahlkriterien. Dadurch wird ein gewisser präventiver Schutz tatsächlicher Art vor ungerechtfertigten Kündigungsaussprüchen geboten. Zum anderen wird auf diese Weise bewirkt, daß die Arbeitgeberentscheidung und der dabei gegebene Spielraum zumindest teilweise an konkrete, für die Belegschaft erkennbare und nachvollziehbare Auswahlkriterien gebunden werden, auf deren Festlegung der Betriebsrat als ihr Interessenvertreter Einfluß hatte. Das erhöht die Transparenz der Auswahlentscheidung und verdeutlicht deren sachlichen Gehalt, was vor allem der Wahrung des Betriebsfriedens und der gesteigerten Akzeptanz der Auswahlentscheidungen dient[446].

---

[445] Vgl. dazu insgesamt schon o. S. 124f u. Fn 443.
[446] S. dazu MüArbR-Berkowsky § 139 Rn 191 und auch die Begründung zum Regierungsentwurf des BetrVG o. Fn 438.

f) Ergebnis

Die Betrachtung von Kündigungsrichtlinien allein nach § 95 BetrVG hat demnach gezeigt, daß die Funktion der diesbezüglichen Betriebsratsbeteiligung darin liegt, durch Mitgestalten der Auswahlkriterien einen sachgerechten Auswahlmaßstab zu sichern. Dabei ist die Einbindung des Betriebsrats weniger auf die Erzielung einer echten kündigungsrechtlichen Wirkung ausgerichtet, sondern zieht neben Festlegungen von Verfahrensfragen bei der Auswahl und kleineren kündigungsrechtlichen Modifikationen zugunsten der Arbeitnehmer[447] vor allem Wirkungen im tatsächlich-betrieblichen Bereich nach sich. Interessanterweise wird so bei § 95 BetrVG die Trennung zwischen individualrechtlichem Kündigungsschutz und kollektivrechtlichen Regelungen der Betriebsverfassung weitestgehend aufrechterhalten[448].
Die geringe kündigungsrechtliche Wirkung der Auswahlrichtlinien nach § 95 BetrVG bewirkt aber natürlich auch eine nicht allzu große Bedeutung derselben[449]. So ist festzustellen, daß allein nach § 95 BetrVG bewertete Kündigungsrichtlinien keinen wesentlichen Beitrag zur Erhöhung der Rechtssicherheit bei Durchführung einer Sozialauswahl bringen, wie man an sich vermuten könnte. Weil sie die gerichtlichen Überprüfungsmöglichkeiten nicht entscheidend binden, sondern es weiterhin bei einer Überprüfung des Einzelfalls und seiner Besonderheiten in Bezug auf alle nach § 1 III KSchG zu berücksichtigenden Belange und insbesondere auch deren Gewichtung bleibt, gelingt es nicht, einen zentralen Streitpunkt in Kündigungsschutzprozessen, der die Sozialauswahl zu einem erheblichen Prozeßrisiko macht, zu entschärfen[450].

2) Die Funktion der Betriebsratsbeteiligung an der Erstellung einer Auswahlrichtlinie im Sinne des § 1 IV KSchG

Im Hinblick darauf erfuhr die soeben dargestellte, allein durch § 95 BetrVG bestimmte Rechtslage hinsichtlich Auswahlrichtlinien für Kündigungen durch die

[447] So entsteht bei einem Verstoß gegen eine Auswahlrichtlinie im Sinne des § 95 BetrVG ein Widerspruchsrecht nach § 102 III Nr. 2 BetrVG, und es greift § 1 II S. 2 Nr. 1 a KSchG. Darauf wird später noch genauer einzugehen sein.
[448] Vgl. dazu auch v.Hoyningen-Huene Anm. BAG AP Nr. 13 zu § 1 KSchG 1969 betriebsbedingte Kündigung.
[449] Vgl. zur nicht allzu großen Bedeutung von Auswahlrichtlinien – sofern diese allein nach § 95 BetrVG zu beurteilen waren bzw. sind – MüArbR-Berkowsky § 139 Rn 182.
[450] S. zum erheblichen Prozeßrisiko der Sozialauswahl z.B. APS/Kiel § 1 KSchG Rn 772ff, Caspers Rn 161ff und die Äußerungen der Sachverständigen im Ausschußbericht zum Entwurf eines Arbeitsrechtlichen Beschäftigungsförderungsgesetzes, BT-Dr. 13/5107, S. 24 sowie dazu, daß § 95 BetrVG diesbezüglich keine wesentliche Entschärfung bringt, schon o. S. 124ff.

Einführung des § 1 IV KSchG erhebliche Veränderungen. Denn nun kann über Richtlinien erreicht werden, daß die „soziale Auswahl" gerichtlich nur noch auf „grobe Fehlerhaftigkeit" überprüft wird.
Für diese Rechtsfolge sieht § 1 IV KSchG allerdings besondere Voraussetzungen vor. Die Veränderung greifen also nicht bei jeder nach § 95 BetrVG erstellten Auswahlrichtlinie, sondern nur, sofern es sich bei ihr um eine Betriebsvereinbarung[451] handelt und auch die besonderen Anforderungen an den Regelungs*inhalt* der Richtlinie erfüllt sind. Es muß dort festgelegt sein, *welche* sozialen Gesichtspunkte nach § 1 III S. 1 KSchG zu berücksichtigen und *wie* diese zu bewerten sind.
Die Rechtsfolge und die für sie erforderlichen Voraussetzungen lassen auch die Betriebsratsbeteiligung an Auswahlrichtlinien nach § 1 IV KSchG eine andere Rolle spielen.

a) Die Rechtsfolge des § 1 IV KSchG und die Zielrichtung der Beteiligung

aa) Die Rechtsfolge des § 1 IV KSchG, bei bestimmten Auswahlrichtlinien die „soziale Auswahl" der Arbeitnehmer nur auf „grobe Fehlerhaftigkeit" zu überprüfen, bringt zunächst einmal das mit der Norm verfolgte Ziel deutlich zum Ausdruck: Es soll darauf reagiert werden, daß der wirksame Ausspruch betriebsbedingter Kündigungen den Arbeitgebern häufig große Schwierigkeiten bereitet, weil das Risiko einer gerichtlichen Beanstandung der Kündigung erheblich sowie kaum vorhersehbar ist und etwaige Beanstandungen von Fehlern bei der Sozialauswahl darüber hinaus sehr weitreichende Folgen nach sich ziehen[452]. Während daran vor Einführung des § 1 IV KSchG, wie gesehen, auch über die Möglichkeiten des § 95 BetrVG nichts maßgeblich zu ändern war, soll nun gerade über diesen Weg erreicht werden können, daß gegebenenfalls nur noch „grobe Fehler" der Auswahl für die gerichtliche Prüfung relevant sind, während andere unsanktioniert bleiben. Insofern entwickelt der Gesetzgeber die von der Rechtsprechung schon angedeutete, aber eben nicht konsequent umgesetzte eingeschränkte Kontrolle von Auswahlrichtlinien der Betriebsparteien[453] weiter. Der Gesetzgeber will also mit § 1 IV KSchG den Betriebsparteien über die Be-

---

[451] Dazu, daß von den verschiedenen Regelungsformen, die § 1 IV KSchG für die Vereinbarung solcher Auswahlrichtlinien zuläßt, hier aufgrund des Untersuchungsgegenstands nur die Betriebsvereinbarung nach § 95 BetrVG von Interesse ist, schon o. Fn 31.
[452] Vgl. zu den erheblichen kündigungsrechtlichen Risiken der Sozialauswahl und den erheblichen Folgen von Fehlern bei ihrer Durchführung schon o S. 127, Fn 450. Vgl. dazu, daß dem mit § 1 IV KSchG und einer Steigerung der Bedeutung von Auswahlrichtlinien entgegengewirkt werden sollte, auch die Begründung zum Gesetzentwurf der Regierungskoalition für das Arbeitsrechtliche Beschäftigungsförderungsgesetz, BT-Dr. 13/4612, S. 9 sowie APS/Kiel § 1 KSchG Rn 772ff.
[453] Dazu schon o. S. 124ff.

teiligung nach § 95 BetrVG eine Möglichkeit eröffnen, bei deren Nutzung vor Gericht hinsichtlich der Auswahl nicht mehr alles[454] beanstandet und so der Unwirksamkeit ausgesetzt werden kann, was bisher erfolgreich gerügt werden konnte.

bb) Abgesehen von dieser grundsätzlichen Zielrichtung bereiten die Einzelheiten der bezüglich der „sozialen Auswahl" auf „grobe Fehlerhaftigkeit" eingeschränkten gerichtlichen Überprüfungsmöglichkeiten indes Schwierigkeiten. Denn es stellt sich zum einen die später noch genauer zu klärende Frage, was der ungewöhnliche Prüfungsmaßstab der „groben Fehlerhaftigkeit" für die gerichtliche Prüfung bedeutet.
Zum anderen ist aber gerade auch die mit der „sozialen Auswahl" im Hinblick auf die verschiedenen Stufen der Sozialauswahl *im weiteren Sinne* ungenau beschriebene Reichweite dieser Anordnung beschränkter Justitiabilität fraglich[455]. Im Interesse einer ersten Herausarbeitung dessen, was sich hinsichtlich der Funktion eindeutig bestimmen läßt, soll der Untersuchung zunächst einmal[456] nur der Wirkungsbereich zugrunde gelegt werden, den § 1 IV KSchG mit dem Terminus „soziale Auswahl" in jedem Fall umfaßt. Und das ist die Sozialauswahl *im engeren Sinne*, also die Berücksichtigung sozialer Belange nach § 1 III S. 1 KSchG. Für diesen Bereich des § 1 III S. 1 KSchG beschreibt die Gesetzesbegründung die Einschränkung der Beanstandungsmöglichkeiten auch ausdrücklich – als Fortführung des § 1 IV KSchG a.F. So soll „die *grobe Fehlerhaftigkeit* einer Auswahlrichtlinie insbesondere dann" gegeben sein, „wenn die *drei Hauptkriterien* der Sozialauswahl" im engeren Sinne, „Dauer der Betriebszugehörigkeit, Lebensalter und Unterhaltspflichten, *nicht oder völlig unausgewogen*

---

[454] Unabhängig von der Einschränkung auf den Maßstab der groben Fehlerhaftigkeit muß die Auswahlrichtlinie natürlich die Grundsätze des § 75 BetrVG und des § 4 I TzBfG einhalten; s. dazu MK-InsO/Löwisch/Caspers § 125 Rn 44.

[455] Vgl. dazu, daß der Begriff „soziale Auswahl" eine ungenaue, mehrdeutige Beschreibung enthält und deswegen der Wortlaut nicht die entscheidende Rolle spielen sollte, z.B. die entsprechenden Äußerungen zum ähnlichen Fall des § 125 InsO durch Caspers Rn 187f und vor allem auch Kohte BB 1998, 951. So ist durchaus denkbar, daß § 1 IV KSchG den Begriff „soziale Auswahl" in einem etwas anderen Bezug verwendet als demjenigen einer Sozialauswahl *im weiteren Sinne*, die den gesamten § 1 III KSchG – der als eine seiner Stufen mit der eigentlichen Berücksichtigung sozialer Belange nach S. 1 die Sozialauswahl *im engeren Sinne* enthält – umfaßt. Vgl. zu den drei Stufen der Sozialauswahl bei betriebsbedingten Kündigungen nur Löwisch KSchG Rn 331 und Schaub (9. Auflage) § 131 Rn 4. Auch die Regelung des § 1 III KSchG deutet durchaus an, daß bei Verwendung des Begriffs „soziale Auswahl" auch eine solche *im engeren Sinne* darunter verstanden werden kann.

[456] Ob der Prüfungsmaßstab der „groben Fehlerhaftigkeit" daneben noch weitere Stufen der Sozialauswahl im weiteren Sinne – also die Vergleichbarkeit der Arbeitnehmer und/oder die Berücksichtigung betrieblicher Belange nach § 1 III S. 2 KSchG – erfassen soll und sich daraus gegebenenfalls auch Veränderungen hinsichtlich der Funktion ergeben, wird im letzten Teil der Arbeit noch näher zu untersuchen sein.

berücksichtigt sind"[457]. Dies allein bedeutet letztlich schon eine deutliche Einschränkung des bisherigen Kreises wirksamkeitsrelevanter Fehler.

cc) Insgesamt zeigt sich so, daß mit § 1 IV KSchG in der Fassung des „*Korrekturgesetzes*" weiterhin der vom *Arbeitsrechtlichen Beschäftigungsförderungsgesetz* beschrittene Weg verfolgt wird: Es sollen herkömmlich vorhandene Hemmnisse des Kündigungsschutzes abgebaut[458] und so der wirksame Kündigungsausspruch durch Beseitigung als zu hoch empfundener kündigungsschutzrechtlicher Vorgaben erleichtert werden. Dies soll aber nicht durch eine generelle und zwingende Anordnung des Gesetzgebers geschehen, sondern es wird lediglich eine entsprechende Möglichkeit über die Einschaltung des Betriebsrats eröffnet. § 1 IV KSchG schafft so eine auf § 95 BetrVG basierende Beteiligungsvariante, über die der besseren Berechenbarkeit der Kündigung Vorrang vor der Sicherstellung der Einzelfallbeurteilung und -gerechtigkeit gewährt[459] und dadurch auch der bislang eher geringe Nutzen von Auswahlrichtlinien für den Arbeitgeber deutlich ausgebaut werden kann[460].

Auf diese Weise wird die oben dargestellte Beteiligungsfunktion des Betriebsrats, über die Mitgestaltung der Auswahlkriterien einen sachgerechten Aus-

---

[457] Hervorheb. durch Verfasser. Vgl. zu dieser Beschreibung der „groben Fehlerhaftigkeit" die Begründung zum Entwurf für ein Gesetz zu Korrekturen in der Sozialversicherung und zur Sicherung der Arbeitnehmerrechte, BT-Drucks. 14/45, S. 23. Damit wird auf die der früheren Rechtslage nach dem Arbeitsrechtlichen Beschäftigungsförderungsgesetz zugrundeliegende Beschreibung, BT-Dr 13/4612, S. 9, Bezug genommen, die auch in Rechtsprechung und Literatur im wesentlichen Eingang fand; vgl. BAG, Urt. v. 21.1.99 – 2 AZR 624/98, BB 1999, 1556 – zu § 1 V KSchG a.F. –, Löwisch KSchG § 1 Rn 384 und ErfK/Ascheid § 1 Rn 534 sowie auch KPK-Meisel § 1 Rn 555.
Wenn nun letztlich für die Bestimmung der „groben Fehlerhaftigkeit" des § 1 IV KSchG – neuer wie alter Fassung – verschiedene Definitionen formuliert werden, dürften diese inhaltlich doch weitestgehend übereinstimmen. So wird von „grober Fehlerhaftigkeit" z.B. ausgegangen, wenn tragende Gesichtspunkte überhaupt keine Beachtung finden, oder deren Bewertung evident unzulänglich bzw. völlig unausgewogen ist (APS/Kiel § 1KSchG Rn 765), wenn eine offenbare Unrichtigkeit (Bütefisch S. 425) oder ein schwerer ins Auge springender Fehler, der angesichts der Funktion der Sozialauswahl und deren Ausgewogenheit nicht hingenommen werden kann (Bader NZA 1999, 64, 69) vorliegt. Weiter wenn Grunddaten eine offensichtlich völlig unzureichende oder überhöhte Bedeutung erlangen (v.Hoyningen-Huene/Linck KSchG § 1 Rn 482h), ein äußerst grober Verstoß gegen die Rechtsordnung (Schiefer DB 1999, 50) oder ein eklatanter Fehler (Schiefer/Worzalla/Will Rn 73) vorliegt.

[458] Vgl. zum Arbeitsrechtlichen Beschäftigungsförderungsgesetz allgemein und zu dessen Zielsetzung o. S. 118f u. Fn. 417.

[459] Vgl. zu dieser Zielrichtung, die mit § 1 IV KSchG in der jetzigen Fassung eindeutig weiterverfolgt wird, die Begründung des Gesetzentwurfs zum Arbeitsrechtlichen Beschäftigungsförderungsgesetz, BT-Drucks. 13/4612, S. 9.

[460] Vgl. zum bislang eher geringen Nutzen MüArbR-Berkowsky § 139 Rn 182 sowie zur jetzigen Aufwertung Richardi BetrVG § 95 Rn 39 (7. Auflage).

wahlmaßstab zu sichern, im Rahmen des § 1 IV KSchG mit erheblichen kündigungsrechtlichen Auswirkungen versehen und gleichzeitig auch in ihrer Zielrichtung verändert. So mag die Beteiligung dem Betriebsrat zwar auch einen gesteigerten Einfluß auf die Erstellung des Auswahlmaßstabs und damit auf seine gerechte Gestaltung bringen sowie über die Bindung des Arbeitgebers hieran zugunsten der Arbeitnehmer wirken[461]. Daneben ist aber auch festzustellen, daß § 1 IV KSchG und damit ungewöhnlicherweise die fragliche Betriebsratsbeteiligung mit der Erhöhung der Rechtssicherheit letztlich *bestimmungsgemäß* das Ziel verfolgen, den *Kündigungsschutz* betroffener Arbeitnehmer *zu verkürzen.* Vor allem deswegen wird auch Kritik an dieser Form der Beteiligung geäußert[462]. Den betroffenen Arbeitnehmern sollen herkömmlich gewährte Möglichkeiten, sich im Kündigungsschutzprozeß erfolgreich auf Fehler bei der Sozialauswahl berufen und so die Einzelfallgerechtigkeit der Auswahl gerichtlich nachprüfen lassen zu können, entzogen bzw. zumindest erheblich eingeschränkt werden.

b) Die Mindestanforderungen des § 1 IV KSchG an den Regelungsinhalt von Auswahlrichtlinien

Für das Eintreten dieser beabsichtigten Erhöhung der Rechtssicherheit, genügt indes, wie schon angedeutet, nicht das Vorliegen jedweder Auswahlrichtlinie für Kündigungen nach § 95 BetrVG. Diese muß vielmehr die besonderen Anforderungen des § 1 IV KSchG erfüllen.

Zu den Voraussetzungen, die § 1 IV KSchG aufstellt, gehört zunächst die Einhaltung der Form der *Betriebsvereinbarung* (§ 72 II BetrVG), die aufgrund der Tragweite solcher Auswahlrichtlinien für die individuelle Rechtsstellung der Arbeitnehmer völlig zu Recht verlangt wird[463]. Im Rahmen der hier vorzunehmenden Funktionsbestimmung ist sie allerdings nicht weiter von Interesse.

---

[461] Vgl. zu diesen für die Arbeitnehmer günstigen Möglichkeiten Löwisch KSchG § 1 Rn 388.

[462] Kritisch zur Verkürzung individueller Rechtspositionen durch die Mitwirkung des Betriebsrats nach § 1 IV KSchG Bütefisch S. 403f. Kritik an der Regelung übt auch Hinrichs AiB 1999, 2f und Giesen ZfA 1997, 165ff weist auf die Problematik individueller Selektionsentscheidungen hin. Vgl. auch die gegen § 125 InsO, der mit seiner Rechtsfolge durchaus in eine ähnliche Richtung zielt, vorgebrachten Bedenken, es handele sich um einen „Vertrag zu Lasten Dritter", so Kocher BB 1998, 216ff.

[463] S. zur ganz überwiegend – dem Wortlaut des § 1 IV KSchG entsprechend – für Vereinbarungen einer Auswahlrichtlinie nach § 1 IV KSchG zwischen Arbeitgeber und Betriebsrat geforderten Form einer Betriebsvereinbarung nur HK-KSchG/Dorndorf § 1 Rn 1126a, Preis RdA 199, 320, Caspers Rn 144 und APS/Kiel § 1 KSchG Rn 758 – s. dort Rn 761 m.w.N. auch zu Auswahlrichtlinien, die in einem Interessenausgleich nach § 112 BetrVG abgeschlossen werden.

Die für diese Untersuchung wesentlichen Aspekte sind vielmehr die darüber hinaus von § 1 IV KSchG genauestens vorgeschriebenen *Mindest*anforderungen[464] an den Regelungs*inhalt* der Auswahlrichtlinien. Mit ihnen wird das Minimum an Punkten vorgegeben, die die Betriebsparteien in den Betriebsvereinbarungen ausdrücklich festlegen müssen und für die es somit grundsätzlich[465] einer Einigung und damit auch der zustimmenden Beteiligung des Betriebsrats bedarf, um die gewünschte Erhöhung der Rechtssicherheit zu erreichen. Diese Mindestanforderungen sind daher maßgebliche Punkte für die Auslegung des § 1 IV KSchG und die Befassung mit der Betriebsratsbeteiligung.

aa) § 1 IV KSchG fordert bezüglich des Inhalts der Auswahlrichtlinie zunächst, daß dort bestimmt ist, „*welche*“ sozialen Gesichtspunkte bei der Sozialauswahl nach § 1 III S. 1 KSchG zu berücksichtigen sind.

Diese Anforderung stellt eine auf der Entscheidung, mit dem „*Korrekturgesetz*“ zum „neuen alten“ § 1 III KSchG zurückzukehren, beruhende Veränderung des § 1 IV KSchG gegenüber seiner ursprünglichen Fassung dar[466]. Dabei erfolgte im fraglichen Punkt indes keine reine Folgeänderung dergestalt, daß nun auch bei Auswahlrichtlinien wieder zwingend die ausreichende Berücksichtigung *aller* sozialen Belange erfolgen muß, wie dies § 1 III S. 1 KSchG – im Gegensatz zu den nach vorübergehender Rechtslage nur zu berücksichtigenden drei Grundkriterien – nun wieder für die Sozialauswahl ohne Auswahlrichtlinie fordert[467]. Der neue Wortlaut des § 1 IV KSchG kann vielmehr aufgrund des Wortes „welche“ nicht anders verstanden werden, als daß der Gesetzgeber von den Betriebsparteien verlangt, sich auf die Berücksichtigung bestimmter, hinreichend genau bezeichneter sozialer Belange festzulegen. Dies beinhaltet notwendigerweise, daß andere, nicht benannte soziale Belange als nicht berücksichtigungsbedürftig

---

[464] Daß in § 1 IV KSchG nicht alle inhaltlichen Regelungsmöglichkeiten genannt sind, die § 95 BetrVG eröffnet, bedeutet nicht, daß die Norm für ihren Anwendungsbereich die Vereinbarungsmöglichkeiten einschränkt. Denn der Normtext des § 1 IV KSchG regelt nicht den möglichen Gegenstand von Auswahlrichtlinien, sondern den für die Anwendung dieser Sonderregelung mindestens vorausgesetzten, vgl. HK-KSchG/Dorndorf § 1 Rn 1127. Die Wirkung des § 1 IV KSchG greift also nicht etwa nur, wenn allein die dort beschriebenen Regelungen in der Auswahlrichtlinie getroffen werden.

[465] Zur Möglichkeit, Auswahlrichtlinien über Einigungsstellenentscheidungen durchzusetzen, s. schon o. Fn 421 und speziell im Hinblick auf die Anwendbarkeit des § 1 IV KSchG HK-KSchG/Dorndorf § 1 Rn 1126.

[466] S. dazu die Begründung zum Entwurf der Regierungsfraktionen für ein Gesetz zu Korrekturen in der Sozialversicherung und zur Sicherung der Arbeitnehmerrechte, BT-Drucks. 14/45, S. 23.

[467] Wäre eine zwingende Berücksichtigung *aller* sozialen Belange auch im Rahmen des § 1 IV KSchG gewünscht gewesen, hätte es wegen des in § 1 IV KSchG a.F. ohnehin nur vorhandenen Verweises auf § 1 III S. 1 KSchG im übrigen gar keiner Veränderung bedurft.

ausgeschlossen werden. Die Mindestgrenze für die einzubeziehenden Belange stellen dabei allerdings die drei zwingend zu berücksichtigenden Grundkriterien dar[468]. Der Gesetzgeber reagierte somit zwar auf die Rückkehr zum „neuen alten“ § 1 III S. 1 KSchG, eröffnete den Betriebsparteien dabei aber auch die Möglichkeit, eine konkrete Festlegung zu berücksichtigender Belange und damit eine diesbezügliche *Beschränkung* zu treffen. Auf diese Weise kann auf der betrieblichen Ebene „korrigierend“ der wieder drohenden und vielbeklagten Rückkehr zur Rechtsunsicherheit des „neuen alten“ § 1 III KSchG entgegengewirkt werden[469].

Gerade dieser offenbar beabsichtigte Nutzen von Auswahlrichtlinien wird nicht bedacht, sofern gegen die Möglichkeit einer auf die drei Grunddaten beschränkten Festlegung in Auswahlrichtlinien vorgebracht wird, daß dort auch andere Gesichtspunkte berücksichtigt werden müßten. Das Argument, daß § 1 IV KSchG n.F. keine der Zielrichtung des „Korrekturgesetzes“, das mit der Rückkehr zum „neuen alten“ § 1 III S. 1 KSchG gerade die Ausklammerung bestimmter Aspekte[470] verhindern wollte, entgegengesetzte Wirkung zukommen dürfe[471], trägt im Hinblick auf den beschriebenen speziellen Nutzen der Auswahlrichtlinien nicht.

Im Rahmen der für Auswahlrichtlinien nach § 1 IV KSchG notwendigen Konkretisierung zu berücksichtigender sozialer Belange können die Betriebsparteien also eine Beschränkung bis auf die drei Grunddaten vereinbaren. Insgesamt ist damit, wenn auch die genaue Bedeutung der Festlegung in Auswahlrichtlinien

---

[468] S. zu der aus der Bedeutung des Wortes „welche“ folgenden Beschränkungsmöglichkeit auf die drei Grunddaten LAG Düsseldorf, Urt. v. 17.3.2000 – 9 (6) Sa 84/00, NZA-RR 2000, 421, APS/Kiel § 1 KSchG Rn 768, Löwisch BB 1999, 103, MK-InsO/Löwisch/Caspers § 125 Rn 43, v.Hoyningen-Huene/Linck KSchG § 1 Rn 482h, Stahlhacke/Preis/Vossen Rn 1164 und Preis RdA 1999, 320f.

[469] Zur vielbeklagten Rückkehr der Rechtsunsicherheit s. nur Schiefer DB 1999, 49. Wegen dieser Rückkehr und der damit nicht mehr gegebenen Begrenzung der Sozialauswahl im engeren Sinne auf die drei Grundkriterien, macht nun auch die Annahme der durch Auswahlrichtlinien nach § 1 IV KSchG gegebenen Eingrenzungsmöglichkeit auf die Kernkriterien besonders Sinn. S. Löwisch BB 1999, 103.

[470] Wie z.B. eines im Betrieb erfolgten Arbeitsunfalls, einer Schwerbehinderung oder einer im Betrieb verursachten erheblichen Berufskrankheit.

[471] So aber Däubler NJW 1999, 603, Gaul DB 1998, 2468 und Hinrichs AiB 1999, 3, der auch verfassungsrechtliche Bedenken geltend macht. Vgl. auch HK-KSchG/Dorndorf § 1 Rn 1139, der im Ausschluß anderer Gesichtspunkte zumindest die Möglichkeit einer groben Fehlerhaftigkeit sieht.
Auch auf Art. 3 III S. 2 GG gestützte verfassungsrechtliche Erwägungen vermögen eine den Wortlaut korrigierende und die Beschränkungsmöglichkeit auf die drei Grunddaten ablehnende Auslegung nicht zu rechtfertigen, da einer Schwerbehinderung auch über das Zustimmungsverfahren der Hauptfürsorgestelle Rechnung getragen werden kann. Dazu Löwisch BB 1999, 103 und auch v.Hoyningen-Huene/Linck DB 1997, 42 (zu § 1 IV a.F.).

für die gerichtliche Prüfung noch näher zu erörtern bleibt, für die Untersuchung zunächst eines festzuhalten: Für die Anwendbarkeit des § 1 IV KSchG wird verlangt, den bei der Sozialauswahl im engeren Sinne ansonsten erheblich fehleranfälligen Aspekt, welche sozialen Belange zu berücksichtigen sind, zu „entschärfen". Dies hat durch eine Konkretisierung und etwaige Beschränkung in einer Regelung der Betriebsparteien zu geschehen, die grundsätzlich die Betriebsratszustimmung voraussetzt und damit eine gesteigerte Gerechtigkeitsgewähr der Festlegungen bietet[472].

bb) Ganz ähnliches gilt auch für die zweite Mindestanforderung des § 1 IV KSchG an den Regelungsinhalt von Auswahlrichtlinien. Diese verlangt für die dort als berücksichtigungsbedürftig festgeschriebenen sozialen Belange eine Festlegung, „*wie* diese Gesichtspunkte im Verhältnis zueinander *zu bewerten* sind"[473]. Somit wird auch für den zweiten, in § 1 III S. 1 KSchG ebenfalls nicht genauestens ausgeführten Aspekt der Sozialauswahl im engeren Sinne und damit auch bezüglich der zweiten erheblichen Fehlerquelle eine konkrete, hinreichend genaue und von den Betriebsparteien gemeinsam festgelegte Regelung des Bewertungsmaßstabs für die entsprechenden sozialen Belange gefordert, damit § 1 IV KSchG greift.

Auch bei der zweiten Mindestanforderung deutet dabei das Wort „wie" echte Regelungsmöglichkeiten der Betriebsparteien an. Wie weit diese gehen, wird deutlicher, wenn man berücksichtigt, daß die Befugnis der Betriebsparteien zur Bewertung der sozialen Belange in Auswahlrichtlinien nach § 1 IV KSchG auf der zuvor geschilderten Befugnis zur Festlegung, welche dieser Belange überhaupt zu berücksichtigen sind, aufbaut. Da eine Beschränkung auf die Berücksichtigung der drei sozialen Grunddaten zulässig ist, also keine Pflicht besteht, überhaupt andere Belange neben den Grundkriterien zu berücksichtigen, muß auch die Bewertung solcher „weiteren" Belange den Betriebsparteien grundsätzlich freistehen. Grenzen für die Gewichtungsfestlegung existieren somit allein für die Bewertung der Grundkriterien des § 1 III S. 1 KSchG, wobei die Gesetzesbegründung zeigt, daß bei ihnen lediglich eine völlig unausgewogene Berücksichtigung zur Unzulässigkeit führt[474].
Was unter einer völligen Unausgewogenheit zu verstehen ist, läßt sich allerdings aufgrund des Fehlens allgemeingültiger Maßstäbe für die Bewertung verschiedener sozialer Belange hinsichtlich der sozialen Schutzbedürftigkeit[475] nicht ex-

---

[472] Vgl. dazu schon o. S. 123f.
[473] Hervorhebungen durch Verfasser.
[474] S. dazu schon o. S. 129f und dort auch Fn 457 mit verschiedenen, aber inhaltlich doch weitgehend übereinstimmenden Definitionen, die zur groben Fehlerhaftigkeit vertreten werden.
[475] Zum Fehlen eines solchen allgemeingültigen Maßstabs vgl. schon S. 125.

akt bestimmen. Einen etwas praktikableren Anhaltspunkt[476] kann möglicherweise eine näherungsweise Beschreibung bieten: So kommt die Annahme einer völligen Unausgewogenheit in diesem Sinne in Betracht, wenn ein oder mehrere Grundkriterien aufgrund seines/ihres Gewichts unter normalen Umständen gar keinen wesentlichen Einfluß auf das Auswahlergebnis haben kann/können[477] oder wenn ein nicht zu den Grundkriterien gehörender Belang so stark gewichtet wird, daß dieser die Grundkriterien wesentlich überwiegt[478]. Des weiteren, sofern ein in der Sozialauswahl im engeren Sinne sachfremder Belang einbezogen wird[479].

cc) Der Gesetzgeber hat also entschieden, mit den Mindestanforderungen solche hinreichend genauen und echte Spielräume nutzenden Regelungen für die beiden Punkte, *welche* sozialen Belange zu berücksichtigen und *wie* sie zu bewerten sind, zu Mindestvoraussetzungen an den Regelungsinhalt einer Auswahlrichtlinie im Sinne des § 1 IV KSchG zu machen. Damit gibt er auch *Anhaltspunkte für die Auslegung der Rechtsfolge* der beschränkten Justitiabilität und damit für die entsprechende gerichtliche Prüfung der Auswahlentscheidung vor.

Es soll eben nicht jede Zustimmung des Betriebsrats zu irgendeiner Auswahlrichtlinie, die z.B. nur unbedeutende Verfahrensregelungen enthalten könnte, für die Arbeitnehmer schon einen Verlust des herkömmlich gegebenen gerichtlichen Überprüfungsstandards hinsichtlich der Sozialauswahl im engeren Sinne zur Folge haben. Der Betriebsrat soll also nicht etwa pauschal eine Zustimmung zur Rechtsfolge der beschränkten Justitiabilität erteilen können. Diese Rechtsfolge kann vielmehr nur erreicht werden, wenn mit seinem Einverständnis die beiden für die Sozialauswahl im engeren Sinne entscheidenden und eben auch besonders für wirksamkeitsrelevante Fehler verantwortlichen Punkte genau in der Auswahlrichtlinie festgelegt sind. Hierbei sollen dann auch Abweichungen von § 1 III S. 1 KSchG in seiner durch die Rechtsprechung geprägten Form möglich sein. Weil § 1 IV KSchG dies aber als Mindestanforderung bestimmt, müssen sich diese Festlegungen der Betriebsparteien auch auswirken. Sie müssen also entsprechenden Nutzen bringen, der letztlich nur in einer effektiven Be-

[476] Vgl. zur Notwendigkeit möglichst genauer Bestimmung der Grenzen des Regelungsspielraums, damit dieser die Rechtssicherheit auch merklich erhöht, MüArbR-Berkowsky § 139 Rn 190.

[477] Dies ist z.B. denkbar, wenn ein oder mehrere Grundkriterien völlig über- oder völlig unterproportional gewichtet sind bzw. gar kein messbares Gewicht erhalten. Vgl. auch v.Hoyningen-Huene/Linck KSchG § 1 Rn 482h.

[478] Davon wird auszugehen sein, wenn sein Gewicht deutlich über dem Maß liegt, das im Durchschnitt von jedem einzelnen der drei Grundkriterien erreicht wird. Zu beachten ist dabei, daß über die Frage, ob solche Belange, die keine Grundkriterien sind, letztere überwiegen, ihre Gewichtung darüber hinaus eben keiner Kontrolle unterliegt.

[479] Also der Charakter der Sozialauswahl nicht eingehalten wird.

deutung für die Auswahlentscheidung des Arbeitgebers liegen kann. Er hat sich also an die entsprechenden Vorgaben der Auswahlrichtlinien zur Sozialauswahl zu halten.
Für die Auslegung der Rechtsfolge des § 1 IV KSchG folgt daraus, daß sie für die Prüfung der Sozialauswahl *im engeren Sinne*[480] nicht schlicht anordnet, die Auswahlentscheidung des Arbeitgebers mit dem Maßstab des § 1 III S. 1 KSchG zu vergleichen, ihm dabei aber jeden unterhalb der Grenze der „groben Fehlerhaftigkeit" bleibenden „*Fehler*" zu verzeihen[481], diesen also gerichtlich nicht zu beanstanden. Die Einschränkung des gerichtlichen Prüfungsmaßstabs auf „grobe Fehlerhaftigkeit" bezieht sich vielmehr auf die beiden von den Betriebsparteien für eine Auswahlrichtlinie nach § 1 IV KSchG mindestens geforderten Festlegungen und die dort gegebenenfalls bestimmten Abweichungen von § 1 III S. 1 KSchG. Diese Festlegungen sollen im zulässigen Rahmen der groben Fehlerhaftigkeit vor gerichtlicher Beanstandung geschützt werden.

Ist aufgrund entsprechender Regelungen der Auswahlrichtlinie § 1 IV KSchG anwendbar, dann ist im Rahmen der gerichtlichen Überprüfung der Sozialauswahl im engeren Sinne zunächst die *Auswahlrichtlinie* dahingehend zu untersuchen, ob sie sich im Hinblick auf § 1 III KSchG als „grob fehlerhaft" erweist[482]. Entsprechend den oben getroffenen Feststellungen ist dabei zu prüfen, ob in der Richtlinie eine völlig unausgewogene Berücksichtigung der drei Grundkriterien – Dauer der Betriebszugehörigkeit, Lebensalter und Unterhaltspflichten – vorliegt bzw. der Charakter der Sozialauswahl nicht mehr gewahrt ist[483]. Sodann ist die *konkrete Auswahlentscheidung des Arbeitgebers* zu betrachten. Und sie ist nicht etwa – wie dies der auf die „soziale Auswahl" bezogene neue Wortlaut

---

[480] Darauf, ob die „grobe Fehlerhaftigkeit" darüber hinaus auch noch für die anderen Stufen der Sozialauswahl *im weiteren Sinne* Bedeutung erlangt und sich diesbezüglich dann eine Änderung des Verständnisses der Rechtsfolge ergibt, wird – wie schon angekündigt – später noch genauer einzugehen sein.

[481] Insofern kritisch zum Gesetzeswortlaut, der scheinbar eine irrelevante einfache Fehlerhaftigkeit vorgibt, MüArbR-Berkowsky § 139 Rn 196, Caspers Rn 147 sowie auch HK-KSchG/Dorndorf § 1 Rn 1135.

[482] Wenn es § 1 IV KSchG a.F. wohl auch deutlicher zeigte, daß die Festlegungen in der Auswahlrichtlinie auf grobe Fehlerhaftigkeit zu prüfen sind, so gilt dies doch auch für die Prüfung nach § 1 IV KSchG n.F.
Erweist sich eine Richtlinie als grob fehlerhaft, bedeutet dies indes noch nicht die Unwirksamkeit der Sozialauswahl. Denn trotz solch fehlerhafter Richtlinie könnte zufällig das „richtige" Ergebnis herausgekommen sein und dementsprechend ist – wie im Falle, daß überhaupt keine Richtlinie vorliegt – zu prüfen, ob die Auswahlentscheidung des Arbeitgebers mit § 1 III KSchG übereinstimmt. S. dazu Hueck-v.Hoyningen-Huene KSchG (12.Auflage) § 1 Rn 484e,f, Caspers Rn 145, APS/Kiel § 1 KSchG Rn 767, 769 m.w.N. und vgl. auch Bütefisch S. 410ff.

[483] S. dazu schon o. S. 129ff.

des § 1 IV KSchG vermeintlich andeutet[484]– darauf zu prüfen, ob sie selbst grob fehlerhaft erscheint. Da die vorausgesetzten Festlegungen der Betriebsparteien nicht einfach ignoriert werden dürfen, sondern diese für das Ergebnis maßgebliche Bedeutung haben sollen, ist die konkrete Auswahlentscheidung vielmehr – zumindest bezüglich der Sozialauswahl im engeren Sinne – darauf zu kontrollieren, ob sie sich strikt an die Vorgaben einer nicht grob fehlerhaften Auswahlrichtlinie gehalten hat und damit *richtig* ist[485].

Die Art und Weise, wie den Betriebsparteien über § 1 IV KSchG eine Regelungskompetenz zugewiesen und diese zur Erhöhung der Rechtssicherheit genutzt wird, macht auch noch etwas anderes deutlich: So müssen Kündigungsrichtlinien nach § 1 IV KSchG nun nicht mehr auf einen reinen Vorauswahlcharakter beschränkt bleiben und somit ist dem Arbeitgeber nicht mehr zwingend Raum für eine individuelle Abschlußprüfung vorzubehalten[486]. Die Auswahlkriterien können für die Sozialauswahl im engeren Sinne nun vielmehr derart genau und abschließend Regelungen treffen, daß das Auswahlergebnis allein aus einer vom Arbeitgeber vorzunehmenden Subsumtion der Daten unter die Richtlinie folgt. Dies ist sogar der typische Fall, auf den § 1 IV KSchG grundsätzlich abzielt und für den das soeben geschilderte Prüfungsschema ohne weiteres gilt.

---

[484] Im Gegensatz zu § 1 IV KSchG a.F. bezieht sich der Wortlaut des § 1 IV KSchG mit dem reduzierten gerichtlichen Prüfungsmaßstab wegen der verwendeten Formulierung „soziale Auswahl" vermeintlich deutlich auf die Auswahltätigkeit des Arbeitgebers. Vgl. zu dieser Interpretation APS/Kiel § 1 KSchG § 1 Rn 770 und auch Bader NZA 1999, 70.

[485] S. dazu, daß die Richtlinie auf grobe Fehlerhaftigkeit zu überprüfen und schließlich die Subsumtionsentscheidung des Arbeitgebers schlicht auf Einhaltung der Richtlinie zu überprüfen ist, Bütefisch S. 410ff, Caspers Rn 145 sowie zu § 1 IV KSchG a.F. Hueck/v.Hoyningen-Huene KSchG § 1 Rn 484f (12. Auflage) bzw. v.Hoyningen-Huene/Linck DB 1997, 44. Vgl. auch Bader NZA 1999, 70 und Löwisch KSchG § 1 Rn 386. Die Betriebsparteien sollen eben in Auswahlrichtlinien festlegen können, wie die Sozialauswahl richtig durchzuführen ist – s. MüArbR-Berkowsky § 139 Rn 196, Caspers Rn 147.

[486] Würde auch im Rahmen des § 1 IV KSchG eine abschließende Einzelfallprüfung des Arbeitgebers gefordert, so entstünde wieder genau die Unsicherheit bezüglich der Beanstandung der Sozialauswahl, wie sie auch früher hinsichtlich der Auswahlentscheidung anhand von Auswahlrichtlinien nach § 95 BetrVG – dazu o. S. 124ff – bestand. Die durch § 1 IV KSchG bezweckte klärende Wirkung, insbesondere der Vorrang vor der Einzelfallgerechtigkeit – s. die Begründung zum Entwurf der Regierungskoalition für das Arbeitsrechtliche Beschäftigungsförderungsgesetz, BT-Drucks. 13/4612, S. 9 - und Privilegierung der Festlegungen in entsprechenden Auswahlrichtlinien würde so wieder weitgehend entwertet. Deswegen bedarf es keiner abschließenden Einzelfallentscheidung durch den Arbeitgeber mehr. S. Hueck/v.Hoyningen-Huene KSchG (12.Auflage) § 1 Rn 484c (zu § 1 IV KSchG a.F.), Preis RdA 1999, 321. Diff. HK-KSchG/Dorndorf § 1 Rn 1130f. A.A. Moll in Henssler/Moll F Rn 43ff, Däubler NJW 1999, 603 und wohl auch – allerdings sehr eingeschränkt – APS/Kiel § 1 KSchG Rn 770 sowie zu § 1 IV KSchG a.F. Nielebock AiB 1997, 91.

dd) Allerdings ist es im Anwendungsbereich des § 1 IV KSchG auch nicht völlig ausgeschlossen, dem Arbeitgeber bei der Sozialauswahl im engeren Sinne Entscheidungsspielräume zuzuweisen[487]. Diese Möglichkeit kommt allerdings nur sehr eingeschränkt in Betracht, will man die Wirkungen des § 1 IV KSchG herbeiführen. Denn maßgebliche Voraussetzung dieser Vorschrift sind *konkrete* Vorgaben der Auswahlrichtlinien für die Sozialauswahl im engeren Sinne. Es soll gerade keine pauschale Zustimmung zu einem eingeschränkten gerichtlichen Prüfungsmaßstab möglich sein, den der Arbeitgeber allein nutzen könnte[488].

Dementsprechend ist ein dem Arbeitgeber in der Auswahlrichtlinie gezielt *zugewiesener Entscheidungsspielraum* bei der Sozialauswahl im engeren Sinne grundsätzlich nur hinsichtlich der ergänzenden Einbeziehung von nicht zu den Grunddaten gehörenden sozialen Belangen denkbar. Dies allerdings nur in einem eng begrenztem Umfang, der sicherstellt, daß die Festlegungen in der Auswahlrichtlinie nicht entwertet werden[489]. Darüber hinaus kann ein Entscheidungsspielraum des Arbeitgebers bei der Sozialauswahl im engeren Sinne nur noch in einer Sondersituation in Betracht kommen. Nämlich dann, wenn in einer Auswahlrichtlinie dem Arbeitgeber zwar abschliessende Vorgaben gemacht werden und das Auswahlergebnis an sich allein aus einer Subsumtionstätigkeit des Arbeitgebers folgen soll, diese aber ausnahmsweise[490] mehr Arbeitnehmer gleich wenig schutzbedürftig erscheinen läßt als letztlich auszuwählen sind. Auch in diesem Fall hat der Arbeitgeber eine abschließende „freie" Auswahl zwischen ihnen zu treffen.

---

487 S. HK-KSchG/Dorndorf § 1 Rn 1130.

488 Vgl. o. S. 135f und auch Preis RdA 1999, 320 sowie APS/Kiel § 1 KSchG Rn 770: „das Gesetz will im Sinne erhöhter Rechtssicherheit nur eine soziale Auswahl durch den Arbeitgeber privilegieren, die sich im Rahmen einer § 1 IV entsprechenden Auswahlrichtlinie bewegt. Aus diesem Grund können die Betriebsparteien dem Arbeitgeber nur in engem Rahmen Raum für eine Einzelfallprüfung einräumen". Etwas weitgehend bezüglich der dem Arbeitgeber zustehbaren Freiheiten deswegen wohl Bütefisch S. 413f.

489 So wird, sofern dem Arbeitgeber ein Spielraum zur Einbeziehung weiterer sozialer Belange zugestanden wird, hierfür ein bestimmter Rahmen (z.B. in Form einer Maximalpunktzahl) vorzugeben sein und dieser muß in angemessener Relation zur Gewichtung der Grundkriterien stehen. Genügt die Gewährung eines Spielraums für den Arbeitgeber bei der Sozialauswahl im engeren Sinne diesen Anforderungen nicht, dann wird die Richtlinie deswegen nicht unwirksam, aber sie kann dann eine Anwendung des § 1 IV KSchG nicht auslösen, so daß wieder eine Prüfung der Auswahlentscheidung nach § 1 III KSchG bzw. entsprechend den Grundsätzen bei allein nach § 95 BetrVG zu beurteilenden Auswahlrichtlinien erfolgt.

490 Wenn eine Richtlinie z.B. in Gestalt eines Punktesystems so gestaltet ist, daß in der Regel keine ausreichende Differenzierung erfolgen kann und deshalb zu große Teile der Belegschaft als gleich schutzbedürftig bewertet werden, dann wird wohl nicht von einer Erfüllung der Mindestvoraussetzungen an Auswahlrichtlinien im Sinne des § 1 IV KSchG ausgegangen werden können; vgl. zu den Mindestanforderungen an den Regelungsinhalt o. S. 131ff.

In diesen beiden Situationen mit Entscheidungsspielraum gilt ebenfalls grundsätzlich das oben dargestellte Schema für die gerichtlichen Prüfungen bei Anwendbarkeit des § 1 IV KSchG. So ist zunächst die Richtlinie auf „grobe Fehlerhaftigkeit“ und danach die mit Entscheidungsspielraum versehene Arbeitgeberentscheidung auf Einhaltung der Richtlinie zu prüfen. Es treten insofern lediglich hinsichtlich der Prüfung der Arbeitgeberentscheidung auf Einhaltung der Richtlinie kleine Besonderheiten auf: So besteht hinsichtlich der ersten Variante des Entscheidungsspielraums eine leichte Modifikation dahingehend, daß geprüft werden muß, ob aus der Anwendung der strikten Vorgaben und der Verwendung des gegebenen Spielraums das Auswahlergebnis folgt bzw. folgen kann. Bezüglich der zweiten Variante des Entscheidungsspielraums ist von einem Einhalten der Richtlinie auszugehen, wenn der Arbeitgeber die entsprechende Anzahl zu Kündigender aus den gleich Schutzbedürftigen auswählt, ohne dies auf sachfremde Erwägungen zu stützen[491].
Zu beachten ist, daß in beiden Fällen der Umstand eines dem Arbeitgeber zustehenden Spielraums bei der Sozialauswahl im engeren Sinne nicht dazu führt, daß das Gericht etwa das Ergebnis der entsprechenden Auswahltätigkeit des Arbeitgebers herkömmlich auf seine Übereinstimmung mit § 1 III S. 1 KSchG prüfen könnte. Auch unterliegt diese Ausübung des Entscheidungsspielraums nicht etwa schlicht einer Überprüfung auf grobe Fehlerhaftigkeit. Denn in beiden Fällen würden damit die in den Auswahlrichtlinien getroffenen Wertungen und Regelungen der Betriebsparteien nicht ausreichend beachtet.

c) Die Funktion der Betriebsratsbeteiligung an Auswahlrichtlinien nach § 1 IV KSchG

Die oben geschilderten Erkenntnisse machen nun auch die – zumindest auf die Sozialauswahl im engeren Sinne bezogene[492] – Funktion der Betriebsratsbeteiligung an Auswahlrichtlinien im Sinne des § 1 IV KSchG deutlich.

---

[491] Haben die Betriebsparteien eine Auswahlrichtlinie gestaltet, die nicht grob fehlerhaft war, wurde diese ordnungsgemäß angewandt und haben sich aufgrund dieser Richtlinie mehrere Arbeitnehmer als sozial gleich wenig schutzbedürftig erwiesen, dann ist diese Bewertung der Betriebsparteien vom Gericht anzuerkennen. Der Arbeitgeber wählt dann, wenn er die entsprechende Anzahl zu Kündigender aus den nach der Auswahlrichtlinie gleich wenig Schutzbedürftigen bestimmt, auf jeden Fall *richtig* aus, sofern er dabei nur – und das ist das einzige, was das Gericht zu kontrollieren hat – weiterhin den Charakter einer Sozialauswahl wahrt – dazu schon o. S. 134f –, er also keine sachfremden Erwägungen einfließen läßt. Vgl. auch Bütefisch S. 413, der die Auswahlentscheidung in dieser Konstellation allerdings ins Belieben des Arbeitgebers stellt.

[492] Wie schon dargelegt, wird auf die Erfassung der anderen Stufen der Sozialauswahl im weiteren Sinne durch die beschränkte Justitiabilität und etwaige daraus folgende Konsequenzen für die Funktion der Betriebsratsbeteiligung später noch zurückzukommen sein.

aa) § 1 IV KSchG baut zunächst auf der Beteiligung nach § 95 BetrVG auf. Insofern wird mit der Betriebsratsbeteiligung an der Erstellung von Auswahlrichtlinien nach § 1 IV KSchG auch grundsätzlich wieder an die schon oben für die Beteiligung nach § 95 BetrVG beschriebene Funktion angeknüpft. Der Betriebsrat soll als gleichberechtigter, aber vor allem der Wahrnehmung der Arbeitnehmerinteressen verpflichteter und damit kritischer Verhandlungspartner des Arbeitgebers eine *Mitgestaltungsfunktion* wahrnehmen, die die Sachgerechtigkeit des Auswahlmaßstabs sichert.
In gewissem Maße liegt dem auch hier die Erzielung eines *tatsächlichen Schutzes* vor der Verwendung eines ungerechten Auswahlmaßstabs sowie vor entsprechenden Kündigungen zugrunde. Daneben wird auch für eine gesteigerte Transparenz der Auswahlkriterien sowie eine Bindung des arbeitgeberseitigen Spielraums bei Auswahlentscheidungen an eine gerechte, gleichmäßige Ausübung gesorgt, so daß die für den Betriebsfrieden wichtige Akzeptanz der Auswahlentscheidung in der Belegschaft erhöht wird[493].

bb) Den Schwerpunkt der Beteiligung setzt § 1 IV KSchG indes anders, denn die Norm hat die Erhöhung der Rechtssicherheit beim Ausspruch betriebsbedingter Kündigungen zum Ziel. Im Gegensatz zu § 95 BetrVG stehen deswegen statt Wirkungen auf tatsächlich-betrieblicher Ebene *kündigungsrechtliche Auswirkungen* der Vereinbarung als bestimmungsgemäße Folge im Vordergrund. Darauf ist auch die Mitgestaltungsfunktion ausgerichtet.

Insoweit erweist sich die Formulierung der Rechtsfolge, nach der die „soziale Auswahl“ nur noch auf „grobe Fehlerhaftigkeit“ überprüfbar sein soll, als unglücklich. Denn sie legt die Möglichkeit einer rechtlich irrelevanten „einfachen Fehlerhaftigkeit“ der Auswahlentscheidung des Arbeitgebers nahe und scheint allein auf den Arbeitsrichter sowie dessen gerichtliche Prüfung zugeschnitten, aber nicht an die Betriebsparteien gerichtet zu sein. Wie gesehen, muß das Gericht aber doch prüfen, ob die Auswahlentscheidung des Arbeitgebers *richtig* ist[494]. Und das ist sie dann, wenn sie mit einer Richtlinie übereinstimmt, die die Betriebsparteien nicht „grob fehlerhaft“ gestaltet haben. Die auf den Mindestvoraussetzungen an den Regelungsinhalt der Auswahlrichtlinie aufbauende „grobe Fehlerhaftigkeit“ erweist sich so in Wirklichkeit als eine beschränkte Kompetenzzuweisung an die Betriebsparteien[495]. Diese erlaubt ihnen eine Erhöhung der Rechtssicherheit hinsichtlich des Ausspruches betriebsbedingter Kündigungen dadurch, daß sie innerhalb der Grenzen der „groben Fehlerhaftigkeit“ in Auswahlrichtlinien *verbindlich regeln* können, wie die Sozialauswahl im en-

---

[493] S. dazu schon o. S. 126.
[494] Vgl. dazu schon o. S. 136f und insbesondere die Fn 481, 485.
[495] Vgl. zu dem den Betriebsparteien zugewiesenen Spielraum MüArbR-Berkowsky § 139 Rn 196.

geren Sinne mit ihren beiden Elementen, die für die Fehleranfälligkeit von Auswahlentscheidungen doch besonders verantwortlich sind, *richtig* durchzuführen ist: „welche“ sozialen Belange dort also zu berücksichtigen und „wie“ diese zu gewichten sind, damit die soziale Auswahl gerichtlicher Überprüfung standhält. Während es also hinsichtlich der Grundwertungen des § 1 III KSchG bei seinem unbedingten Vorrang vor den Auswahlrichtlinien bleibt[496], bewirkt § 1 IV KSchG jenseits davon eine Richtliniendisposivität der Vorgaben für die Sozialauswahl im engeren Sinne[497]. Diese können die Betriebsparteien gemeinsam nutzen. Die in § 1 IV KSchG enthaltene Formulierung der Anforderungen an den Mindestinhalt von Auswahlrichtlinien sowie deren Verbindung mit der „groben Fehlerhaftigkeit“ machen, anders als die Bestimmung des § 95 BetrVG, deutlich, daß der Gesetzgeber den Vorrang des § 1 III S. 1 KSchG in seiner Ausgestaltung durch die Rechtsprechung in bestimmten Bereichen einschränken wollte. Dort soll den Betriebsparteien bei Richtlinien nach § 1 IV KSchG mit der *Mitgestaltungsfunktion* eine echte, d.h. *verbindliche Regelungsaufgabe* zukommen.

Mit dieser Regelungsaufgabe wird der Betriebsrat, wie oben schon erläutert, in die für ihn zumindest ungewöhnliche Zielsetzung des § 1 IV KSchG eingebunden. Die Betriebsratsbeteiligung ist Teil der Ausrichtung der Norm auf kündigungsrechtliche Wirkungen, die die Rechtssicherheit für den Arbeitgeber beim Ausspruch betriebsbedingter Kündigungen erhöhen sollen. Damit wirkt sie letztlich auch bestimmungsgemäß zu Lasten der von entsprechenden Kündigungen Betroffenen. Diesen werden über § 1 IV KSchG Möglichkeiten der gerichtlichen Überprüfung der Einzelfallgerechtigkeit genommen bzw. zumindest eingeschränkt.

cc) Das ist der Hintergrund, vor dem der Betriebsrat im Rahmen des § 1 IV KSchG seine Mitgestaltungsfunktion ausübt und über die Mitwirkung an der Auswahlrichtlinie mit ihren Vorgaben zur Sozialauswahl entscheidenden Einfluß auf die kündigungsrechtlichen Folgen nimmt. § 1 IV KSchG sieht gerade keine Beteiligung im Sinne einer pauschalen Zustimmung zu einer schlicht eingeschränkten Justitiabilität der Auswahlentscheidung vor, die dem Arbeitgeber einfach einen größeren Spielraum einräumt. Die Einschränkung gerichtlicher Überprüfungsmöglichkeiten der Sozialauswahl im engeren Sinne besteht vielmehr allein in der Bindung an die genauen Vorgaben der Kündigungsrichtlinie, zu deren Erstellung den Betriebsparteien gemeinsam eine Regelungskompetenz zugewiesen ist. So wird dem Betriebsrat zur Aufgabe gemacht, durch seine Mitgestaltung dafür zu sorgen, daß trotz der Nutzung des Regelungsrahmens der „groben Fehlerhaftigkeit“ ein gerechter Auswahlmaßstab erstellt wird.

---

[496] S. dazu auch o. S. 128ff und Preis RdA 1999, 320.

[497] Vgl. zu dieser Disposivität HK-KSchG/Dorndorf § 1 Rn 1136 und auch o. S. 131ff.

Konkret bedeutet dies, daß die Mitgestaltung des Betriebsrats zunächst einmal sicherstellen soll, daß in Kündigungsrichtlinien nach § 1 IV KSchG die Grundwertungen des § 1 III KSchG eingehalten sind. D.h. es müssen alle Grundkriterien berücksichtigt und nicht völlig unausgewogen gewichtet werden sowie der Charakter einer Sozialauswahl gewahrt bleiben. Im Hinblick auf diese elementaren Punkte der Sozialauswahl ergänzt die Mitgestaltungsfunktion durch ihre tatsächlich-betriebliche Wirkung aber nur die insofern weiterhin bestehende gerichtliche Kontrolle.

Der eigentliche Schwerpunkt der über die Mitgestaltungsfunktion des Betriebsrats im Rahmen des § 1 IV KSchG wahrzunehmenden Aufgabe liegt darin, den durch die „grobe Fehlerhaftigkeit" des § 1 IV KSchG geschaffenen Bereich der Richtliniendisposivität des § 1 III S. 1 KSchG zu eröffnen und auszufüllen. Denn die Betriebsparteien können grundsätzlich nur gemeinsam den über § 1 IV KSchG vorgesehenen Beitrag zur Erhöhung der Rechtssicherheit leisten. Dazu müssen sie sich in dem durch die „grobe Fehlerhaftigkeit" gesetzten Rahmen auf für die Gerichte verbindliche Festlegungen einigen, wie die Grunddaten im einzelnen zu gewichten sind und welche sozialen Belange mit welchem Gewicht neben den Grunddaten noch einbezogen werden. Machen sie von dieser Regelungsmöglichkeit Gebrauch, dann ist es innerhalb dieses Rahmens allein am Betriebsrat, eine möglichst hohe soziale Gerechtigkeit des vereinbarten Auswahlmaßstabs in den Verhandlungen mit dem Arbeitgeber, in dessen Interesse diese nicht unbedingt liegt[498], zu gewährleisten und dadurch die volle gerichtliche Überprüfung der Sozialauswahl verzichtbar zu machen. Dazu muß der Betriebsrat die *Verhandlung* zwischen ihm und dem Arbeitgeber nutzen, in der sie sich gleichberechtigt und mit guten Kenntnissen um die betriebliche Situation versehen gegenüberstehen. Den wirtschaftlichen und auf eine möglichst einfache und praktikable Sozialauswahl im engeren Sinne gerichteten Interessen des Arbeitgebers ist vom Betriebsrat das Interesse an einer möglichst hohen sozialen Gerechtigkeit des Auswahlmaßstabs entgegenzusetzen. Es liegt mithin an ihm, inwiefern ein feines, genauer differenzierendes und gegebenenfalls über die Grundwertungen des § 1 III S. 1 KSchG hinausgehendes Bewertungssystem geschaffen wird. Dabei ist durchaus denkbar, daß der Arbeitgeber sich in den Verhandlungen aufgrund der Chance erhöhter Rechtssicherheit bereit findet, auf bestimmte Auswahlvorstellungen der Arbeitnehmerseite einzugehen[499]. So kann die Belegschaft über den Betriebsrat stärkeren Einfluß auf die Auswahlkriterien

---

[498] Der Arbeitgeber hat vor allem den wirtschaftlichen Erfolg im Auge und unter diesem Gesichtspunkt läge – neben dem Streben nach einem möglichst einfachen und praktikablen Auswahlmaßstab – vor allem auch eine Auswahl nach anderen, produktivitätsbezogenen Gesichtspunkten näher. Kritisch zum Streben nach „olympiareifen Mannschaften" Buschmann AuR 1996, 289.

[499] Vgl. zu dieser Anreizwirkung für den Arbeitgeber Löwisch KSchG § 1 Rn 388.

für die Sozialauswahl im engeren Sinne gewinnen und vielleicht sogar ein sonst nicht sichergestelltes Vorgehen in ihrem Interesse erreichen[500].

dd) Als Ergebnis läßt sich somit festhalten, daß der Betriebsrat mit der Beteiligung an Auswahlrichtlinien im Sinne des § 1 IV KSchG eine *Mitgestaltungs- und Verhandlungsfunktion* als Interessenvertreter der Arbeitnehmer ausübt, die vor allem auf die Erzielung kündigungsrechtlicher Wirkungen ausgerichtet ist. Aufgrund der weitgehenden Verbindlichkeit der in solchen Auswahlrichtlinien getroffenen Vereinbarungen heißt dies, daß der Betriebsrat durch seine Mitgestaltung der Richtlinie die alleinige Gewähr für einige wichtige küdigungsrechtliche Positionen der Arbeitnehmer zu übernehmen hat. Er muß dabei entscheiden, wann durch arbeitgeberseitiges Entgegenkommen und eigene Einflußnahme ein Auswahlmaßstab erreicht ist, der zum einen den Grundanforderungen an eine Sozialauswahl genügt, der zum anderen aber vor allem auch im Hinblick auf die speziellen betrieblichen Verhältnisse zufriedenstellend für eine sozial gerechte Auswahl sorgt. Dabei hat er abzuwägen, ab wann die nach § 1 IV KSchG eintretenden Einschränkungen rechtlicher Garantien der Einzelfallgerechtigkeit durch den gewonnenen Einfluß auf die Festlegung und Gewichtung der Sozialauswahlkriterien, die Bindung des Arbeitgebers bei seiner Auswahlentscheidung daran und die gesteigerte Transparenz ausgeglichen werden. Es muß eine sozial gerechte Auswahl gewährleistet und damit die Zustimmung zur Auswahlrichtlinie nach § 1 IV KSchG sowie ihre kündigungsrechtlichen Einschränkungen gerechtfertigt sein[501].

---

[500] S. zu den möglichen Vorteilen der Arbeitnehmer Löwisch a.a.O. Der Betriebsrat kann durch seine im Interesse der Arbeitnehmer an einer sozialgerechten Auswahl auszuübende Mitgestaltungsfunktion im Falle des § 1 IV KSchG ganz maßgeblichen Einfluß auf die Durchführung der Sozialauswahl erhalten. Dies kann den Arbeitnehmern in Form des Einflusses auf die zu berücksichtigenden Kriterien, ihre Gewichtung, eine spezielle Anpassung des Maßstabs an die Besonderheiten des Betriebs aber vor allem in Gestalt der Bindung des Arbeitgebers an die Richtlinie und die damit zu erreichende gleichmäßigere Auswahl durchaus Vorteile bringen.

[501] Vgl. zur Gerechtigkeits- bzw. Richtigkeitsgewähr durch diesen größeren Einfluß des Betriebsrats auch Bütefisch S. 412.

3) Die Problematik des Spannungsverhältnisses im Fall der Auswahlrichtlinie nach § 1 IV KSchG

a) Die Beteiligung nach § 1 IV KSchG als grundsätzlich in den Bereich der Problematik des Spannungsverhältnisses fallende Regelung

Wie gesehen, können die Betriebsparteien über eine Auswahlrichtlinie nach § 1 IV KSchG die kündigungsrechtliche Situation der Arbeitnehmer hinsichtlich der Sozialauswahl ganz erheblich und vor allem endgültig beeinflussen. Denn die gerichtliche Prüfung wird weitgehend an die Festlegungen in der Richtlinie gebunden. So ist durchaus denkbar und beabsichtigt, daß aufgrund einer solchen Auswahlrichtlinie nach § 1 IV KSchG Arbeitnehmer für betriebsbedingte Kündigungen zur Auswahl kommen, die herkömmlich nach § 1 III KSchG und der einschlägigen Rechtsprechung hierzu nicht hätten ausgewählt werden dürfen[502]. Daß § 1 IV KSchG damit für die letztlich von der Kündigung betroffenen Arbeitnehmer gewisse Nachteile in Form einer Einschränkung der Möglichkeiten, sich auf die Einzelfallgerechtigkeit zu berufen, bringt, erscheint angesichts der bisherigen Situation durchaus legitim. Denn im Hinblick auf fehlende allgemeingültige und genaue Regeln für die Sozialauswahl sowie auf die nach Einzelfallgerechtigkeit strebende Rechtsprechung bestehen im Bereich des § 1 III KSchG bei betriebsbedingten Kündigungen erhebliche rechtliche Unsicherheiten. Diese machen die Sozialauswahl in Kündigungsschutzprozessen zu einem erheblichen Prozeßrisiko für den Arbeitgeber, zumal sich etwaige Fehler in diesem Bereich auch sehr stark auswirken[503]. Dementsprechend gibt es hier durchaus ein berechtigtes Bedürfnis für eine Korrekturmöglichkeit, über die eine Einschränkung der entsprechenden Beanstandungsmöglichkeiten auf die zu berücksichtigenden Grundkriterien und damit eine Erhöhung der Rechtssicherheit zugunsten des Arbeitgebers bewirkt werden kann.

Diese Einschränkung als solche ist aber auch nicht der für diese Untersuchung interessante Punkt. Das ist vielmehr der Weg, auf dem diese Erhöhung der Rechtssicherheit durch § 1 IV KSchG angestrebt wird. Denn die kollektivrechtliche Regelung über eine Einschaltung des Betriebsrats wirft gewisse Fragen auf. Es wird durch diese Norm eine erhebliche Ausweitung der durch die klassischen Kündigungsbeteiligungsregeln schon gegebenen Möglichkeiten zur Beeinflussung individualrechtlicher Positionen durch den Betriebsrat bewirkt, so daß sie in den Bereich der in dieser Untersuchung näher zu betrachtenden Problematik des Spannungsverhältnisses fällt[504]. Dabei scheint die in der Norm formulierte Rechtsfolge darüber hinaus nahezulegen, die Betriebsratsbeteiligung

---

[502] Vgl. dazu schon o. S. 128ff und insbes. auch Fn 462.

[503] Vgl. auch dazu schon o. S. 127 und Fn 450.

[504] S. zu dieser Problematik ausführlich o. in der Einführung.

diene allein dazu, zielgerichtet kündigungsrechtliche Nachteile für die Arbeitnehmer herbeizuführen. Denn vermeintlich macht sie leichte Verstöße gegen kündigungsschutzrechtliche Positionen unbeanstandbar.
Neben einer grundsätzlichen Kritik an der Beschränkung des Kündigungsschutzes ist es vor allem diese Problematik der Einschaltung des Betriebsrats nach § 1 IV KSchG und ihrer kündigungsrechtlichen Folgen, die letztlich auch in den kritischen Stimmen gegenüber der Regelung zum Ausdruck kommt. Bedenken ruft insofern die Verkürzung individueller Rechtspositionen durch den Betriebsrat hervor. Dies bewirke eine veränderte Wirkungsrichtung einer Beteiligung nach § 95 BetrVG und führe so zu einer Kollision des KSchG mit der üblichen Konzeption betriebsverfassungsrechtlicher Mitbestimmung[505]. Insgesamt entstehe auf diese Weise eine Situation, die der Natur des grundsätzlich auf den Schutz der Arbeitnehmer ausgerichteten Mitbestimmungsrechts nicht entspreche und der auch die Problematik individueller Selektionsentscheidungen innewohne[506]. Bei der für Betroffene ähnlich kündigungsrechtlich nachteiligen Beteiligung des Betriebsrats an *Namenslisten nach § 125 InsO* ist deswegen vereinzelt von einem *Vertrag zu Lasten Dritter* die Rede. Dort wird darauf hingewiesen, daß durch die so mögliche weitgehende Einschränkung des Kündigungsschutzes dieser zu einer kollektiven Regelungsangelegenheit gemacht werden und mithin eine *Betriebspartnerherrschaft* entstehen könne[507].

b) Die Besonderheit der Beteiligung nach § 1 IV KSchG und die rechtfertigende Wirkung ihrer Funktion

aa) Daß dem Betriebsrat im Rahmen seiner Beteiligung nach § 1 IV KSchG relativ weitgehende Regelungsbefugnisse im Hinblick auf die Sozialauswahl zugewiesen sind, steht außer Frage. Denn aufgrund dieser Befugnisse werden über die mit Beteiligung des Betriebsrats erstellten Auswahlrichtlinien nach § 1 IV KSchG – entsprechend der grundsätzlichen Zielsetzung dieser Norm – die ansonsten im Hinblick auf die Einzelfallgerechtigkeit gewährten gerichtlichen Kontrollmöglichkeiten eingeschränkt. Soweit diese Einschränkung reicht, wird dadurch mit den Auswahlrichtlinien auch *endgültig über individualrechtliche*

---

[505] Vgl. Bütefisch S. 403f.
[506] Vgl. zu der gegenüber der Situation bei Auswahlrichtlinien vor 1996 doch geänderten Wirkungsrichtung auch Buschmann AuR 1996, 288f und zur Problematik der Selektionsentscheidung Giesen ZfA 1997, 165ff.
[507] Auf die Regelung des § 125 InsO und die genannte Kritik an ihr wird sogleich näher einzugehend sein. Zu der hier dennoch schon – wegen der zumindest teilweise ähnlichen kündigungsrechtlich nachteiligen Wirkungsrichtung des § 1 IV KSchG – angesprochenen Kritik an § 125 InsO, dieser stelle einen Vertrag zu Lasten Dritter dar, vgl. Kocher BB 1998, 216ff, und s. zu Bedenken gegen eine Betriebspartnerherrschaft Richardi NZA 1999, 617ff.

Positionen bestimmt. Dies stellt einen sehr deutlichen Unterschied zu den Wirkungen dar, die der Kündigungsbeteiligung des Betriebsrats im Rahmen anderer Regelungen beigemessen werden[508].

Dabei bleiben in entsprechenden Auswahlrichtlinien zwar auch die Grundkriterien der Sozialauswahl nach § 1 III KSchG einzuhalten, so daß elementare Anforderungen an die Sozialauswahl gesichert sind. Und bei den Regelungen im darüber hinausgehenden und frei gestaltbaren Bereich hat der Betriebsrat eine Mitgestaltungs- und Verhandlungsfunktion auszuüben, die Gewähr für einen auch in den Einzelheiten sozial gerechten Auswahlmaßstab liefern und auch eine Rechtfertigung für die diesbezügliche Rücknahme gerichtlicher Kontrolle auf einen Willkürschutz bieten soll.
Bedenken wirft aber gerade die Frage auf, inwieweit der Betriebsrat tatsächlich geeignet ist, diese für die Beteiligung vorgesehene, gewährbietende Funktion auszuüben. Das vermeintliche Vertrauen darauf überrascht nämlich nicht nur im Hinblick auf die doch ansonsten sehr umfassenden gerichtlichen Kontrollen von Vereinbarungen, die der Betriebsrat mit dem Arbeitgeber abschließt[509]. Es erscheint vor allem im Hinblick auf die Rechtsentwicklung der Kündigungsbeteiligung zumindest zweifelhaft. Denn diese hat gezeigt, daß schlechte Erfahrungen damit gemacht wurden, den Kündigungsschutz weitgehend in die Hände des Betriebsrats zu legen. Insofern stellen die §§ 84ff BRG mit ihrer Sperrfunktion für den Kündigungsschutz zwar ein Extrembeispiel für die Problematik des Spannungsverhältnisses dar[510], dessen Intensität die Regelung des § 1 IV KSchG nicht erreicht. Aber über die Beteiligung des Betriebsrats an Auswahlrichtlinien im Sinne des § 1 IV KSchG kann doch zumindest auch erreicht werden, daß Arbeitnehmer, die gemessen an § 1 III KSchG wegen ihrer sozialen Schutzbedürftigkeit nicht für betriebsbedingte Kündigungen hätten ausgewählt werden dürfen, nun ausgewählt werden und sich gegen die dann erfolgte Kündigung nicht mehr umfassend auf § 1 III KSchG berufen können. Deswegen ist ein zumindest teilweise den ansonsten gegebenen *Kündigungsschutz sperrender Charakter* gegeben. Dieser gibt angesichts der früheren Erfahrungen durchaus Anlaß, etwas genauer zu betrachten, ob der Betriebsrat tatsächlich eine ausrei-

---

[508] Vgl. zu diesen Wirkungen o. Zweiter Teil I – III, S. 77ff.

[509] Vgl. dazu den Hinweis bei Bütefisch S. 401ff, daß die nach § 1 IV KSchG greifende Reduzierung des gerichtlichen Prüfungsmaßstabs eine deutliche Abweichung von den ansonsten oft angenommenen Einschränkungen der Richtigkeitsvermutung bei Betriebsvereinbarungen enthält. In der Tat kommen etwas Zweifel an in ausreichendem Umfang vorhandener Macht und Entscheidungsfreiheit des Betriebsrats, um wirklich einen gerechten Auswahlmaßstab gegenüber dem Arbeitgeber durchsetzen zu können, in Betracht, wenn man die ansonsten im Bereich von Betriebsvereinbarungen vorhandene Möglichkeit einer gerichtlichen Billigkeitskontrolle bedenkt.

[510] Vgl. zur Beteiligung nach den §§ 84ff BRG ausführlich schon o. S. 34ff.

chende Gewähr für die sachgerechte, diese Wirkungen tragende Funktionsausübung zu bieten vermag.

bb) Dies ist aber letztlich, mögen auch Bedenken gegen eine starke Beeinflussung der kündigungsrechtlichen Situation des Einzelnen durch den Betriebsrat grundsätzlich nicht von der Hand zu weisen sein, hinsichtlich der Beteiligung nach § 1 IV KSchG weitgehend zu bejahen.
Die Besonderheit der Regelung nach § 1 IV KSchG liegt dabei in der im Rahmen einer Beteiligung an Auswahlrichtlinien vorgegebene *Abstraktheit*. Denn die Problematik des Spannungsverhältnisses, mithin der kollektivrechtlichen Beeinflussungen des individualrechtlichen Kündigungsschutzes, beruht insbesondere auf der zu häufig nicht gegebenen Identität der Interessen des Betriebsrats bzw. der Belegschaft und dem Interesse des einzelnen, von der Kündigung betroffenen Individuums. Je geringer aber der Einzelfallbezug der Beteiligung ist, umso geringer ist auch das Problem möglicher Interessenunterschiede, das im Extremfall sogar die Gefahr eines „Verkaufens" mißliebiger Arbeitnehmer beinhalten kann[511]. Abstrakte Regelungen, wie sie auch die Auswahlrichtlinien nach § 1 IV KSchG darzustellen haben, berühren, mögen sie sich nachher auch auf den Einzelnen auswirken, zunächst einmal die gesamte Belegschaft. Für diese ist der Betriebsrat aber grundsätzlich der geeignete Interessenvertreter.
Verhandeln Arbeitgeber und Betriebsrat über Auswahlrichtlinien nach § 1 IV KSchG, dann stehen sich grundsätzlich die Interessen des Arbeitgebers an betrieblichen Belangen sowie der Rechtssicherheit und die Interessen der Belegschaft an einer sozial gerechten sowie ausreichend differenzierenden Auswahl gegenüber. Dieser Situation liegt ein Interessenkonflikt und damit die Problematik des Spannungsverhältnisses sowie die Gefahr des – wohl nur theoretisch denkbaren – Mißbrauchs zur Kündigung unliebsamer Arbeitnehmer[512] wesentlich ferner, als wenn bereits über die konkrete Auswahl einzelner Arbeitnehmer zu sprechen wäre. Deshalb besteht, zumal die Grundsätze der Sozialauswahl ohnehin zwingend vorgeben sind, eine angemessene Gewähr für die sachgerechte

---

[511] Vgl. zur Problematik individueller Selektionsentscheidungen o. Fn 506 und zur Gefahr, daß die Entscheidung in der Kündigungsbeteiligung i.S.e. „Verkaufens" mit an sich sachfremden Erwägungen verknüpft wird, auch schon – in anderem aber vergleichbaren Zusammenhang – o. S. 110.

[512] Giesen ZfA 1997, 165ff spricht zwar die Problematik individueller Selektionsentscheidungen an. Es dürfte aber praktisch wohl kaum denkbar sein, daß Arbeitgeber und Betriebsrat in Verfolgung eines unsachlichen Auswahlziels tatsächlich eine abstrakte Auswahlrichtlinie gezielt so auf einzelne unliebsame Arbeitnehmer, denen der Kündigungsschutz so genommen werden soll, zuschneiden können, ohne daß diese letztlich grob fehlerhaft erscheint.
Sollte es dennoch einmal zu einem solchen kollusiven Zusammenwirken von Betriebsrat und Arbeitgeber kommen, so dürfte dies – entsprechend der später näher zu behandelnden Situation bei Namenslisten - zur Unwirksamkeit der Richtlinie nach § 138 BGB führen.

Ausübung der dem Betriebsrat im Rahmen des § 1 IV KSchG zugewiesenen Mitgestaltungs- und Verhandlungsfunktion.

cc) Aufgrund dessen erscheint § 1 IV KSchG letztlich als eine ausgewogene und auch im Hinblick auf das Spannungsverhältnis gerechtfertigte Regelung. Aufgrund der Erwartung, daß der Betriebsrat sich in den Verhandlungen sachgerecht in der ihm zugewiesenen Funktion einsetzt, macht es durchaus Sinn, nur die elementaren Grundsätze der Sozialauswahl für Auswahlrichtlinien nach § 1 IV KSchG festzuschreiben. Die feinere Ausgestaltung - insbesondere die Gewichtung der Grundkriterien und das ob und wie der Berücksichtigung über sie hinausgehender sozialer Belange – kann dann im Sinne der legitimen Erhöhung der Rechtssicherheit der gerichtlichen Kontrolle entzogen und der Verhandlung durch den Betriebsrat überlassen werden. Dabei ist auch wieder zu berücksichtigen, daß der Arbeitgeber angesichts der erreichbaren Rechtssicherheit durchaus zu Zugeständnissen bereit sein dürfte. Daher erscheint es nicht unwahrscheinlich, daß der Betriebsrat in diesem Bereich, mögen sich – als typische Folge der Auswahlsituation – auch mittelbar kündigungsrechtliche Nachteile für die einzelnen von Kündigungen Betroffenen ergeben, dennoch grundsätzlich durchaus vorteilhafte Regelungen für die Belegschaft zur Sozialauswahl erreichen und somit zu ihren Gunsten tätig werden kann[513]. Es ist etwa denkbar, daß bisher auch durch § 1 III KSchG in seiner strengen durch die Rechtsprechung geprägten Auslegung nicht geforderte, sehr genau differenzierende Auswahlmaßstäbe festgeschrieben und damit vor allem auch für den Arbeitgeber bindend gemacht werden. Dies vermag – neben der trotzdem gegebenen Rechtssicherheit für den Arbeitgeber – insbesondere auch die Gleichmäßigkeit und Transparenz der Auswahl erheblich zu verstärken.

c) Ergebnis

Als Ergebnis läßt sich somit festhalten, daß sich die Regelung des § 1 IV KSchG und ihrer Auswirkungen aufgrund der vom Betriebsrat wahrzunehmenden Mitgestaltungs- und Verhandlungsfunktion auch im Hinblick auf die Problematik des Spannungsverhältnisses zum individuellen Kündigungsschutz als durchaus vertretbar erweist. Da eine ausreichende Gewähr für die sachgerechte Funktionserfüllung durch den Betriebsrat besteht, ist es gerechtfertigt, ihn über die neben den festgeschriebenen Grundwertungen des § 1 III KSchG regelbaren Einzelheiten verhandeln zu lassen und dem dabei gefundenen Ergebnis die beschriebenen Wirkungen für das Kündigungsschutzverfahren beizumessen.

---

[513] Vgl. dazu schon o. S. 142f.

V) Funktion der Betriebsratsbeteiligung an der Erstellung einer Namensliste nach § 125 InsO

§ 125 InsO wurde zusammen mit dem weitgehend übereinstimmenden, mittlerweile aber wieder aufgehobenen § 1 V KSchG a.F. 1996 durch das Arbeitsrechtliche Beschäftigungsförderungsgesetz und damit schon vor der Geltung der gesamten Insolvenzordnung in Kraft gesetzt[514]. Diese Regelung bietet Insolvenzverwalter und Betriebsrat über den Weg der Vereinbarung einer Namensliste in einem Interessenausgleich die Möglichkeit, rechtliche Unsicherheiten bei betriebsbedingten Kündigungen zu verringern. Dadurch können Betriebsänderungen in der Insolvenz schneller und sicherer durchgeführt werden. Denn es ist zum einen vorgesehen, daß für die Kündigungen der in einer entsprechenden Namensliste genannten Arbeitnehmer vermutet wird, daß sie durch dringende betriebliche Erfordernisse, die einer Weiterbeschäftigung in diesem Betrieb oder einer Weiterbeschäftigung zu unveränderten Arbeitsbedingungen entgegenstehen, bedingt sind (§ 125 I S.1 Nr. 1 InsO). Zum anderen kann die zu diesen Kündigungen führende soziale Auswahl nur im Hinblick auf die Dauer der Betriebszugehörigkeit, das Lebensalter und die Unterhaltspflichten und auch insoweit nur auf grobe Fehlerhaftigkeit nachgeprüft werden (§ 125 I 1 Nr. 2 InsO). Grobe Fehlerhaftigkeit soll dabei insbesondere dann nicht vorliegen, wenn eine ausgewogene Personalstruktur erhalten oder geschaffen wird.
Gerade diese starken kündigungsrechtlichen Auswirkungen der Kündigungsbeteiligung des Betriebsrats nach § 125 InsO machen es besonders interessant, auch deren Funktion genauer zu betrachten.

1) § 125 InsO als Teil arbeitsrechtlicher Modifikationen in der Insolvenz

Bei der Betrachtung dieser Betriebsratsbeteiligung ist zunächst zu berücksichtigen, daß § 125 InsO eine speziell für die Sondersituation der Insolvenz geschaffene Regelung ist.

---

514 S. zum Arbeitsrechtlichen Beschäftigungsförderungsgesetz schon o. Fn 417. Soweit die Entstehungsgeschichte des § 125 InsO – sei es im Gesetzgebungsverfahren zur InsO oder hinsichtlich seiner vorgezogenen Inkraftsetzung sowie seines Verhältnisses insbesondere zu § 1 V KSchG a.F. im Arbeitsrechtlichen Beschäftigungsförderungsgesetz – für die hier zu betrachtenden Punkte von Interesse ist, wird darauf an den jeweiligen Stellen der Untersuchung näher einzugehen sein.

Eine Unternehmensinsolvenz berührt als solche den Bestand der Arbeitsverhältnisse nicht, so daß der für einen Sanierungsversuch bzw. die Verwertung durch Veräußerung oft unumgängliche Personalabbau Kündigungen erforderlich macht[515]. Da in der Insolvenz grundsätzlich, d.h. soweit das Insolvenzrecht keine spezifischen arbeitsrechtlichen Regelungen trifft, das gesamte Arbeitsrecht zur Anwendung kommt, spielen somit die herkömmlichen kündigungsschutz- und betriebsverfassungsrechtlichen Vorgaben zu Kündigungen eine bedeutende Rolle[516]. Des weiteren wird der notwendige Personalabbau häufig auch auf einer *Betriebsänderung* beruhen[517] und mit dem hier vor allem interessierenden Sanierungsversuch häufig auch ein *Betriebsübergang* einhergehen. So sind über die herkömmlichen kündigungsrechtlichen Regelungen hinaus noch besondere, an diese betrieblichen Veränderungen anknüpfende rechtliche Bindungen, vor allem durch die §§ 111ff BetrVG und den § 613a BGB, zu beachten.

Zum Schutz der betroffenen Arbeitnehmer schränken all diese arbeitsrechtlichen Regelungen die Handlungsfähigkeit des Insolvenzverwalters ein. Sie verursachen damit aber bei dessen typischerweise notwendigen unternehmerischen Entscheidungen Verzögerungen, Kosten sowie rechtliche Unsicherheiten und erschweren so eine erfolgreiche Bewältigung der ohnehin schwierigen und Zeitdruck erzeugenden Insolvenzsituation erheblich[518]. Das Nebeneinander von Insolvenz- und Arbeitsrecht führt zu einem „Zielkonflikt" [519] zwischen beiden, in dem sich ein möglichst umfassender Schutz der Arbeitnehmer und bestmögliche Schuldenregulierung durch Verwertung oder – den hier interessierenden Fall der – Sanierung[520] gegenüberstehen.

---

[515] S. nur Caspers Rn 4ff und Heinze NZA 1999, 58.

[516] Vgl. zur grundsätzlichen Geltung und Bedeutung des Arbeitsrechts in der Insolvenz Warrikoff BB 1994, 2338, Caspers Rn 8, 13 und Eisenbeis/Mues Rn 623. S. speziell zur Geltung des BetrVG in der Insolvenz Lakies BB 1999, 206.

[517] Vgl. Caspers Rn 4ff und Lakies a.a.O. sowie dazu, ob auch ein reiner Personalabbau eine Betriebsänderung sein kann, BAG, Urt. v. 22.5.79 – 1 AZR 848/76, AP Nr. 3 § 111 BetrVG 1972, Richardi BetrVG Rn § 111 Rn 70ff jeweils m.w.N.

[518] Dazu ausführlich Caspers Rn 20ff. Zu diesen Belastungen der Sanierung gehören vor allem auch kündigungsrechtliche Unsicherheiten im Rahmen betriebsbedingter Kündigungen bei Teilstillegungen, die mit dem Nachweis der Betriebsbedingtheit sowie mit der sehr weitreichende Folgen für die Wirksamkeit der Kündigungen nach sich ziehenden Fehlerquelle Sozialauswahl – dazu schon o. Fn 450 – Probleme bereiten und vor allem auch die Insolvenzmasse belasten können. Im Rahmen von Betriebsänderungen und –übergängen sind des weiteren vor allem zeitliche Verzögerungen im Rahmen des Verfahrens nach den §§ 111ff BetrVG sowie die Unsicherheiten auf den Erwerber übertragende Regelung des § 613a BGB zu nennen.

[519] S. zum „Zielkonflikt" und zu der dahinterstehenden Problematik Caspers Rn 12ff.

[520] Das genaue Verhältnis zwischen Gläubigerbefriedigung und Sanierung ist noch ungeklärt,

Gerade dieser Zielkonflikt bedarf einer gewissen Auflösung, damit er nicht zum Scheitern von Sanierungen der in Schwierigkeiten geratenen Unternehmen führt. Denn ohne Sanierung können gegebenenfalls alle Arbeitsplätze verloren gehen, wodurch sich beide Rechtsgebiete letztlich ihrer Wirkung beraubten und wegen Verfehlung ihrer Ziele neutralisierten[521]. Erleichterungen des Personalabbaus im Insolvenzfall und damit einhergehende Einschränkungen der Arbeitnehmerrechte erscheinen also für eine vernünftige Bewältigung der Insolvenz unumgänglich.[522] Deswegen versucht die neue, auf die Beseitigung der Mängel der bisherigen Konkursordnung gerichtete[523] Insolvenzordnung mit einer Reihe von Regelungen, Teile dieser „arbeitsrechtlichen Problematik" zu lösen.

Eine dieser Regelungen ist auch der hier in den Blick zu nehmende § 125 InsO. Er soll die genannten Schwierigkeiten verkleinern und sozusagen einen Ausgleich im beschriebenen Zielkonflikt schaffen. Dazu bietet er eine Möglichkeit, unter Nutzung betriebsverfassungsrechtlicher Vorgaben die Anwendung des allgemeinen Kündigungsschutzes zu modifizieren. Auf diese Weise wird ein Weg eröffnet, der die Berücksichtigung der Besonderheiten der Insolvenzsituation erlaubt, bei dem aber auch Arbeitnehmerinteressen einfließen können. Es wird beachtet, daß einerseits den Arbeitnehmern der Rechtsschutz gegen ungerechtfertigte Kündigungen nicht genommen werden soll, daß andererseits aber im Rahmen einer Insolvenz auch die zügige sowie rechtlich sichere Durchführung von Betriebsänderungen und des damit verbundenen Personalabbaus typische Notwendigkeiten einer erfolgreichen Sanierung sind, also gewisse Einschränkungen des Kündigungsschutzes erforderlich werden[524]. Angesichts dieser ge-

---

vgl. z.B. Bork DZWIR 2001, 60f (Tagungsbericht zum 2. Hamburger Insolvenzrechtstag). Was sich aber in der InsO deutlich erkennen läßt, ist doch, daß der Sanierung zumindest ein eigener Stellenwert im Insolvenzverfahren zukommt, bestimmte Regelungen der InsO gerade die Sanierung erleichtern sollen. Vgl. zum Stellenwert der Sanierung § 1 InsO, die Begründung zum Regierungsentwurf einer InsO, BT-Drucks. 12/2443, S. 82ff, 94ff und s. den Bericht des Rechtsausschusses hierzu, BT-Drucks. 12/7302, S. 171 sowie auch Kocher BB 1998, 213.
Da die hier zu betrachtende Regelung des § 125 InsO offensichtlich eine sanierungserleichternde Norm darstellt, wird im Rahmen ihrer Behandlung der Einfachheit halber von der Sanierung als Ziel der InsO gesprochen – ohne daß damit eine Bewertung der Gläubigerbefriedigung als nachrangig beabsichtigt würde. Entsprechend ist die folgende Darstellung zu den §§ 111ff BetrVG und § 125 InsO auf den teilweisen Personalabbau bezogen, da die vollständige Schließung und Stillegung von Betrieben für die Anwendung der Namensliste kaum interessant sind.

[521] Vgl. Caspers Rn 15.

[522] Ob solch eine Erleichterung nur in der Insolvenz erforderlich, das Arbeitsrecht nicht in dieser Hinsicht vielleicht insgesamt überreguliert ist, soll hier dahingestellt bleiben. Vgl. dazu nur Heinze NZA 1999, 58.

[523] Zum Funktionsverlust des bisherigen Konkursrechts s. nur Caspers Rn 16ff.

[524] Zu den Belastungen der Arbeit des Insolvenzverwalters bzw. ggf. – über § 613a BGB –

gensätzlichen Interessen ermöglicht 125 InsO Insolvenzverwalter und Betriebsrat als Kompromiß ein „besonderes Verfahren zur schnellen und gemeinschaftlichen Klärung der Wirksamkeit aller im Zusammenhang mit einer Betriebsänderung ausgesprochenen Kündigungen“[525] und erlaubt in diesem die Aufhebung gewisser Garantien des KSchG.

b) Die besondere Zielrichtung der Betriebsratsbeteiligung nach § 125 InsO

Das Insolvenzarbeitsrecht fordert also auch von den Arbeitnehmern einen Beitrag zur Insolvenzbewältigung, indem ihnen, insbesondere durch mögliche Einschränkung des Kündigungsschutzes, ein Verzicht auf rechtliche Positionen abverlangt wird[526]. Die Notwendigkeit dieser Einwirkung auf das Arbeitsrecht, um so gerade auch im Sinne der Belegschaft die Chancen zur Erhaltung von Betrieben und damit von Arbeitsplätzen zu erhöhen[527], wurde soeben dargelegt. Interessant ist aber der im Falle des § 125 InsO dafür gewählte Weg. Denn mit dieser Regelung wird die grundsätzliche Zielsetzung des Insolvenzarbeitsrechts nicht durch eine generell gültige und zwingende Einschränkung des Kündigungsschutzes in der Insolvenz verfolgt, sondern auch hier wird wieder nur eine entsprechende Einschränkungsmöglichkeit über die Beteiligung des Betriebsrats eröffnet[528].

Dies bedeutet für die insolvenzrechtliche Kündigungsbeteiligung nach § 125 InsO, daß ihre Zielrichtung nicht der grundsätzlichen Ausrichtung von klassischen Kündigungsbeteiligungsregelungen entspricht. Es wird zwar an sich gar keine völlig neue Art der Beteiligung geschaffen, sondern doch grundsätzlich an den §§ 111ff BetrVG angeknüpft, die bei einer Betriebsänderung zugunsten der Arbeitnehmer die Einschaltung des Betriebsrats mit dem Ziel vorsehen, einen

---

auch der sanierungswilligen Übernehmer s. zuvor S. 150f, Fn 518.

[525] S. die Begründung zum Regierungsentwurf einer Insolvenzordnung, abgedr. bei Kübler/Pütting S. 327f.

[526] Vgl. zu diesem Beitrag der Arbeitnehmer Warrikoff 1994, 2338 und Caspers Rn 8. Vgl. zur Frage, ob ihre gesamte Belastung und ihre Beteiligung am Verfahren im Vergleich mit den Belastungen anderer Gläubiger insgesamt angemessen ist, Gottwald/Heinze InsolvenzrechtHB § 102 Rn 11 aber auch die insofern kritischen Bemerkungen in der Begründung des Bundesrats für die Anrufung des Vermittlungsausschusses, abgedr. bei Kübler/Prütting S. 330 sowie bei Kocher BB 1998, 214.

[527] Während ein Scheitern der Sanierung in der Regel den Verlust aller Arbeitsplätze zur Folge hat, kann durch Vermeidung von Massearmut, eine Vereinfachung von Sanierungsmaßnahmen und ggf. Betriebsübergängen dazu beigetragen werden, doch vielleicht einen größeren Teil der Belegschaft weiterzubeschäftigen. Vgl. dazu Caspers Rn 52f.

[528] Vgl. zum ähnlichen Fall des § 1 IV KSchG schon o. S. 127ff.

Interessenausgleich zu vereinbaren[529]. § 125 InsO wurde aber nicht geschaffen, um über eine Betriebsratsbeteiligung den Schutz der von einer – drohenden – Kündigung Betroffenen durch eine Erweiterung bzw. Verbesserung zu *ergänzen*. Die dort geregelte Beteiligung ist vielmehr darauf *ausgerichtet*, bestimmten Arbeitnehmern *kündigungsschutzrechtliche Nachteile* zu bringen. Mit anderen Worten: Sie soll eine kündigungsschutzrechtliche Privilegierung des Insolvenzverwalters ermöglichen[530]. Als Reaktion darauf, daß der herkömmliche Kündigungsschutz das Insolvenzverfahren zu sehr erschwert, ermöglicht sie seine Einschränkung, um für betriebsbedingte Kündigungen Klarheit und Rechtssicherheit zu schaffen[531].
Zwar läßt sich nicht feststellen, daß der Betriebsrat im Rahmen des § 125 InsO in keiner Weise zum Schutz der Arbeitnehmer tätig wird. Denn die Betriebsratsbeteiligung nach den §§ 111ff BetrVG ist doch *grundsätzlich arbeitnehmerschützend* und daran knüpft § 125 InsO zunächst an. So bringt seine Namensliste auch einen zumindest faktischen[532] Schutz der nicht in dieser benannten Arbeitnehmer. Im Falle des § 125 InsO zielt die Beteiligung jedoch direkt auf die Benennung der zu Kündigenden ab, die vorrangig dazu dient, deren Kündigungsschutz einzuschränken. Damit soll der Betriebsrat *bestimmungsgemäß zum Nachteil der in der Namensliste aufgeführten Arbeitnehmer* tätig werden[533].
Einen gewissen „Fingerzeig“ erhielt der Gesetzgeber hinsichtlich dieser besonderen Nutzung der Betriebratsbeteiligung im Rahmen des § 125 InsO im übrigen auch durch die Rechtsprechung des Bundesarbeitsgerichts, die schon einen den Betriebsparteien bei der Vereinbarung von Auswahlkriterien zustehenden und gerichtlich nur „eingeschränkt überprüfbaren“ Spielraum aufgezeigt hatte[534]. Die in dieser Rechtsprechung angedeutete, jedoch noch nicht ganz konsequent um-

[529] Vgl. Lakies RdA 1997, 149f, Eisenbeis/Mues Rn 616, Oetker/Friese DZWIR 2001, 178 und für § 1 V KSchG a.F. Preis DB 1998, 1615. An diesem grundsätzlichen Anknüpfen ändert sich auch dann nichts, sofern man die Namensliste nach § 125 InsO für einen von dem nach § 112 BetrVG zu unterscheidenden Interessenausgleich „sui generis“ – vgl. Hess/Weis/Wienberg § 125 Rn 6 und Schaub in Festschrift Däubler S. 353 – ansieht.
[530] S. Hohenstatt NZA 1998, 851.
[531] Vgl. Heinze NZA 1999, 58f.
[532] Auf die vereinzelt vorgetragene Ansicht, daß der Interessenausgleich im Falle des § 125 InsO eine zwingende Bindung des Insolvenzverwalters bewirkt, wird später noch zurückzukommen sein.
[533] S. dazu, daß die Einschaltung des Betriebsrats nach § 125 InsO gerade auch den Zweck verfolgt, kündigungsrechtliche Nachteile für die betroffenen Arbeitnehmer zu bewirken, auch Zeuner in Festschrift Zöllner S. 1016.
[534] Vgl. die Begründung zum Regierungsentwurf einer InsO, BT-Dr. 12/2443 S. 149. Zur entsprechenden Rechtsprechung des BAG zu § 95 BetrVG, die wegen der dortigen Zuweisung der Auswahlrichtlinienkompetenz den Betriebsparteien schon länger einen gewissen Spielraum zugesteht, so daß die Arbeitsgerichte, sofern die Wertung der Betriebsparteien vertretbar erscheint, nicht diese Wertung durch ihre eigene ersetzen dürfen, s. schon o. S. 122.

gesetzte[535] Idee, daß sich durch die Einbindung des Betriebsrats in die Kündigungsentscheidung und insbesondere durch Interessenausgleichsvereinbarungen eine Situation erreichen läßt, die einen teilweisen Verzicht auf gerichtliche Kontrolle rechtfertigen kann, wurde durch § 125 InsO aufgegriffen und weiterentwickelt.

Als Zwischenergebnis läßt sich demnach, auch wenn die Beteiligung nach § 125 InsO – als Reflex – den Schutz von weiten Teilen der Belegschaft bewirken mag, letztlich eine ganz besondere, bei der weiteren Untersuchung im Auge zu behaltende Beteiligungsrichtung festhalten[536]. Dem Betriebsrat, der ansonsten vor allem die Interessen der Arbeitnehmer zu vertreten und zu schützen hat, wird hier die Wahrnehmung einer für ihn sehr problematischen Beteiligung nahegelegt[537]. Er soll durch seine mögliche Mitwirkung an der namentlichen Benennung erklären, daß bestimmte Arbeitnehmer seiner Ansicht nach keinen Schutz verdienen. Diese in der Benennung bestimmter zu kündigender Arbeitnehmer liegende Erklärung bewirkt dann, daß bei deren Kündigung, dem Ziel des § 125 InsO entsprechend, Teile des für zu aufwendig erachteten Kündigungsschutzes und der entsprechenden gerichtlichen Überprüfung eingeschränkt werden.

2) Die Beteiligung nach den §§ 111ff BetrVG als Grundlage für § 125 InsO

Wie zuvor schon angedeutet wurde, sieht § 125 InsO keine ganz neue Art der Beteiligung des Betriebsrats an Kündigungen vor. Die mit ihm geschaffene Möglichkeit, betriebsbedingte Kündigungen vereinfacht und mit höherer Rechtssicherheit auszusprechen, knüpft vielmehr ausdrücklich – allerdings speziell auf das eröffnete Insolvenzverfahren bezogen – an die Betriebsratsbeteiligung bei geplanten Betriebsänderungen nach §§ 111ff BetrVG an. Diese Beteiligungssituation bildet somit die zunächst einmal zu betrachtende Grundlage, auf der mit § 125 InsO die sachliche und soziale Kompetenz des Betriebsrats für die Modifizierung des Kündigungsschutzes genutzt werden soll[538].

---

[535] Vgl. dazu schon o. S. 124ff.

[536] Dazu auch Kocher BB 1998, 217f.

[537] Vgl. dazu Grunsky in Festschrift Lüke S. 193. Die Bezeichnung der Namensliste als „Hinrichtungsliste“ erscheint allerdings unpassend.

[538] Vgl. Küttner in Festschrift 50 Jahre Arbeitsgerichtsbarkeit RP, S. 443.

a) Die Betriebsratsbeteiligung nach den §§ 111ff BetrVG

aa) Nach § 111 BetrVG ist bei einer Unternehmensgröße von in der Regel mehr als zwanzig wahlberechtigten Arbeitnehmern der Betriebsrat eines zugehörigen Betriebs schon im Planungsstadium durch den Arbeitgeber – bzw. in der für § 125 InsO einschlägigen Situation vom Insolvenzverwalter – umfassend über Betriebsänderungen, die wesentliche Nachteile für die Belegschaft oder erhebliche Teile der Belegschaft zur Folge haben können, ins Bild zu setzen[539]. Er ist dabei über Umfang, Auswirkungen, Zeitplan, Alternativen und Gründe für die Zweckmäßigkeit der jeweiligen Betriebsänderung gegebenenfalls unter Vorlage von Unterlagen zu unterrichten[540]. Auf diese Weise soll ihm eine Stellungnahme ermöglicht werden, die der Arbeitgeber/Insolvenzverwalter zur Kenntnis nehmen und dann zusammen mit seiner Unternehmerentscheidung über die Betriebsänderung mit dem Betriebsrat im einzelnen erörtern muß[541].
In dieser *Beratung* stehen die Notwendigkeit der Durchführung der Betriebsänderung und die Bedingungen, unter denen sie gegebenenfalls durchzuführen ist, zur Diskussion[542]. Es geht dabei, wenn sicher auch personelle und soziale Auswirkungen im einzelnen diskutiert werden können, zunächst einmal um eine rein argumentative[543] Auseinandersetzung über ob, wann und wie der Maßnahme[544] als freier, rechtlich nicht gebundener und damit grundsätzlich gerichtlich nicht überprüfbarer unternehmerischer Entscheidung[545].

bb) Die Beratung zielt dabei, über die reine Erörterung der geplanten Betriebsänderung hinaus, unter anderem darauf ab[546], einen – nicht erzwingbaren – *Inte-*

---

[539] Genauer zu Kriterien für die vorausgesetzte Betriebsänderung und zur Informationspflicht nach § 111 BetrVG z.B. F/K/H/E § 111 Rn 40ff, 102ff und Löwisch/Kaiser BetrVG § 111 Rn 18ff, 37ff; dort in Rn 1ff auch ausführlich zum – nur für den Schwellenwert – vollzogenen Paradigmenwechsel durch das nunmehrige Anknüpfen an die Größe des *Unternehmens* und des weiteren auch zu den Zuständigkeiten.

[540] Vgl. Löwisch/Kaiser und F/K/H/E a.a.O.

[541] S. Löwisch/Kaiser BetrVG § 111 Rn 42. Vgl. zur Unterrichtung des Betriebsrats und der Beratung mit ihm auch Verch S. 118ff.

[542] Löwisch/Kaiser a.a.O.

[543] Der Betriebsrat hat kein zwingendes Mitentscheidungsrecht, so daß der Arbeitgeber auf jeden Fall allein entscheiden kann.

[544] S. BAG, Urt. v. 27.10.87 – 1 ABR 9/86, AP Nr. 41 zu § 112 BetrVG 1972, BAG, Urt. v. 17.9.91 – 1 ABR 23/91, AP Nr. 59 zu § 112 BetrVG 1972 und F/K/H/E §§ 112, 112a Rn 12.

[545] Vgl. zur freien unternehmerischen Entscheidung über Betriebsänderungen und zur damit - abgesehen von einer Willkürprüfung bzw. der Prüfung, ob überhaupt eine unternehmerische Entscheidung vorliegt – ausgeschlossenen gerichtlichen Überprüfbarkeit z.B. BAG, Urt. v. 9.5.85 – 2 AZR 16/84, DB 1986, 2335, Eisenbeis/Mues Rn 16 und Caspers Rn 157.

[546] Daneben soll über die §§ 111ff BetrVG v.a. auch die Vereinbarung eines Sozialplans erfolgen. Dieser kann erzwungen werden, er ist für die vorliegende Untersuchung allerdings nicht weiter von Interesse.

ressenausgleich zu erreichen (§ 112 I S. 1 BetrVG)[547]. In ihm sollen gegebenenfalls gefundene Vereinbarungen bezüglich des ob, wann und wie der Betriebsänderung *als solcher*[548] festgehalten werden, ohne daß dadurch der Arbeitgeber/Insolvenzverwalter wirklich zwingend daran gehindert würde, sich über die Vereinbarungen hinwegzusetzen[549].
Entsprechend der Zielsetzung der Beratung sollen etwaige Vereinbarungen in einem Interessenausgleich dazu führen, nach Möglichkeit die Interessen der Arbeitnehmer zu berücksichtigen und Beeinträchtigungen für diese so weit irgend möglich zu vermeiden, ohne daß es zu einer nachhaltigen Beeinträchtigung der wirtschaftlichen Belange des Unternehmens kommt[550]. Bei Verhandlungen über einen Interessenausgleich kommt dem Betriebsrat also die Aufgabe zu, abzielend auf eine Vereinbarung den Veränderungsinteressen des Arbeitgebers bzw. des Insolvenzverwalters die Erhaltungsinteressen der Arbeitnehmer entgegenzuhalten und auf eine Harmonisierung zwischen diesen hinzuwirken[551].

cc) Der Betriebsrat wirkt im Rahmen der Beteiligung nach den §§ 111ff BetrVG somit zunächst einmal bei der Klärung der Frage mit, ob die Betriebsänderung bzw. ein als solche angesehener Personalabbau[552] überhaupt durchgeführt werden soll. Oder ob vielleicht andere Maßnahmen, ein anderer Zeitplan, ein anderer Umfang oder eine andere Durchführung besser wären[553]. Hierbei handelt es sich zunächst allein um eine unternehmerische Entscheidung, die dem Arbeitgeber grundsätzlich freisteht[554]. Deswegen kommt dem Betriebsrat in diesem Bereich zum einen kein echtes Mitbestimmungsrecht zu, zum anderen hat er auch nicht etwa die Funktion, bei den Verhandlungen über den Interessenausgleich eine rechtliche Kontrolle auszuüben. Er nimmt hier vielmehr eine rein *tatsächlich-argumentative Vermittlungsaufgabe* wahr.

---

547 S. F/K/H/E § 111 Rn 5, 114 und §§ 112, 112a Rn 12 sowie Lakies BB 1999, 206 und vgl. auch Verch S. 177f.
548 S. dazu BAG, Urt. v. 27.10.87 – 1 ABR 9/86, AP Nr. 41 zu § 112 BetrVG 1972 und F/K/H/E § 111 Rn 5 und §§ 112, 112a Rn 14 sowie Verch S. 178f.
549 Str. – vgl. Nennungen bei F/K/H/E §§ 112, 112a Rn 50f – aber schon im Hinblick auf § 113 BetrVG richtigerweise ganz herrschende Meinung. S. nur Löwisch/Kaiser BetrVG § 112 Rn 8.
550 S. F/K/H/E §§ 112, 112a Rn 13 und Löwisch/Kaiser BetrVG § 112 Rn 4.
551 Vgl. GK-BetrVG/Fabricius §§ 112/112a Rn 8 (6.Auflage) und F/K/H/E § 111 Rn 5.
552 Vgl. dazu schon o. Fn 517.
553 S. dazu Löwisch/Kaiser BetrVG § 112 Rn 4, Verch S. 178ff und auch F/K/H/E §§ 112, 112a Rn 15-18.
554 Vgl. dazu schon o. Fn 545.

b) Der Interessenausgleich mit Namensliste ***außerhalb*** *des Insolvenzverfahrens*

aa) Wie schon angedeutet, können in der Beratung nach § 111 BetrVG aber auch über die freie unternehmerische Entscheidung als solche hinaus die personellen Auswirkungen der Betriebsänderung im einzelnen erörtert werden. Dementsprechend besteht in einem Interessenausgleich etwa die Möglichkeit, Auswahlrichtlinien für Folgemaßnahmen zu vereinbaren oder die konkreten Folgen der geplanten Betriebsänderung für die Arbeitnehmer schon exakt festzulegen[555]. So kann neben der näheren Beschreibung durch die Betriebsänderung erforderlich werdender Einzelmaßnahmen[556] unter anderem auch eine ganz genaue Vereinbarung dergestalt erfolgen, daß – und das ist letztlich der hier interessierende Fall - eine Namensliste zu kündigender Arbeitnehmer aufgestellt wird[557]. An dieser Möglichkeit, eine Namensliste *außerhalb des Insolvenzverfahrens* zu vereinbaren, hat sich im übrigen auch durch die Aufhebung des § 1 V KSchG a. F. nichts geändert. Denn dadurch wurden lediglich die zwischenzeitlich vorgesehenen, besonderen Rechtsfolgen solcher Namenslisten beseitigt[558].

bb) Werden nun aber die von Kündigungen betroffenen Arbeitnehmer so genau bestimmt, bewegen sich die Betriebsparteien mit ihrer Vereinbarung nicht mehr im Raum der freien und gerichtlich nicht überprüfbaren unternehmerischen Entscheidung. Denn die konkrete Auswahl betriebsbedingt zu Kündigender unterliegt, mögen die Kündigungen auch eine Folge der freien unternehmerischen Entscheidung über die Betriebsänderung sein, strengen kündigungsschutzrechtlichen Vorgaben. Deren Einhaltung kann, insbesondere auch hinsichtlich der Regelungen zur Sozialauswahl, durch Erhebung einer Kündigungsschutzklage grundsätzlich voller gerichtlicher Kontrolle unterworfen werden[559].
Daran vermag auch – und das dürfte zu einer sehr geringen praktischen Bedeutung einer solchen Vereinbarungsmöglichkeit führen[560] – eine Namensliste *außerhalb des Insolvenzverfahrens* nichts zu ändern. Denn dieser wird man *als*

---

[555] Vgl. Löwisch/Kaiser BetrVG § 112 Rn 5, Verch S. 179f, F/K/H/E §§ 112, 112a Rn 9, 22 und speziell zur Wirkung von Auswahlrichtlinien für Kündigungen schon o. S. 118ff.
[556] S. dazu BAG, Urt. v. 20.10.83 – 2 AZR 211/82, BAGE 43, 357.
[557] Dazu Löwisch BetrVG (4. Auflage) § 112 Rn 3.
[558] S. Löwisch KSchG § 1 Rn 390, ders. BB 1999, 104, Däubler NJW 1999, 603 und Küttner in Festschrift 50 Jahre Arbeitsgerichtsbarkeit RP, S. 432f. Vgl. zur Begründung für die Aufhebung BT-Dr. 14/151, S. 32.
[559] Die von der unternehmerischen Entscheidung über die Betriebsänderung zu unterscheidende Aufstellung der Namensliste beruht auf einer den Regeln für betriebsbedingte Kündigungen unterliegenden Auswahlentscheidung. D.h. für jeden einzelnen der dort genannten Arbeitnehmer, denen gekündigt werden soll, muß der Kündigungsgrund der Betriebsbedingtheit vorliegen und ihre Nennung muß auf einer korrekten Sozialauswahl beruhen. Vgl. dazu auch Caspers Rn 133ff.
[560] Vgl. Nenn. o. in Fn 537.

solcher – nach Aufhebung des § 1 V KSchG a.F. – jede kündigungsschutzrechtliche Wirkung absprechen müssen[561]. Insbesondere kann auch nicht allein aufgrund einer vereinbarten Namensliste ein gerichtlich nicht überprüfbarer Spielraum hinsichtlich der Sozialauswahl angenommen werden, wie er den Betriebsparteien aufgrund von ihnen in einem Interessenausgleich vereinbarter Auswahlrichtlinien eingeräumt wird[562]. Dies erscheint schon deshalb nicht möglich, weil es einer reinen Namensliste – im Gegensatz zur Auswahlrichtlinie – an der Darlegung der Kriterien für die Auswahl mangelt. So bietet sie keine hinreichende Gewähr dafür, daß die Sozialauswahl nicht anhand sachfremder Erwägungen erfolgt[563].

Es bleibt festzuhalten, daß für die der Erstellung einer solchen Namenslistenvereinbarung außerhalb des Insolvenzverfahrens zugrundeliegende Auswahl zu kündigender Arbeitnehmer die strengen und gerichtlich überprüfbaren kündigungsrechtlichen Vorgaben zur Betriebsbedingtheit und Sozialauswahl einzuhalten sind. Vor diesem Hintergrund kommt dann auch der Betriebsratsbeteiligung bei solch speziellen Vereinbarungen im Interessenausgleich eine besondere Funktion zu. So kann es bei einer solchen Namenslistenvereinbarung nicht mehr nur Aufgabe des Betriebsrats sein, im Rahmen einer tatsächlich-argumentativen Auseinandersetzung um eine freie unternehmerische Entscheidung mitzuwirken. Der Betriebsrat hat bei seiner Beteiligung an einer entsprechenden Vereinbarung vielmehr mit dem Arbeitgeber zusammen *zu prüfen*, ob die *kündigungsrechtlichen Vorgaben* erfüllt sind und das Auswahlergebnis sich aus deren Anwendung ergibt.

cc) An diese Rechtmäßigkeitsprüfung der Auswahlentscheidung durch den Betriebsrat werden zwar keine rechtlichen Auswirkungen geknüpft. Denn der Arbeitgeber kann von dem Interessenausgleich, mag er gegebenenfalls auch Schadensersatz zu leisten haben, abweichen. Und die Vereinbarung der Namensliste

---

[561] Davon zu unterscheiden ist, daß neben der Namensliste als solcher noch andere Regelungen im Interessenausgleich getroffen werden können. Bezüglich der letztgenannten bleibt natürlich § 113 BetrVG zu beachten.

[562] Zu dieser Wirkung von Auswahlrichtlinien über § 1 IV KSchG schon o. S. 127ff; vgl. insbesondere auch Fn 462.

[563] Dazu, daß nach der Aufhebung des § 1 V KSchG a.F. keine kündigungsrechtlichen Folgen von *reinen* Namenslisten in Interessenausgleichen außerhalb des Insolvenzverfahrens mehr anzunehmen sind, schon zuvor und vgl. auch DKK/Kittner §§ 112, 112a Rn 14.
Der Weg, den die Betriebsparteien außerhalb des Insolvenzverfahrens zur Erlangung eines besonderen Spielraums bei der Sozialauswahl gehen können, führt vielmehr über die vorgeschaltete Vereinbarung einer Auswahlrichtlinie, aus deren Anwendung dann die Namensliste als Ergebnis folgen kann, dazu Löwisch BB 1999, 104. In diesem Fall erfolgt dann nur eine beschränkte gerichtliche Überprüfung der Auswahlentscheidung, aber dies gründet sich allein auf § 1 IV KSchG.

kann auch, weil in der Regel eine Begründung fehlen wird, grundsätzlich kein Indiz für das Gericht bei Beurteilung der Rechtmäßigkeit der Kündigung sein. Die Prüfungsfunktion des Betriebsrats ist aber dennoch nicht bedeutungslos. Dies schon allein deshalb nicht, weil dem Arbeitgeber die Kündigungen entsprechend der in der Namensliste vorgeschlagenen Auswahl zumindest nahegelegt wird[564]. Denkbar ist darüber hinaus, daß durch die Mitprüfung und die daran anknüpfende Vereinbarung der Namensliste zumindest eine Verbesserung des faktischen Schutzes vor versehentlich fehlerhafter Kündigung eintritt. Denn im Gegensatz zu einer allein durch den Arbeitgeber vorgenommenen Auswahl wird durch die Beteiligung des Betriebsrats, der die Rechtslage aus einem anderen Interessenblickwinkel betrachtet, im Sinne eines „vier Augen sehen mehr als zwei" die Wahrscheinlichkeit *versehentlich* angenommener Betriebsbedingtheit oder *versehentlich* falscher Sozialauswahl seitens des Arbeitgebers verringert[565].

dd) Für die Funktion der Betriebsratsbeteiligung an einer *Namensliste außerhalb der Insolvenz* ist demnach festzustellen, daß vor allem auf eine *Rechtmäßigkeitsprüfung* abgezielt wird. Diese zieht zwar keine kündigungsrechtlichen Auswirkungen nach sich, kann aber zumindest der Verbesserung des faktischen Schutzes vor versehentlich falscher Sozialauswahl des Arbeitgebers dienen.

3) Die Funktion der Betriebsratsbeteiligung nach § 125 InsO an einem Interessenausgleich mit Namensliste *im eröffneten Insolvenzverfahren*

An die soeben betrachtete Beteiligung nach den §§ 111ff BetrVG knüpft § 125 InsO hinsichtlich der *Namensliste* in einem Interessenausgleich *im eröffneten Insolvenzverfahren*[566] zumindest grundsätzlich an. So setzt er zunächst einmal voraus, daß der Insolvenzverwalter nach Eröffnung des Insolvenzverfahrens eine Betriebsänderung im Sinne des § 111 BetrVG plant und deswegen mit dem Betriebsrat – die Schriftform achtend – einen Interessenausgleich abschließt. In

---

[564] Wenn eine Namensliste nach § 125 InsO nach überwiegender Ansicht auch keine zwingende Bindung des Insolvenzverwalters bewirkt – darauf wird noch zurückzukommen sein –, werden die ausgewählten Arbeitnehmer in der Regel aber doch diejenigen sein, die tatsächlich erst einmal gekündigt werden, denn der Arbeitnehmer wird nicht ohne Not von einer stützenden Erklärung des Betriebsrats abweichen.

[565] Denkbar ist allerdings auch, daß gerade durch die Verhandlungen mit dem Betriebsrat vereinzelt „nicht-rechtlich orientierte" Auswahlentscheidungen gefördert werden könnten – Arbeitgeber werden allerdings aufgrund voller gerichtlicher Überprüfbarkeit nicht geneigt sein, sich darauf einzulassen.

[566] Auch die Namensliste nach § 125 InsO kann in Verbindung mit Regelungen eines herkömmlichen Interessenausgleichs abgeschlossen werden, sie kann aber auch ganz allein vereinbart werden. Vgl. dazu Caspers Rn 164 und auch Eisenbeis/Mues Rn 616.

diesem müssen die Arbeitnehmer, denen gekündigt werden soll[567], namentlich bezeichnet sein[568]. Die Benennung bedarf dabei nicht etwa einer Begründung im Interessenausgleich, denn mehr als die namentliche Bezeichnung[569] fordert § 125 InsO inhaltlich nicht[570].

Allerdings liegt, sofern ein diesen Anforderungen genügender „besonderer Interessenausgleich“[571] gegeben ist und sich die Sachlage nach Zustandekommen desselben nicht wesentlich geändert hat[572], eine maßgebliche Abweichung und Fortentwicklung gegenüber der Situation nach den §§ 111ff BetrVG vor: § 125 InsO regelt zwei besondere Auswirkungen auf die kündigungsrechtliche Stellung der bezeichneten Arbeitnehmer. Das bedeutet wiederum, daß die Funktion der Betriebsratsbeteiligung im Falle des § 125 InsO gegenüber den obigen Ergebnissen weiter modifiziert wird.

---

567 Daß die Arbeitnehmer zu bezeichnen sind, denen gekündigt werden „*soll*“, zeigt, daß die Wirkungen des § 125 InsO nicht durch Namenslisten nach Ausspruch der fraglichen Kündigung erreicht werden können. S. dazu Matthes RdA 1999, 178, MK-InsO/Löwisch/Caspers § 125 Rn 61, 75, DKK-Däubler (Anhang zu §§ 111-113 BetrVG) § 125 InsO Rn 13 und auch Oetker/Friese DZWIR 2001, 178 sowie i.E. ebenso Lakies BB 1999, 208.

568 Vgl. zu den hier wieder greifenden Voraussetzungen des § 111 BetrVG schon o. S. 154f und zu den speziellen Voraussetzungen des § 125 InsO und seinem Anwendungsbereich im einzelnen z.B. MK-InsO/Caspers/Löwisch § 125 InsO Rn 4ff, 59ff, Caspers Rn 166ff, Oetker/Friese DZWIR 2001, 178ff oder FK-InsO/Eisenbeis § 125 Rn 2ff. Einige interessante Fragen zu den Voraussetzungen des § 125 InsO wirft auch Matthes RdA 1999, 178f auf.

569 Zur namentlichen Bezeichnung der Betroffenen näher MK-InsO/Löwisch/Caspers § 125 Rn 66ff und FK-Eisenbeis § 125 Rn 4f.

570 Der Wortlaut und die Abgrenzung zu abstrakten, Auswahlkriterien angebenden Regelungen nach § 95 BetrVG oder § 1 IV KSchG zeigt eindeutig, daß nur die namentliche Bezeichnung und eben keine Begründung erforderlich ist. Für das gerichtliche Verfahren gilt dann grundsätzlich die herkömmliche abgestufte Darlegungs- und Beweislast bezüglich der Sozialauswahl – nur im Hinblick auf die Vermutung der Betriebsbedingtheit wird die Darlegungs- und Beweislast umgekehrt. S. dazu BAG Urt. v. 10.2.1999 – 2 AZR 716/98, NZA 1999, 702, Eisenbeis/Mues Rn 620, Zwanziger § 125 InsO Rn 12, Oetker/Friese DZWIR 2001, 180 und vgl. auch FK-InsO/Eisenbeis § 125 Rn 19 sowie NR-InsO/Hamacher § 125 Rn 27. Eine Begründungspflicht nehmen dagegen HK-InsO/Irschlinger § 125 Rn 9, 20 und Berscheid Kölner Schrift zur InsO S. 1043, Rn 61 (1.Auflage) an. Diff. ErfK-Ascheid § 125 InsO Rn 6.
Wenn § 125 InsO auch lediglich eine namentliche Benennung erfordert, so erscheint die Angabe einer Reihenfolge der zu Kündigenden zumindest empfehlenswert. Damit kann dem z.B. wegen freiwilliger Auflösungen von Arbeitsverhältnissen denkbaren Problem, daß weniger Arbeitnehmer als im Interessenausgleich aufgeführt gekündigt werden müssen, begegnet werden; vgl. dazu Nagel S. 51ff, Gottwald InsolvenzrechtHB-Heinze § 106 Rn 32. Dort auch zur Frage einer wesentlichen Veränderung der Sachlage in diesen Konstellationen.

571 Zu diesem Begriff o. S. 10.

572 § 125 I S. 2 InsO. Vgl. dazu z.B. FK-InsO/Eisenbeis § 125 Rn 24ff und MK-InsO/Löwisch/Caspers § 125 Rn 92ff.

aa) Die erste dieser Auswirkungen knüpft daran an, daß der Insolvenzverwalter grundsätzlich nach § 1 II S. 4 KSchG die Tatsachen darlegen und beweisen muß, die die Kündigung bedingen[573]. Er hat also im Fall der hier interessierenden betriebsbedingten Kündigungen vorzutragen und gegebenenfalls zu beweisen, daß innerbetriebliche Maßnahmen oder außerbetriebliche Ursachen den Grund für die Weiterbeschäftigung entfallen lassen[574]. *§ 125 I S. 1 Nr. 1 InsO* bestimmt nun für den Fall des Vorliegens eines „besonderen Interessenausgleichs" eine Ausnahme von dieser Regelung. Bei einem solchen wird die Betriebsbedingtheit der Kündigungen[575] dort benannter Arbeitnehmer angenommen und somit die diesbezügliche Beweis- sowie dieser folgend auch die Darlegungslast umgekehrt[576].

Wenn der Betriebsrat also eine Namensliste der zu kündigenden Arbeitnehmer mit dem Insolvenzverwalter vereinbart und der Insolvenzverwalter die Tatbestandsvoraussetzungen des § 125 I InsO – die „Vermutungsbasis" – substantiiert darlegt[577], entsteht im Kündigungsschutzprozeß bezüglich der Betriebsbedingtheit eine widerlegbare Vermutung im Sinne von § 46 II ArbGG und § 292 ZPO[578]. Da der zu ihrer Widerlegung und Beseitigung erforderliche Gegenbeweis seiner Natur nach Hauptbeweis ist, bedarf es in diesem Fall von Seiten des Arbeitnehmers des vollen Beweises des Gegenteils, also der Unwahrheit der an-

[573] S. FK-InsO/Eisenbeis § 125 Rn 7 und Berscheid Arbeitsverhältnisse Rn 618. Dazu, daß das Insolvenzverfahren keinen Einfluß auf die Anwendbarkeit des KSchG hat, schon o. S. 150.

[574] S. dazu Caspers Rn 170 und vgl. auch – noch zu § 1 V KSchG a.F. – BAG Urt. v. 7.5.98 – 2 AZR 536/97, NZA 1998, 933.

[575] In § 125 I S. 1 Nr. 1 InsO ist von der Vermutung die Rede, daß die Kündigungen durch dringende betriebliche Erfordernisse, die einer Weiterbeschäftigung in diesem Betrieb oder einer Weiterbeschäftigung zu unveränderten Arbeitsbedingungen entgegenstehen, bedingt sind; im folgenden wird dies schlicht mit der Vermutung der Betriebsbedingtheit umschrieben. Vgl. auch FK-InsO/Eisenbeis § 125 Rn 7a und Oetker/Friese DZWIR 2001, 181.

[576] S. statt vieler BAG, Urt. v. 7.5.98 – 2 AZR 536/97, NZA 1998, 933 – noch zu § 1 V KSchG a.F. – m.w.N., Caspers Rn 172f, Oetker/Friese DZWIR 2001, 181, MK-InsO/Löwisch/Caspers § 125 Rn 76,78 und Hohenstatt NZA 1998, 851. A.A. Zwanziger § 125 Rn 17.

[577] Vgl. zur Darlegungspflicht im einzelnen LAG Hamm, Urt. v. 6.7.00 – 4 Sa 799/00, DZWIR 2001, 107 sowie LAG Düsseldorf, Urt. v. 23.1.03, 11 (12) Sa 1052/02, LAGE § 125 InsO Nr. 3 (nicht rechtskräftig) und zu den Tatbestandsvoraussetzungen des § 125 InsO auch schon o. S. 159f.

[578] S. BAG, Urt. v. 7.5.98 – 2 AZR 536/97, NZA 1998, 933 – zu § 1 V KSchG a.F., LAG Hamm, Urt. v. 6.7.00 – 4 Sa 799/00, DZWIR 2001, 107, Eisenbeis/Mues Rn 624, Berscheid Arbeitsverhältnisse Rn 615, Lakies BB 1999, 207, Oetker/Friese DZWIR 2001, 181 und MK-InsO/Löwisch/Caspers § 125 Rn 76.

genommenen Tatsache[579]. So liegt ein sehr starkes Indiz für die Betriebsbedingtheit der Kündigung vor, die wegen der schwierigen Führung des Gegenbeweises durch den Arbeitnehmer vor Gericht nur noch in Ausnahmefällen erfolgreich in Zweifel zu ziehen sein wird[580].
Des weiteren wird über *§ 128 II InsO* die Vermutung des § 125 I S. 1 Nr.1 InsO auch darauf „erstreckt", daß die Kündigungen der genannten Arbeitnehmer nicht wegen eines etwaigen Betriebsübergangs erfolgen. Da dies aber schon allein aus der Vermutung der Betriebsbedingtheit nach § 125 I S. 1 Nr. 1 InsO folgt, handelt es sich bei § 128 II InsO lediglich um eine rein klarstellende Vorschrift. Die Tragweite der eigentlichen Vermutung verändert sie nicht und so ist sie im weiteren Verlauf dieser Untersuchung auch nicht gesondert zu betrachten[581].

bb) Die zweite - in *§ 125 I S. 1 Nr. 2 InsO* bestimmte – Rechtsfolge einer entsprechenden Namensliste setzt an einem anderen Punkt an. Sie bezieht sich darauf, daß die Rechtsprechung an die Sozialauswahl nach § 1 III KSchG strenge, aber nicht genauestens benannte Anforderungen stellt. Deshalb ist es trotz der gesetzlich lediglich geforderten „ausreichenden" Berücksichtigung sozialer Gesichtspunkte nur schwer vorauszusagen, wie eine bestimmte Auswahlentscheidung vorgenommen werden muß, damit sie einer entsprechenden gerichtlichen Überprüfung standhält[582]. Vor diesem Hintergrund hat sich die Auswahlentscheidung für den Arbeitgeber zu einem schwierigen, oft zu Fehlern führenden Vorgang entwickelt, der wegen möglicher Auswirkungen auf eine Vielzahl von Kündigungen[583] in der Praxis äußerst problematisch ist. Diesbezüglich ordnet § 125 I S. 1 Nr. 2 InsO nun Erleichterungen an.

---

[579] S. BAG Urt. v. 7.5.98 – 2 AZR 536/97, NZA 1998, 933, LAG Hamm, Urt. v. 6.7.00 – 4 Sa 799/00, DZWIR 2001, 107, Eisenbeis/Mues Rn 624, Hohenstatt NZA 1998, 851, Lakies BB 1999, 207, Oetker/Friese DZWIR 2001, 181, MK-InsO/Löwisch/Caspers § 125 Rn 76 und Berscheid Arbeitsverhältnisse Rn 618f. Vgl. auch Löwisch RdA 1997, 81.

[580] S. Schaub DB 1999, 222, MK-InsO/Löwisch/Caspers § 125 Rn 81 und DKK/Däubler (Anhang zu §§ 111-113 BetrVG) § 125 Rn 15 sowie Kocher BB 1998, 217. Vgl. auch Grunsky in Festschrift Lüke S. 193 und Schiefer in der Anm. zu BAG, AP Nr. 1 zu § 1 KSchG 1969 Namensliste, der die Erfolgsaussichten betroffener Arbeitnehmer im Kündigungsschutzprozeß „gegen Null minimiert" sieht. Zweifelnd Hohenstatt NZA 1998, 851f.

[581] Vgl. Caspers Rn 308, ErfKomm-Ascheid § 128 InsO Rn 2, Eisenbeis/Mues Rn 709 und Zeuner in Festschrift Zöllner S. 1014. Vgl. auch Stahlhacke/Preis/Vossen Rn 2203. Diff. Oetker/Friese DZWIR 2001, 185. S. jetzt auch LAG Düsseldorf, Urt. v. 23.1.03, 11 (12) Sa 1052/02, LAGE § 125 InsO Nr. 3 (nicht rechtskräftig), das offenbar eine „Doppelvermutung" annimmt.

[582] Vgl. zur unbestimmten Anzahl nach § 1 III KSchG zu berücksichtigender sozialer Gesichtspunkte und den großen Spielräumen für eine richterliche Entscheidung nur Brox/Rüthers Rn 202.

[583] So können sich auf eine fehlerhafte Sozialauswahl grundsätzlich alle aufgrund dieser Auswahl gekündigten Arbeitnehmer – und nicht etwa nur der sozial Schwächste - berufen. S. dazu nur Caspers Rn 161ff.

So soll bei einem Interessenausgleich im Sinne des § 125 InsO die „soziale Auswahl" gerichtlich nur noch im Hinblick auf die Dauer der Betriebszugehörigkeit, das Lebensalter und die Unterhaltspflichten und auch insofern nur auf grobe Fehlerhaftigkeit überprüft werden können[584]. Der von den Gerichten nur noch zu berücksichtigende Fall der groben Fehlerhaftigkeit wird dabei erst dann gegeben sein, wenn die Gewichtung der drei Sozialindikatoren jede Ausgewogenheit vermissen läßt[585]. Des weiteren ist nach § 125 I S. 1 Nr. 2 InsO a.E. grobe Fehlerhaftigkeit dann nicht anzunehmen, wenn eine ausgewogene Personalstruktur erhalten oder geschaffen werden soll[586].
Allerdings steht auch hier wieder die genaue Reichweite dieser eingeschränkten Justitiabilität wegen der erneuten Verwendung des nicht eindeutigen Begriffs der „sozialen Auswahl" in Frage. In jedem Fall von der eingeschränkten gerichtlichen Überprüfbarkeit erfaßt, ist jedoch die *Sozialauswahl im engeren Sinne*. Zumindest diese Reichweite kann also der folgenden Funktionsbestimmung zunächst einmal zugrundegelegt werden[587]. Bereits dadurch werden im Falle einer Namensliste nach § 125 InsO die wirksamkeitsrelevanten Fehlermöglichkeiten erheblich eingeschränkt.

cc) Somit dienen beide Rechtsfolgen sehr deutlich der oben dargelegten Grundausrichtung des § 125 InsO. Es soll fakultativ eine Verkürzung des den benannten Arbeitnehmern im Kündigungsschutzprozeß gewährten Rechtsschutzes bzw. eine kündigungsrechtliche Privilegierung des Insolvenzverwalters ermöglicht werden, indem ein beschleunigtes und rechtliche Unsicherheiten beseitigendes Verfahren zur Verfügung gestellt wird, das die im Insolvenzfall erforderlichen Sanierungsbemühungen erleichtert[588]. Trotz dieser gemeinsamen Zielrichtung

---

[584] Vgl. MK-InsO/Löwisch/Caspers § 125 Rn 82ff und auch die ähnlichen Rechtsfolgen von § 1 IV KSchG – dazu schon o. S. 127ff – und § 126 InsO.

[585] Vgl. BAG, Urt 2.12.99 – 2 AZR 757/98, NZA 2000, 531 sowie Urt. v. 21.1.99 – 2 AZR 624/98, ZIP 1999, 2111 – jeweils noch zu § 1 V KSchG a.F. - und FK-InsO/Eisenbeis § 125 Rn 10. S. auch DKK/Däubler (Anhang zu §§ 111-113 BetrVG) § 125 Rn 17. Zur groben Fehlerhaftigkeit vgl. Caspers Rn 179ff, FK-InsO/Eisenbeis § 125 Rn 15ff und zur groben Fehlerhaftigkeit speziell hinsichtlich der Altersstrukturanpassung Berscheid INSO 1199, 513f – auf diesen besonderen Punkt wird später noch näher zurückzukommen sein.

[586] Vgl. zur nicht ganz eindeutigen Einordnung der Regelung des § 125 I S. 1 Nr. 2 InsO a.E. Lakies BB 1999, 208 und auch - zu § 1 V KSchG a.F. - LAG Hessen Urt. v. 24.6.1999 3 Sa 1278/98, NZA-RR 2000, 74.

[587] Vgl. zu entsprechenden Unklarheiten bei § 1 IV KSchG, wo ebenfalls die mehrdeutige Formulierung der „sozialen Auswahl" verwendet wurde, schon o. S. 129f. Wie bei der Untersuchung dieser Norm soll auch hier auf die genaue Auslegung des Begriffs im Rahmen des § 125 InsO erst später zurückzukommen sein, während zunächst im Sinne einer einfacheren Betrachtung nur die ganz zweifellos angeordnete Einschränkung der gerichtlichen Überprüfung der Sozialauswahl im engeren Sinne angenommen wird.

[588] Dazu schon o. S. 150ff und auch die Begründung zum Regierungsentwurf einer InsO, BT-Drucks. 12/ 2443, S. 149, Zeuner in Festschrift Zöllner S.1024 und Gottwald-

erweisen sie sich aber als ihrer Art nach völlig unterschiedliche Rechtsfolgen. Beide setzen die Nutzung der sachlichen und sozialen Kompetenz des Betriebsrats[589] in ganz unterschiedlicher Weise zur verfolgten Veränderung des Kündigungsschutzes ein.

b) Die Vermutungsregel des § 125 I S. 1 Nr. 1 InsO und die diesbezügliche Funktion der Betriebsratsbeteiligung

aa) Indem *§ 125 I S. 1 Nr. 1 InsO* eine *Vermutungsregel* hinsichtlich der Betriebsbedingtheit der Kündigung aufstellt, macht er deutlich, daß der Betriebsrat durch seine Beteiligung hier nicht etwa darauf hinwirkt, dem Insolvenzverwalter ein Abweichen vom Erfordernis der Betriebsbedingtheit zu erlauben. An dieser Voraussetzung wird auch im Falle einer Betriebsratsbeteiligung nach § 125 InsO unverändert festgehalten[590].
Der Betriebsratsbeteiligung kommt hinsichtlich der ersten Rechtsfolge also nicht etwa die Funktion zu, durch ein Einverständnis eine Veränderung der Anforderungen an den Kündigungsgrund zu rechtfertigen. Der Beitrag zu dem vom Gesetzgeber verfolgten Ziel, ein den Bedürfnissen der Insolvenz angepaßtes, die Schutzinteressen der Arbeitnehmer aber nicht völlig vernachlässigendes Verfahren zur Durchführung betriebsbedingter Kündigungen zu schaffen, wird hier vielmehr dadurch erbracht, daß die Betriebsratsbeteiligung zu einer Vermutungsregel und damit allein zu einer Neuverteilung des Beweisrisikos führt.

§ 125 I S. 1 Nr. 1 InsO knüpft damit an den schon dargelegten Umstand an, daß der Betriebsrat bei der Erstellung einer Namensliste in jedem Fall eine Rechtmäßigkeitsprüfung hinsichtlich Betriebsbedingtheit und Sozialauswahl vorzunehmen hat[591]. Wenn die Vermutungsregel nun den Aspekt der Betriebsbedingtheit hervorhebt, so kommt darin zum Ausdruck, daß vom Betriebsrat eine besondere Beachtung dieses Aspekts erwartet und ihm gerade diesbezüglich eine besondere sachliche Kompetenz beigemessen wird, die genutzt werden soll[592].

InsolvenzrechtHB/Heinze § 106 Rn 29.

589 Vgl. Küttner a.a.O. S. 443, Heinze NZA 1999, 59.

590 Zu Zweifeln, ob diese theoretische Vorgabe auch in der Praxis ausreichend beachtet wird, vgl. Kocher BB 1998, 219.

591 Vgl. o. S. 157ff.

592 In der Gesetzesbegründung kommt dieses Vertrauen in die Prüfungsfunktion des Betriebsrats zum Ausdruck, wenn dort davon ausgegangen wird, daß der Betriebsrat sich seiner Verantwortung gegenüber den Arbeitnehmern bewußt ist, sich nicht von sachfremden Erwägungen leiten läßt und nur solche Arbeitnehmer auf die Namensliste setzt, deren Kündigung wirklich betriebsbedingt und auch im übrigen unvermeidbar ist. Deswegen soll die Betriebsbedingtheit im Fall des § 125 InsO nur noch im Ausnahmefall erfolgreich vor Gericht in Zweifel

bb) Für das Zustandekommen einer entsprechenden Namensliste setzt der Gesetzgeber damit das Einverständnis des sachkundig eine Rechtmäßigkeitskontrolle vornehmenden und insbesondere die Betriebsbedingtheit prüfenden Betriebsrats voraus. Dabei wird ihm wegen seiner Kenntnisse des Betriebs und seiner Stellung als Interessenvertreter der Arbeitnehmer auch eine kritische Prüfung zugetraut. Die Namenslistenvereinbarung ist deshalb als entsprechende Stellungnahme des Betriebsrats zu deuten, aus der eine erhöhte Wahrscheinlichkeit für das Vorliegen dieses Kündigungsgrunds folgt und die somit die einer erfolgreichen Sanierung förderliche *Vermutung* der Betriebsbedingtheit der Kündigungen rechtfertigt.
Damit tritt im Fall einer in den Geltungsbereich des § 125 InsO fallenden Namensliste hinsichtlich der ersten Rechtsfolge wieder die grundsätzlich schon von den klassischen Beteiligungsrechten bekannte *Indizfunktion* der Betriebsratsbeteiligung auf[593]. Geändert hat sich allerdings entsprechend der Zielrichtung des § 125 InsO die Richtung der Indizwirkung: Es wird hier vom Betriebsrat eine bestimmungsgemäß *zu Lasten* bestimmter Arbeitnehmer gehende Vermutung erzeugt[594].

c) Die Einschränkung der gerichtlichen Überprüfungsmöglichkeiten nach § 125 I S. 1 Nr. 2 InsO und die diesbezügliche Funktion der Betriebsratsbeteiligung

Über § 125 I S. 1 Nr. 2 InsO kommt der Betriebsratsbeteiligung an Namenslisten dagegen eine ganz andere Funktion zu.

aa) Der grundlegende Unterschied ist darin begründet, daß die zweite Rechtsfolge der Namensliste im Gegensatz zur ersten keine Vermutungsregel darstellt[595]. Das Gericht wird gerade nicht angehalten, die Namensliste im Zweifel als Hinweis auf die einfache Rechtmäßigkeit der Sozialauswahl zu interpretieren, sondern es bleibt bei den zu § 1 III KSchG anerkannten Grundsätzen der abgestuf-

---

gezogen werden können. Vgl. die Begründung zum Regierungsentwurf einer InsO, BT-Drucks. 12/2443, S. 149.

[593] S. dazu z.B. o. S. 91ff.

[594] Vgl. dazu, daß die Namensliste nach § 125 InsO dabei – sozusagen als Reflex – auch einen gewissen faktischen Schutz der nichtgenannten Arbeitnehmer bewirkt, schon o. S. 158f. Eine Nichtnennung bestimmter Arbeitnehmer bewirkt dagegen nicht die Unzulässigkeit ihrer Kündigung; darauf wird später noch genauer zurückzukommen sein.
Ein bemerkenswerter Unterschied zu den Indizwirkungen nach § 102 BetrVG besteht i.ü. auch insofern, als § 125 I S. 1 Nr. 1 InsO keinerlei Begründungserfordernis zugrundeliegt.

[595] Vgl. FK-InsO/Eisenbeis § 125 Rn 8, 19. Gerade im Vergleich mit § 125 I S. 1 Nr. 1 InsO macht der Wortlaut der in Nr. 2 vorgesehenen Rechtsfolge dies sehr deutlich. Anders Schaub DB 1999, 222.

ten Darlegungs- und Beweislast[596]. Statt dessen ordnet § 125 I S. 1 Nr. 2 InsO vielmehr eine unwiederbringliche Einschränkung dessen an, was im Rahmen der gerichtlichen Beurteilung der Wirksamkeit der Kündigungen hinsichtlich der Sozialauswahl beanstandet werden kann. Bezüglich der hier zunächst nur zu betrachtenden Einschränkung auf der Stufe der Sozialauswahl im engeren Sinne bedeutet dies, daß im Falle des § 125 InsO nur noch entscheidend ist, ob die Kündigung aufgrund einer völlig unausgewogenen Berücksichtigung der sozialen Grundkriterien grob fehlerhaft ist[597]. Daraus folgt zwingend, daß in einer Namensliste festgestellte Auswahlentscheidungen und damit die darauf beruhenden Kündigungen auch dann wirksam sein können, wenn sie *gewisse* Abweichungen zu den herkömmlich über § 1 III KSchG an eine Sozialauswahl gestellten Anforderungen aufweisen, die bisher zu einer Versagung der Wirksamkeit durch die Gerichte führten[598]. Genau darauf zielt der Gesetzgeber auch ab, um eine schnelle und rechtssichere Möglichkeit zu wirksamen Kündigungen zu eröffnen.

bb) Mag diese Einschränkung wirksamkeitsrelevanter Fehler auch das praktisch allein Bedeutende sein, so darf dennoch die genaue Rolle der Betriebsparteien und ihrer Auswahltätigkeit hinsichtlich der ungewöhnlichen Rechtsfolge des § 125 I S. 1 Nr. 2 InsO nicht als nebensächlich angesehen werden[599]. Gerade bei einer solch starken kündigungsrechtlichen Auswirkung gilt es wieder, die genaue Funktion der Betriebsratsbeteiligung zu betrachten.

Hinsichtlich der Rolle der Betriebsparteien im Rahmen des § 125 I S. 1 Nr. 2 InsO erweist sich die dortige Anordnung, die gerichtlichen Beanstandungsmöglichkeiten bezüglich der sozialen Auswahl auf „grobe Fehlerhaftigkeit“ zu beschränken, als unglücklich. Mit dieser Anordnung hatte § 125 InsO mehreren Regelungen, darunter auch § 1 IV KSchG, als Vorbild gedient[600] und gerade be-

---

[596] S. BAG, Urt. v. 7.5.98 – 2 AZR 536/97, NZA 1998, 933 – zu § 1 V KSchG a.F. – sowie LAG Hessen Urt. v. 24.6.1999 – 3 Sa 1278/98, NZA-RR 2000, 74. S. auch FK-InsO/Eisenbeis § 125 Rn 18f m.w.N., MK-InsO/Löwisch/Caspers § 125 Rn 91, Oetker/Friese DZWIR 2001, 181, Zeuner in Festschrift Zöllner S. 1023, Berscheid ZINSO 1999, 511ff sowie LAG Hamm Urt. v. 28.5.98 – 8 Sa 76/98, LAGE § 125 InsO Nr. 1 mit einem Kurzkommentar von Westpfahl in EWIR 1998, 1093f. Anders Schaub DB 1999, 222.

[597] Vgl. dazu schon o. S. 162f.

[598] Vgl. bezüglich der ähnlichen Rechtsfolge nach § 1 IV KSchG auch schon o. S. 127ff.

[599] Auch wenn es – worauf bei FK-InsO/Eisenbeis § 125 Rn 10 hingewiesen wird – wegen des Fehlens unterschiedlicher Auswirkungen auf die Wirksamkeit von Kündigungen für die betroffenen Arbeitnehmer praktisch irrelevant und somit eine eher theoretische Überlegung sein mag, ob sich die Betriebsparteien z.B. „bemühen müssen“, den herkömmlichen Maßstab des § 1 III KSchG strikt einzuhalten, obwohl gar keine entsprechende gerichtliche Kontrolle erfolgt.

[600] Vgl. die entsprechenden Anordnungen in § 1 IV, V a.F. KSchG und § 323 II UmwG.

züglich § 1 IV KSchG wurde bereits oben festgestellt, daß die dortige Rechtsfolge die eigentliche Rolle der Betriebsparteien nicht richtig beschreibt. Denn die Formulierung deutet scheinbar darauf hin, daß sich § 125 I S. 1 Nr. 2 InsO nicht etwa an die Betriebsparteien wendet, um diesen einen neuen, einfacheren Maßstab für die Sozialauswahl vorzugeben, sondern daß allein das Gericht Normadressat ist. Es wird scheinbar die Möglichkeit der *„einfachen Fehlerhaftigkeit"* vorausgesetzt und so nahegelegt, eine *richtige* Sozialauswahl durch Insolvenzverwalter und Betriebsrat komme immer nur dann in Betracht, wenn sie den herkömmlichen Anforderungen des § 1 III KSchG in seiner durch die Rechtsprechung geprägten Form genüge. § 125 I S. 1 Nr. 2 InsO bestimmte dann lediglich, daß eine fehlerhafte Auswahl, soweit nur „einfache Fehler" gemacht wurden, gerichtlich nicht zu beanstanden ist[601].
Dies trifft indes nicht zu. Mag es bei § 125 InsO auch an ähnlich deutlichen Hinweisen auf eine Regelungskompetenz der Betriebsparteien fehlen, wie sie bei § 1 IV KSchG vorliegen[602], so ist eine solche doch auch bei § 125 InsO bezweckt. Dort ist ebenfalls von einer den Betriebsparteien zugewiesenen *Kompetenz* auszugehen, innerhalb des Rahmens der „groben Fehlerhaftigkeit" den *richtigen Maßstab* für die soziale Auswahl zu bestimmen[603]. Zum einen wäre ein Ausschluß gerichtlicher Prüfungsmöglichkeiten bei weiterhin als rechtswidrig bewerteten Vorgängen im Hinblick auf die Rechtsweggarantie ein zumindest sehr ungewöhnlicher Weg[604]. Zum anderen knüpft § 125 InsO mit seiner ungewöhnlichen zweiten Rechtsfolge genau wie § 1 IV KSchG an den schon länger bestehenden Ansatz der Rechtsprechung an, von einem gewissen Spielraum der Betriebsparteien auszugehen, innerhalb dessen sie für die Gerichte verbindlich bestimmen können, wie *richtig* auszuwählen ist[605].

---

[601] Vgl. dazu insgesamt auch schon o. S. 135ff. Um „richtig" zu sein, müßte eine Sozialauswahl weiterhin den auch für eine allein durch den Arbeitgeber erfolgende Sozialauswahl geltenden Anforderungen genügen – sie müßte also u.a. *alle* sozialen Belange „ausreichend" berücksichtigen.

[602] Vgl. zu den Anforderungen an Richtlinien im Sinne des § 1 IV KSchG, die festlegen müssen, „welche" sozialen Gesichtspunkte „wie" zu berücksichtigen sind, o. S. 131ff.

[603] So überzeugend Caspers Rn 177, 147 und für die vergleichbare Situation bei § 1 IV KSchG auch MüArbR-Berkowsky § 139 Rn 196. Interessant ist hinsichtlich dieser Frage, ob hinter der Einschränkung gerichtlicher Überprüfung auf „grobe Fehlerhaftigkeit" ein echter Regelungsspielraum der Betriebsparteien zu sehen ist, auch die Betrachtung der vergleichbaren Problematik einer bei § 323 II UmwG zunehmend angenommenen Dispositionsbefugnis der Betriebsparteien; vgl. dazu Kohte BB 1998, 952f.

[604] Solche Bedenken im Hinblick auf die Rechtsweggarantie werden geäußert bei HK-KSchG/Dorndorf § 1 Rn 1135.

[605] Vgl. zu dem ausdrücklichen Bezugnehmen des Gesetzgebers auf diese Rechtsprechung o. S. 153f.

Dieser Spielraum wird nun bewußt deutlich ausgebaut[606]. Der mißverständliche Wortlaut der „groben Fehlerhaftigkeit" sowie das alleinige Abstellen auf die gerichtlichen Prüfungsmöglichkeiten erklärt sich dabei wohl schlicht daraus, daß die von den Gerichten für sich vorbehaltenen Beanstandungsmöglichkeiten bislang das entscheidende Hemmnis für eine praktisch relevante Bedeutung an sich anerkannter Spielräume waren[607].

Demnach ist festzuhalten, daß auch durch § 125 I S. 1 Nr. 2 InsO nur scheinbar allein der gerichtliche Prüfungsmaßstab verändert wird. Der Gesetzgeber hatte vielmehr die Rolle der Betriebsparteien im Blick, die über den ihnen eingeräumten Spielraum ihre eigenen, die herkömmlichen Anforderungen des § 1 III KSchG im Rahmen der „groben Fehlerhaftigkeit" modifizierenden Auswahlmaßstäbe bilden konnten. Diese Rolle sollte entgegen der bisherigen Situation gesichert und ausgebaut werden und so praktische Bedeutung gewinnen.
§ 125 I S. 1 Nr. 2 InsO dient strenggenommen nicht dazu, „leichte Fehler" lediglich unsanktioniert zu lassen. Nach ihm können die Betriebsparteien vielmehr bei der Erstellung der Namensliste entweder ordnungsgemäß ihren nun größeren Spielraum nutzen – insoweit ist ihr Ergebnis fehlerfrei – oder die ihnen gesteckten Grenzen überschreiten und somit grob fehlerhaft handeln[608].

cc) Bedeutend für diesen den Betriebsparteien demnach eingeräumten Spielraum ist auch die Regelung des § 125 I S. 1 Nr. 2 a.E. InsO. Nach ihr ist eine „grobe Fehlerhaftigkeit" der Auswahl, also eine Überschreitung des Spielraums bei der Gestaltung des Auswahlmaßstabs, nicht anzunehmen, sofern die *Erhaltung* oder die *Schaffung einer ausgewogenen Personalstruktur* erreicht wird. Damit wird betont, daß neben den beschriebenen Möglichkeiten, den Auswahlmaßstab hinsichtlich der sozialen Belange zu gestalten, von den Betriebsparteien gerade auch ein Korrektiv gegenüber der Berücksichtigung sozialer Belange in die Erstellung der Namensliste eingebaut werden kann[609]. Auf diese Weise wird ein wesentliches betriebliches Interesse bei der Einschränkung der gerichtlichen Überprüfbarkeit berücksichtigt[610].

---

[606] Insgesamt läßt sich feststellen, daß der Spielraum der Betriebsparteien im Rahmen des Verfahrens nach § 125 InsO deutlich über den hinausgeht, den die Rechtsprechung ihnen bezüglich Auswahlentscheidungen bisher gewährte; vgl. dazu – zur ähnlichen Rechtsfolge des § 1 IV KSchG – schon o. S. 128f sowie Kocher BB 1998, 217.

[607] Vgl. zur damaligen Rechtslage hinsichtlich Auswahlrichtlinien und der aufgrund der gerichtlichen Prüfungsvorbehalte praktisch geringen Bedeutung des dort vermeintlich anerkannten Regelungsspielraums der Betriebsparteien o. S. 124ff.

[608] S. o. S. 166f und insbesondere Fn 603.

[609] Vgl. den Ausschußbericht zum Gesetzentwurf der Bundesregierung für eine InsO, BT-Drucks. 12/7302, S. 172.

[610] S. Löwisch RdA 1997, 81 und Caspers Rn 202.

Unabhängig davon, wie frei Betriebsrat und Insolvenzverwalter hinsichtlich der Festlegung einer ausgewogenen Personalstruktur sind und wie diese Bestimmung dogmatisch einzuordnen ist[611], bedeutet das eine Erweiterung ihres Spielraums. Sie können nun auch entscheiden, die Auswahl, über die bisherigen Möglichkeiten, diese an betrieblichen Belangen zu orientieren[612], hinaus, gezielt auf die Erhaltung und vor allem auch die Schaffung einer ausgewogenen Personalstruktur auszurichten.
Damit haben beide bei der gemeinsamen Erstellung der Namensliste nun die Aufgabe, zu entscheiden, ob und gegebenenfalls in welchem Umfang sie bei der zugrundeliegenden Auswahlentscheidung von dieser Sanierungserleichterung Gebrauch machen. Sie haben also zu prüfen, ob sie ein sehr stark an diesen betrieblichen – und damit eben nicht mehr vorrangig an sozialen – Belangen orientiertes Auswahlergebnis herbeiführen wollen, um dem Insolvenzverwalter bzw. dem Übernehmer des Betriebs auf diese Weise eine möglichst funktions- und wettbewerbsfähige Belegschaft zur Verfügung zu stellen[613].

dd) Der Umstand, daß Insolvenzverwalter und Betriebsrat im Hinblick auf § 125 I S. 1 Nr. 2 InsO diese Spielräume zur gemeinsamen Nutzung eingeräumt sind, macht auch die speziell auf diese Rechtsfolge bezogene Funktion der Betriebsratsbeteiligung deutlich.

Diese zweite Rechtsfolge des § 125 InsO zeigt, daß die Namensliste nicht strikt auf der herkömmlichen Anwendung des Auswahlmaßstabs nach § 1 III KSchG beruhen muß. Aufgrund dessen kann es nicht mehr schlicht die Aufgabe des Betriebsrats sein, bei einer Vereinbarung der zu Kündigenden die Rechtmäßigkeit zu kontrollieren.
Die Namensliste stellt vielmehr ein Auswahlergebnis dar, dem die Befugnis der Betriebsparteien zugrundeliegt, innerhalb gewisser Grenzen einen eigenen Auswahlmaßstab umzusetzen[614]. Die von den Betriebsparteien bei der Erstellung der Namensliste zu beachtenden Grenzen liegen dabei entsprechend dem nach § 125 I S. 1 Nr. 2 InsO angeordneten Prüfungsmaßstab in den Grundwertungen des § 1 III KSchG. Damit muß das in der Namensliste erfaßte Ergebnis zumindest auf einer nicht völlig unausgewogenen Berücksichtigung der drei Grundkriterien beruhen und darf vor allem der Auswahlentscheidung nicht ihren Charakter als Sozialauswahl nehmen. Es hat also grundsätzlich die Suche nach den sozial am

---

[611] Vgl. o. Fn 586.
[612] Vgl. zu der schon früher bestehenden Möglichkeit, zumindest die Erhaltung der Altersstruktur zu berücksichtigen, Löwisch KSchG § 1 Rn 380.
[613] S. FK-InsO/Eisenbeis § 125 Rn 9.
[614] Vgl. dazu schon o. S. 165ff. Vorausgesetzt ist damit indes nicht, daß die Betriebsparteien sich bei der Erstellung der Namensliste zwingend über einen *abstrakten* Auswahlmaßstab einigen müßten.

wenigsten Schutzbedürftigen zu erfolgen und andere als soziale Belange dürfen nur im Rahmen des § 1 III S. 2 KSchG sowie vor allem des – diese Möglichkeit betont das Gesetz – § 125 I S. 1 Nr. 2 InsO a.E. berücksichtigt werden[615].

Lediglich hinsichtlich dieses Erfordernisses, die Grundwertungen des § 1 III KSchG einzuhalten, übt der Betriebsrat noch eine *gewisse Rechtmäßigkeitskontrollfunktion* aus. Dies ist allerdings schon deswegen ein nicht zu gering zu schätzender Nebenaspekt der hier zu erörternden Funktion der Betriebsratsbeteiligung, weil die Namensliste als solche keine Transparenz hinsichtlich der bei der Auswahl tatsächlich berücksichtigten Belange bietet. Dementsprechend erfüllt diese Teilfunktion wegen der nur im Einverständnis mit dem Betriebsrat möglichen namentlichen Benennung nach § 125 InsO einen wichtigen Schutz vor einer – versteckten – unsachlichen, also die Grundwertung des § 1 III KSchG nicht tatsächlich berücksichtigenden Auswahl. So kann die Gefahr einer Benachteiligung unliebsamer Gruppen oder Arbeitnehmer der Belegschaft reduziert werden[616].

Die eigentliche Funktion der Beteiligung liegt bei § 125 I S. 1 Nr. 2 InsO aber darin, daß der Betriebsrat *mitwirkt*, den durch diese Regelung mit der „groben Fehlerhaftigkeit" vorgegebenen Auswahlspielraum überhaupt *zu eröffnen* und ihn vor allem *auszufüllen*. Mit gewissen Modifikationen taucht hier wieder die *Verhandlungsfunktion* des Betriebsrats auf, wie sie schon hinsichtlich § 1 IV KSchG dargelegt wurde[617].
So will § 125 InsO zwar zur Erhöhung der Rechtssicherheit und zur Erleichterung der Sanierung eine Möglichkeit zur Lockerung der kündigungsrechtlichen Anforderungen an betriebsbedingte Kündigungen bieten. Dem Insolvenzverwalter soll dadurch ein größerer Spielraum hinsichtlich der Durchführung der Sozialauswahl sowie – zur erleichterten Verfolgung betrieblicher Belange – auch

---

[615] Vgl. dazu schon o. S. 128ff und zur Beibehaltung des Sozialauswahlcharakters auch Hess/Weis/Wienberg InsO § 125 Rn 23 und – noch bezogen auf § 1 V KSchG a.F. – Giesen ZfA 1997, 176. Diese Gebundenheit der Betriebsparteien bei der Namenslistenerstellung versucht man teilweise durch die Formulierung zum Ausdruck zu bringen, daß den Betriebsparteien über den Maßstab der „groben Fehlerhaftigkeit" kein *Ermessens*spielraum und insbesondere keine unbegrenzte Entscheidungs- bzw. Gestaltungsfreiheit hinsichtlich der Anwendung der Auswahlentscheidungskriterien eingeräumt ist, sondern ihnen vielmehr nur ein *Beurteilungs*spielraum zustehe. Vgl. dazu z.B. Giesen und Hess/Weis/Wienberg jeweils a.a.O. sowie zu den Zweifeln an dieser Begrifflichkeit schon o. Fn 426.
[616] Vgl. zu dieser – auch durch die Betriebsratsbeteiligung nicht zu beseitigenden – Gefahr, aufgrund derer auch der Prüfungsmaßstab der groben Fehlerhaftigkeit sehr ernst zu nehmen ist, Gottwald InsolvenzrechtsHB/Heinze § 106 Rn 34 und auch Giesen ZfA 1997, 175 – zu § 1 V KSchG a.F. Darauf, daß die Beteiligung des Betriebsrats u.U. auch eine Gefahr für einzelne Arbeitnehmer darstellen kann, wird später noch im einzelnen einzugehen sein.
[617] Vgl. dazu o. S. 140ff.

hinsichtlich der Möglichkeiten, eine ausgewogene Personalstruktur zu erhalten oder zu schaffen, eröffnet werden. Er soll diesen Freiraum aber, um die Gefahr des Mißbrauchs einzuschränken, *nicht allein* nutzen können, sondern er hat sich diesbezüglich mit dem Betriebsrat als seinem mit den betrieblichen Verhältnissen ebenfalls bestens vertrauten Verhandlungspartner zu einigen. Diese Einigung soll im Falle des § 125 InsO an die Stelle einiger herkömmlich zur Sicherung der Einzelfallgerechtigkeit durch § 1 III KSchG vorausgesetzter Anforderungen an die Sozialauswahl treten. Sie soll also entsprechende Beanstandungsmöglichkeiten der Arbeitsgerichte ersetzen, die nach § 125 I S. 1 Nr. 2 InsO – zumindest hinsichtlich der Sozialauswahl im engeren Sinne – weitgehend wegfallen. Damit hat im Rahmen des § 125 InsO das notwendige Zusammenwirken zweier, grundsätzlich für verschiedene Interessenrichtungen stehender Verhandlungspartner weitgehend allein die Gewähr für ein *gerechtes* Auswahlergebnis zu sichern[618].

Soweit der Freiraum für die Auswahlentscheidung reicht, ist sie demnach mit dem Betriebsrat *zu verhandeln*, der dabei den Gegenpol zu den vom Insolvenzverwalter zumindest vorrangig zu berücksichtigenden Interessen bestmöglicher Gläubigerbefriedigung durch Sanierung oder Verwertung[619] bilden soll. Dabei ist es ihm weitgehend allein auferlegt, für Auswahlgerechtigkeit einzutreten. Gerüstet ist der Betriebsrat für diese Aufgabe wegen des Erfordernisses seiner Zustimmung zur Vereinbarung der Namensliste und der wohl durchaus zu erwartenden Neigung des Insolvenzverwalters, zur Erreichung höherer Rechtssicherheit für die Sanierungsmaßnahme den Forderungen des Betriebsrats entgegenzukommen.

Letztlich heißt dies für die Funktion des Betriebsrats, daß er auf eine Benennung der Arbeitnehmer zu achten hat, die sich als Umsetzung eines gerechten Auswahlmaßstabs erweist. Dieser kann zwar im zulässigen Rahmen Abweichungen von den herkömmlich nach § 1 III KSchG vorgesehenen Anforderungen enthalten, um so den Bedürfnissen der Insolvenzbewältigung – insbesondere durch die Erhöhung der Rechtssicherheit und vor allem auch durch die erweiterte Möglichkeit der Berücksichtigung betrieblicher Belange – gerecht zu werden. Er muß aber aus Sicht des Betriebsrats dabei immer noch eine gerechte Auswahl in

---

[618] Vgl. zur Erwartung, daß der Betriebsrat dieser gerechtigkeitssichernden Verantwortung gerecht wird, die Begründung zum Gesetzentwurf der Bundesregierung für eine InsO, BT-Drucks. 12/2443, S. 149 und s. auch MK-InsO/Löwisch/Caspers § 125 Rn 81.

[619] Vgl. zu den vom Insolvenzverwalter wahrzunehmenden Interessen und der wohl erst nachrangigen sozialen Verantwortung für den Erhalt von Arbeitsplätzen Bork DZWIR 2001, 60f (Bericht zum 2. Hamburger Insolvenzrechtstag). Der Betriebsrat hat sich dagegen als „Hüter der Arbeitnehmerinteressen" zur Mitarbeit bereitzufinden, s. Zeuner in Festschrift Zöllner S.1024.

ausreichendem Maße sicherstellen, darf die Auswahlgerechtigkeit also nicht zu stark zurückdrängen[620].

4) Ergebnis: Die Funktion der Betriebsratsbeteiligung nach § 125 InsO

Es hat sich demnach gezeigt, daß die Funktion der Betriebsratsbeteiligung nach § 125 InsO an die Aufgaben der §§ 111ff BetrVG anknüpft, diese aber ganz gezielt fortentwickelt.

Ausgangspunkt ist die vom Betriebsrat im Rahmen der – auch § 125 InsO zugrundeliegenden – Beratungen nach § 111 BetrVG und der Verhandlungen über einen Interessenausgleich nach § 112 BetrVG grundsätzlich wahrzunehmende Aufgabe[621], eine *tatsächliche Vermittlungsfunktion* auszuüben. Dabei muß er als Interessenvertreter der Arbeitnehmerschaft durch *faktisch-argumentative* Tätigkeit versuchen, hinsichtlich des ob, wann und wie der Betriebsänderung einen Ausgleich zwischen den unternehmerischen Belangen und den Arbeitnehmerinteressen zu erreichen. Diese Aufgabe verändert sich indes, sobald der allgemeine Bereich der unternehmerischen Entscheidung verlassen und um eine genaue Festlegung der aus der Betriebsänderung folgenden Einzelmaßnahmen verhandelt wird, wie dies z.B. in Form der Vereinbarung einer Namensliste zu Kündigender auch außerhalb des Insolvenzverfahrens möglich ist. Bei einer solchen Namensliste hat der Betriebsrat grundsätzlich die Funktion einer *Rechtmäßigkeitsprüfung* hinsichtlich der Voraussetzungen für entsprechende Kündigungen zu erfüllen, um so einen faktischen Schutz vor versehentlich falscher Auswahl durch den Arbeitgeber zu bieten.

Im Rahmen der Erstellung von Namenslisten *im eröffneten Insolvenzverfahren* nach § 125 InsO werden die Funktionen der Beteiligung dann noch spezieller ausgestaltet, um ganz gezielt dem Abbau kündigungsrechtlicher Unwägbarkeiten zu dienen.
So wird in diesem Falle zum einen die Rechtmäßigkeitskontrolle der Betriebsbedingtheit in den Vordergrund gerückt. Der Betriebsrat übt hinsichtlich dieses Aspekts mit seinem gegebenenfalls erteilten Einverständnis zur Namensliste eine *Indizfunktion* aus, indem er durch die Vereinbarung der Namensliste zum Ausdruck bringt, daß er von der Betriebsbedingtheit der Kündigungen überzeugt ist. Dadurch rechtfertigt er die Vermutung des § 125 I S. 1 Nr. 1 InsO.

---

[620] Vgl. zum so über die Einschaltung des Betriebsrats erstrebten Ausgleich zwischen Rechtssicherheit und sozialer Gerechtigkeit schon o. S. 140ff.

[621] Wie dargelegt bleiben in dieser Untersuchung Fragen des Sozialplans und damit verbundene Aufgaben des Betriebsrats außer Betracht.

Zum anderen übt der Betriebsrat im Rahmen dieser Beteiligung vor allem eine *Verhandlungsfunktion* aus, die gewisse kündigungsrechtliche Bindungen ersetzt. Sie zielt darauf ab, im Hinblick auf die Bedürfnisse erfolgreicher Insolvenzbewältigungen Abweichungsmöglichkeiten von den Vorgaben des § 1 III KSchG zu eröffnen. Dabei soll gerade diese Verhandlung vor dem Hintergrund des für die Namensliste zwingend erforderlichen Einverständnisses des Betriebsrats – als die Arbeitnehmerinteressen vertretenden, gleichberechtigten Gegenpol zum Insolvenzverwalter – dafür sorgen, daß der eingeräumte Spielraum genutzt, aber nicht mißbraucht oder unsachlich ausgeübt wird. Dadurch soll trotz der Rücknahme rechtlicher Bindungen weiterhin ein gerechtes Auswahlergebnis gesichert werden.

5) Die Problematik des Spannungsverhältnisses im Fall der Namensliste nach § 125 InsO

Wie gesehen ist es notwendig, im Insolvenzverfahren Betriebsänderungen und damit verbundene Kündigungen leichter und rechtlich sicherer durchführen zu können. Denn es besteht allgemein sowie auch speziell von Seiten der betroffenen Belegschaft – wegen des damit oft erst möglichen Erhalts von Arbeitsplätzen – ein berechtigtes Interesse an einer schnellen und erfolgreichen Sanierung[622]. Dementsprechend ist es auch gerechtfertigt, bezüglich des Schutzes vor betriebsbedingten Kündigungen Einschränkungen, insbesondere hinsichtlich der Vorgaben für die Sozialauswahl, vorzunehmen. Dies ist selbst dann nicht zu beanstanden, wenn dadurch ganz erhebliche Einbußen für die den Betroffenen zustehenden Möglichkeiten entstehen, Kündigungen vor Gericht überprüfen zu lassen. Im Hinblick auf die Problematik des Spannungsverhältnisses etwas näher zu betrachten ist allerdings die kollektivrechtliche Umsetzung des § 125 InsO, der diese kündigungsrechtlichen Modifikationen vom Betriebsrat abhängig macht.

a) Die Regelung des § 125 I S. 1 Nr. 1 InsO

Unbedenklich ist diesbezüglich, daß *§ 125 I S. 1 Nr. 1 InsO* dem Betriebsrat die Wahrnehmung einer *Indizfunktion* zuweist.
Denn der Art nach sind solche Funktionen auch bei den anderen Kündigungsbeteiligungen festzustellen und mit ihren entsprechenden Auswirkungen auf die kündigungsrechtliche Stellung des Betroffenen auch gerechtfertigt. Auf diese Weise werden schlicht die guten Kenntnisse des Betriebsrats von der Betriebssi-

[622] Dazu schon o. S. 150ff.

tuation und sein Interessengegensatz zum Insolvenzverwalter genutzt, um über eine Prüfung des Kündigungssachverhalts eine Wahrscheinlichkeitsaussage bezüglich des Vorliegens bestimmter Rechtmäßigkeitsaspekte zu erlangen. Diese wirkt dann als reine und damit widerlegbare *Vermutung* in das weitere Verfahren hinein[623].
Entsprechend verhält es sich auch hinsichtlich § 125 I S. 1 Nr. 1 InsO und seiner Vermutung der Betriebsbedingtheit. Das durch die Kenntnisse und die Stellung des Betriebsrats gerechtfertigte Indiz wirkt sich hier zwar ungewöhnlicherweise zielgerichtet gegen die betroffenen Arbeitnehmer aus. Dies erklärt sich aber aus den Besonderheiten der Auswahlsituation, in der eine Stellungnahme des Betriebsrats zugunsten bestimmter Arbeitnehmer immer auch zu Lasten anderer geht. Und mag der den Arbeitnehmern nach § 125 I S. 1 Nr. 1 InsO aufgebürdete Gegenbeweis auch schwierig zu erbringen sein, so kann er eben doch erbracht[624] und damit gegebenenfalls diese Folge der Beteiligung beseitigt werden.

b) Die Regelung des § 125 I S. 1 Nr. 2 InsO

Problematisch ist dagegen die kollektivrechtliche Einwirkung auf die kündigungsrechtliche Situation nach *§ 125 I S. 1 Nr. 2 InsO.*

aa) Denn die dort vorgesehene Rechtsfolge ermöglicht dem Betriebsrat, in der Verhandlung mit dem Insolvenzverwalter auf bestimmte Positionen des Kündigungsschutzes *einzelner* Arbeitnehmer *endgültig* zu *verzichten*. Insofern besteht auch ein Gegensatz zu den nach § 1 IV KSchG mit teils ähnlicher Rechtsfolge versehenen Auswahlrichtlinien. Denn diese bewirken die Herbeiführung des Vorrangs der Rechtssicherheit vor der Einzelfallgerechtigkeit lediglich über eine abstrakte Gestaltung kündigungsschutzrechtlicher Vorgaben[625]. Aufgrund der Verbindung des Einzelfallbezugs mit der endgültigen Art arbeitnehmernachteiliger Einschränkung kündigungsrechtlicher Positionen schafft § 125 I S. 1 Nr. 2 InsO dagegen einen extremen Beispielsfall für die eingangs der Untersuchung dargelegte Problematik kollektivrechtlicher Beeinflussungen des individuellen Kündigungsschutzes. Und genau dies kommt u.a. auch in der teilweise sehr

---

[623] Vgl. dazu schon o. S. 85ff.
[624] Vgl. dazu, daß durchaus Möglichkeiten bestehen dürften, das Gegenteil zu beweisen, Hohenstatt NZA 1998, 851f und auch Zeuner in Festschrift Zöllner S. 1025 – s. aber auch Schiefer Anm. zu BAG, AP Nr. 1 zu § 1 KSchG 1969 Namensliste, der die Erfolgsaussichten betroffener Arbeitnehmer im Kündigungsschutzprozeß „gegen Null minimiert" sieht; entsprechend auch Nielebock AiB 1997, 92. Angesichts der Besonderheiten der Insolvenzsituation erscheint es i.ü. durchaus gerechtfertigt, dem Arbeitnehmer hierbei größere Schwierigkeiten aufzuerlegen.
[625] Vgl. zu diesem Unterschied wegen des Einzelfallbezugs der Namensliste Giesen in ZfA 1997, 175 – zu § 1 V KSchG a.F. – und auch schon o. S. 145ff.

deutlich geäußerten Kritik an § 125 InsO zum Ausdruck. So wird die Namenslistenvereinbarung als *Vertrag zu Lasten Dritter* bezeichnet bzw. wegen der dem Betriebsrat hinsichtlich der Bestimmung der sozialen Rechtfertigung einer Kündigung zukommenden Schlüsselstellung angenommen, daß betriebsbedingte Kündigungen nur noch als *kollektive Regelungsangelegenheiten* erscheinen bzw. eine *Betriebspartnerherrschaft* entsteht[626].

bb) Die oben zu § 125 I S. 1 Nr. 2 InsO herausgearbeitete Funktion der Betriebsratsbeteiligung vermag diese Bedenken nur größtenteils, aber keineswegs vollständig zu beseitigen.

Für eine gewisse Rechtfertigung der fraglichen kündigungsschutzrechtlichen Einschränkungen sorgt zunächst einmal das Bedürfnis, in der Insolvenzsituation bestimmte ansonsten bestehende kündigungsrechtliche Bindungen zu beseitigen. Dabei erfolgt die Einschränkung nicht pauschal, sondern es wird Insolvenzverwalter und Betriebsrat nur über gemeinsames Handeln die Möglichkeit eröffnet, eine Namensliste zu vereinbaren und damit den Auswahlspielraum nach § 125 I S. 1 Nr. 2 InsO zu schaffen. Wie oben dargelegt, hat der Betriebsrat dabei an sich die beschriebene *Verhandlungsfunktion* auszuüben. D.h. er muß mitauswählen und darf die ihm freigestellte Zustimmung zur Namensliste nur erteilen, wenn aus seiner Sicht trotz des Verzichts auf die Einhaltung einiger ansonsten zu beachtender Auswahlkriterien eine *gerechte* Auswahlentscheidung getroffen wurde.
Insofern scheint das notwendige Einverständnis zwischen Insolvenzverwalter und Betriebsrat, also zwischen Vertretern grundsätzlich unterschiedlicher Interessenpositionen, eine Gewähr dafür zu bieten, daß in der Auswahl zur Namensliste die Interessen des Betriebs bzw. der Gläubiger und der Arbeitnehmer – unter Beachtung der vorgegebenen Grenzen – gerecht zum Ausgleich gebracht werden. Dementsprechend wäre es dann auch vertretbar, eine gerichtliche Überprüfung nur noch für den Willkürschutz vorzusehen und den entsprechenden Prüfungsmaßstab somit auf die Kontrolle der Auswahlgrundsätze zurückzunehmen[627].

---

[626] Vgl. zu dieser speziellen Kritik – die neben die ansonsten geäußerte Kritik an den Einschränkungen des Kündigungsschutzes als solchen tritt – Kocher BB 1998, 216ff, Richardi NZA 1999, 617ff. Vgl. auch Buschmann AuR 1996, 288f – zu § 1 V KSchG a.F., der darauf hinweist, daß sich so eine betriebsverfassungsrechtliche Schutzform in ein Instrument zur Erleichterung von Kündigungen verwandelt, sowie des weiteren schon o. Fn 533 und auch den bei Grunsky in Festschrift Lüke S. 193 zitierten – unpassenden – Begriff der „Hinrichtungsliste".
[627] S. zu dieser Richtigkeitsgewähr Caspers Rn 177.

Dennoch bleiben Zweifel an § 125 I S. 1 Nr. 2 InsO bestehen. Den Betriebsparteien ist mit der „groben Fehlerhaftigkeit" zumindest hinsichtlich der *Sozialauswahl im engeren Sinne* ein ganz erheblicher Entscheidungsspielraum eingeräumt, in dem sie ohne gerichtliche Kontrolle und damit alleinverantwortlich die zu Kündigenden auswählen können[628]. Zu beachten ist dabei, daß sich die Betriebsparteien bei der Festlegung der Namensliste mangels Begründungspflicht nicht ausdrücklich auf einen Auswahlmaßstab festlegen müssen und § 125 I S. 1 Nr. 2 InsO a.E. die dann ohnehin nur auf Einhaltung der sozialen Grundkriterien mögliche Kontrolle durch die weite Öffnung für betriebliche Belange noch weiter relativiert. Faktisch dürften damit die gerichtliche Überprüfung der Auswahlentscheidung und somit auch der Kündigungsschutz weitgehend aufgehoben sein[629].

Aufgrund dessen steht die Beteiligung an einer Namensliste im Sinne des § 125 InsO, obwohl für sie eine durchaus sachgerechte Funktion aufzuzeigen ist und ihr keine echte „Sperrfunktion" für den Kündigungsschutz zukommt, zumindest in der Nähe der früheren Beteiligung nach den §§ 84ff BRG[630]. Denn die Beteiligung an der Namensliste wirkt über § 125 I S. 1 Nr. 2 InsO zielgerichtet, weitgehend und endgültig gegen Elemente des grundsätzlich auch in der Insolvenz gewährten Kündigungsschutzes einzelner betroffener Arbeitnehmer. Dies geschieht im übrigen, ohne daß diese überhaupt zwingend anzuhören wären[631]. Insofern ist an die Erfahrungen mit dem Einspruchsverfahren nach den §§ 84ff BRG zu erinnern. Diese haben gezeigt, daß der Betriebsrat für eine über die Anwendbarkeit des Kündigungsschutzes *abschließend entscheidende* Beurteilung der Schutzbedürftigkeit einzelner Arbeitnehmer aufgrund von Interessenkonflikten allenfalls eingeschränkt tauglich ist.

Die im Gesetzgebungsverfahren unbewiesen vorgebrachte Begründung, der Betriebsrat werde im Rahmen des Verfahrens nach § 125 InsO nur Kündigungen

---

[628] Die Stellung des Betriebsrats als eine die arbeitsgerichtliche Prüfung weitgehend ersetzende Kontrollinstanz für die Arbeitnehmerinteressen betont Kocher BB 1998, 219.

[629] Z.T. wird wegen der Rechtsfolgen einer Namensliste sogar von einer praktischen Schutzlosigkeit der Betroffenen ausgegangen; so zu dem entsprechenden § 1 V KSchG a.F. Hinrichs AiB 1999, 3. Vgl. auch die Nenn. o. Fn 624 zu einem „gegen Null" gehenden Kündigungsschutz. Ob wirklich eine kündigungsrechtliche Schutzlosigkeit eintritt, erscheint fraglich. Es ist aber zumindest, wie auch Kocher BB 1998, 217 betont, eine Schlüsselrolle des Betriebsrats für die Beurteilung der sozialen Rechtfertigung festzustellen.
Auch wenn Zeuner in Festschrift Zöllner S. 1025 keine Aufhebung des Kündigungsschutzes konstatiert, mahnt er dennoch besondere Sensibilität bei der Rechtsanwendung an, um Rechtsschutzinteressen und Beschleunigungserfordernisse in einem ausgewogenen Verhältnis zu halten.

[630] Diese Nähe sehen auch Zeuner in Festschrift Zöllner S. 1015ff, Kocher BB 1998, 218. Zur Sperrfunktion des Betriebsrats im Rahmen der §§ 84ff BRG s. schon o. S. 34ff.

[631] Auf das Problem mangelnden Gehörs der betroffenen Arbeitnehmer weist Kocher BB 1998, 219 zu Recht hin.

zustimmen, die wirklich unvermeidbar sind, steht zumindest im Gegensatz zu älteren Erfahrungen. Denn diese lassen eine allein aus der Betriebsratsbeteiligung folgende Gerechtigkeitsgewähr zumindest zweifelhaft erscheinen[632].
Die Bedenken, die dahin gehen, der Betriebsrat vermöge bei seiner Beteiligung vielleicht die beschriebene gerechtigkeitssichernde Funktion des öfteren nicht auszuüben, werden noch dadurch verstärkt, daß sich der Betriebsrat im Fall des § 125 InsO in der besonderen *Drucksituation* des Insolvenzverfahrens befindet. Gerade unter diesen Umständen sind durchaus Beeinflussungen denkbar, die den Betriebsrat nicht „objektiver" hinsichtlich der Interessen *einzelner zu kündigender Individuen* machen. Daß § 125 InsO und seine Möglichkeiten gezielt genutzt werden, um eine Entfernung mißliebiger Arbeitnehmer oder Arbeitnehmergruppen mit Hilfe des Betriebsrats zu erreichen, erscheint also durchaus naheliegend[633].

c) Ergebnis

Deswegen bleibt letztlich als Ergebnis festzuhalten, daß die Regelung des § 125 InsO trotz durchaus festzustellender, die kündigungsrechtlichen Auswirkungen weitgehend deckender Funktionen wegen der in Abs. I S. 1 Nr. 2 InsO vorgesehenen Rechtsfolge im Hinblick auf die Problematik des Spannungsverhältnisses bedenklich ist. Die Regelung ist aufgrund der nicht ausreichend auszuräumenden Bedenken, der Betriebsrat vermöge die rechtfertigende Funktion vielleicht nicht wahrzunehmen und deswegen Mißbrauch ermöglichen, bei ihrer Anwendung in der Praxis zumindest kritisch zu beobachten.
Denn die Gefahr, daß der Kündigungsschutz bestimmter Arbeitnehmer ungerechtfertigt eingeschränkt und vielleicht gar „verkauft" wird[634], ist nicht von der Hand zu weisen. Deswegen muß bei der tatsächlichen Anwendung des § 125 InsO darauf geachtet werden, ob sie tatsächlich zu einer nennenswerten Verein-

---

[632] Vgl. zum Vertrauen in den Betriebsrat die Begründung des Regierungsentwurfs der InsO, BT-Drucks. 12/2443, S. 149, aber eben auch die Erfahrungen mit den §§ 84ff BRG sowie die darauf zurückgehenden gesetzgeberischen Bestrebungen, eine Sperrfunktion des Betriebsrats für den Kündigungsschutz in Zukunft zu vermeiden – dazu schon o. S. 34ff und 54ff.

[633] S. zu den aus der besonderen Situation der Insolvenz – z.B. Zeitdruck, Druck Sanierung nicht zu gefährden, drohender § 126 InsO – entstehenden Bedenken, der Betriebsrat könnte Rechte mißliebiger Arbeitnehmer „verkaufen" bzw. zumindest nicht mehr die nötige Unparteilichkeit aufbringen, Kocher BB 1998, 218f. Vgl. zur Drucksituation bei Interessenausgleichsverhandlungen auch Nielebock AiB 1997, 93 und zur Gefahr unsachlicher Benachteiligung bestimmter Arbeitnehmer auch Gottwald InsolvenzrechtHB-Heinze § 106 Rn 34 sowie DKK-Däubler (Anhang zu §§ 111-113 BetrVG) § 125 Rn 5.

[634] Deswegen wird dem Betriebsrat z.T. auch abgeraten, entsprechende Namenslisten zu vereinbaren, s. Kocher BB 1998, 219.

fachung und damit Verbesserung der Erfolgschancen von Sanierungen beiträgt[635].
Sollte sich die Namensliste nicht als das erwartet geeignete Instrument zur erleichterten Insolvenzbewältigung erweisen, weil sie z.B. nur sehr selten vereinbart wird bzw. die Erleichterungen für den Insolvenzverwalter keinen nachweisbaren Beitrag zur Erhöhung des Erfolgs von Sanierungen bringen, dann wäre es nicht weiter hinzunehmen, daß durch § 125 InsO Gefahren für einen gerechten Schutz des Individuums geschaffen werden. Entsprechend verhielte es sich, sofern sich Mißbrauchsfälle erkennbar häuften oder Betriebsräte regelmäßig ihre die kündigungsrechtlichen Wirkungen rechtfertigende Funktion nicht erfüllten. Es müßte dann über eine Aufhebung des § 125 I S. 1 Nr. 2 InsO nachgedacht werden. Alternativ könnten allgemeine Einschränkungen des Kündigungsschutzes in der Insolvenz eingeführt oder die Möglichkeiten ausgebaut werden, kündigungsrechtliche Vereinfachungen durch abstrakte Regelungen wie Auswahlrichtlinien zu erreichen.

[635] Die Ansichten darüber, ob von der Möglichkeit der Namensliste nach § 125 InsO auch in nennenswertem Umfang Gebrauch gemacht werden wird, sind äußerst unterschiedlich. Zu Zweifeln daran, daß die Namensliste sich durchsetzt vgl. Nagel S. 53f, Grunsky in Festschrift Lüke S. 193 und den Hinweis bei Zeuner in Festschrift Zöllner S. 1025, daß dem Betriebsrat mit dieser Beteiligung eine sehr schwere Aufgabe aufgebürdet wird. Andere Einschätzungen betonen mehr die erheblich erhöhte Attraktivität der Namensliste für den Insolvenzverwalter und tendieren deswegen wohl eher dazu, eine beachtenswerte Bedeutung anzunehmen; vgl. z.B. Löwisch BB 1999, 104 – mit dem Hinweis auf die positive Aufnahme des § 1 V KSchG in der Praxis –, Hohenstatt NZA 1998, 851 und Matthes RdA 1999, 178.

Dritter Teil: Die Funktionen der Kündigungsbeteiligungen und streitige Auslegungsfragen

Im letzten Teil der Untersuchung ist nun darauf einzugehen, wie sich die gewonnenen Erkenntnisse zu den Funktionen der verschiedenen Kündigungsbeteiligungen auf die Behandlung einzelner streitiger Auslegungsfragen auswirken. Des weiteren ist zu betrachten, ob sich vielleicht auch vereinzelt aus der Lösung bestimmter, in der Untersuchung bislang offengelassener Auslegungsfragen noch eine Ergänzung oder Veränderung der jeweiligen Funktion ergibt.

I) Fragen zur Betriebsratsanhörung nach § 102 I-V BetrVG

1) Die entsprechende Anwendung der Unwirksamkeitssanktion des § 102 I S. 3 BetrVG bei fehlerhafter Anhörung

a) § 102 I S. 3 BetrVG und die Anwendung auf fehlerhafte Anhörungen

Obwohl § 102 I S. 3 BetrVG nur die fehlende Anhörung mit der Unwirksamkeit der Kündigung sanktioniert, bestand seit jeher Einigkeit darüber, daß auch die fehlerhafte Information des Betriebsrats durch den Arbeitgeber entsprechend § 102 I S. 3 BetrVG diese Rechtsfolge herbeiführt[636]. Für diese Sanktion besteht schlicht ein Bedürfnis, um unwahre oder unvollständige Unterrichtungen weitgehend auszuschließen.

Als problematisch erweist sich indes die Frage, nach welchem Maßstab die Fehlerhaftigkeit der Anhörung zu bestimmen ist. Überwiegend wird diesbezüglich von der ***subjektiven Determination*** der Mitteilungspflicht ausgegangen, nach der der Arbeitgeber dem Betriebsrat für eine fehlerfreie Anhörung nur die für seinen eigenen Kündigungsentschluß maßgeblichen Umstände mitzuteilen hat[637]. Sub-

---

[636] S. nur BAG, Urt. v. 28.2.1974 – 2 AZR 455/73, AP Nr. 2 zu § 102 BetrVG 1972, BAG, Urt. v. 4.8.75, AP Nr. 4 zu § 102 BetrVG 1972, BAG, Urt. v. 22.9.1994 – 2 AZR 31/94, NZA 1995, 363, BAG, Urt. v. 17.2.00 – 2 AZR 913/98, AP Nr. 113 zu § 102 BetrVG 1972, Berkowsky NZA 1996, 1065 und Löwisch/Kaiser BetrVG Rn 27. Vgl. zur Darlegungs- und Beweislast hinsichtlich einer ordnungsgemäßen Anhörung BAG, Urt. v. 16.3.00 – 2 AZR 75/99, AP Nr. 114 zu § 102 BetrVG 1972 und zur theoretischen Herleitung der Anwendbarkeit des § 102 I S. 3 auf die fehlerhafte Anhörung Raab ZfA 1995, 520ff m.w.N.

[637] S. zu dieser weit überwiegend vertretenen Auffassung nur BAG, Urt. v. 13.7.78 – 2 AZR 798/77, AP Nr. 18 zu § 102 BetrVG, BAG, Urt. v. 11.7.91 – 2 AZR 119/91, AP Nr. 57 zu § 102 BetrVG 1972, BAG, Urt. v. 17.2.00 – 2 AZR 913/98, AP Nr. 113 zu § 102 BetrVG 1972, KR-Etzel § 102 Rn 66, Löwisch/Kaiser BetrVG § 102 Rn 9, Rinke NZA 1998, 78 und Berkowsky NZA 1996,1068ff.

jektive Determination bedeutet indes nicht, daß der Arbeitgeber bei der Information den Sachverhalt bewußt irreführend oder unvollständig schildern kann[638].

In letzter Zeit wurde die subjektive Determination jedoch teilweise in Zweifel gezogen und stattdessen eine stärkere Objektivierung gefordert[639]. Dem liegt vor allem der Gedanke zugrunde, daß der Arbeitgeber zwar nur durch ganz bestimmte Gründe zu einer Kündigung motiviert sein mag, in seine Entscheidung jedoch in aller Regel auch andere objektiv erhebliche Umstände eingeflossen sind, auch wenn er diese letztlich nicht für entscheidend hielt. Damit der Betriebsrat sich ein dem Zweck des Anhörungsverfahrens gerecht werdendes Bild machen könne und nicht an eine Vorauswahl des Arbeitgebers gebunden werde, müsse aber auch er diese weiteren dem Arbeitgeber bekannten Umstände kennen, soweit sie objektiv kündigungserheblich sind.

b) Rückschlüsse aus den gewonnenen Erkenntnissen zur Funktion der Betriebsratsbeteiligung nach § 102 I-V BetrVG

aa) Die entsprechende Anwendung des § 102 I S. 3 BetrVG auf fehlerhafte Anhörungen erweist sich gerade im Hinblick auf die damit geschaffenen praktischen Schwierigkeiten von Arbeitgebern, keine Fehler im Anhörungsverfahren zu machen und die damit verbundene Unwirksamkeit der Kündigung zu vermeiden, als durchaus problematisch. In diesem Zusammenhang ist beispielsweise von einem „Stolperstein", einer „unfallträchtigen" Vorschrift oder gar vom „Jagdinstinkt der Instanzgerichte" bezüglich fehlerhafter Anhörungen die Rede[640]. Dennoch kann grundsätzlich an dieser entsprechenden Anwendung kein Zweifel bestehen. Eine wirksame Sanktionierung fehlerhafter Anhörungen, wie sie die entsprechende Anwendung des § 102 I S. 3 BetrVG bieten kann, ist erforderlich, da nur dies Mißbrauch verhindert. Nur so kann letztlich eine Infor-

---

638 S. dazu BAG, Urt. v. 2.11.1983 – 7 AZR 65/82, AP Nr. 29 zu § 102 BetrVG 1972 sowie BAG, Urt. v. 22.9.1994 – 2 AZR 31/94, NZA 1995, 363 und Löwisch/Kaiser § 102 Rn 10 – dort jeweils auch zur diesbezüglichen Beweislast und zur dogmatischen Einordnung eines solchen Verstoßes – und vgl. auch Berkowsky NZA 1996, 1069 sowie Hümmerich/Mauer DB 1997, 168.

639 S. Kraft in Festschrift Kissel, S. 611ff und Boecken SAE 1996, 28ff (Anm. zu BAG, Urt. v. 22.9.1994 – 2 AZR 31/94). Vgl. auch die Kritik an diesen Bestrebungen bei Berkowsky NZA 1996, 1065ff und des weiteren Rinke NZA 1998, 78 zu den Konstellationen, in denen diese Auffassung letztlich zu einer anderen Entscheidung über die Unwirksamkeit der Kündigung führt.

640 Vgl. zur Fehlerträchtigkeit der Anhörung und diesen Bezeichnungen Oppertshäuser NZA 1997, 920, Hümmerich/Mauer BB 1997, 165, 169, Rinke NZA 1998, 77.

mationsgrundlage des Betriebsrats gesichert werden, die diesem die Erfüllung der ihm im Rahmen des § 102 BetrVG zugewiesenen Funktion ermöglicht.
Daß für den Maßstab der fehlerhaften Anhörung auf die subjektive Determination zurückgegriffen wird, hängt allerdings mit dem herkömmlich angenommenen Zweck der Betriebsratsanhörung nach § 102 BetrVG zusammen. Danach soll diese letztlich nur dazu dienen, ein präventives, *tatsächliches Einwirken auf den Kündigungswillen* des Arbeitgebers zu ermöglichen. Der Betriebsrat soll dagegen im Rahmen der Anhörung nicht die Aufgabe haben, die Wirksamkeit der Kündigung zu prüfen. Deshalb seien auch nicht die gleichen Anforderungen an die Darlegungs- und Beweislast zu stellen wie im Kündigungsschutzprozeß[641]. Aufgrund dieses alleinigen Abstellens auf die tatsächliche Willensbeeinflussung des Arbeitgebers ist es dann natürlich auch sachgerecht, daß dieser dem Betriebsrat nur das mitteilen soll, was ihn selbst auch zu dem Kündigungsentschluß bewegt hat.

bb) Wie aus der obigen Funktionsuntersuchung hervorging, ist dieser Ausgangspunkt der überwiegenden Auffassung aber unvollständig und deshalb ergänzungsbedürftig. Die Betriebsratsanhörung dient eben nicht nur dem tatsächlichen Einwirken auf den Kündigungsentschluß des Arbeitgebers, sondern zu einem ganz maßgeblichen Teil auch der *Rechtmäßigkeitsprüfung* der Kündigung aus Sicht des Betriebsrats, der durch seine Entscheidung die ihm zugewiesene *Indizfunktion* ausübt[642].
Dieser Umstand zieht auch die subjektive Determination in Zweifel. Hierbei ist allerdings zu beachten, daß auch aus der richtig verstandenen Indizfunktion des Betriebsrats gerade nicht geschlußfolgert werden kann, daß im Anhörungsverfahren eine gerichtsgleiche Prüfung stattfinden solle, also der Kündigungsschutzprozeß vorgezogen und diesem entsprechende Anforderungen an die Darlegungs- und Beweislast gestellt werden dürften[643]. Sofern die herkömmliche Auffassung eine entsprechende Ausgestaltung der Informationspflichten ablehnt, geschieht dies zu recht.
Dennoch bedarf es gewisser Veränderungen, um zu berücksichtigen, daß die aus Sicht des Betriebsrats vorzunehmende Rechtmäßigkeitsprüfung eine ganz wesentliche Rolle in dieser Beteiligungsregelung spielt. Denn für die sachgerechte Ausübung dieser Funktion kommt es weniger darauf an, was der Arbeitgeber für maßgeblich hielt, sondern entscheidend ist die Kenntnis um das Vorliegen objektiv kündigungserheblicher Belange. Dabei ist weiter zu berücksichtigen, daß wegen drohender Kündigungsschutzprozesse letztlich auch im Rahmen des

641 Vgl. dazu schon o. S. 78f.
642 Vgl. dazu insgesamt schon S. 85ff. Damit steht die Anhörung nach § 102 BetrVG ganz wesentlich im Zusammenhang mit § 1 KSchG. Gegen diesen Zusammenhang Berkowsky NZA 1996, 1069, 1071.
643 S. dazu schon S. 81.

Kündigungsentschlusses des Arbeitgebers regelmäßig die objektiv kündigungserheblichen Gesichtspunkte eine ausschlaggebende Rolle einnehmen dürften. Deswegen wird insbesondere auch beim Versuch des Betriebsrats, eine Beeinflussung des Kündigungswillens zu erreichen, der argumentative Schwerpunkt im Bereich kündigungsrechtlich relevanter Umstände – vor allem solcher, die der Arbeitgeber bisher nicht für relevant hielt – liegen.
Insgesamt zeigt sich deutlich, daß es nicht darauf ankommen kann, was für den Arbeitgeber maßgebend war[644]. Insofern ist die subjektive Determination in der Verfolgung des gerechtfertigten Ziels einer Beschränkung der Informationspflichten des Arbeitgebers zumindest mißverständlich und verleitet aufgrund ihrer Vorgaben offenbar auch zu Fehlinterpretationen[645].

cc) Deswegen muß eine Objektivierung der Informationspflicht zumindest deutlicher zum Ausdruck kommen. Dies bedeutet indes nicht, daß der Arbeitgeber nicht weiterhin einen bestimmten Kündigungssachverhalt individualisieren und auswählen könnte, auf den sich die Informationspflicht allein bezieht[646]. Des weiteren ist auch daran festzuhalten, daß der Arbeitgeber allenfalls dazu verpflichtet sein kann, dem Betriebsrat im Rahmen der Information solche Umstände mitzuteilen, von denen er selbst *positive Kenntnis* hat[647]. Welche dieser ihm bekannten und dem ausgewählten Sachverhalt zugrundeliegenden Umstände dann mitteilungsbedürftig sind, muß sich allerdings entgegen dem Ansatz der subjektiven Determination grundsätzlich nach der objektiven Kündigungserheblichkeit richten. Denn nur dies sichert eine ausreichende Beurteilungsgrundlage für eine sachgerechte Ausübung der dem Betriebsrat auch zugewiesenen Indizfunktion.
Letztlich bedeutet dies, daß sich der Arbeitgeber vor der Information des Betriebsrats zunächst zu entscheiden hat, auf welchen Sachverhalt und welchen Kündigungsgrund bzw. welche Kündigungsgründe er die beabsichtigte Kündigung stützen möchte; eine Entscheidung hierüber erfordert an sich schon das

---

[644] Vgl. dazu auch Kraft in Festschrift Kissel S. 614f, der zutreffend darauf hinweist, daß dem Betriebsrat nicht die Einwirkungsmethode des Hinweises auf bisher vom Arbeitgeber nicht für relevant gehaltene Umstände genommen werden darf.

[645] Vgl. zu einem Beispiel einer solchen Fehlbeurteilung, die eindeutig auf dem Ansatz der subjektiven Determination beruht, Berkowsky NZA 1996, 1068 und s. dort auch S. 1070.

[646] S. Kraft Festschrift Kissel S. 618, der auf entsprechende Folgen für das Nachschieben von Kündigungsgründen hinweist.

[647] Gegen Mißbrauch wird dieses Erfordernis der Kenntnis grundsätzlich durch Einschränkungen beim Nachschieben von Kündigungsschutzgründen gesichert; darauf wird sogleich zurückzukommen sein. Zur Darlegungs- und Beweislast hinsichtlich der Kenntnis vgl. o. Fn 636, 638.

KSchG. Hat er diese Entscheidung getroffen, dann muß er die konkreten[648] Umstände, von denen er tatsächlich *Kenntnis* hat und die für den oder die gewählten Kündigungsgründe *offensichtlich auch rechtlich von wesentlicher Bedeutung* sind[649], dem Betriebsrat zur Kenntnis bringen. Er hat also über die Umstände zu informieren, die er kennt und deren entscheidende Bedeutung für den oder die von ihm beabsichtigten Kündigungsgründe einem objektiven Beobachter geradezu ins Auge springen müßten. Nur wenn er diesen Anforderungen entsprechend informiert, schafft er damit eine ausreichende Grundlage für die Erbringung der dem Betriebsrat zugewiesenen Aufgabe des präventiven Einwirkens auf den Kündigungswillen *und* auch der Wahrnehmung der Indizfunktion. Nur dann genügt er seiner Pflicht nach § 102 BetrVG und setzt sich nicht der Sanktion einer fehlerhaften Anhörung aus.

dd) Für den Fall einer betriebsbedingten Kündigung[650] gestaltet sich die Mitteilungspflicht also wie folgt: Zunächst hat der Arbeitgeber die für die Identifikation des Arbeitnehmers stets erforderlichen Angaben wie Name und Personalnummer zu machen[651]. Dann hat er, soweit er davon positive Kenntnis hat, anhand konkreter Tatsachen die außer- bzw. innerbetrieblichen Gründe – gegebenenfalls auch die Entscheidung über eine organisatorische Änderung im Betrieb

---

[648] Pauschale, stich- oder schlagwortartige Umschreibungen genügen genauso wenig wie reine Werturteile. S. dazu nur BAG, Urt. v. 2.11.83 – 7 AZR 6582, AP Nr. 29 zu § 102 BetrVG 1972 und BAG, Urt. v. 22.9.1994 – 2 AZR 31/94, NZA 1995, 363.

[649] Angesichts des zu beachtenden Unterschieds gegenüber den Anforderungen an die Darlegungen im Kündigungsschutzprozeß erscheint es angebracht, die Mitteilungspflicht im Anhörungsverfahren auf solche Umstände zu beschränken, die offensichtlich von wesentlicher Bedeutung für den oder die Kündigungsgründe sind und die der Arbeitgeber positiv kennt. Das schützt den Arbeitgeber vor zu großen Anforderungen, vermeidet einen „vorgezogenen Kündigungsschutzprozeß" und sichert zugleich – da die subjektive Maßgeblichkeitsbewertung durch den Arbeitgeber keine Rolle spielt – dem Betriebsrat noch eine ausreichende Beurteilungsgrundlage für die Wahrnehmung seiner Funktion. Insofern gehen auch Forderungen nach der Information des Betriebsrats über alle kündigungserheblichen Tatsachen bzw. die Tatsachen zu allen Tatbestandselementen der Kündigung – vgl. zu solchen Anforderungen z.B. Boecken SAE 1996, 32 oder DKK/Kittner § 102 Rn 77 – zu weit.
Nach der hier vertretenen Auffassung bleibt es somit bei dem zu achtenden Unterschied zwischen der nach § 102 I S. 3 BetrVG zu berücksichtigenden fehlerhaften Anhörung und der nach § 1 KSchG zu prüfenden Sozialwidrigkeit bzw. dabei, daß dem tatsächlichen Kündigungsentschluß nicht schon alles zugrundegelegen haben muß, worauf man später vor Gericht die Kündigung stützt – s. speziell zu diesem Punkt und der Entwicklung des Kündigungsgrunds im Kündigungsschutzprozeß Berkowsky NZA 1996, 1067. Vgl. zum Erfordernis einer objektiv bestimmten Wesentlichkeit auch Kraft in Festschrift Kissel S. 618f sowie Boecken SAE 1996, 31.

[650] Vgl. dazu, daß auch bezüglich der Gründe für betriebsbedingte Kündigungen die Informationspflicht des § 102 BetrVG greift, nur Berkowsky NZA 1996, 1066.

[651] So auch Schaub § 123 Rn 101 u. Oppertshäuser NZA 1997, 922.

– mit ihren tatsächlichen Auswirkungen auf die Beschäftigungsmöglichkeit sowie die fehlende Weiterbeschäftigungsmöglichkeit[652] in ihrem wesentlichen Kern darzulegen. Des weiteren muß er auf die offensichtlich für die Sozialauswahl rechtlich mit wesentlicher Bedeutung versehenen Punkte[653] konkret eingehen – auch hier, soweit sie ihm bekannt sind. Grundsätzlich werden dabei nur die drei sozialen Grunddaten der ohne weiteres als vergleichbar erkennbaren Arbeitnehmer mitzuteilen sein. Neben diesen Grunddaten sind andere soziale Belange nur in den seltenen Fällen mitteilungspflichtig, in denen sie erkennbar so schwer wiegen, daß sie eindeutig nicht unberücksichtigt bleiben können. Sofern betriebliche Belange eine auswahlentscheidende Rolle spielen, ist auch auf diese hinzuweisen.

c) Die Beurteilung der Fehlerhaftigkeit im Sonderfall der Betriebsratsanhörung nach § 102 BetrVG bei Kündigungen außerhalb des Geltungsbereichs des KSchG

Die Beurteilung der Fehlerhaftigkeit und des Greifens der Unwirksamkeitssanktion bei Betriebsratsanhörungen nach § 102 BetrVG, die Kündigungen außerhalb des Geltungsbereichs des KSchG zum Gegenstand haben, stellt sich etwas differenziert, aber nicht grundsätzlich anders dar.
Wie schon dargelegt ist die auszumachende Tendenz der neueren Rechtsprechung, auf § 242 BGB einen allgemeinen Kündigungsschutz neben dem Geltungsbereich des KSchG zu gründen, abzulehnen. Deswegen ist auch eine einfache, vollständige Übertragung der oben dargelegten Grundsätze hinsichtlich der Mitteilungspflicht und der Beurteilung der Fehlerhaftigkeit der Anhörung sowie ihrer Sanktion mangels einer allgemeinen Rechtmäßigkeitsprüfung außerhalb des Geltungsbereichs des KSchG nicht möglich[654]. Aber es bleibt auch bei Kündigungen außerhalb des Geltungsbereichs des KSchG immer eine Prüfung einzelner Rechtmäßigkeitsaspekte vorzunehmen. So ist dort gegebenenfalls zu prüfen, ob nicht eine Unwirksamkeit wegen Gesetzes- oder Sittenwidrigkeit (§§ 134, 138 BGB) – bzw. vielleicht auch wegen grober Treuwidrigkeit (§ 242 BGB) – vorliegt[655]. Und soweit diese Prüfung reicht, bleibt es auch bei der Anwendung des oben dargelegten objektivierten Maßstabs für die Mitteilungspflicht des Arbeitgebers im Anhörungsverfahren nach § 102 BetrVG. Er muß für

---

[652] S. zu diesen Anforderungen Rinke NZA 1998, 84 m.w.N.
[653] Vgl. speziell zu den derzeit an die Information über Sozialdaten bei betriebsbedingten Kündigungen gestellten Anforderungen Oppertshäuser NZA 1997, 920ff und Rinke NZA 1999, 84f.
[654] Vgl. zur Entwicklung in der neueren Rechtsprechung, einen allgemeinen Kündigungsschutz über § 242 BGB zu etablieren, sowie dazu, daß dies abzulehnen ist, schon o. S. 96f.
[655] Auch dazu schon o. a.a.O.

eine fehlerfreie Anhörung die ihm positiv bekannten Umstände der Kündigung mitteilen, die offensichtlich hinsichtlich der Prüfung der §§ 134, 138 BGB – bzw. der schweren Fälle von Treuwidrigkeit nach § 242 BGB – wesentliche Relevanz besitzen. Genügt er dem nicht, greift § 102 I S. 3 BetrVG auch hier entsprechend.
Dies dürfte allerdings nur in Ausnahmefällen praktisch relevant werden, da, wie schon dargelegt[656], bei Anhörungen außerhalb des Geltungsbereichs des KSchG die Indizfunktion von untergeordneter Bedeutung ist. Es steht vielmehr das präventiv-tatsächliche Einwirken auf den Kündigungswillen sehr stark im Vordergrund der Beteiligung des Betriebsrats und dieses erlangt aufgrund des Fehlens eines allgemeinen Kündigungsschutzes als „einziger" Schutz vor allem auch besondere Wichtigkeit für den Arbeitnehmer. Damit dies geschehen kann, ist vom Arbeitgeber in diesen Sonderfällen der Anhörung tatsächlich zu verlangen, im Sinne der subjektiven Determination das mitzuteilen, was ihn zum Kündigungsausspruch tatsächlich motivierte. Insofern ist allerdings auf die *Freiwilligkeit* der Offenlegung der Beweggründe und nicht auf eine Sanktionierung der subjektiv determinierten Mitteilungspflicht zu setzen. Dies deswegen, weil der Arbeitgeber außerhalb des Geltungsbereichs des KSchG keine echten Kündigungsgründe braucht. Es muß vermieden werden, daß er über eine entsprechende Anwendung des § 102 I S. 3 BetrVG angeregt wird, solche fälschlicherweise zu erfinden und vorzuschieben bzw. – vielleicht aufgrund eines die derzeitige Situation und ihre Risiken berücksichtigenden anwaltlichen Rats – gegebenenfalls vorhandene Gründe lieber aus Angst vor versehentlich lückenhafter Mitteilung ganz zu verschweigen und so den zweifellos sicheren Weg zu wählen[657]. Dies wäre der tatsächlichen Bedeutung des Anhörungsverfahrens in der Praxis sehr abträglich.

Als Ergebnis ist damit festzuhalten, daß auch bei Betriebsratsanhörungen im Rahmen von Kündigungen, die nicht in den Geltungsbereich des KSchG fallen, eine an der subjektiven Determination orientierte Sanktionierung durch entsprechende Anwendung des § 102 I S. 3 BetrVG abzulehnen ist. Auch hier muß es bezüglich der Beurteilung der *wirksamkeitsrelevanten* Fehlerhaftigkeit der Information durch den Arbeitgeber beim stärker objektivierten Maßstab bleiben. Nach ihm hat der Arbeitgeber die ihm bekannten Umstände mitzuteilen, die offensichtlich von wesentlicher rechtlicher Bedeutung für die Wirksamkeit der Kündigung sind. Hinsichtlich der Mitteilung der übrigen tatsächlichen Beweggründe ist dagegen auf Freiwilligkeit zu setzen.

---

[656] S. o. S. 97f.

[657] Vgl. zu solchen widersinnigen Konsequenzen, die die bisherige Situation bei Beibehaltung der subjektiven Determinierung und ihrer Sanktion in diesem Bereich zumindest nahelegt, auch Kraft in Festschrift Kissel S. 621f sowie des weiteren Hümmerich/Mauer BB 1997, 165.

2) Das Nachschieben von Kündigungsgründen

Aus den vorgenannten Darlegungen zur fehlerhaften Anhörung ergibt sich auch die Lösung der Frage des Nachschiebens von Kündigungsgründen im Kündigungsschutzprozeß, also des Vorbringens von neuen die Kündigung stützenden Umständen, auf die sich der Arbeitgeber in der Betriebsratsanhörung noch nicht berufen hatte. Ein solches Nachschieben von Kündigungsgründen ist zwar individualrechtlich ohne weiteres zulässig, unterliegt aber in Fällen, in denen der Betriebsrat anzuhören ist, Einschränkungen[658].

Zu beachten ist allerdings, daß ein Nachschieben neuer Kündigungsgründe dann nicht vorliegt, sofern der Arbeitgeber seinen bisherigen Vortrag nur konkretisiert[659]. Dies ist im Kündigungsschutzprozeß ohne weiteres möglich. Nach der hier vertretenen Auffassung liegt eine solche zulässige Konkretisierung immer dann vor, wenn der Arbeitgeber Umstände einbringt, die er im Anhörungsverfahren noch nicht vorbringen mußte, weil sie nicht offensichtlich von wesentlicher rechtlicher Bedeutung waren[660].

Sofern nicht lediglich eine Konkretisierung, sondern tatsächlich ein Berufen auf neues Vorbringen vorliegt, kommt ein Nachschieben nur insofern in Betracht, als nicht die Kündigung schon entsprechend § 102 I S. 3 BetrVG unwirksam ist. Es ist nur möglich, Umstände nachzuschieben, die für eine fehlerfreie Anhörung nicht vorzubringen waren[661]. Die Möglichkeit des Arbeitgebers zu einer Individualisierung auf einen bestimmten Kündigungssachverhalt darf nicht die Umgehung des Anhörungsverfahrens im Hinblick auf andere bekannte Sachverhalte ermöglichen[662]. Somit bleiben für ein zulässiges Nachschieben von Kündigungsgründen nur solche Umstände, die der Arbeitgeber deswegen nicht

---

[658] S. nur BAG, Urt. v. 11.4.85 – 2 AZR 249/84, AP Nr. 2 zu § 626 BGB Nachschieben von Kündigungsgründen. Eine Übersicht über die Vielzahl der zum Nachschieben im Zusammenhang mit § 102 BetrVG vertretenen Meinungen findet sich bei KR-Etzel § 102 BetrVG Rn 185ff.

[659] S. dazu und zur mitunter schwierigen Grenzziehung zwischen Konkretisierung und neuem Vortrag nur Rinke NZA 1998, 81 sowie BAG, Urt. v. 18.12.80 – 2 AZR 1006/78, AP Nr. 22 § 102 BetrVG 1972.

[660] Vgl. dazu schon o. S. 182f. S. dazu, daß dem Arbeitgeber aus einer entsprechenden Beschränkung seiner Mitteilungspflicht im Anhörungsverfahren keine Nachteile im Kündigungsschutzprozeß entstehen dürfen, Kraft in Festschrift Kissel S. 625.

[661] S. dazu – allerdings unter Zugrundelegung der subjektiven Determination – BAG, Urt v. 27.2.1997 – 2 AZR 302/96, NZA 1991, 761 und auch KR-Etzel § 102 BetrVG Rn 185a.

[662] Vgl. dazu Kraft in Festschrift Kissel S. 625.

vorbringen mußte, weil sie zwar schon vor der Kündigung gegeben waren, er aber erst nach ihrem Ausspruch Kenntnis von ihnen erlangt hat[663].
Handelt es sich um einen Fall des Konkretisierens oder zulässigen Nachschiebens von Kündigungsgründen, kann der Arbeitgeber sich darauf verlassen, – möglicherweise aufgrund anwaltlicher Hilfe und richterlicher Hinweispflicht in einem dialektischen Prozeß – auch später noch etwas vorbringen zu können, das er zunächst nicht für wesentlich hielt[664]. Er kann in den genannten Bereichen also Umstände nachschieben, auch wenn er sie nicht zuvor in der Betriebsratsanhörung vorgebracht hat.

Diese Nachschiebemöglichkeit entwertet das Anhörungsverfahren auch nicht. Dem bezweckten *präventiven Einwirken* auf den Arbeitgeberwillen schadet es deshalb nicht, weil es der Einwirkung nichts anhaben kann, wenn der Betriebsrat dem Arbeitgeber unbekannte Umstände, die dessen Kündigungsentschluß noch zu stärken vermögen, ebenfalls nicht kennt. Und aus der vom Betriebsrat daneben auch noch zu erfüllenden *Indizfunktion* ergibt sich – im Gegensatz zur herkömmlich zur Zweckbestimmung vertretenen Auffassung – ganz zwanglos die Notwendigkeit, daß bei einem solchen Nachschieben der Betriebsrat einfach noch einmal zu beteiligen ist. Er kann dann seine Entscheidung dem neuen Vorbringen anpassen und so auch diese Funktion wieder sachgerecht ausüben[665]. Hinsichtlich der Notwendigkeit dieser erneuten Anhörung ist es dabei im Sinne der Indizfunktion auch unerheblich, welche Stellungnahme der Betriebsrat bei der ersten Anhörung abgegeben hat.

---

663 S. zur weit überwiegend anerkannten Möglichkeit des Nachschiebens von Umständen, die dem Arbeitgeber zum Zeitpunkt der Kündigung nicht bekannt waren, obwohl sie da schon vorlagen, nur BAG, Urt. v. 11.4.85 – 2 AZR 249/84, AP Nr.2 zu § 626 BGB Nachschieben von Kündigungsgründen, F/K/H/E § 102 Rn 43, Richardi BetrVG § 102 Rn 128ff jeweils m.w.N. A.A. Heinze Rn 478ff und HK-KSchG/Höland § 1 Anh. 1 Rn 31 m.w.N.

664 Vgl. zu diesem dialektischen Prozeß des Kündigungsschutzverfahrens, in dem erst nach und nach der wahre Kündigungsgrund herausgearbeitet wird, Berkowsky NZA 1996, 1066ff – entgegen seiner Ansicht ist diese erst nach und nach erfolgende Herausarbeitung aber nur hinsichtlich von Randumständen kündigungsrechtlicher Art zulässig.

665 Zur Indizfunktion der Betriebsratsbeteiligung nach § 102 I-V schon o. S. 85ff. Gerade diese Funktion kann ohne Einbußen auch nach Ausspruch der Kündigung noch erfüllt werden. Im Gegensatz zum Ansatz der Rechtsprechung, die an sich auf der herkömmlichen Ansicht zum Zweck des § 102 BetrVG ruht, begründet dies auch, daß bei Nachschieben noch einmal der Betriebsrat zu beteiligen ist.
Vgl. dazu, daß überwiegend bei zulässigem Nachschieben eine erneute Anhörung des Betriebsrats gefordert wird, nur BAG, Urt. v. 11.4.85 – 2 AZR 249/84, F/K/H/E § 102 Rn 43, Richardi BetrVG § 102 Rn 129f. Diff. KR-Etzel § 102 BetrVG Rn 188ff – in Rn 185 viele w.N. auch zur anderen Ansicht. Vgl. zu dem Problem, daß die herkömmliche Zweckbestimmung die erneute Beteiligung beim Nachschieben aber nicht rechtfertigen kann, Kraft in Festschrift Kissel S. 626 sowie Rinke S. 81.

3) Die kündigungsrechtliche Bedeutung eines Widerspruchs wegen Verstoßes des Arbeitgebers gegen eine Auswahlrichtlinie nach § 95 BetrVG (§ 1 II S. 2 Nr. 1a KSchG)

Auch für den Fall des in § 1 II S. 2 Nr. 1a KSchG beschriebenen Verstoßes gegen eine Auswahlrichtlinie nach § 95 BetrVG gilt eines genauso wie bei den anderen „absoluten Sozialwidrigkeitsgründen"[666]. Es ist nicht Voraussetzung für eine Berücksichtigung des entsprechenden Umstands im Rahmen der allgemeinen Prüfung der Sozialwidrigkeit der Kündigung nach § 1 II S. 1 KSchG, daß der Betriebsrat der Kündigung tatsächlich widersprochen hat[667]. Die Möglichkeit der Geltendmachung eines entsprechenden Tatbestands geht dem Arbeitnehmer durch das Fehlen eines Widerspruchs nicht verloren; dieses Fehlen sperrt also die Berücksichtigung im Rahmen der gerichtlichen Prüfung nicht.
Damit stellt sich allerdings auch hier die Frage nach der durch die Regelung des § 1 II S. 2 Nr. 1a KSchG an sich verlangten effektiven Bedeutung des Widerspruchs wegen Verstoßes gegen eine Auswahlrichtlinie[668]. Im Ausschluß einer Interessenabwägung kann sie kaum liegen, da die Prüfung der Fehlerhaftigkeit der Sozialauswahl hierfür keinen Raum läßt[669]. Aufgrund der bislang gewonnenen Erkenntnisse zur Wirkung der „absoluten Sozialwidrigkeitsgründe" und der auch im übrigen festgestellten Indizwirkung einer zum Widerspruch führenden Betriebsratsbeteiligung liegt es nahe, diese effektive Bedeutung in der Möglichkeit einer Beeinflussung des Bereichs der Darlegungs- und Beweislast zu vermuten.

a) Die Darlegungs- und Beweislast im Falle eines Verstoßes gegen eine Auswahlrichtlinie nach § 95 BetrVG ohne eingelegten Widerspruch

Nach § 1 III S. 3 KSchG hat der Arbeitnehmer die Umstände darzulegen und zu beweisen, aus denen sich die Unrichtigkeit der sozialen Auswahl bei einer betriebsbedingten Kündigung ergibt, d.h. er muß grundsätzlich begründet vortragen, welche Arbeitnehmer an seiner Stelle hätten ausgewählt werden müssen[670]. Etwas modifiziert wird dies allerdings dadurch, daß der Arbeitnehmer entsprechend § 1 III S. 1 HS. 2 KSchG zunächst vom Arbeitgeber Auskunft über dessen

---

[666] Vgl. dazu schon o. S. 90f.
[667] Vgl. v.Hoyningen-Huene/Linck KSchG § 1 Rn 500ff und HK-KSchG/Höland § 1 Rn 1195f; dort jeweils auch dazu, daß dem nicht entgegensteht, daß § 1 II S. 2 Nr. 1a KSchG keinen schon vor der 1972 erfolgten Einfügung der Bestimmung anerkannten Sozialwidrigkeitsgrund beschreibt.
[668] Vgl. dazu schon o. a.a.O.
[669] Vgl. dazu auch schon o. a.a.O.
[670] Vgl. dazu z.B. BAG, Urt. v. 8.8.85, BB 1987, 472, Löwisch KSchG § 1 Rn 409.

Gründe für die Auswahl verlangen kann und er erst nach deren Erteilung die Unrichtigkeit genau nachweisen muß[671].

Für den Fall des Verstoßes gegen eine Auswahlrichtlinie bedeutet dies, daß den Arbeitnehmer grundsätzlich die Darlegungs- und Beweislast hinsichtlich dieses Richtlinienverstoßes trifft, er allerdings auch hier zunächst die entsprechende Auskunft u.a. über die für die Berücksichtigung vorgesehenen Belange und ihr Gewicht sowie über die einbezogenen Arbeitnehmer verlangen kann. Dabei ist des weiteren zu berücksichtigen, daß allein der Verstoß gegen die Auswahlrichtlinie die Kündigung noch nicht notwendig sozialwidrig macht. Denn der Arbeitgeber kann sich zumindest im Falle einer allein nach § 95 BetrVG[672] zu beurteilenden Richtlinie darauf berufen, daß die Abweichung erforderlich war um ein mit § 1 III KSchG übereinstimmendes Ergebnis zu erzielen. Insofern trägt er allerdings die Darlegungslast[673]. Kommt er dieser nach, verbleibt beim Arbeitnehmer die Last, zu beweisen, daß die Auswahl ganz unabhängig von der Richtlinie auch gegen Vorgaben des § 1 III KSchG für die Sozialauswahl verstößt[674]. Im Falle einer Auswahlrichtlinie nach § 1 IV KSchG ist indes zu beachten, daß die Betriebsparteien bei ihrer Vereinbarung von dem ihnen eingeräumten Regelungsspielraum Gebrauch gemacht haben. Soweit sie dort von § 1 III KSchG differierende Regelungen getroffen haben, kann der Arbeitgeber deshalb nicht einfach von der Richtlinie abweichen, um zu einem mit § 1 III KSchG – in seiner herkömmlichen Auslegung – übereinstimmenden Auswahlergebnis zu gelangen. Er hat sich vielmehr an die Festlegungen der Richtlinie zu halten, die bestimmen, wie *richtig* auszuwählen ist. Ein Rückgriff auf eine Auswahl allein nach § 1 III KSchG kommt letztlich nur im Falle grober Fehlerhaftigkeit der Auswahlrichtlinie in Betracht[675]. Erfolgte also beispielsweise in einer – nicht grob fehlerhaften – Auswahlrichtlinie eine Begrenzung auf die alleinige Berücksichtigung der drei sozialen Grunddaten, dann kann sich ein Arbeitnehmer, sofern der Arbeitgeber auswahlrichtlinienwidrig einen anderen Belang berücksichtigt hat, darauf beschränken, geltend zu machen, daß er ohne dessen Berücksichtigung nicht zur Kündigung ausgewählt worden wäre[676].

---

[671] Vgl. dazu näher Löwisch KSchG § 1 Rn 410

[672] Vgl. zu den nicht von § 1 IV KSchG erfaßten Fällen o. Fn 420.

[673] Vgl. zur Möglichkeit und zur entsprechenden Verpflichtung des Arbeitgebers darzulegen, warum das Auswahlergebnis trotz Fehlerhaftigkeit der Auswahl nach der Richtlinie im Ergebnis dennoch § 1 III KSchG entsprechen soll, BAG, Urt. v. 20.10.83 – 2 AZR 211/82, AP Nr. 13 zu § 1 KSchG 1969 betriebsbedingte Kündigung. Vgl. des weiteren auch noch HK-KSchG/Höland § 1 Rn 1208.

[674] Vgl. dazu, daß letztlich aber die Beweislast für einen Verstoß gegen § 1 III KSchG – entsprechend dessen S. 3 – beim Arbeitnehmer verbleibt, BAG a.a.O.

[675] Vgl. dazu insgesamt o. S. 135ff.

[676] Vgl. MK-InsO/Löwisch/Caspers § 125 Rn 45.

An der oben beschriebenen Darlegungs- und Beweislast des Arbeitnehmers ändert sich indes auch in der Konstellation einer Richtlinie nach § 1 IV KSchG nichts.

b) Die Darlegungs- und Beweislast im Falle eines Verstoßes gegen eine Auswahlrichtlinie nach § 95 BetrVG bei eingelegtem Widerspruch

Hat der Betriebsrat dagegen der Kündigung nach § 102 III Nr. 2 BetrVG mit der Begründung, es liege ein Verstoß gegen eine Auswahlrichtlinie nach § 95 BetrVG vor, widersprochen[677], stellt sich die Situation anders dar. In diesem Fall muß der Arbeitnehmer nur nachweisen, daß ein entsprechender Widerspruch ordnungsgemäß eingelegt wurde, der Arbeitgeber muß dann wiederum nach § 1 II S. 4 KSchG, der auch für Abs. II S. 2 Nr. 1a gilt, darlegen und beweisen, daß er im Einklang mit der Richtlinie gehandelt hat[678]. Insofern wirkt sich der Widerspruch wieder als im gerichtlichen Verfahren zu beachtendes Indiz aus.

Gelingt ihm das nicht, bedeutet dies zwar noch nicht notwendig, daß die Kündigung unwirksam ist, denn es besteht in den zuvor beschriebenen Konstellationen die Möglichkeit, daß die Abweichung erforderlich war, um ein mit § 1 III KSchG im Einklang stehendes Auswahlergebnis zu erzielen[679]. Aber um der Regelung des § 1 II S. 2 Nr. 1a i.V.m. S. 4 KSchG nicht die erforderliche effektive Bedeutung zu nehmen – und weil sich der Arbeitgeber auf eine Sondersituation beruft –, wird man hier nicht auf § 1 III S. 3 KSchG zurückgreifen. Vielmehr wird man auch bezüglich dieses Prüfungspunkts die entsprechende Darlegungs- *und* Beweislast dem Arbeitgeber aufbürden[680].

Über diese Wirkung der Beeinflussung der Darlegungs- und Beweislast erklärt sich letztlich auch die Differenzierung des § 102 III BetrVG zwischen den Widerspruchsgründen Nr. 1 und 2. Nur – vgl. § 1 II S. 2 Nr. 1 a KSchG – im Falle des Widerspruchs wegen eines Verstoßes gegen die Auswahlrichtlinie, an deren Erstellung der Betriebsrat beteiligt war, soll eine solche Beein-

---

677 Vgl. dazu, daß über § 1 IV KSchG auch tarifvertragliche Auswahlrichtlinien erfaßt werden, § 102 III Nr. 2 BetrVG einen Verstoß gegen solche dennoch noch nicht ausdrücklich erwähnt, er letztlich aber entsprechend anzuwenden ist, Wolff S. 87.

678 S. dazu Löwisch KSchG § 1 Rn 415 und auch HK-KSchG/Höland § 1 Rn 1208, v.Hoyningen-Huene/Linck KSchG § 1 Rn 543 sowie Ascheid S. 193f.

679 Vgl. auch schon o. Fn 482 und auch BAG, Urt. v. 20.10.83 – 2 AZR 211/82, AP Nr. 13 zu § 1 KSchG 1969 betriebsbedingte Kündigung.

680 So auch HK-KSchG/Höland § 1 Rn 1208 und v.Hoyningen-Huene/Linck KSchG § 1 Rn 543.

flussung stattfinden; nicht etwa bei einem einfachen Widerspruch wegen fehlerhafter Sozialauswahl[681].
Bezüglich des Widerspruchsgrunds des § 102 III Nr. 2 BetrVG dürfte im übrigen damit zu rechnen sein, daß er, weil § 1 IV KSchG durch seine Anreizwirkung[682] die Vereinbarung von Auswahlrichtlinien fördern wird, in Zukunft eine gesteigerte praktische Bedeutung erfährt.

---

[681] Vgl. dazu, daß ein Widerspruch nach § 102 III Nr. 1 BetrVG an der Darlegungs- und Beweislast nichts ändert, Löwisch KSchG § 1 Rn 415. Vgl. des weiteren dazu, daß ein Einhalten einer Auswahlrichtlinie durch den Arbeitgeber nicht unbedingt einen Widerspruch nach § 102 III Nr. 1 BetrVG ausschließt, wie dies z.T. unter Berufung auf die insofern speziellere Regelung des § 102 III Nr. 2 BetrVG vertreten wird, Wolff S. 92f m.w.N.
[682] Vgl. dazu schon o. S. 142 und Fn 499.

II) Fragen zur Zustimmungsvereinbarung nach § 102 VI BetrVG

1) Die Vereinbarung der Möglichkeit einer nachträglichen Zustimmung

Nach § 102 VI BetrVG können Arbeitgeber und Betriebsrat vereinbaren, „daß Kündigungen der Zustimmung des Betriebsrats bedürfen“[683]. Wird ein solches Zustimmungsbedürfnis festgelegt, so ist zumindest im Zweifel davon auszugehen, daß die erforderliche Zustimmung vor Ausspruch der Kündigung zu erfolgen hat[684]. Fraglich erscheint indes, wie mit dem Fall umzugehen ist, daß die Betriebsparteien die Möglichkeit einer nachträglichen Zustimmung in ihrer Vereinbarung vorsehen.

a) Der Meinungsstand zur Behandlung einer nach § 102 VI BetrVG vereinbarten nachträglichen Zustimmung und ihrer Wirkung

Vereinzelt wird es zwar abgelehnt, den Betriebsparteien die Möglichkeit zur Festlegung einer nachträglichen Zustimmung nach § 102 VI BetrVG zuzugestehen. Dies widerspreche der Bedingungsfeindlichkeit der Kündigung als Gestaltungserklärung und dem bei ihr zu beachtenden Ausschluß der schwebenden Unwirksamkeit[685]. Überwiegend wird allerdings diese den Betriebsparteien gegebene Vereinbarungsalternative anerkannt[686]. Dies geschieht vor allem im Hinblick auf den Wortlaut der Bestimmung. Die dortige Verwendung des Begriffs „Zustimmung“ umfasst angesichts der §§ 182ff BGB grundsätzlich sowohl die Möglichkeit einer vorherigen Einwilligung als auch einer nachträglichen Genehmigung. Im Rahmen dieser Ansicht stellt sich allerdings die Frage, ob die sonst bei einer nachträglichen Genehmigung nach § 184 BGB übliche Rückwirkung im Hinblick auf die Besonderheiten der Kündigung entfällt. Mit einem solchen Ausschluß der Rückwirkung wäre zugleich ein Hauptgrund für die gegen

---

[683] Vgl. dazu insgesamt schon o. S. 101ff.

[684] S. Galperin/Löwisch § 102 Rn 129 und Richardi BetrVG § 102 Rn 296. Diese Auslegung ergibt sich letztlich schon daraus, dass die Regelung des § 102 VI BetrVG dem Schutz des Arbeitnehmers dienen soll und dieser Schutz bei vorausgehendem Zustimmungsverfahren am besten erfüllt wird.

[685] S. Rieble AuR 1993, 43f.

[686] Galperin/Löwisch § 102 Rn 129, Richardi BetrVG § 102 Rn 296, GK-BetrVG/Kraft § 102 Rn 203, HSG-Schlochauer § 102 Rn 194 und KR/Etzel § 102 BetrVG Rn 250 und schon vor Erlaß des BetrVG 1972 bezüglich eines nachträglichen Zustimmungserfordernisses des Betriebsrats BAG, Urt. v. 23.11.55 – 1 AZR 95/55, AP Nr. 1 zu § 184 BGB insofern m. zust. Anm. Larenz sowie BAG, Urt. v. 29.5.56 – 3 AZR 454/54, AP Nr. 2 zu § 184 BGB insofern m. zust. Anm. Hueck.

die nachträgliche Zustimmung sprechenden Bedenken beseitigt[687]. Denn die anderenfalls eintretende Wirkung, dass die Genehmigung eine zunächst ohne Zustimmung ausgesprochene Kündigung rückwirkend wirksam macht[688], würde so verhindert.

b) Stellungnahme unter Berücksichtigung der Funktion der Betriebsratsbeteiligung

aa) Der ganz überwiegenden Auffassung ist zuzugeben, daß der vom Gesetzgeber gewählte Terminus „Zustimmung“ als Oberbegriff für vorherige Einwilligung und nachträgliche Genehmigung gebräuchlich ist. Darin eine vom Gesetzgeber vorgegebene Ausnahme von der Bedingungsfeindlichkeit bzw. von der Nichtberücksichtigung von Tatsachenänderungen nach Zugang der Kündigung zu sehen, erscheint auch vertretbar. Denn durch einen Ausschluß der Rückwirkung der Genehmigung auf den Tag des Kündigungsausspruchs kann dem Interesse des Arbeitnehmers an Rechtssicherheit und Erhaltung der Kündigungsfrist für seine Disposition Rechnung getragen werden[689]. Läßt man eine nachträgliche Zustimmung zu, wird man allerdings weiter fordern müssen, dass sie im Fall der Klage des Arbeitnehmers gegen die Kündigung bis zum Ende der mündlichen Verhandlung dieses Verfahrens vorliegt. Denn dem Interesse des Arbeitnehmers, eine eindeutige Entscheidung über die Wirksamkeit der Kündigung herbeiführen zu können, wird nur genügt, wenn die schwebende Unwirksamkeit nicht über diesen Prozeß hinaus andauern kann. Dem Arbeitgeber bleibt also relativ wenig Zeit, die nachträgliche Zustimmung oder Zustimmungsersetzung herbeizuführen. Zu einer unzumutbar langen Rechtsunsicherheit kommt es nicht.

bb) Des weiteren kann der Möglichkeit einer nachträglichen Zustimmung auch ein Vergleich mit § 103 BetrVG nicht entgegengehalten werden. So ist es zwar richtig, dass auch § 103 BetrVG die „Zustimmung“ des Betriebsrats vorschreibt und dies allgemein nur als vorherige Einwilligung verstanden wird. Der somit bei dieser Sondervorschrift anerkannte Ausschluß einer nachträglichen Genehmigung beruht aber auf der besonderen Interessenlage bei der Kündigung von Mitgliedern von Betriebsverfassungsorganen. Der Schutz der Funktionsfähigkeit dieser Betriebsverfassungsorgane fordert dort zwingend eine echte *Vor*kontrolle,

---

687 Gegen eine Rückwirkung der Genehmigung GK-BetrVG/Kraft § 102 Rn 203, Richardi BetrVG § 102 Rn 297, KR-Etzel § 102 Rn 250 – dort auch zum Fall der Zustimmung nach Überschreitung der Kündigungsfrist, m.w.N.

688 Vgl. BAG, Urt. v. 23.11.55 – 1 AZR 95/55, AP Nr. 1 zu § 184 BGB, BAG, Urt. v. 29.5.56 – 3 AZR 454/54, AP Nr. 2 zu § 184 BGB und Galperin-Löwisch § 102 Rn 129.

689 S. GK-BetrVG/Kraft § 102 Rn 203 und Richardi BetrVG § 102 Rn 292. Zur Gegenansicht s. o. Fn 685.

denn nur dann steht der Kündigung von Anfang an die Unwirksamkeit sozusagen „auf die Stirn geschrieben". Eine zeitweise Unsicherheit über die Wirksamkeit der Kündigung könnte dagegen schädlich für die Tätigkeit der Betriebsverfassungsorgane sein. So könnte der Arbeitgeber diese Unsicherheit nutzen, um zunächst vollendete Tatsachen zu schaffen, indem er Mitglieder durch die Kündigung bis zum Ende eines Kündigungsschutzverfahrens faktisch aus ihrer betriebsverfassungsrechtlichen Position verdrängt. Deswegen ist die Vorschrift des § 103 BetrVG entgegen ihrem Wortlaut einschränkend auszulegen und dies wird insbesondere auch durch den Wortlaut des § 15 I S. 1, III S. 1 KSchG gestützt. Bei § 102 VI BetrVG greifen all diese teleologischen und systematischen Erwägungen indes nicht[689a]. Dem Schutzbedürfnis des Arbeitnehmers, der nicht Mitglied eines Betriebsverfassungsorgans ist, wird durch die oben beschriebenen Einschränkungen einer nachträglichen Genehmigung ausreichend Rechnung getragen. Anders als bei § 103 BetrVG fehlt es an jeglichem Anhalt, daß von § 102 VI BetrVG zwingend eine echte *Vor*kontrolle bezweckt ist.

cc) Eine teleologische Reduktion wäre somit nur dann erforderlich, wenn der naheliegenden Möglichkeit der nachträglichen Zustimmung die oben zur Funktion der Betriebsratsbeteiligung nach § 102 VI BetrVG gewonnen Erkenntnisse entgegenstehen.

Wie oben festgestellt, liegt im Rahmen eines nach § 102 VI BetrVG vereinbarten Verfahrens, das an die Stelle des Anhörungsverfahrens nach § 102 I-V BetrVG tritt, der Betriebsratsbeteiligung nicht mehr die Funktion des tatsächlichen Einwirkens auf den Willen des *allein* entscheidenden Arbeitgebers zugrunde. Die Betriebsratsbeteiligung dient in diesem Fall vielmehr dazu, den Betriebsrat im Sinne des Konsensprinzips eine eigene Mitentscheidung treffen zu lassen. Die dahinter stehende Funktion des erforderlichen Mitentscheidens ist schlicht die einer *verstärkten Indizwirkung*, die im weiteren Verfahren die Initiativpflicht verändert[690].
Weil diese verstärkte Indizwirkung im Rahmen des § 102 VI BetrVG die alleinige Funktion der Betriebsratsbeteiligung ist, durch sie also die Funktion der Betriebsratsbeteiligung nach § 102 I-V BetrVG ersetzt wird, spricht dies aber letztlich nicht für eine den Wortlaut korrigierende Auslegung. Vielmehr zeigt dies, daß es richtig ist, die nach dem Wortlaut des § 102 VI BetrVG gegebene Möglichkeit der Vereinbarung einer nachträglichen Zustimmung zuzulassen.

[689a] Vgl. insgesamt zu dem genannten Unterschied zwischen § 103 BetrVG und § 102 VI BetrVG und der Unmöglichkeit, einfach die Auslegung von § 103 BetrVG auf § 102 VI BetrVG zu übertragen, Richardi BetrVG § 102 Rn 296, § 103 Rn 2, 54f. Vgl. zur unterschiedlichen Auslegung und den Gründen hierfür auch GK-BetrVG/Raab § 102 Rn 203, § 103 Rn 45.

[690] Vgl. dazu schon o. S. 107f.

Denn auch im Falle einer nachträglichen Zustimmung kann der Betriebsrat die ihm im Rahmen des § 102 VI BetrVG zugewiesene Funktion voll und ganz ausfüllen, so daß auch dann dem Sinn und Zweck der Regelung entsprochen wird. Der Betriebsrat ist nach Ausspruch der Kündigung genauso in der Lage, die seiner Entscheidung über die Zustimmung zugrundeliegende Prüfung der Rechtmäßigkeit vorzunehmen. Vor allem ändert sich auch die Indizwirkung seiner Entscheidung nicht entscheidend. Auch die nachträgliche Zustimmung ist ein Wirksamkeitserfordernis, so daß eine ohne Zustimmung ausgesprochene Kündigung zwar nicht schon endgültig, aber doch zumindest schwebend unwirksam ist[691]. Der Arbeitgeber ist bei ihrer Verweigerung also weiterhin darauf angewiesen, die Zustimmung durch die Einigungsstelle bzw. das Gericht ersetzen zu lassen. Demnach kann auch im Fall der Vereinbarung eines nachträglichen Zustimmungserfordernisses die beabsichtigte Verlagerung der Initiativpflicht eintreten, die auch im Fall eines vorausgehenden Zustimmungsverfahrens an die Verweigerung der Zustimmung durch den Betriebsrat geknüpft wird[692]. Zwar kann der Arbeitgeber bei einer nachträglichen Zustimmungsmöglichkeit die Kündigung vor der Zustimmungserteilung aussprechen, ohne daß die Kündigung sofort unwirksam ist. Dann ist auch der Arbeitnehmer gezwungen, zunächst gegen die Kündigung zu klagen. D.h. er bleibt in dieser Konstellation typischerweise in der Klageposition. Die maßgebliche Besserstellung des Arbeitnehmers im Fall des Zustimmungsverfahrens wird aber auch hier erhalten. Denn der Arbeitgeber muß auf jeden Fall die Zustimmung bzw. die Zustimmungsersetzung bis zum Ende der mündlichen Verhandlung auf den beschriebenen Wegen herbeiführen. Gelingt ihm dies nicht oder nicht rechtzeitig, wird seine schwebend unwirksame Kündigung endgültig unwirksam und er verliert den Prozeß. Dieses auf der Indizwirkung beruhende Risiko trägt der Arbeitgeber, wenn er ohne Vorliegen der Zustimmung die Kündigung ausspricht. Im wesentlichen bleibt es also bei der Verlagerung der Initiativpflicht, wie sie auch im Falle einer Zustimmung eintritt, die nach der Vereinbarung der Betriebsparteien vor Ausspruch der Kündigung zu erklären ist.

dd) Die zuvor angesprochenen Erkenntnisse zur Funktion der Betriebsratsbeteiligung nach § 102 VI BetrVG belegen auch eines. Sie zeigen nämlich, daß die teilweise vertretene Ansicht nicht zutreffend ist, nach der ein vereinbartes nachträgliches Zustimmungsverfahren eine Ersetzung des herkömmlichen Anhörungsverfahrens nach § 102 I BetrVG nicht zu bewirken vermöge. Nach der genannten Ansicht soll das Anhörungsverfahren also daneben durchzuführen sein, weil die Zulassung einer nachträglichen Zustimmung nicht das Beteiligungs-

---

691 S. Richardi BetrVG § 102 Rn 297 und KR-Etzel § 102 BetrVG Rn 250.

692 Vgl. zur ggf. eintretenden Veränderung der Initiativpflicht bei vorausgehendem Zustimmungsverfahren schon o. S. 107.

recht des Betriebsrats einschränken dürfe[693]. Es ist aber auch bei der Vereinbarung einer nachträglichen Zustimmungsmöglichkeit im Sinne dieser Vorschrift sachgerecht, das herkömmliche Anhörungsverfahren als ersetzt anzusehen[694]. Denn wird bei einer Vereinbarung nach § 102 VI BetrVG eine herkömmliche vorausgehende Zustimmung festgelegt, so ersetzt auch diese die ansonsten nach § 102 I-V BetrVG vorgesehene Anhörung und die mit ihr verfolgte Funktion[695]. Dabei liegt die ersetzende Funktion der Beteiligung nach § 102 VI BetrVG allein in der geschilderten verstärkten Indizfunktion, während eine tatsächliche Einwirkung auf den Willen des Arbeitgebers dann nicht mehr Ziel der Beteiligung ist. Da aber, wie gesehen, bei einer nachträglichen Zustimmung diese nach § 102 VI BetrVG der Betriebsratsbeteiligung zugewiesene Funktion genauso erfüllt wird, tritt auch hier die ganz normale Ersetzung des herkömmlichen Anhörungsverfahrens ein. Dadurch wird das Beteiligungsrecht des Betriebsrats nicht eingeschränkt[696], denn im Rahmen des § 102 VI BetrVG ist generell keine Einwirkungsfunktion mehr vorgesehen[697].

2) Die fehlerhafte Information des Betriebsrats im Verfahren nach § 102 VI BetrVG und ihre Sanktion

Auch im Rahmen des Zustimmungsverfahrens nach § 102 VI BetrVG stellt sich darüber hinaus die Frage, wie mit einer fehlerhaften Information des Betriebsrats durch den Arbeitgeber umzugehen ist. Auch diese Norm trifft hierfür keine ausdrückliche Regelung.

Wie dargelegt, ist dem Betriebsrat im Rahmen des Zustimmungsverfahrens nach § 102 VI BetrVG eine verstärkte Indizfunktion hinsichtlich der Rechtmäßigkeit der Kündigung zugewiesen[698]. Damit er diese sachgerecht erfüllen kann, ist eine möglichst richtige Information über den der Kündigung zugrundeliegenden Sachverhalt von erheblicher Bedeutung. Ansonsten bestünde die Gefahr, daß entscheidungserhebliche Umstände dem Betriebsrat nicht bekannt gemacht werden und dadurch die Indizfunktion seiner Entscheidung über die Zustimmung entwertet würde. Dem Arbeitgeber wäre dann sogar risikolos der Versuch möglich, über bewußte Fehlinformationen die sachgerechte Erfüllung der Funktion der Betriebsratsbeteiligung gezielt zu verhindern und die Entscheidung über die

---

[693] S. Richardi BetrVG § 102 Rn 296.

[694] S. GK-BetrVG/Kraft § 102 Rn 203 und vergleiche zur üblichen Ersetzungswirkung des Verfahrens nach § 102 VI BetrVG schon o. S. 101.

[695] Vgl. auch dazu schon o.S. 101, 107.

[696] So die Bedenken von Richardi a.a.O.

[697] So auch GK-BetrVG/Kraft § 102 Rn 203.

[698] Vgl. dazu schon o. S. 107f.

Zustimmung dadurch in die von ihm gewünschte Richtung zu lenken. Mit Sinn und Zweck des § 102 VI BetrVG stünde das in keiner Weise in Einklang. Denn diese Regelung sieht die Ersetzung des herkömmlich vorgesehenen Anhörungsverfahrens eben nur im Hinblick auf die Wahrnehmung der speziellen Funktion der Betriebsratsbeteiligung im Zustimmungsverfahren vor. Es kann also nicht jegliche Fehlinformation des Betriebsrats durch den Arbeitgeber unsanktioniert bleiben[699]. Eine solche Sanktionslosigkeit wird man im übrigen – angesichts der Ersetzung des herkömmlichen Anhörungsverfahrens – auch nicht in die Regelungsfreiheit der Betriebsparteien stellen können.

Da § 102 VI BetrVG indes keine ausdrückliche Sanktionsvorschrift für den Fall der fehlerhaften Anhörung enthält und es wohl nicht in Betracht kommen dürfte, dem Betriebsrat die Möglichkeit einer Anfechtung seiner Zustimmungsentscheidung zu geben[700], besteht insofern im Rahmen des Zustimmungsverfahrens eine Regelungslücke.
Damit entspricht die Situation hinsichtlich des erforderlichen Schutzes vor fehlerhafter Information durch den Arbeitgeber weitgehend derjenigen im herkömmlichen Anhörungsverfahren. Auch dort gibt es grundsätzlich keine Regelung zur fehlerhaften Anhörung[701]. Aufgrund des vergleichbaren Interesses an einer fehlerfreien Information durch den Arbeitgeber bietet es sich deshalb an, die dort verwandten Grundsätze zur Informationspflicht auch hier entsprechend anzuwenden. § 102 I S. 3 BetrVG ist also entsprechend auf das fehlerhaft durchgeführte Zustimmungsverfahren anzuwenden[702], wobei die hier ohnehin vertretene objektive Bestimmung der Informationspflicht ohne jeden Zweifel den über die Fehlerhaftigkeit entscheidenden Maßstab bilden muß. Dies ergibt sich daraus, daß ein Einwirken auf den Willen des Arbeitgebers gerade nicht mehr erfolgen soll, sondern die Aufgabe des Betriebsrats vielmehr in einer Rechtmäßigkeitskontrolle besteht. Damit fehlt jeder Ansatzpunkt für eine subjektive Determination.
Auch im Rahmen des Zustimmungsverfahrens hat der Arbeitgeber damit den Betriebsrat über offensichtlich mit wesentlicher kündigungsrechtlicher Bedeutung für den ausgewählten Kündigungssachverhalt versehene Umstände zu in-

---

[699] S. dazu, daß eine Fehlinformation durch den Arbeitgeber nicht unsanktioniert bleiben kann, GK-BetrVG/Kraft § 102 Rn 204.
[700] Vgl. dazu GK-BetrVG/Kraft § 102 Rn 198, 91 m.w.N. zur etwas unklaren Lage bezüglich der Anfechtungsmöglichkeit des Betriebsrats.
[701] Vgl. dazu schon o. S. 179ff.
[702] Vgl. auch BAG, Urt. v. 7.12.00 – 2 AZR 391/99, AP Nr. 113 zu § 1 KSchG 1969 Betriebsbedingte Kündigung.

formieren[703], will er sich nicht der Unwirksamkeitssanktion entsprechend § 102 I S. 3 BetrVG aussetzen.

[703] Vgl. zum Maß der Informationspflicht näher o. S. 182f. Nach BAG, Urt. v. 7.12.00 – 2 AZR 391/99, AP Nr. 113 zu § 1 KSchG 1969 Betriebsbedingte Kündigung soll zum – für die Fehlerhaftigkeit der Information entscheidenden – Zustimmungsverfahren auch noch das Verfahren vor der Einigungsstelle gehören, so daß auch dort noch entsprechende Informationen zur Vermeidung der Fehlerhaftigkeit nachgeholt werden könnten.

III) Fragen zum Einspruchsverfahren nach § 3 KSchG und dessen geringer praktischer Bedeutung

Einspruchsverfahren nach § 3 KSchG kommen nur sehr selten vor und scheinen deswegen praktisch weitgehend bedeutungslos zu sein. Dies wirft die Frage auf, ob nicht ein gesetzgeberisches Einschreiten gefordert ist.

1) Klagefristhemmung durch das Einspruchsverfahren nach § 3 KSchG?

So wurde etwa vorgeschlagen, das Einspruchsverfahren nach § 3 KSchG durch gewisse Veränderungen aufzuwerten. Diesem Vorschlag zufolge sollte dem Einspruchsverfahren eine die Dreiwochenfrist des § 4 KSchG hemmende Wirkung beigemessen[704] und ihm damit eine Wirkung verschafft werden, bezüglich derer man sich einig ist, daß sie dem derzeitigen Einspruchsverfahren nicht zukommt[705]. Nach Meinung der Befürworter dieser Veränderung ließe sich die historisch gewachsene Vorschrift des § 3 KSchG so gegenüber der jetzigen praktischen Bedeutungslosigkeit, die diese zu „einer der verkanntesten Normen" macht, in ihrer Bedeutung erheblich aufwerten, was dazu noch die Möglichkeit böte, die Arbeitsgerichte wesentlich zu entlasten[706].

Die schlichte Einführung einer entsprechenden Fristhemmung bei Durchführung des in § 3 KSchG geregelten Einspruchsverfahrens überzeugt aber letztlich nicht.
Dies weniger deshalb, weil die auf diese Weise möglicherweise zu erreichende Entlastung der Arbeitsgerichte aufgrund der bislang unbestimmten Dauer des Einspruchsverfahrens mit einer erheblich größeren zeitlichen Unsicherheit erkauft sein könnte, so daß die auf Klarheit abzielende Regelung des § 4 KSchG weitgehend ihre Bedeutung verlöre. Denn dem ließe sich bei einer etwaigen Neuregelung durch entsprechende Fristregelungen im Einspruchsverfahren leicht begegnen. Eine solche fristhemmende Neugestaltung des Einspruchsverfahrens erschiene aber gerade im Hinblick auf die mit dieser Untersuchung näher betrachtete Problematik der Beeinflussung der individualrechtlichen Situati-

---

[704] So der wohl nur de lege ferenda zu verstehende Vorschlag von Möhn NZA 1995, 114 und Fischer NZA 1995, 1133.

[705] S. Löwisch KSchG § 3 Rn 4, Schaub § 135 Rn 1, KR-Rost § 3 KSchG Rn 26, MüArbR-Berkowsky § 147 Rn 99, v.Hoyningen-Huene/Linck KSchG § 3 Rn 5 und HK-KSchG-Hauck § 3 Rn 10f, 21. So wohl bezüglich der derzeitigen Rechtslage auch Möhn NZA 1995, 114 und Fischer NZA 1995, 1133.

[706] S. zu dieser Argumentation Möhn NZA 1995, 113f und Fischer NZA 1995, 1133, die so die bisher durch den Zeitdruck des § 4 KSchG weitgehend versperrte vorgerichtliche Einigungsmöglichkeit eröffnen und vorantreiben wollen.

on durch den Betriebsrat als ein zumindest unschöner Rückschritt in der rechtlichen Entwicklung. Mag auch dahinstehen, ob angesichts des in jüngster Zeit neu geschaffenen § 1 IV KSchG und des § 125 InsO noch die Tendenz einer Abkehr von der kollektiven Rechtsverfolgung im Kündigungsschutz ausgemacht und in dieser Hinsicht von verlöschenden „Spuren im Sand“[707] gesprochen werden kann. Diese Aussage trifft jedenfalls einen richtigen Punkt. Elemente eines kollektiven Kündigungsschutzes sind, wie gesehen, durchaus kritisch zu betrachten. Deswegen sollte, auch wenn es nur ansatzweise im Hinblick auf einzelne rechtliche Positionen geschieht, nicht ohne zwingenden Grund zu Elementen eines kollektiven Kündigungsschutzes zurückgekehrt werden.
Bezüglich § 3 KSchG hat die Untersuchung jedoch gezeigt, daß die dort vorgesehene Beteiligung auch bei jetziger Rechtslage im Einzelfall eine – wenn auch grundsätzlich seltener zum Tragen kommende – durchaus wichtige Funktion erfüllt. Die Beteiligung ist also bislang schon mit einer eigenständigen Bedeutung versehen und steht dazu noch im Einklang mit der individualrechtlichen Gestaltung des Kündigungsschutzes. Insofern besteht kein wirklich zwingendes Bedürfnis, § 3 KSchG durch entsprechende Veränderungen in seiner Bedeutung aufzuwerten. Dadurch erreichte man zwar mehr zeitlichen Spielraum für Verhandlungen zur gütlichen Einigung, aber man schaltete damit auch wieder den Betriebsrat in verstärkter Weise zur kollektiven Verfolgung individueller Kündigungsschutzinteressen ein. Der Arbeitnehmer hätte es zwar auch weiterhin allein in der Hand, ob und wann er gegebenenfalls Kündigungsschutzklage erhebt und er wäre auch keinesfalls durch Verhandlungsergebnisse des Betriebsrats gegen seinen Willen an eine Vereinbarung gebunden[708]. Der in der Hand des Betriebsrats liegenden *Führung der Vermittlung* käme jedoch durch die gesteigerte Bedeutung des Vermittlungsverfahrens wesentlich größeres Gewicht zu, so daß er dem weiteren Gang des Verfahrens verstärkt seinen Stempel aufdrücken könnte. Dies, zumal der Arbeitnehmer noch nicht einmal ein Recht darauf hat, bei einer im Einspruchsverfahren erfolgenden Vermittlung anwesend zu sein[709].

Angesichts dieser Bedenken erscheint der Weg, die praktische Bedeutung des Einspruchsverfahrens nach § 3 KSchG durch Einführung einer Klagefristhemmung zu steigern, nicht als begrüßenswert.

---

[707] So der – allerdings noch vor Einführung von § 1 IV, V KSchG und § 125 InsO – gegen diese Reformbestrebungen geäußerte Einwand von Rieble, Anm. zu BAG, EzA § 99 BetrVG 1972 Nr. 122, S. 15.

[708] Vgl. dazu schon o. S. 111f.

[709] So besteht dieses Anwesenheitsrecht zumindest bislang nicht. S. HK-KSchG/Hauck § 3 Rn 27.

2) Abschaffung des § 3 KSchG?

Aufgrund der relativ geringen praktischen Bedeutung läßt sich andererseits auch über eine Abschaffung des Beteiligungsverfahrens nach § 3 KSchG nachdenken[710].

Wie schon dargelegt, erfüllt § 3 KSchG die zwar selten zum Tragen kommende, aber letztlich doch wichtige Funktion einer gewissen Sicherung. Sie ermöglicht dem Arbeitnehmer, Unzulänglichkeiten des Verfahrens nach § 102 BetrVG gegebenenfalls auch nach Ausspruch der Kündigung noch auszugleichen, und kann den Parteien in einer Vermittlung auch noch einmal die Möglichkeit geben, über ihr Verhalten nachzudenken[711]. Insofern erscheint eine einfache Streichung der Vorschrift, vor allem angesichts des Umstands, daß die Regelung den Kündigungsausspruch des Arbeitgebers in keiner Weise – auch nicht zeitlich – beeinträchtigt, nicht unbedingt wünschenswert.

Es bleibt allenfalls die Frage zu stellen, ob nicht vielleicht § 102 BetrVG so verbessert werden kann, daß es der ohnehin nur selten greifenden Sicherung des § 3 KSchG gar nicht mehr bedarf. So wäre etwa denkbar, im Rahmen des Verfahrens nach § 102 BetrVG die Anhörung des Arbeitnehmers zwingend vorzuschreiben und ihm so schon dort eine Möglichkeit der Stellungnahme zu sichern. Des weiteren könnte dem Betriebsrat auch im Rahmen des § 102 BetrVG immer eine schriftliche Erklärung zur Begründung seiner Entscheidung vorgeschrieben werden. Darüber hinaus wäre auch denkbar, deutlich zu machen, daß der Betriebsrat auch nach Ausspruch der Kündigung nicht an einer Befassung mit der Kündigung oder dem Anstreben einer Vermittlung gehindert ist[712].
Diesen Überlegungen ist allerdings entgegenzuhalten, daß auch solch weiter gesteigerte Anforderungen an § 102 BetrVG kaum wünschenswert sein dürften. Denn diese Verbesserungen machten zwar ein Verfahren nach § 3 KSchG in der Tat überflüssig, sorgten andererseits aber für eine gesteigerte Schwerfälligkeit des Anhörungsverfahrens nach § 102 BetrVG, für das die Zeit ohnehin sehr knapp bemessen ist. Für solch weitere Belastungen fehlt jedoch ein angemessener Grund: Das Anhörungsverfahren nach § 102 BetrVG bietet in seiner bisherigen Gestalt den betroffenen Arbeitnehmern doch offensichtlich nur selten Anlaß, von der Sicherungsvorschrift des § 3 KSchG Gebrauch zu machen, wie die geringe Zahl eingeleiteter Einspruchsverfahren zeigt. Da § 102 BetrVG somit schon in seiner bisherigen Gestalt weitgehend den Anforderungen an eine Beteiligung genügt, besteht kein Bedarf, mit großem Aufwand kleinere noch beste-

---

[710] Zu ausdrücklichen Zweifeln an der Notwendigkeit der Regelung des § 3 KSchG s. z.B. KR-Rost § 3 KSchG Rn 8f.

[711] Vgl. dazu schon o. S. 110ff, 115f.

[712] Was nicht förmlich i.S.e. Anhörungsverfahrens geschehen müßte.

hende Unzulänglichkeiten schon im Anhörungsverfahren zu beseitigen. Es erscheint vielmehr angezeigt, es bei § 3 KSchG als einem fakultativen Beteiligungsverfahren, in dem dem Betriebsrat die genannte Sicherungsfunktion zugewiesen ist, zu belassen.

IV) Frage zur Beteiligung des Betriebsrats an Auswahlrichtlinien nach § 1 IV KSchG – die Reichweite des Maßstabs der „groben Fehlerhaftigkeit“

Die oben vorgenommene Untersuchung des § 1 IV KSchG bezog sich lediglich auf den Bereich, den die Norm mit ihrer Rechtsfolge eingeschränkter Justitiabilität auf jeden Fall erfaßt, nämlich auf die Sozialauswahl *im engeren Sinne*. Es ist allerdings umstritten, ob die *„soziale Auswahl“* im Sinne des § 1 IV KSchG, die nur auf „grobe Fehlerhaftigkeit“ zu überprüfen ist, wirklich nur diese Berücksichtigung der sozialen Gesichtspunkte umfaßt. Denn denkbar ist ebenso, daß auch die beiden anderen Stufen der Sozialauswahl *im weiteren Sinne*, also die zuerst vorzunehmende Bestimmung des Kreises vergleichbarer Arbeitnehmer sowie die gegebenenfalls abschließend erfolgende Berücksichtigung von Belangen nach Maßgabe des § 1 III 2 KSchG[713] unter diesen Begriff zu fassen sind. Dieser für die kündigungsrechtliche Bedeutung und damit auch die Funktion der Betriebsratsbeteiligung an der Erstellung von Auswahlrichtlinien nach § 1 IV KSchG wichtigen Frage muß hier noch nachgegangen werden.

1) Der Meinungsstand zur Geltung des Maßstabs der „groben Fehlerhaftigkeit“ für die Auswahlstufen der Vergleichbarkeit der Arbeitnehmer und der Berücksichtigung betrieblicher Belange

Teilweise wird zu § 1 IV KSchG von einer Erstreckung der eingeschränkten gerichtlichen Kontrolle auf die gesamte Sozialauswahl, d.h. auf alle drei oben genannten Prüfungsschritte, ausgegangen. Dies geschieht vor allem unter Berufung auf den durch das *„Korrekturgesetz“* gegenüber der alten Fassung nach dem *Arbeitsrechtlichen Beschäftigungsförderungsgesetz* veränderten Wortlaut der Norm, der nun statt der „Bewertung“ der sozialen Gesichtspunkte die „soziale Auswahl“ als nur eingeschränkt überprüfbar ansieht. Des weiteren wird auch betont, daß dies dem Ziel, über § 1 IV KSchG eine Erhöhung der Rechtssicherheit beim Ausspruch betriebsbedingter Kündigungen zu erreichen, besser gerecht werde[714]. Das weite Verständnis des Begriffs der „sozialen Auswahl“ führe dann auch zu einer Angleichung der Wirkung der Richtlinie an § 125 I S. 1 Nr. 2 InsO. Dies sei trotz des Unterschieds, daß sich eine Richtlinie nach § 1 IV KSchG im Gegensatz zu einem Interessenausgleich mit namentlicher Benen-

[713] S. zu dieser nun wieder zweifelsfreien Dreistufigkeit der Prüfung Bader NZA 1999, 68, HK-KSchG/Dorndorf § 1 Rn 1017.

[714] S. zu dieser Ansicht Löwisch KSchG § 1 Rn 388, ders. BB 1999, 103 und v.Hoyningen-Huene/Linck KSchG § 1 Rn 482m ff. S. auch KPK/Meisel § 1 Rn 554f, der die Einschränkung der gerichtlichen Überprüfungsmöglichkeit zumindest auch auf die Festlegung vergleichbarer Arbeitnehmer erstreckt. Angesprochen wird die Möglichkeit einer solch weiten Auslegung des Wortlauts auch bei Schiefer DB 1999, 50.

nung der zu Kündigenden nur auf die sozialen Gesichtspunkte und deren Gewichtung beziehen muß, sinnvoll. Denn die umfassende Anwendung des Maßstabs der „groben Fehlerhaftigkeit“ bei der Sozialauswahl stelle einen starken Anreiz für den Arbeitgeber dar, solche Auswahlrichtlinien zu vereinbaren und in ihnen stärker auf die Vorstellungen des Betriebsrats über die Berücksichtigung der sozialen Kriterien einzugehen. Die dadurch zu erreichende gleichmäßigere Behandlung der Arbeitnehmer und die damit einhergehende größere Rechtssicherheit rechtfertige wiederum diese weitgehende Zurücknahme des Prüfungsmaßstabs[715].

Die Erstreckung der eingeschränkten gerichtlichen Prüfungsmöglichkeit auf die gesamte Sozialauswahl im weiteren Sinne wird allerdings überwiegend abgelehnt und die „grobe Fehlerhaftigkeit“ allein auf die Festlegung und Gewichtung der sozialen Gesichtspunkte nach § 1 III S. 1 KSchG bezogen[716]. Begründet wird dies vor allem mit den nur diesbezüglich vorausgesetzten Regelungen in der Richtlinie und damit, daß sich die Rechtsfolge des § 1 IV KSchG auf dessen mittleren Halbsatz beziehe, der Abs. III S. 1 ausdrücklich nennt. Darin sei der Wille des Gesetzgebers erkennbar, das privilegierte Auswahlermessen bei Festlegung und Gewichtung sozialer Auswahlkriterien nicht auf § 1 III S. 2 KSchG zu erstrecken. Im übrigen sei eine Ausdehnung der Rechtsfolge auf die Berücksichtigung von Belangen nach § 1 III S. 2 KSchG auch wegen des dort nicht vorgesehenen Spielraums und des somit bestehenden erheblichen Unterschieds zu dem nur eine „ausreichend(e)“ Berücksichtigung sozialer Gesichtspunkte verlangenden § 1 III S. 1 KSchG abzulehnen.

2) Stellungnahme unter Berücksichtigung der Funktion der Betriebsratsbeteiligung und der Problematik des Spannungsverhältnisses

a) Wortlaut und Wille des Gesetzgebers?

Der veränderte Wortlaut des § 1 IV KSchG bezieht die „grobe Fehlerhaftigkeit“ nicht mehr auf die „Bewertung“ der sozialen Belange, sondern vielmehr auf die „soziale Auswahl“. Damit gleicht sich der Wortlaut dem des § 125 InsO sowie vor allem auch dem des § 1 V KSchG a.F. an, für den das BAG aufgrund seines Wortlauts gerade die gesamte Sozialauswahl im weiteren Sinne umfaßt sah[717].

---

[715] S. Löwisch KSchG § 1 Rn 388.

[716] So Preis RdA 1999, 320, HK-KSchG/Dorndorf § 1 Rn 1145ff, APS/Kiel § 1 KSchG Rn 759, Däubler NJW 1999, 603, Gaul DB 1998, 2468, Bader NZA 1999, 69, KR-Etzel § 1 KSchG Rn 698 und Bütefisch S. 414ff.

[717] S. BAG, Urt. v. 7.5.98 – 2 AZR 536/97, NZA 1998, 933. Darauf wird später noch näher einzugehen sein.

Dies läßt in der Tat die Annahme naheliegend erscheinen, daß nun der von der „groben Fehlerhaftigkeit" erfaßte Bereich nicht mehr allein auf den Bereich der Sozialauswahl *im engeren Sinne* beschränkt ist. Vielmehr deutet es darauf hin, daß auch die Auswahlstufen der Vergleichbarkeit der Arbeitnehmer und der Berücksichtigung von Belangen nach § 1 III S. 2 KSchG einbezogen sein sollen. Dennoch bleibt festzuhalten, daß der verwendete Begriff der „sozialen Auswahl" aufgrund seiner möglichen Interpretation im engeren und im weiteren Sinne nicht eindeutig ist und insofern keinen sicheren Anhalt für die Auslegung zu bieten vermag[718]. Dementsprechend war und ist auch im Rahmen von § 1 V KSchG a.F. und § 125 InsO durchaus umstritten, ob dort eine entsprechend enge oder weite Auslegung zu erfolgen hat[719].

Auch teleologische Erwägungen mögen zwar zu einem gewissen Grade auf eine möglichst umfassende Anwendung des Maßstabs der „groben Fehlerhaftigkeit" hindeuten, weil dies dem vom Gesetzgeber verfolgten Ziel der Erhöhung der Rechtssicherheit beim Ausspruch betriebsbedingter Kündigungen natürlich umso besser dient. Zu beachten ist aber auch, daß die Begründung des Regierungsentwurfs für das „Korrekturgesetz" keinerlei Hinweis darauf bietet, die durch § 1 IV KSchG a.F. schon erhöhte Rechtssicherheit noch weiter steigern zu wollen. Ausdrücklich geäußert wird vielmehr der Wille, die schon durch § 1 IV KSchG a.F. geschaffene Situation bestehen zu lassen, während die Wortlautveränderung die Rückkehr zum „neuen alten" § 1 III S. 1 KSchG berücksichtigen soll[720].
Auch unter Berücksichtigung dieser Aspekte bleibt die Auslegungsfrage somit ungeklärt.

b) Die Konsequenzen für die Funktion der Betriebsratsbeteiligung und die Problematik des Spannungsverhältnisses

Dies läßt es durchaus angebracht erscheinen, die Konsequenzen der beiden Auslegungsvarianten bezogen auf die hier untersuchte Funktion der Betriebsratsbeteiligung und die Problematik des Spannungsverhältnisses bei kollektivrechtlicher Beeinflussung der kündigungsrechtlichen Positionen einander gegenüberzustellen.

---

[718] S. zu dieser Mehrdeutigkeit des Begriffes soziale Auswahl schon o. S. 129 u. insbes. Fn 455.

[719] S. zu diesen Verständnismöglichkeiten schon o. S. 163. Darauf, daß dieser Umstand im Rahmen von § 1 V KSchG a.F. und § 125 InsO für Streitigkeiten sorgte und sorgt, wird gleich noch ausführlich zurückzukommen sein.

[720] S. auch dazu schon o. Fn 466 sowie 457.

aa) So wurde oben die Funktion der Betriebsratsbeteiligung herausgearbeitet, die bei § 1 IV KSchG festzustellen ist, sofern man seine Wirkung nur hinsichtlich des vom Maßstab der „groben Fehlerhaftigkeit“ zweifellos erfaßten Bereichs der Sozialauswahl im engeren Sinne betrachtet. Schon in diesem Falle einer engen Auslegung beeinflußt die Betriebsratsbeteiligung nach § 1 IV KSchG die kündigungsrechtliche Situation Betroffener ganz erheblich. Allein durch die Auswirkungen auf die Sozialauswahl im engeren Sinne fällt sie schon deutlich in den im Hinblick auf das Spannungsverhältnis bei kollektivrechtlicher Beeinflussung der individualrechtlichen Situation problematischen Bereich.
Bei § 1 IV KSchG ließ sich die im Falle solch engerer Auslegung der Rechtsfolge gegebene kündigungsrechtliche Wirkung aufgrund der festgestellten Funktion der Betriebsratsbeteiligung indes gut als sachgerechtes Mittel einer gewünschten und auch tatsächlich wünschenswerten Erhöhung der Rechtssicherheit rechtfertigen. Denn die kündigungsrechtlichen Auswirkungen und die damit in Form der eingeschränkten gerichtlichen Überprüfung der Sozialauswahl im engeren Sinne verbundenen Nachteile für die Betroffenen, die die Betriebsratsbeteiligung zur Erhöhung der Rechtssicherheit bewirkt und auch bewirken soll, bestehen eben nicht darin, daß der Betriebsrat schlicht einem größeren und nur eingeschränkt überprüfbaren Arbeitgeberspielraum zustimmt. Sie liegen vielmehr allein in einer Bindung des Gerichts an die Vorgaben der Auswahlrichtlinie begründet. Durch diese wird die richtige Durchführung der Sozialauswahl im engeren Sinne konkret bestimmt. Hierbei hat der Betriebsrat auf diese Vorgaben durch *Mitgestaltung* und *Verhandlung* maßgeblich im Interesse der Arbeitnehmer Einfluß genommen, so daß sie grundsätzlich eine Gewähr für einen gleichmäßigen und gerechten Auswahlmaßstab hinsichtlich der Berücksichtigung sozialer Belange bieten. Dies kommt den Arbeitnehmern sogar über die Bindung des Arbeitgebers zugute und trägt, zumal die Beteiligung des Betriebsrats sich auf abstrakter und eben nicht direkt auf einer auf den einzelnen Arbeitnehmer bezogenen Ebene bewegt, den entsprechenden kollektivrechtlichen Einfluß auf individuelle kündigungsschutzrechtliche Positionen[721].

bb) Stellt man dem die Funktion der Betriebsratsbeteiligung und die Folgen für die Problematik des Spannungsverhältnisses, wie sich diese bei einer Ausweitung der Rechtsfolge des § 1 IV KSchG auch auf die Festlegung des Kreises vergleichbarer Arbeitnehmer und die Berücksichtigung von Belangen nach § 1 III S. 2 KSchG darstellen würden, gegenüber, tritt ein deutlicher Unterschied zutage.

Erstreckte man nämlich die kündigungsrechtlichen Auswirkungen so weit, gingen sie über den Bereich hinaus, für den § 1 IV KSchG zwingend konkrete Fest-

---

[721] Vgl. dazu o. S. 144ff.

legungen in der Auswahlrichtlinie fordert. Und es dürfte wohl keine untypische Konstellation sein, daß die Betriebsparteien tatsächlich nur die festgelegten Mindestanforderungen regeln. Angesichts dessen sähe § 1 IV KSchG die Möglichkeit einer Betriebsratsbeteiligung vor, durch die pauschal eine Zustimmung zu einer eingeschränkten Überprüfbarkeit der Auswahlentscheidung des Arbeitgebers hinsichtlich der Auswahlstufen der Vergleichbarkeit und der Berücksichtigung von betrieblichen Belangen erteilt wird.
Eine solche arbeitnehmernachteilig wirkende Zustimmung des Betriebsrats zu eingeschränkter gerichtlicher Überprüfbarkeit dürfte wohl dem Mißtrauen der Belegschaft bzw. des Betriebsrats gegenüber Auswahlrichtlinien Vorschub leisten. Dies wiederum wäre der vom Gesetzgeber beabsichtigten tatsächlichen Nutzung dieses Instruments zur Verminderung von Kündigungsrisiken nicht förderlich. Ganz abgesehen davon bestehen aber noch weitere Bedenken dagegen. Denn der Betriebsrat, der eine nur die Mindestanforderungen des § 1 IV KSchG an den Regelungsinhalt erfüllende Auswahlrichtlinie vereinbarte, räumte damit – bei weiter Auslegung der Rechtsfolge – dem Arbeitgeber hinsichtlich der Bestimmung der Vergleichbarkeit der Arbeitnehmer und der Berücksichtigung von Belangen nach § 1 III S. 2 KSchG schlicht einen größeren und gerichtlich nicht überprüfbaren Spielraum zur alleinigen Wahrnehmung ein. Dem Betriebsrat käme insofern kein Einfluß mehr zu. Es mag zwar sein, daß er auf diese Weise gesteigerten Einfluß auf die Sozialauswahl im engeren Sinne gewinnen kann[722], dies wird aber angesichts der Möglichkeit des Arbeitgebers, „einfache Fehler" bei der Beurteilung der Vergleichbarkeit der Arbeitnehmer und der Berücksichtigung betrieblicher Belange zu machen, deutlich relativiert. Letztlich bestünde damit im Rahmen der Betriebsratsbeteiligung, eine Möglichkeit, sehr weitgehend über das „Ob" des Greifens generell bestehender kündigungsrechtlicher Positionen der Arbeitnehmer zu entscheiden, also gegebenenfalls auf sie zu verzichten. Denn ein direkter Bezug zwischen der Einschränkung der der Einzelfallgerechtigkeit dienenden gerichtlichen Überprüfungsmöglichkeiten – bezüglich der Vergleichbarkeit und der Berücksichtigung von Belangen nach § 1 III S. 2 KSchG – und an deren Stelle tretender, Gerechtigkeitsgewähr bietender Festlegungen wäre nicht zwingend gegeben.

Damit griffe auch die oben festgestellte Funktion nicht mehr, die die Beteiligungsregelung gerade vor dem Hintergrund des Spannungsverhältnisses rechtfertigt. Mit einem schlichten Verzicht auf Teile Einzelfallgerechtigkeit sichernder Überprüfungsmöglichkeiten begäbe man sich vielmehr wieder in die Nähe einer kündigungsrechtlichen Sperrfunktion der Beteiligung. Eine solche erscheint jedoch, mag sie hier auch abstrakt und auf einige kündigungsrechtliche

[722] Vgl. dazu o. S. 140.

Positionen beschränkt sein, aufgrund der Erfahrungen der Rechtsentwicklung der Kündigungsbeteiligung nicht wünschenswert[723].

cc) Zu diesen Bedenken kommt noch hinzu, daß es an einem wirklich zweifelsfreien Anhaltspunkt für die Erstreckung des Maßstabs der groben Fehlerhaftigkeit auch auf die Vergleichbarkeit und die Berücksichtigung von Belangen nach § 1 III S. 2 KSchG fehlt. Angesichts dieses Umstands erscheint der Rückgriff auf eine Vermutungsregel angebracht, die auch schon bei den nach Erlaß des BetrVG 1972 eintretenden Unsicherheiten hinsichtlich kollektiver Beeinflussung individueller Kündigungsschutzregelungen verwandt wurde. Danach sollen ohne zwingende Hinweise nicht einfach die mit dem BetrVG 1952 bewußt getroffene Trennungsentscheidung zwischen Individualkündigungsschutz und Betriebsverfassung korrigiert und dadurch neue Eingriffskompetenzen geschaffen werden[724]. Die mit dem BetrVG 1952 verwirklichte Trennung zwischen Kollektiv- und Kündigungsschutzrecht, für die gute Gründe sprechen, ist zwar im heutigen Betriebsverfassungsrecht auch nicht mehr ganz so strikt durchgeführt und es läßt sich in jüngster Zeit sogar eine deutliche Tendenz steigenden kollektivrechtlichen Einflusses auf den Kündigungsschutz ausmachen. Dies ändert jedoch nichts an der weiterhin bei entsprechenden Auslegungsfragen gebotenen Zurückhaltung, solche kollektivrechtlichen Beeinflussungen anzunehmen[725].
Insbesondere die mit § 1 IV KSchG angestrebte bessere Berechenbarkeit der Zulässigkeit betriebsbedingter Kündigungen und der Vorrang vor der Einzelfallgerechtigkeit[726] fordern aber die weite Auslegung der Rechtsfolge des § 1 IV KSchG nicht zwingend. Dieses Ziel wird angesichts der diesbezüglich schon erheblichen kündigungsrechtlichen Einschränkungen und entsprechend erhöhter Rechtssicherheit auch bei einer engen Auslegung erreicht[727]. Damit ist es angesichts der fehlenden klaren Anhaltspunkte für eine weite Auslegung der Rechtsfolge des § 1 IV KSchG vorzugswürdig, die „grobe Fehlerhaftigkeit" bei Auswahlrichtlinien im Sinne dieser Norm *grundsätzlich* nur auf die soziale Auswahl *im engeren* Sinne zu beziehen.

---

[723] Vgl. dazu schon o. S. 34ff.
[724] S. dazu Kohte BB 1998, 953 unter Berufung auf BAG BB 1973, 1635.
[725] Vgl. zur nach KSchG 1951 und BetrVG 1952 vorgesehen strikten Trennung und dazu, daß diese zwar nach der heutigen Rechtslage nicht mehr besteht, aber dennoch gute Gründe vorliegen, mit der Annahme von Überschneidungen vorsichtig zu sein, schon die Erkenntnisse des Ersten Teils der Untersuchung sowie o. S. 11ff und Kohte a.a.O.
[726] S. dazu die Begründung der Regierungskoalition zum Entwurf des Arbeitsrechtlichen Beschäftigungsförderungsgesetzes, BT-Drucks. 13/4612, S. 9.
[727] Vgl. dazu schon o. S. 127ff.

c) Auswahlrichtlinien mit konkreten Regelungen zur Vergleichbarkeit der Arbeitnehmer und zur Berücksichtigung betrieblicher Belange

Denkbar ist allenfalls, für die *Auswahlrichtlinien* anderes anzunehmen, die nicht nur Festlegungen hinsichtlich der Sozialauswahl im engeren Sinne treffen, sondern auch *konkrete Regelungen* für die *Vergleichbarkeit* in die Auswahl einzubeziehender Arbeitnehmer und die *zu berücksichtigenden Belange nach § 1 III S. 2 KSchG* vorgeben[728]. In diesen Fällen hat der Betriebsrat auch bezüglich dieser beiden weiteren Stufen die eine Gerechtigkeitsgewähr für den Maßstab liefernde *Mitgestaltungs-* und *Verhandlungsfunktion* ausgeübt. Dann liegt auch keine einfache Zustimmung zum Greifen eines reduzierten Maßstabs gerichtlicher Überprüfbarkeit vor, sondern es wird grundsätzlich wieder daran angeknüpft, daß das Gericht die Festlegungen der Betriebsparteien für eine richtige Auswahl zu achten hat. Insofern ist auch nicht mehr von einer der Sperrfunktion ähnelnden Beteiligung des Betriebsrats auszugehen. Somit erscheint es, angesichts der rechtfertigenden Wirkung der *abstrakten Mitgestaltungs- und Verhandlungsfunktion*, denkbar, hier ausnahmsweise im Interesse der Rückführung zur Zeit übersteigerter Anforderungen an die Sozialauswahl eine weitergehende kollektivrechtliche Beeinflussung der kündigungsrechtlichen Situation zuzulassen, als sie durch das Gesetz zwingend nahegelegt wird.

Zu bedenken bleibt aber, daß es durchaus zweifelhaft ist, ob dadurch auch tatsächlich eine weiter gesteigerte Rechtssicherheit bei betriebsbedingten Kündigungen eintritt. Insofern ist daran zu erinnern, daß den Betriebsparteien zwar von der Rechtsprechung auch bezüglich dieser beiden Stufen ein „Spielraum" bei der Vereinbarung von Auswahlrichtlinien zugestanden wurde, die fragliche Rechtsprechung, aber doch eine feine Differenzierung erkennen läßt. Während den Betriebsparteien bei der Abwägung der sozialen Gesichtspunkte ausdrücklich ein gerichtlich nur beschränkt nachprüfbarer „Beurteilungsspielraum" zustehen sollte, war zwar auch schon einmal bezüglich der Bestimmung der Vergleichbarkeit der Arbeitnehmer von einem gegenüber dem Auswahlverfahren nach § 1 III KSchG „größeren Beurteilungsspielraum" die Rede. Bei diesem wurde aber zunächst vor allem die Bindung an die gesetzlichen Vorgaben und besonders das Verbot des Abweichens davon zum Nachteil der Arbeitnehmer betont. Es sollten nur wegen der diesbezüglich schwierigen Auslegung die spezifischen Erfahrungen der Betriebsparteien von besonderer Bedeutung sein[729] und aus den fraglichen Urteilsgründen ließ sich auch ein tatsächlich „größerer

[728] Vgl. dazu, daß in Auswahlrichtlinien auch diese Stufen betreffende Regelungen durchaus möglich sind, schon o. S. 122f.

[729] So Kohte BB 1998, 951f unter Bezugnahme vor allem auf BAG, Urt. v. 15.6.89 – 2 AZR 580/88, BB 1990, 351 und BAG, Urt. v. 18.1.90 – 2 AZR 357/89, BB 1990, 1274.

Beurteilungsspielraum“ gar nicht ersehen[730]. Aufgrund dessen erscheint es ohne genaue Bestimmung der Grenzen der groben Fehlerhaftigkeit – die kaum ähnlich genau festzulegen sein dürften, wie im Fall der Begrenzung auf die drei sozialen Grunddaten – nicht gesichert, daß durch die weite Erstreckung der Rechtsfolge des § 1 IV KSchG tatsächlich eine spürbar größere Rechtssicherheit eintreten wird[731].

---

[730] Vgl. dazu MüArbR-Berkowsky § 139 Rn 190. Dort auch kritisch zum fehlenden genauen Maßstab für das „größer“ – dazu auch schon o. S. 123 u. Fn 437.

[731] Vgl. dazu den Hinweis bei MüArbR-Berkowsky a.a.O. auf den geringen praktischen Wert eines größeren Spielraums, der nicht genau definiert ist.

V) Fragen zur Beteiligung des Betriebsrats an Namenslisten im Sinne des § 125 InsO

1) Die Reichweite der Begrenzung des gerichtlichen Prüfungsmaßstabs auf grobe Fehlerhaftigkeit

Eine Frage konnte bei der Funktionsbestimmung zu § 125 InsO offengelassen werden und ist nun noch zu betrachten. Sie rührt daher, daß nach § 125 I S. 1 Nr. 2 a.E. InsO die „*soziale Auswahl* ... nur im Hinblick auf die Dauer der Betriebszugehörigkeit, das Lebensalter und die Unterhaltspflichten und auch insoweit nur auf grobe Fehlerhaftigkeit nachgeprüft werden“[732] kann. Auch hier wird also der mehrdeutige Begriff der „soziale(n) Auswahl“ verwendet[733]. Dieser macht für sich genommen nicht deutlich, ob nur die Sozialauswahl *im engeren Sinne* darunter verstanden und somit die Einschränkung der gerichtlichen Prüfungsmöglichkeiten nur auf sie bezogen werden soll[734]. Denn denkbar ist auch, daß über diesen unstreitig von der Prüfungsprivilegierung erfaßten – und oben der Funktionsbestimmung auch zunächst einmal zugrundegelegten – Bereich hinaus auch die Sozialauswahl *im weiteren Sinne* bzw. zumindest Teile von ihr umfaßt sein soll[735]. Zu prüfen ist also, ob auch die Bestimmung des Kreises der vergleichbaren Arbeitnehmer und die Berücksichtigung betrieblicher Belange nach § 1 III S. 2 KSchG bzw. auch die Bestrebungen zur Schaffung oder Erhaltung einer ausgewogenen Personalstruktur dem Maßstab der groben Fehlerhaftigkeit unterfallen.

a) Der Gesetzeswortlaut

Mag der Terminus „soziale Auswahl“ für sich allein genommen auch nicht eindeutig sein, so legt die im Zusammenhang betrachtete Gesetzesformulierung

---

[732] Hervorhebung durch Verfasser.

[733] Vgl. zur Mehrdeutigkeit dieses Begriffes schon o. S. 129, 163 sowie LAG Düsseldorf, Urt.v. 24.3.98 – 3 Sa 1926/97, LAGE § 1 Interessenausgleich Nr. 6.

[734] So Zwanziger § 125 InsO Rn 21, Nagel S. 107 und Oetker/Friese DZWIR 2001, 182 sowie jeweils für § 1 V KSchG a.F. LAG Düsseldorf, Urt.v. 24.3.98 – 3 Sa 1926/97, LAGE § 1 Interessenausgleich Nr. 6 und ArbG Bonn, Urt. v. 5.2.97 – 2 Ca 3268/96, DB 1997, 1517, Preis NZA 1997, 1086 und Grunsky/Moll Rn 285.

[735] LAG Hamm, Urt. v. 6.7.00 – 4 Sa 799/00, DZWIR 2001, 107, LAG Niedersachsen, Urt. v. 12.4.02 – 3 Sa 1638/01, LAGE § 125 InsO Nr. 2 (nicht rechtskräftig), Löwisch RdA 1997, 81f, Caspers Rn 186ff, MK-InsO/Löwisch/Caspers § 125 Rn 85f, FK-InsO/Eisenbeis § 125 Rn 11f, HK-InsO/Irschlinger § 125 Rn 16f, Hess/Weis/Wienberg § 125 Rn 23, Stahlhacke/Preis/Vossen Rn 2177, Lakies BB 1998, 208 und Hohenstatt NZA 1998, 852 sowie zu § 1 V KSchG a.F. BAG, Urt. v. 7.5.1998 – 2 AZR 536/97, NZA 1998, 933 und Schiefer in Urteilsanmerkung zu ArbG Bonn, Urt. v. 5.2.97 – 2 Ca 3268/96, DB 1997, 1520.

meines Erachtens doch eine bestimmte Deutung nahe. Denn Abs. I S. 1 Nr. 2 bestimmt, daß „die *soziale Auswahl* der Arbeitnehmer ***nur*** im Hinblick auf die“[736] *drei sozialen Grundkriterien* „und auch insoweit nur auf grobe Fehlerhaftigkeit nachgeprüft werden“ kann. Deswegen spricht einiges dafür, daß ein Verständnis der „sozialen Auswahl“ als Sozialauswahl *im weiteren Sinne* konsequenterweise zur Folge haben müßte, daß die Bildung des Kreises vergleichbarer Arbeitnehmer und die Berücksichtigung betrieblicher Belange – mit Ausnahme der Schaffung oder Erhaltung einer ausgewogenen Personalstruktur – *gar nicht* gerichtlich überprüfbar wären.
Zugegebenermaßen ist dieser Schluß nicht zwingend[737]. Er läßt jedoch ein Verständnis der „sozialen Auswahl“ als Sozialauswahl *im engeren Sinne*, auf die die Regelung des § 125 I S. 1 Nr. 2 InsO dann allein bezogen wäre, durchaus plausibel erscheinen. Denn dann wäre die Norm unproblematisch so zu verstehen, daß nur die Stufe der Berücksichtigung der sozialen Belange prüfungsprivilegiert ist und für die anderen Stufen der Sozialauswahl schlicht der normale Prüfungsmaßstab greift.

Wie indes schon die Untersuchung anderer hier zu berücksichtigender Neuregelungen der Kündigungsbeteiligung und dortiger unglücklicher Formulierungen gezeigt hat, sollte Wortlautinterpretationen im fraglichen Bereich, zumal wenn sie, wie hier, Zweifeln ausgesetzt sind, nicht zu große Bedeutung beigemessen werden[738]. Größerer Wert sollte vielmehr der Prüfung zukommen, ob sich aus anderen Anhaltspunkten für die Auslegung deutliche Rückschlüsse auf die Tragweite der Beschränkung der gerichtlichen Überprüfungsmöglichkeiten ergeben.

b) Weitere Anhaltspunkte für die Auslegung des Begriffes „ soziale Auswahl“

aa) Ein solch deutlicher Anhaltspunkt wird zum Teil in teleologischen Erwägungen gesehen.
So stehen hinter der überwiegend zu diesem streitigen Punkt vertretenen Auffassung, in der ebenfalls oft von einem unklaren und unglücklichen Wortlaut aus-

---

736 Hervorhebung durch Verfasser.

737 So macht Löwisch (RdA 1997, 81f) zu Recht geltend, daß die hier verwendete Formulierung „auch insoweit“ – und eben nicht „insoweit auch“ – eigentlich in eine andere Richtung deutet und schließt deswegen daraus, daß *auch im übrigen* eine Prüfung auf grobe Fehlerhaftigkeit erfolgt. Allerdings scheint mir dies nicht genügend zu berücksichtigen, daß allein für den – wie auch immer verstandenen – Bereich der „sozialen Auswahl“ durch § 125 I S. 1 Nr. 2 InsO eine Regelung getroffen wird, diese aber abschließend sein soll, wie das erste „nur“ in der Gesetzesformulierung deutlich macht.

738 Vgl. dazu, den Wortlaut im Rahmen dieser Auslegungsfrage bei § 125 InsO nicht die entscheidende Rolle spielen zu lassen, nur Caspers Rn 188 und Kohte BB 1998, 951.

gegangen wird, vor allem sachliche Überlegungen, den mit § 125 InsO verfolgten Zweck möglichst gut umzusetzen. Die teleologische Erwägung, daß die Rechtssicherheit beim Ausspruch betriebsbedingter Kündigungen wesentlich erhöht werden sollte, spreche für eine „weite Auslegung“. So sollen sich die eingeschränkten gerichtlichen Prüfungsmöglichkeiten nach Abs. I S. 1 Nr. 2 auch auf die „begriffsnotwendig als ‚erster Akt'“[739] zur Auswahl gehörende Festlegung des auswahlrelevanten Personenkreises, also die Vergleichbarkeit der Arbeitnehmer, und auch – dies wird innerhalb dieser Auffassung zumindest meistens vertreten – auf die Berücksichtigung betrieblicher Belange nach § 1 III S. 2 KSchG sowie die Schaffung und Erhaltung einer ausgewogenen Personalstruktur beziehen[740].

Genau besehen erscheint aber doch fraglich, ob dieser Gesichtspunkt diese Auslegung wirklich rechtfertigt. So kann zwar nicht bestritten werden, daß auch der Festlegung des Kreises vergleichbarer Arbeitnehmer eine große Rechtsunsicherheit und Fehleranfälligkeit anhaftet und auch die Berücksichtigung betrieblicher Belange Schwierigkeiten bereiten kann. Dementsprechend mag gerade zur Verwirklichung der allgemeinen Zielrichtung des § 125 InsO, der notwendige Sanierungsmaßnahmen für das wegen der Insolvenz in einer Überlebenskrise befindliche Unternehmen erleichtern will, eine Erstreckung eingeschränkter gerichtlicher Überprüfungsmöglichkeiten auch auf diese Stufen als *Idealvorstellung* und eine dahinter zurückbleibende Regelung als unvollständig erscheinen[741].
Aber schon die Frage, ob eine entsprechende Ausdehnung der eingeschränkten gerichtlichen Überprüfbarkeit überhaupt *tatsächlich* eine gesteigerte Rechtssicherheit brächte, die die Sanierung weiter erleichterte, läßt sich keineswegs eindeutig beantworten. So bleibt doch zumindest zweifelhaft, ob sich bei den für die Ausdehnung in Betracht kommenden Auswahlstufen eine ausreichend genaue Grenze für das Einsetzen „grober Fehlerhaftigkeit“ finden ließe, wie sie etwa die drei Grundkriterien im Rahmen der Sozialauswahl im engeren Sinne darstellen. Erst dadurch gewänne man indes einen echten abgrenzbaren und von gerichtlicher Kontrolle freien Spielraum, dem wirklich praktische Bedeutung gesichert wäre[742].

---

[739] S. FK-Eisenbeis InsO § 125 Rn 11.

[740] Vgl. zu dieser teleologischen Begründung der weiten Auslegung LAG Hamm, Urt. v. 6.7.00 – 4 Sa 799/00, DZWIR 2001, 107, Caspers Rn 188ff und Neef/Schrader Rn 141 sowie zu § 1 V KSchG a.F. BAG, Urt. v. 7.5.98 – 2 AZR 536/97, NZA 1998, 933. Vgl. auch LAG Hessen, Urt. v. 24.6.99 – 3 Sa 1278/98, NZA-RR 2000, 74 – wenn dort auch die Frage letztlich offengelassen wurde.

[741] Vgl. Grunsky/Moll Rn 285.

[742] Vgl. die Problematik des den Betriebsparteien schon längere Zeit vermeintlich eingeräumten Spielraums bei Auswahlrichtlinien, dazu o. S 124ff.

Bedenken gegen eine „weite Auslegung" aufgrund dieser teleologischen Erwägungen bestehen aber vor allem auch angesichts der erläuterten Problematik, die die Regelung des § 125 I S. 1 Nr. 2 InsO hinsichtlich der kollektivrechtlichen Beeinflussung der kündigungsschutzrechtlichen Situation mit sich bringt. Es kann nicht einfach für die Auslegung von einer der grundsätzlichen Zielrichtung des § 125 InsO dienenden *Idealvorstellung* ausgegangen werden, durch die noch stärker in der ohnehin schon als problematisch angesehenen Weise[743] der Individualschutz durch den Betriebsrat beeinflußt würde. Dies gilt insbesondere, weil der Wortlaut hinsichtlich einer so weiten Erstreckung der eingeschränkten gerichtlichen Prüfungsmöglichkeiten zumindest zurückhaltend ist.
Letztlich liefern also auch teleologische Erwägungen keinen wirklich eindeutigen Hinweis für die Auslegung.

bb) Auch aus direkten Vergleichen mit den ähnlichen Regelungen des § 1 V KSchG a.F. bzw. des § 1 IV KSchG lassen sich keine maßgeblichen Anhaltspunkte für die Entscheidung der Auslegungsfrage herleiten.
Denn es gibt zwar systematische Überlegungen im Zusammenhang mit § 1 V KSchG a.F., die von einer bestimmten Auslegung dieser vom Wortlaut in der entscheidenden Frage gegenüber § 125 InsO noch offeneren Norm ausgehen und dann folgern, daß § 125 InsO für die Sondersituation der Insolvenz eine weitergehende Vereinfachungsmöglichkeit für Kündigungen bieten, den Betriebsparteien also in keinem Fall weniger als im Rahmen des § 1 V KSchG a.F. gestatten will[744]. Diese Überlegungen sollten aber mit der Aufhebung dieser Vorschrift keine Rolle mehr spielen, zumal die Stufung zwischen § 125 InsO und § 1 V KSchG a.F. schon zu der Zeit, als Letzterer noch galt, zweifelhaft war[745].
Andererseits kann auch nicht schlicht auf die Reichweite der auf „grobe Fehlerhaftigkeit" beschränkten gerichtlichen Prüfungsmöglichkeiten im Rahmen des § 1 IV KSchG verwiesen werden, denn insofern fehlt es an einer Vergleichbarkeit der Regelungen. So muß sich die aus der Beteiligung des Betriebsrats nach § 1 IV KSchG folgende Gerechtigkeitsgewähr nur auf das abstrakte Bewertungsschema für die sozialen Gesichtspunkte beziehen, während der Betriebsrat im Rahmen der namentlichen Benennung mit dem einzelnen Fall und vor allem mit sämtlichen Stufen der Sozialauswahl im weiteren Sinne befaßt

[743] Vgl. o. S. 173ff.
[744] Vgl. z.B. BAG, Urt. v. 7.5.98 – 2 AZR 536/97, NZA 1998, 933 und des weiteren auch ArbG Stuttgart, Urt. v. 8.7.1997 – 9 Ca 13/97, NZA-RR 1998, 162.
[745] So geht aus dem Ausschußbericht zum Gesetzentwurf des Arbeitsrechtlichen Beschäftigungsförderungsgesetzes, BT-Drucks. 13/5107, S. 31, hervor, daß die Beibehaltung des § 125 InsO neben § 1 V KSchG a.F. ihren Grund nicht etwa in einer Stufung, sondern vielmehr darin findet, daß die geschlossene Regelung der arbeitsrechtlichen Vorschriften der Insolvenzordnung nicht zerrissen werden sollte.

ist[746]. Dieser Unterschied besagt allerdings nur, daß nicht einfach unbesehen Ergebnisse von § 1 IV KSchG übertragen werden sollten und bedeutet keineswegs, daß bei § 125 InsO zwangsläufig eine andere, nämlich weitere, Auslegung des Begriffs der „sozialen Auswahl" zu erfolgen hätte[747].

cc) Eine Untersuchung des Gesetzgebungsverfahrens bringt ebenfalls keine eindeutige Antwort auf die Frage, wie weit die auf „grobe Fehlerhaftigkeit" beschränkte gerichtliche Überprüfungsmöglichkeit reicht. Allerdings sind in diesem Zusammenhang doch zumindest gewisse Anhaltspunkte für die Auslegung auszumachen.

So zeigt eine Betrachtung der Begründung des Regierungsentwurfs zum Arbeitsrechtlichen Beschäftigungsförderungsgesetz – mit dem auch § 125 InsO vorzeitig in Kraft gesetzt wurde – zunächst, daß dort keine zwingenden Hinweise auf die Erstreckung der „groben Fehlerhaftigkeit" auf andere Stufen als die der Sozialauswahl im engeren Sinne enthalten sind[748]. Hätte man im Gesetzgebungsverfahren – gerade auch dem zur Einführung der InsO – eine solche erhebliche Ausdehnung im Auge gehabt, wäre eine Erwähnung entsprechender Wirkungen für die Vergleichbarkeit und für die Berücksichtigung betrieblicher Belange aber doch wohl zu erwarten gewesen. Stattdessen wird hinsichtlich der Bedeutung der „groben Fehlerhaftigkeit" explizit nur auf die zweifellos erfaßte Stufe der Gewichtung der sozialen Belange eingegangen[749]. Insofern liegt zumindest die Vermutung nahe, daß dem Gesetzgeber ein enges, d.h. allein auf die Sozialauswahl im engeren Sinne bezogenes Verständnis des § 125 I S. 1 Nr. 2 InsO vorschwebte.

---

[746] Vgl. zu diesem Unterschied – noch bezogen auf § 1 IV KSchG a.F. – Löwisch RdA 1997, 81 und auch o. S. 174f.

[747] Anders Löwisch a.a.O.

[748] Vgl. BT-Drucks. 13/4612, S. 9. Gerade das dort zu findende alleinige Eingehen auf die drei Grundkriterien der Sozialauswahl im engeren Sinne läßt doch eine enge Auslegung der „sozialen Auswahl" nach § 1 V KSchG – und entsprechend auch bei § 125 InsO – wahrscheinlicher sein. Allein aus der Formulierung, „die soziale Rechtfertigung (solle) nur noch in Ausnahmefällen in Frage" gestellt werden können, anderes herzuleiten, überzeugt nicht. Denn auch bei einer engen Auslegung wird nur noch in Ausnahmefällen eine Beanstandung der Kündigung Erfolg haben können. Des weiteren kann auch aus der späten Einfügung des Wortes „insoweit" und der Tendenz des Rechtsausschusses, die gerichtliche Überprüfung weiter einzuschränken, nicht auf eine weite Auslegung geschlossen werden. Denn es ergibt sich eben nicht deutlich, daß der Gesetzgeber bezüglich der eingeschränkten Überprüfung mehr als die Sozialauswahl im engeren Sinne im Auge hatte. Anders Caspers Rn 189f.

[749] Vgl. zum Arbeitsrechtlichen Beschäftigungsförderungsgesetz die Fn zuvor und zur Begründung des Regierungsentwurfs einer InsO BT-Drucks. 12/2443, S. 149.

Diese Vermutung wird wohl auch dadurch gestützt, daß mit § 125 I S. 1 Nr. 2 InsO eben nicht nur auf eine eingeschränkte gerichtliche Prüfung abgezielt werden sollte. Vielmehr hatte man – wie oben schon dargelegt – dabei vor allem auch einen entsprechenden *echten Spielraum* der Betriebsparteien im Blick. Denn im Gesetzgebungsverfahren wurde ausdrücklich auf solch vermeintlich schon anerkannte „Spielräume" im Rahmen der Durchführung der Sozialauswahl Bezug genommen[750]. Dabei läßt die Rechtsprechung, an die damit angeknüpft werden sollte, bezüglich dieser doch eine feine Differenzierung erkennen.

Während den Betriebsparteien bei der Abwägung der sozialen Gesichtspunkte ausdrücklich ein gerichtlich nur beschränkt nachprüfbarer „Beurteilungsspielraum" zustehen sollte, war zwar auch schon einmal bezüglich der Bestimmung der Vergleichbarkeit der Arbeitnehmer von einem gegenüber dem Auswahlverfahren nach § 1 III KSchG „größeren Beurteilungsspielraum" die Rede. Bei diesem wurde aber zunächst vor allem die Bindung an die gesetzlichen Vorgaben und besonders das Verbot des Abweichens davon zum Nachteil der Arbeitnehmer betont. Es sollten nur wegen der diesbezüglich schwierigen Auslegung die spezifischen Erfahrungen der Betriebsparteien von besonderer Bedeutung sein[751]. Auch aus den fraglichen Urteilsgründen ließ sich ein tatsächlich „größerer Beurteilungsspielraum" nicht ersehen[752].

Insofern passt eine enge Auslegung der Reichweite des § 125 I S. 1 Nr. 2 InsO besser zur genannten Bezugnahme. Denn dann würde zur Sanierungserleichterung der bisher zumindest theoretisch anerkannte Spielraum der Betriebsparteien hinsichtlich der Sozialauswahl im engeren Sinne über die Rechtsfolge der „groben Fehlerhaftigkeit" nur weiterentwickelt und gesichert. Eine weite Auslegung – für die deswegen umso mehr deutliche Hinweise zu erwarten gewesen wären[753] – überginge dagegen die bisherige Differenzierung.

c) Zwischenergebnis

Wirklich eindeutige Ergebnisse haben sich bezüglich der Frage, wie weit die Reichweite der eingeschränkten gerichtlichen Überprüfungsmöglichkeiten zu

---

[750] S. die Begründung zum Regierungsentwurf einer InsO, BT-Dr. 12/2443, S. 149. Dazu auch schon o. S. 153f.

[751] So Kohte BB 1998, 951f unter Bezugnahme vor allem auf BAG, Urt. v. 15.6.89 – 2 AZR 580/88, BB 1990, 351 und BAG, Urt. v. 18.1.90 – 2 AZR 357/89, BB 1990, 1274. Vgl. auch schon o. S. 121ff.

[752] Vgl. dazu MüArbR-Berkowsky § 139 Rn 190. Dort auch kritisch zum fehlenden genauen Maßstab für das „größer" – dazu schon o. Fn 437.

[753] Die indes fehlen. Vgl. dazu Kohte BB 1998, 952.

erstrecken ist, nicht ergeben. Allerdings waren doch zumindest mehr Anhaltspunkte dafür auszumachen, den Begriff der „sozialen Auswahl“ eng auszulegen.

Es ist aber gar nicht entscheidend, daß etwas mehr Indizien für eine enge Auslegung sprechen. Maßgebend ist vielmehr der Umstand, daß es an einem eindeutigen Hinweis auf eine Erstreckung des Maßstabs der groben Fehlerhaftigkeit auch auf die Stufen der Vergleichbarkeit und der Berücksichtigung betrieblicher Belange fehlt. Insofern ist auch hier wieder auf die oben schon dargelegte Vermutungsregel[754] zurückzugreifen, die schon bei den nach Erlaß des BetrVG 1972 eintretenden Unsicherheiten hinsichtlich einer kollektiven Beeinflussung individueller Kündigungsschutzregelungen verwandt wurde. Sie besagt, daß ohne zwingende Hinweise nicht einfach die mit dem BetrVG 1952 bewußt getroffene Trennungsentscheidung zwischen Individualkündigungsschutz und Betriebsverfassung korrigiert und neue Eingriffskompetenzen geschaffen werden sollten[755]. Und dies gilt hier in besonderem Maße, da § 125 I S. 1 Nr. 2 InsO eine für das Individuum so problematische Beeinflussung der kündigungsrechtlichen Positionen durch den Betriebsrat vorsieht. Deswegen ist für eine Erstreckung des Maßstabs der „groben Fehlerhaftigkeit“ über die Sozialauswahl im engeren Sinne hinaus ein ganz eindeutiger Hinweis zu fordern, an dem es hier aber fehlt. Allein die Bemerkung, daß die Sozialauswahl im Falle des § 125 InsO nur noch in Ausnahmefällen in Zweifel zu ziehen sein soll, genügt dem jedenfalls nicht. Denn dies wird schließlich auch bei einer engen Auslegung erreicht[756].

Es kann somit festgehalten werden, daß hinsichtlich der Vergleichbarkeit und – grundsätzlich auch – hinsichtlich der Berücksichtigung betrieblicher Belange nach § 1 III S. 2 KSchG an der strengen gerichtlichen Überprüfung festzuhalten und der Maßstab der groben Fehlerhaftigkeit dort nicht anzuwenden ist.

d) Die Überprüfbarkeit der Schaffung und Erhaltung einer ausgewogenen Personalstruktur

Die vorgenannten Erwägungen gelten grundsätzlich auch für den in § 125 I S. 1 Nr. 2 a.E. InsO ausdrücklich genannten Aspekt der *Schaffung oder Erhaltung einer ausgewogenen Personalstruktur*, bei dem an sich schon der Wortlaut recht eindeutig dafür spricht, daß dieser nicht von der Prüfungsprivilegierung erfaßt

---

[754] Vgl. schon o. S. 208.
[755] S. dazu Kohte BB 1998, 953 unter Berufung auf BAG BB 1973, 1635 und auch o. Fn 725.
[756] Vgl. dazu insgesamt schon o. S. 149ff.

wird[757]. Trotzdem stellt sich die Frage, ob für ihn nicht doch eine andere Auslegung geboten ist; unabhängig davon, ob ansonsten die Prüfungsbeschränkung eng oder weit ausgelegt wird.

aa) So betont doch die explizite Benennung dieses Aspekts den Willen des Gesetzgebers, ein wirksames, wesentliche betriebliche Interessen berücksichtigendes Korrektiv gegenüber der Berücksichtigung sozialer Belange bereitzustellen, über das dem Betrieb eine funktions- und wettbewerbsfähige Belegschaft erhalten bzw. geschaffen werden kann[758]. Gerade wegen dieser Betonung wird teilweise eine diesen ausdrücklich genannten Aspekt erfassende Einschränkung des gerichtlichen Prüfungsmaßstabs gefordert. Denn mit der „ausgewogene(n) Personalstruktur" werde auf einen sehr unbestimmten Rechtsbegriff abgestellt und deswegen drohe ein Widerspruch zu der vom Gesetzgeber in der Notsituation des insolventen Unternehmens gerade auch über dieses Korrektiv erstrebten Kündigungserleichterung. So bestehe in der Praxis die nicht zu unterschätzende Gefahr, daß dieses Ziel durch eine volle Überprüfung des unbestimmten Rechtsbegriffs „ausgewogene Personalstruktur" geradezu in sein Gegenteil verkehrt würde[759]: Das Gebrauchmachen des Insolvenzverwalters von der zur Erleichterung der Sanierung eröffneten Möglichkeit könne sich nämlich als Hemmnis für die Sanierung erweisen, da eine strenge gerichtliche Überprüfung schnell zur Verneinung einer „ausgewogenen Personalstruktur" führen könne. Und daraus ergäbe sich, da der Insolvenzverwalter ja gerade von der Auswahl nach sozialen Belangen abweichen muß, um eine ausgewogene Personalstruktur zu erreichen, geradezu zwingend eine grobe Fehlerhaftigkeit hinsichtlich der berücksichtigten Belange.

bb) Dem ist zuzugeben, daß derzeit die Bewertung der Ausgewogenheit der Personalstruktur – vor allem da sie nicht nur eine ausgewogene Altersstruktur umfaßt – noch nicht vollständig geklärt ist[760] und sich so gewisse rechtliche Unsicherheiten ergeben. Aber es zeigt sich eben auch, daß diese kein Ausmaß erreichen, das eine Abweichung von der oben getroffenen Bewertung, die die An-

---

[757] So ist er nicht unter den nur eingeschränkt prüfbaren Aspekten aufgezählt, sondern steht explizit außerhalb. Vgl. auch Nagel S. 107f, Neef/Schrader Rn 141 und DKK-Däubler (Anhang zu §§ 111-113 BetrVG) § 125 Rn 19ff und Oetker/Friese DZWIR 2001, 182.

[758] S. dazu schon o. S. 168f.

[759] S. dazu Neef/Schrader Rn 142ff. Vgl. zur nur auf grobe Fehlerhaftigkeit möglichen Überprüfung auch Berscheid in ZINSO 1999, 514.

[760] Vgl. dazu, daß nicht nur die *Alters*struktur eine Rolle spielt, sondern noch andere Gesichtspunkte für die Personalstruktur erheblich sind, nur Löwisch KSchG § 1 Rn 380ff und ErfKomm-Ascheid § 1 KSchG Rn 512. Dazu, daß die Bestimmung der Ausgewogenheit noch nicht ausreichend geklärt ist, z.B. DKK-Däubler (Anhang zu §§ 111-113 BetrVG) § 125 Rn 20f.

wendung des Maßstabs der groben Fehlerhaftigkeit auf die soziale Auswahl im engeren Sinne beschränkt, rechtfertigt.

So ist zunächst zu bemerken, daß große Unsicherheiten im Rahmen der Alternative der *Erhaltung* einer ausgewogenen Personalstruktur nicht auftreten. Denn hinsichtlich der *Alters*struktur ist ein überzeugender und auch nicht besonders fehleranfälliger Durchführungsweg in Form der gruppenbezogenen Sozialauswahl zumindest im Rahmen des § 125 InsO als Möglichkeit weitgehend anerkannt[761]. Und hinsichtlich der neben dem Alter für die *Personal*struktur erheblichen Gesichtspunkte ist zwar umstritten, welche überhaupt berücksichtigt werden dürfen – allzu viele kommen dabei wohl nicht in Betracht –[762]. Aber abgesehen von dieser vermutlich schon bald beseitigten Unsicherheit steht für das Ergebnis einer auf entsprechende Belange gestützten Auswahl mit der alten Struktur im Betrieb auf jeden Fall ein tatsächlicher Vergleichsmaßstab zur Verfügung, der unzumutbare Unsicherheiten bezüglich möglicher gerichtlicher Beanstandungen verhindert.

Auch hinsichtlich der Alternative des *Schaffens* einer ausgewogenen Personalstruktur steht dem Insolvenzverwalter zumindest in Bezug auf die ausgewogene *Alters*struktur ein relativ sicherer Auswahlweg zur Verfügung. Dazu hat er zunächst eine Gruppeneinteilung vorzunehmen, die lediglich nicht zu grob und ungleichmäßig sein darf. Anschließend ist in den einzelnen Gruppen – durch soziale Auswahl – die Zahl der zu Kündigenden so zu bestimmen, daß im Betrieb alle Altersklassen entsprechend ihrem Anteil an der erwerbstätigen Bevölkerung vertreten sind. Dabei können im übrigen aus sachlichen Gründen gewisse Abweichungen gerechtfertigt sein[763].

---

[761] Vgl. zu dieser Möglichkeit des Arbeitgebers bzw. Insolvenzverwalters LAG Hamm, Urt. v. 28.5.98 – 8 Sa 76/98, LAGE § 125 InsO Nr. 1, LAG Niedersachsen, Urt. v. 12.4.02 – 3 Sa 1638/01, LAGE § 125 InsO Nr. 2 (nicht rechtskräftig), KR-Etzel § 1 KSchG Rn 678, Löwisch KSchG § 1 Rn 380, MK-InsO/Löwisch/Caspers § 125 Rn 87, Stahlhacke/Preis/Vossen Rn 1140ff und auch Berscheid ZINSO 1999, 513f. Vgl. zu einer Altersgruppenbildung auch BAG, Urt. v. 23.11.00 – 2 AZR 533/99, AP Nr. 114 zu § 1 KSchG 1969 Betriebsbedingte Kündigung. Zweifelnd hinsichtlich der „Ausgewogenheit" bei diesem Verfahren HK-KSchG/Dorndorf § 1 Rn 1121.

[762] Vgl. zu weiteren berücksichtigungsfähigen Belangen neben dem Alter Löwisch KSchG § 1 Rn 381ff und Hess/Weis/Wienberg § 125 Rn 24 m.w.N. Ob tatsächlich auch die Leistungsstruktur der Belegschaft dazugehören kann – so MK-InsO/Löwisch/Caspers § 125 Rn 89 – erscheint fraglich. Insgesamt kritisch zur Ausdehnung der im Hinblick auf die ausgewogene Personalstruktur zu berücksichtigenden Belange Stahlhacke/Preis/Vossen Rn 674 (7. Auflage) und HK-KSchG/Dorndorf Rn 1124.

[763] S. zum Auswahlvorgehen bezüglich einer ausgewogenen Personalstruktur HK-KSchG/Dorndorf § 1 Rn 1120ff – dort ist zwar nicht auf die Schaffung einer solchen abgestellt, aber die Grundsätze lassen sich übertragen. Speziell zur Schaffung einer ausgewogenen Personalstruktur im Rahmen des § 125 InsO Berscheid ZINSO 1999, 514. Nach MK-

Hinsichtlich der neben dem Alter für eine ausgewogene Personalstruktur eine Rolle spielenden Gesichtspunkte ist – wie oben bereits erwähnt – noch offen, was dort zulässigerweise berücksichtigt werden darf. Daraus und aus der Tatsache, daß schlechterdings nicht allgemeingültig bestimmt werden kann, was bezüglich dieser Belange ausgewogen ist, ergibt sich dann allerdings doch noch eine echte rechtliche Unsicherheit und ein entsprechendes Risiko gerichtlicher Beanstandungen[764]. Darin dürfte allerdings der für die notwendige Verhinderung des Mißbrauchs erforderliche Preis liegen, den der Insolvenzverwalter zu zahlen hat, wenn er von dieser ihm eingeräumten Möglichkeit, betriebliche Belange verstärkt zu berücksichtigen, Gebrauch macht. Im übrigen ist aufgrund des Umstands, daß hier immer nur die Berücksichtigung „harter Fakten" im Raum stehen dürfte, nicht zu erwarten, daß – zumindest nach den ersten hierzu ergehenden Entscheidungen – eine größere rechtliche Unsicherheit vorliegen wird als etwa im Rahmen der Vergleichbarkeit oder bei der Berücksichtigung sonstiger betrieblicher Belange.

cc) Es ist somit festzuhalten, daß Unsicherheiten nicht in dem Maße zu befürchten stehen, daß eine Abweichung von der oben beschriebenen Reichweite des Maßstabs der „groben Fehlerhaftigkeit" erforderlich wäre. Demnach findet auch hinsichtlich des Aspekts der Schaffung und Erhaltung einer ausgewogenen Personalstruktur keine Beschränkung der gerichtlichen Überprüfung statt.
Die Bedeutung der Regelung des § 125 I S. 1 Nr. 2 InsO a.E. erschöpft sich also darin, eine teilweise gesetzliche Bestätigung für eine bisher schon weit verbreitete Ansicht zu bieten. So soll die mögliche Berücksichtigung einer ausgewogenen Personalstruktur im Rahmen der Auswahl nun zumindest im speziellen Fall des § 125 InsO gesetzlich anerkannt und vor allem auf die *Schaffung* einer entsprechenden Personalstruktur ausgedehnt werden[765].

e) Ergebnis

Insgesamt ist somit festzuhalten, daß sich die der obigen Funktionsbestimmung zu § 125 InsO zugrundegelegte Annahme, der Maßstab der groben Fehlerhaftigkeit beziehe sich nur auf die soziale Auswahl im engeren Sinne, als richtig erwiesen hat. Nur auf dieser Stufe der Sozialauswahl werden der Spielraum der

---

InsO/Löwisch/Caspers § 125 Rn 88, soll als Maßstab für die Altersstruktur diejenige von Betrieben vergleichbarer Art dienen.

764 Fraglich erscheint insofern aber, ob eine auf grobe Fehlerhaftigkeit eingeschränkte Überprüfbarkeit dieses Risiko wirklich merklich verringern könnte – klare Grenzen werden für einen Maßstab der groben Fehlerhaftigkeit nicht festzulegen sein. Vgl. zu dieser Problematik schon o. Fn 437.

765 Vgl. dazu auch Nagel S. 107f.

Betriebsparteien entsprechend vergrößert und dadurch die gerichtlichen Beanstandungsmöglichkeiten eingeschränkt.

2) Behandlung des Mißbrauchs der Namensliste

Bei der Funktionsbestimmung zu § 125 InsO wurde bereits die Gefahr angesprochen, daß der Betriebsrat bei der Erstellung der Namensliste möglicherweise nicht immer die an sich vorgegebene Funktion ausübt. So kann es dazu kommen, daß mittels der keine Begründung fordernden Namensliste, die somit hinsichtlich der tatsächlich berücksichtigten Belange nicht transparent ist, unsachgemäß und versteckt sowie durch die nach § 125 InsO beschränkte *Ergebniskontrolle nicht faßbar* gezielt zum Nachteil bestimmter Arbeitnehmer gehandelt wird. Dies wirft die Frage auf, wie auf ein diesbezügliches Fehlverhalten des Betriebsrats zu reagieren ist.

a) Die Konstellation kollusiven Zusammenwirkens

Zunächst ist die Behandlung der Fallkonstellation zu betrachten, in der Insolvenzverwalter und Betriebsrat bei der Festlegung der Namensliste gezielt zusammenwirken, um Arbeitnehmer durch die Kündigung zu schädigen. In diesem – wenn auch wohl selten vorkommenden bzw. zumindest selten beweisbaren – Fall einer Kollusion[766] erfolgt die tatsächliche von Insolvenzverwalter und Betriebsrat vorgenommene Auswahl in Schädigungsabsicht und damit nach sachfremden Überlegungen. Es wird die aufgrund des Insolvenzfalls und der notwendigen Sanierung besondere rechtliche Situation lediglich genutzt, um sich unter dem Deckmantel des durch die Namensliste modifizierten Kündigungsrechts mißliebiger Arbeitnehmer zu entledigen. Beruht ein Interessenausgleich aber auf einem solchen Zusammenwirken, ist er allgemeinen Regeln folgend sittenwidrig und unwirksam, so daß ihm jegliche Wirkung genommen ist[767]. Dementsprechend steht es Arbeitnehmern offen, einen solchen Vorgang im Kündigungsschutzprozeß zu beweisen und dadurch mit der Namensliste auch

---

[766] S. Creifelds unter dem Stichwort Sittenwidrigkeit.

[767] Vgl. zur Sittenwidrig- und daraus folgenden Unwirksamkeit des Interessenausgleichs und entsprechender Kündigungen Caspers Rn 174ff. Dort auch zur Fallkonstellation in der dies vor allem Bedeutung erlangen könnte. Zur Sittenwidrigkeit des Interessenausgleichs vgl. des weiteren HK-Irschlinger § 125 Rn 21, DKK-Däubler Anhang zu §§ 111-113 BetrVG, § 125 Rn 5, MK-InsO/Löwisch/Caspers § 125 Rn 79 und FK-InsO/Eisenbeis § 125 Rn 7 sowie Zeuner in Festschrift Zöllner S. 1019 – dort auch zur Anwendbarkeit des § 138 BGB auf den Interessenausgleich.

die Rechtsfolgen nach § 125 InsO – bzw. gegebenenfalls die Kündigung selbst – zu Fall zu bringen.

b) Behandlung des einseitigen Mißbrauchs durch den Betriebsrat

Neben der Kollusion ist auch die Behandlung der Situation zu bedenken, in der allein der Betriebsrat die ihm bei der Erstellung der Namensliste zugewiesene Funktion nicht erfüllt.

aa) Insofern dürfen aber die kündigungsrechtlichen Auswirkungen des § 125 InsO nicht schon deswegen in Zweifel gezogen werden, weil der Betriebsrat seine Funktion falsch ausgeübt hat, ihm also eine schlechtere oder ungenügende Berücksichtigung der Interessen und kündigungsrechtlichen Positionen der Arbeitnehmer vorzuwerfen ist. Denn dies würde zu einer gerichtlichen Billigkeits- bzw. einer einfachen Rechtskontrolle der Namensliste führen, die durch § 125 I S. 1 Nr. 2 InsO gerade ausgeschlossen wird[768]. Somit können einfache Fehler in der Betriebsratssphäre nicht gegen den auf die Wirkungen der Namensliste vertrauenden Insolvenzverwalter geltend gemacht werden, sondern gehen zu Lasten der benannten Arbeitnehmer[769].

bb) Anders sind allerdings die Situationen zu bewerten, in denen der Betriebsrat – was gegebenenfalls vom Arbeitnehmer zu beweisen ist – seine Beteiligung an der Namensliste *mißbraucht.* Es wurde bereits dargelegt, daß der Betriebsrat nicht die „ideale" Institution für die Funktion ist, die er hinsichtlich § 125 I S. 1 Nr. 2 InsO erfüllen soll. Deshalb erscheint es durchaus denkbar, daß er sich nicht an kündigungsrechtlichen und betrieblichen Belangen orientiert, sondern gezielt unsachlich und mit Schädigungsabsicht darauf hinwirkt, daß bestimmte Arbeitnehmer auf die Namensliste gesetzt werden[770]. Da dies nicht immer nur

---

[768] Vgl. auch die Begründung zum Regierungsentwurf einer InsO, BT-Drucks. 12/2443, nach der die Kündigung aufgrund eines Interessenausgleichs nach § 125 InsO nur noch im Ausnahmefall in Zweifel gezogen werden soll. Dem würde eine einfache Billigkeits- oder Rechtmäßigkeitskontrolle zuwiderlaufen. Schutz vor Diskriminierungen von bestimmten sozialen Gruppen bietet grundsätzlich die nach § 125 InsO vorgesehene Überprüfung auf grobe Fehlerhaftigkeit. Für eine Billigkeitskontrolle nach dem Grundsatz des § 75 BetrVG – neben der Kontrolle nach § 125 InsO – dagegen Zwanziger § 125 Rn 39.

[769] Insofern kann im Rahmen des § 125 InsO nichts anderes gelten als auch beim Anhörungsverfahren nach § 102 BetrVG anerkannt ist. Vgl. insofern zum Verfahren nach § 102 BetrVG z.B. Löwisch/Kaiser BetrVG § 102 Rn 25 und diff. GK-BetrVG/Kraft § 102 Rn 74f jeweils m.w.N.

[770] Vgl. zur auszuübenden Funktion und Bedenken gegen ihre stets zuverlässige Erfüllung durch den Betriebsrat – z.B. durch selektive Auswahl unliebsamer Arbeitnehmer bzw. Arbeitnehmergruppen – schon o. S. 174ff.

auf kollusivem Zusammenwirken mit dem Insolvenzverwalter beruhen muß, ist zumindest zweifelhaft, ob § 125 InsO seine Wirkungen nur im Spezialfall der Kollusion einbüßen soll.
So fordert § 125 InsO nach seinem Tatbestand zwar nur eine bejahende Beteiligung des Betriebsrats an der Namensliste, ohne eine bestimmte Aufgabenerfüllung durch ihn ausdrücklich zur Voraussetzung für die kündigungsrechtlichen Folgen zu machen. Wie sich bereits gezeigt hat, setzt § 125 InsO jedoch die Wahrnehmung bestimmter Funktionen durch den Betriebsrat voraus. Denn § 125 InsO zielt über seine Rechtsfolgen zwar grundsätzlich auf eine kündigungsrechtliche Erleichterung der Sanierung ab. Dies aber nicht generell, sondern nur unter der Vorgabe, daß über die Beteiligung des Betriebsrats eine Gewähr für das Vorliegen bestimmter Rechtmäßigkeitsaspekte und für die Erstellung eines gerechten Ergebnisses besteht[771]. Wird der Betriebsrat aber gezielt unsachlich und in Schädigungsabsicht tätig, dann orientiert er sich überhaupt nicht am Kündigungsschutz und der Abwägung mit betrieblichen Interessen, sondern will bestimmte Arbeitnehmer schädigen. Erfolgt in einem solchen Fall tatsächlich deren Aufnahme in die Namensliste[772], dann beruht dies darauf, daß der Betriebsrat den hierfür notwendigen Funktionen bewußt nicht nachgekommen ist, sondern diesen sogar entgegengesetzt gehandelt hat. In diesem Fall bieten dann aber die entsprechenden Benennungen der Namensliste in keiner Weise die Gewähr, die § 125 InsO zur Rechtfertigung der Eingriffe in den Kündigungsschutz verlangt.

Gelangt ein Arbeitnehmer auf diese Weise auf die Namensliste und ist seine Auswahl nach den eingeschränkten kündigungsrechtlichen Maßstäben des § 125 InsO möglich, dann erfaßt § 125 InsO also einen Sachverhalt, den er seinem Sinn und Zweck nach nicht erfassen soll. Insofern liegt eine planwidrige, „verdeckte" Lücke vor, die durch teleologische Reduktion zu korrigieren ist[773]. Dementsprechend sind, wenn der betroffene Arbeitnehmer im Kündigungsschutzprozeß beweisen kann, daß der Betriebsrat derart mißbräuchlich der Aufnahme in die Namensliste zugestimmt hat – wobei eben kein bewußtes Zusammenwirken mit dem Insolvenzverwalter gefordert wird –, § 125 InsO und dessen Rechtsfolgen auf die fragliche Kündigung[774] nicht anzuwenden. Es bleibt bei der

---

[771] Vgl. auch dazu schon o. S. 159ff.

[772] Unabhängig davon, ob auch ein entsprechend unsachliches Betreiben des Arbeitgebers festzustellen ist.

[773] S. zur „verdeckten", planwidrigen Lücke, bei der Sachverhalte ohne Einschränkung erfaßt und geregelt werden, für die Sinn und Zweck der Norm aber an sich eine Einschränkung fordern, und zur teleologischen Reduktion in diesen Fällen Larenz/Canaris Methodenlehre S. 191ff und 210ff sowie Vogel S. 134ff.

[774] Auch vor diesem Hintergrund empfiehlt sich eine nummerierte Namensliste, vgl. dazu schon o. Fn 570. Diese Möglichkeit verhindert auch, daß der Insolvenzverwalter unbillig hart

herkömmlichen Darlegungs- und Beweislast für die Betriebsbedingtheit und bei der Überprüfung der Auswahlentscheidung anhand des herkömmlichen Prüfungsmaßstabs[775].

Obwohl das Fehlverhalten des Betriebsrats allein in seiner Sphäre liegt, erscheint diese Folge auch gegenüber dem Insolvenzverwalter und seinem Vertrauen auf die Namensliste gerechtfertigt. Denn § 125 InsO will nur über eine sachgemäße Betriebsratsbeteiligung die Vorteile der Namensliste für den Insolvenzverwalter eröffnen und insoweit hat Letzterer das Risiko eines solchen schweren Fehlverhaltens mitzutragen. Dabei ist auch zu berücksichtigen, daß die Kündigung durch die benannte Folge nicht automatisch unwirksam wird. Vielmehr untersteht die Sozialauswahl nur wieder dem normalen Prüfungsmaßstab des KSchG.

3) Das Verhältnis von Betriebsratsbeteiligung nach § 125 InsO und Betriebsratsanhörung nach § 102 BetrVG

Eine weitere umstrittene Frage im Zusammenhang mit betriebsbedingten Kündigungen aufgrund einer Namensliste nach § 125 InsO ist, ob einem wirksamen Kündigungsausspruch auch nach Erstellung der Namensliste noch eine Betriebsratsanhörung nach § 102 BetrVG vorausgehen muß.

a) Die überwiegend angenommene Doppelung der Beteiligungsverfahren

In dieser Konstellation wird die Anhörung nach § 102 BetrVG zwar teilweise als „reine Förmelei" und deswegen unnötig abgelehnt[776], überwiegend wird jedoch die Erfüllung der dort vorgesehenen Anhörungspflicht verlangt[777]. Zur Begrün-

---

von entsprechenden – ohnehin wohl seltener als die Kollusion vorkommenden und noch seltener beweisbaren – Fehlern in der Betriebsratssphäre berührt wird.

775 Da der Beweis eines entsprechend fehlerhaften Betriebsratsverhaltens zumindest selten genug gelingen dürfte, ist auch nicht zu befürchten, daß § 125 InsO durch diese teleologische Reduktion nennenswert an praktischer Bedeutung als Sanierungserleichterung verliert, so daß auch der Gedanke der Rechtssicherheit der teleologischen Reduktion nicht im Wege steht. Sie stellt vielmehr für seltene Ausnahmefälle eine notwendige Korrektur dar, um Mißbrauch zu verhindern.

776 S. Warrikoff BB 1994, 2342, Schrader NZA 1997, 75, Nagel S. 56 und Matthes RdA 1999, 179.

777 S. LAG Hamm Urt. v. 6.7.2000 – 4 Sa 799/00, DZWIR 2001, 109, LAG Düsseldorf, Urt. v. 23.1.03, 11 (12) Sa 1052/02, LAGE § 125 InsO Nr. 3 (nicht rechtskräftig), ErfK-Ascheid § 125 InsO Rn 11, F/K/H/E § 102 Rn 36, DKK-Däubler Anhang zu §§ 111-113, § 125 InsO Rn 24, MK-InsO/Löwisch/Caspers § 125 Rn 47, Fischermeier NZA 1997, 1100, Haarmeyer/Wutzke/Förster S. 602 Rn 278, Berscheid Arbeitsverhältnisse Rn 669, FK-InsO/Eisenbeis

dung dieser Ansicht, daß ein Vorgehen nach § 125 InsO weder die Betriebsratsanhörung entbehrlich mache, noch die Anforderungen an die diesbezügliche Informationspflicht herabsetze[778], wird vor allem auf einen Umkehrschluß verwiesen. So ergebe sich aus der in § 125 II InsO vom Gesetzgeber ausdrücklich angeordneten – aber nur auf den dort genannten Fall und eben insbesondere nicht auf § 102 BetrVG bezogenen – Ersetzungswirkung des „besonderen Interessenausgleichs" für die Stellungnahme nach § 17 III S. 2 KSchG, daß alle übrigen Beteiligungsrechte weiter gewahrt werden müssen.

b) Sinn und Zweck der Doppelung?

Dieses Argument ist nicht von der Hand zu weisen, aber die darauf gegründete Doppelung der Beteiligungen wirft doch die Frage nach ihrem Sinn und Zweck auf. Einen rechtfertigenden Grund dafür gäbe es letztlich nur, wenn sich aufgrund eines Vergleichs der vom Betriebsrat im Rahmen dieser Beteiligungen zu erfüllenden Funktionen ein Unterschied zeigt, der eine eigenständige Bedeutung des Festhaltens am Verfahren nach § 102 BetrVG nachweist.

aa) Der Versuch, einen solchen Unterschied schon daran festzumachen, daß nur die Anhörung nach § 102 BetrVG auf die einzelne Kündigung bezogen ist und dort der individuelle Fall betrachtet werden soll, überzeugt nicht. Denn letztlich muß genau diese Einzelfallbetrachtung auch schon bei den Verhandlungen um die Festlegung einer Namensliste nach § 125 InsO geschehen[779].
Aber auch bezüglich der im einzelnen zu § 102 BetrVG festgestellten Funktionen der Betriebsratsbeteiligung, die zum einen in der *tatsächlichen Einwirkung auf den Kündigungswillen* des Arbeitgebers und zum anderen in der auf bestimmte *Indizwirkungen gerichteten Rechtmäßigkeitsprüfung* bestehen, ergibt sich sehr deutlich, daß ihnen nach einer Beteiligung im Sinne des § 125 InsO grundsätzlich keine wesentliche Bedeutung mehr zukommt. Betrachtet man die erste Funktion, erscheint es wenig überzeugend, daß vor dem Hintergrund der

---

§ 125 Rn 20 und Oetker/Friese DZWIR 2001, 183. So auch zu § 1 V KSchG a.F. BAG, Urt. v. 20.5.1999 – 2 AZR 148/99, DB 2000, 148 und BAG Urt. v. 20.5.1999 – 2 AZR 532/98, BB 1999, 2032. Zur grundsätzlichen Geltung des § 102 BetrVG im Insolvenzverfahren und den Anhörungsanforderungen vgl. nur Gottwald InsolvenzrechtsHB-Heinze § 103 Rn 18ff und auch schon o. S. 150.

[778] S. speziell dazu, daß keine Begrenzung der Anhörungspflicht auf den Umfang der beschränkten gerichtlichen Überprüfungsmöglichkeiten stattfindet, sondern lediglich das nicht mehr mitgeteilt werden muß, was der Betriebsrat schon aus den Verhandlungen über die Namensliste weiß, Oetker/Friese DZWIR 2001, 183 und vgl. – zu § 1 V KSchG a.F. – auch BAG, Urt. v. 20.5.1999 – 2 AZR 532/98, BB 1999, 2032.

[779] Vgl. dazu, daß die Erstellung einer Namensliste die einzelnen Fälle – und nicht mehr nur eine abstrakte Vereinbarung – betrifft, schon o. S. 174f und Löwisch in RdA 1997, 81, 85.

nach § 125 InsO gemeinsam vereinbarten Namensliste noch ein überzeugendes, auf die Verhinderung der Kündigung gerichtetes Einwirken auf den Kündigungswillen des Arbeitgebers möglich bzw. überhaupt noch zulässig[780] sein soll. Entsprechend verhält es sich auch mit der Funktion der Rechtmäßigkeitsprüfung und ihrer Indizwirkung. Zumindest hinsichtlich der wesentlichen rechtmäßigkeitsrelevanten Aspekte kann kaum davon ausgegangen werden bzw. wäre es wohl wiederum nicht zulässig, daß der Betriebsrat einer Kündigung, die er in der Namensliste selbst noch für zulässig hielt, nun rechtlich relevante Umstände entgegenhält.
Ein kleiner Unterschied läßt sich allenfalls bezüglich Informationspflichten und Prüfungsmöglichkeiten feststellen. So müssen Kündigungstermin und -fristen im Bereich der Beteiligung an der Namenslistenvereinbarung keine Rolle spielen, während ihre Mitteilung im Rahmen der Anhörung häufig verlangt wird[781]. Aber dieser mögliche Unterschied, der den Funktionen der Beteiligung nach § 102 BetrVG wenigstens eine gewisse eigene Bedeutung verleihen könnte, liegt hinsichtlich des eigentlichen Gegenstands der Betriebsratsprüfungen doch sehr im Randbereich.

bb) Eine relevante Funktionsbedeutung kann die Anhörung nach § 102 BetrVG, der schon die Vereinbarung einer Namensliste nach § 125 InsO vorausgegangen ist, nur in der Hinsicht gewinnen, daß dort geprüft wird, ob sich zwischen beiden Vorgängen die Sachlage in relevanter Weise verändert hat. Ist dies der Fall, besteht für den Betriebsrat ein Anlaß und damit eine entsprechende Freiheit, in einer noch nicht durch die Namensliste vorgegeben Weise von seinen Beteiligungsrechten nach § 102 BetrVG Gebrauch zu machen[782].
Aber dieser Unterschied ist nur eine sehr begrenzt überzeugende Begründung für die Notwendigkeit am Anhörungsverfahren nach § 102 BetrVG auch nach Vereinbarung einer Namensliste festzuhalten. Dies liegt daran, daß zwischen den zwei Beteiligungsformen nicht notwendig ein bestimmter Zeitraum liegen muß, vielmehr auch die gleichzeitige Vornahme – sofern sie deutlich gemacht

[780] Grundsätzlich wird man wohl von einer Bindungswirkung der Namensliste gegenüber dem Betriebsrat bei Wahrnehmung seiner weiteren Beteiligungsrechte ausgehen müssen. Vgl. Richardi BetrVG § 112 Rn 44 (7. Auflage). Auf die Frage der Bindungswirkung des Interessenausgleichs nach § 125 InsO für den Arbeitgeber wird später noch zurückzukommen sein.
[781] Vgl. zum Meinungsstand bzgl. entsprechenden Mitteilungspflichten im Rahmen des Anhörungsverfahrens nach § 102 BetrVG z.B. GK-BetrVG/Kraft § 102 Rn 52ff m.w.N.
[782] S. zu dieser Bedeutung der Betriebsratsanhörung im Hinblick auf eine möglicherweise geänderte Sachlage nur Zwanziger § 125 Rn 41, DKK- Däubler Anhang zu §§ 111-113, § 125 Rn 24 und F/K/H/E § 102 Rn 36 sowie zu § 1 V KSchG a.F. BAG, Urt. v. 205.99 – 2 AZR 148/99, AP Nr. 4 zu § 1 KSchG 1969 Namensliste.

wird – denkbar ist und aus praktischen Erwägungen auch häufig empfohlen wird[783].

cc) Als Ergebnis läßt sich somit folgendes festhalten. Die gesetzgeberische Entscheidung, die Anhörungspflicht nach § 102 BetrVG auch im Falle eines zuvor vereinbarten Interessenausgleichs nach § 125 InsO beizubehalten, ist wegen der in § 125 II InsO getroffenen Regelung in der Tat eindeutig. Im übrigen ist für die Betriebsratsanhörung nach zuvor erfolgter Namenslistenvereinbarung zumindest noch in Randbereichen eine – wenn auch geringe – eigenständige Bedeutung denkbar, so daß auch nicht auf ein offensichtliches Versehen des Gesetzgebers geschlossen werden kann. Daher ist die Beteiligung nach § 102 BetrVG derzeit auch in der fraglichen Konstellation als Wirksamkeitsvoraussetzung anzusehen. Wegen ihrer allerdings wirklich nur sehr begrenzt denkbaren tatsächlichen Bedeutung und den nicht zu vergessenden Möglichkeiten des § 3 KSchG wäre indes eine Gesetzesänderung als „Förmeleien" vermeidende Regelung zu begrüßen. § 125 II InsO sollte für den Fall einer vereinbarten Namensliste auch die Anhörung nach § 102 BetrVG für ersetzt erklären.

4) Zwingende Bindung des Insolvenzverwalters durch die Namensliste nach § 125 InsO?

a) Der teilweise vertretene Anspruch des Betriebsrats auf Einhaltung der Namensliste

In den Streit, ob die in einem Interessenausgleich getroffenen Vereinbarungen den Arbeitgeber/Insolvenzverwalter gegenüber dem Betriebsrat zwingend binden - was von der herrschenden Meinung verneint wird[784] - scheint gerade auch aufgrund der Regelung des § 125 InsO[785] wieder etwas Bewegung gekommen zu sein. So wird vereinzelt behauptet, die Möglichkeit, eine Namensliste mit den

---

[783] S. zur Möglichkeit der Verbindung beider Verfahren z.B. BAG, Urt. v. 20.5.1999 - 2 AZR 532/98, BB 1999, 2032 – zu § 1 V KSchG a.F. –, LAG Düsseldorf, Urt. v. 23.1.03, 11 (12) Sa 1052/02, LAGE § 125 InsO Nr. 3 (nicht rechtskräftig), ErfK-Ascheid § 125 InsO Rn 11, F/K/H/E § 102 Rn 36, Zwanziger § 125 Rn 42, FK-InsO/Eisenbeis § 125 Rn 20, MK-InsO/Löwisch/Caspers § 125 Rn 47 und Oetker/Friese DZWIR 2001, 183.

[784] Vgl. zur überwiegenden Ablehnung eines Anspruchs des Betriebsrats auf Einhaltung des Interessenausgleichs durch den Arbeitgeber und zur alleinigen Sanktion über § 113 BetrVG nur BAG, Beschl. v. 28.8.91 – 7 ABR 72/90, DB 1992, 380, Richardi BetrVG § 112 Rn 41ff, Löwisch RdA 1989, 217, Verch S. 188ff und diff. GK-BetrVG/Fabricius/Oetker §§ 112, 112a Rn 53ff jeweils m.w.N. A.A. DKK-Däubler §§ 112, 112a Rn 16ff und Matthes RdA 1999, 180 jeweils m.w.N.

[785] Neben § 125 InsO spielt auch § 323 II UmwG sowie der mittlerweile aufgehobene § 1 V KSchG a.F. eine Rolle.

Wirkungen nach § 125 InsO zu vereinbaren, erfordere auch die zwingende Bindung des Arbeitgebers durch einen solchen Interessenausgleich. Der Betriebsrat könne die Einhaltung einer solchen Vereinbarung verlangen, da wegen der Auswirkungen auf den Kündigungsschutz die neue Regelung nur im Sinne eines „Geben und Nehmen" zu verstehen sei. Es liege keine reine „Naturalobligation" mehr vor und § 113 BetrVG genüge als ausschließliche Sanktion nicht mehr[786].

b) § 125 InsO als Argument für einen weitergehenden Anspruch des Betriebsrats?

Die vorliegende Untersuchung bietet zwar keinen Anlaß, näher auf die allgemeine Frage der Bindungswirkung des Interessenausgleichs einzugehen, zu betrachten ist hier jedoch, ob die obige Behauptung zutrifft: Liefert die Regelung des § 125 InsO tatsächlich ein Argument für die Annahme einer - über die Sanktion des § 113 BetrVG hinaus – unmittelbar zwingenden Bindungswirkung?
Dazu kann zunächst festgestellt werden, daß aus der Sonderregelung des § 125 InsO sicher nicht allgemein auf die Bindungswirkung jeglicher Vereinbarung eines Interessenausgleichs geschlossen werden kann. Vielmehr lassen sich Schlüsse, wenn überhaupt, allenfalls für die Bindungswirkung der Namensliste nach § 125 InsO als solcher ziehen[787]. Aber auch für die Annahme einer unmittelbar zwingenden Bindung des Insolvenzverwalters gegenüber dem Betriebsrat an die Namensliste stellt die Regelung des § 125 InsO letztlich kein Argument dar.
Folgte man dem Bindungsverlangen, bedeutete dies nämlich, daß der Insolvenzverwalter gegenüber dem Betriebsrat verpflichtet wäre, *nur* den benannten Arbeitnehmern zu kündigen. Dagegen wäre ihm im Rahmen dieser Betriebsänderung die Kündigung der Nichtbenannten dem Betriebsrat gegenüber verboten. Eine solche Bindung des Insolvenzverwalters an die Namensliste stünde aber in völligem Gegensatz zur grundsätzlichen Zielrichtung des Insolvenzarbeitsrechts[788]. Der Gesetzgeber wollte dem Insolvenzverwalter die Sanierung erleichtern und dazu eine Möglichkeit zur Erlangung größerer rechtlicher Sicherheit durch Vereinfachung des Kündigungsrechts eröffnen. Vor diesem Hintergrund ist es kaum vorstellbar, daß diese Vorteile nur durch eine verstärkte rechtliche

---

786 S. zu dieser Argumentation Zwanziger § 125 Rn 35f, DKK-Däubler §§ 112, 112a Rn 16f und vgl. auch Matthes RdA 1999, 180.
787 Vgl. dazu, daß die fraglichen Sonderregelungen zu Namenslisten in Interessenausgleichen keine Veränderungen der bisherigen Wertungen zu herkömmlichen Interessenausgleichen bewirken – und daß i.ü. auch keine normative Einwirkung auf das Arbeitsverhältnis stattfindet –, Hohenstatt NZA 1998, 853.
788 Vgl. zur Zielrichtung der InsO und insbesondere ihres § 125 o. S. 150ff.

Bindung in Form der Preisgabe weiterer Kündigungsmöglichkeiten zu erkaufen sein sollten. Die Bindung an die Namensliste widerstrebt also schon der durch das Insolvenzarbeitsrecht grundsätzlich verfolgten Zielrichtung.
Des weiteren erscheint es auch aus einem anderen Grund nicht überzeugend, den nach § 125 InsO für die benannten Arbeitnehmer nachteiligen Folgen durch die fragliche Bindungswirkung eine arbeitnehmerpositive Wirkung für die Nichtgenannten gegenüberzustellen. Denn die ohnehin bestehende Gefahr, daß der Betriebsrat die ihm im Rahmen der Beteiligung nach § 125 InsO zugewiesene Funktion nicht stets wahrnimmt, würde bei Annahme einer entsprechenden Bindungswirkung noch gesteigert. Bei einer direkten Verbindung der vom Gesetz beabsichtigten Nachteilszufügung für bestimmte Arbeitnehmer mit einem – zumindest auf kollektivrechtlicher Ebene wirkenden - Ausbau des Schutzes vor Kündigungen für andere Arbeitnehmer träte der schale Beigeschmack des „Verkaufens" dieser bestimmten Arbeitnehmer zugunsten der anderen sehr deutlich zutage. Die Möglichkeit, derartige Vorteile zu erkaufen, steigert zumindest die Gefahr von Interessenkonflikten und mindert so die Gewähr für eine sachgerechte Funktionsausübung durch den Betriebsrat. Je weniger Anreize außerhalb der erfolgreichen Sanierung er für die einzelnen Nichtbenannten durch die Erstellung der Namensliste erreichen kann, umso kritischer dürfte er mit der Benennung bestimmter Arbeitnehmer umgehen. Und umso eher ist die Wahrnehmung der Rechtmäßigkeitsprüfungs- und der einer gerechten Auswahl dienenden Verhandlungsfunktion noch gesichert, die § 125 InsO für die Rechtfertigung seiner Rechtsfolgen voraussetzt.

§ 125 InsO bietet also kein Argument für die Annahme einer unmittelbar zwingenden Bindung des Insolvenzverwalters gegenüber dem Betriebsrat durch die Namensliste. Im Gegenteil: Aus dieser Regelung lassen sich Gründe gegen eine solche Wirkung herleiten.

Schlußbemerkung

Im Laufe der Untersuchung konnten die Funktionen der verschiedenen hier betrachteten Kündigungsbeteiligungen näher bestimmt werden. Dabei hat sich gezeigt, daß in nahezu allen Fällen die *Indizfunktion* hinsichtlich der Rechtmäßigkeit oder zumindest einzelner Elemente der Rechtmäßigkeit der Kündigung eine ganz wesentliche Rolle spielt. Gerade im Bereich der neuen Kündigungsbeteiligungsregelungen nach § 1 IV KSchG und § 125 InsO greift der Betriebsrat mit seiner Beteiligung aber auch im Wege einer *Mitgestaltungs-* und *Verhandlungsfunktion* regelnd – und für die betroffenen Arbeitnehmer nachteilig – in das Kündigungsrecht ein.

Die genauen Funktionsbestimmungen lassen sich, wie an ausgesuchten Fragestellungen dargelegt, als Beitrag bei der Lösung noch nicht zufriedenstellend bewältigter Auslegungsfragen nutzen. Daneben bleibt vor allem festzuhalten, daß die untersuchten Regelungen sich aufgrund der jeweils festgestellten Funktion letztlich nahezu alle im Hinblick auf das aus der kollektivrechtlichen Beeinflussung der individualrechtlichen Situation resultierende *Spannungsverhältnis* als unbedenklich erweisen. So scheint zwar derzeit wieder eine Stufe der Rechtsentwicklung erreicht zu sein, in der die Beteiligung des Betriebsrats den Kündigungsschutz sehr stark beeinflussen können soll. Das ist aufgrund der damit verbundenen Problematik für den gerechten Schutz des Einzelnen zumindest nicht völlig unbedenklich. Aber es haben sich für die konkret betrachteten Beteiligungen und ihre kündigungsrechtlichen Folgen doch weitestgehend Funktionen feststellen lassen, die eine ausreichende sachliche Rechtfertigung hierfür bieten.
Dies gilt für den Bereich der „klassischen" Kündigungsbeteiligungen, in denen die kündigungsrechtlichen Auswirkungen vor allem auf der Indizfunktion der Beteiligung beruhen. Denn dort wird mit den Indizwirkungen, zumal diese gegebenenfalls auch wieder beseitigt werden können, eine sachgerechte Nutzung der besonderen betrieblichen Kenntnisse des Betriebsrats erreicht. Und dies gilt insbesondere auch für die kündigungsrechtlich regelnde Beteiligung des Betriebsrats nach § 1 IV KSchG. Dort übt dieser seiner Interessenvertreterstellung entsprechend eine Mitgestaltungs- und Verhandlungsfunktion aus, für deren sachgerechte Wahrnehmung ausreichende Gewähr besteht.
Einzig die Beteiligung an der Namensliste nach § 125 InsO erscheint insoweit auch nach dieser Untersuchung als teilweise bedenklich. Die Norm ist deswegen in der praktischen Anwendung näher zu beobachten. Dabei sollte geprüft werden, ob eine sachgerechte Funktionsausübung durch den Betriebsrat und ein tatsächlich größerer Nutzen der Regelung im Rahmen von Insolvenzbewältigungen ausgemacht werden können, oder ob gegebenenfalls gesetzgeberisch auf Fehl-

entwicklungen reagiert werden muß. Angesichts der Problematik des Spannungsverhältnisses ist stets zu hinterfragen, ob nicht rein individualrechtliche Ansätze für einen insolvenzrechtlichen Kündigungsschutz geeigneter wären. Als gleichmäßig den Kündigungsschutz einschränkende Lösungen könnten sie einen vor allem auch für die Auswahl der einzelnen betroffenen Arbeitnehmer gerechteren und insgesamt besseren Weg darstellen, zu erhöhter Rechtssicherheit für den Insolvenzverwalter zu gelangen.

Literaturverzeichnis

Soweit nicht anders angegeben, sind selbständige Schriften nur mit den Verfassernamen – teilweise mit ergänzendem Zusatz –, Aufsätze und Beiträge mit Verfassernamen und Fundstellen zitiert.

Abbe, Ernst Gesammelte Abhandlungen. Band III: Vorträge, Reden und Schriften sozialpolitischen und verwandten Inhalts, Hildesheim 1989, Nachdruck der Ausgabe Jena 1906

Anders, Reinhard (Hrsg.) Gesetzgebung der Alliierten Hohen Kommission in Deutschland mit Gesetzgebung der drei Besatzungsmächte, Band I, Stand 1949

Annuß, Georg § 242 BGB als Fundament eines allgemeinen Kündigungsschutzes?, in: Betriebs-Berater 2001, 1898-1902

Anton, Peter Kollektiver und individualrechtlicher Kündigungsschutz – Zum Verhältnis der kündigungsrechtlichen Bestimmungen in Betriebsverfassungsgesetz und Kündigungsschutzgesetz – Diss. Augsburg 1974

Arbeitskreis für Insolvenz und Schiedsgerichtswesen e.V., Köln (Hrsg.) Kölner Schrift zur Insolvenzordnung, 1. Auflage, Berlin 1997 (zitiert: *Verfasser* in Kölner Schrift zur Insolvenzordnung)

Arnold, Michael Die Entstehung des Betriebsverfassungsgesetzes 1952, Diss. Freiburg 1978

Ascheid, Reiner Beweislastfragen im Kündigungsschutzprozeß, Pfaffenweiler 1989, zugl. Diss. Gießen

Ascheid, Reiner / Preis, Ulrich / Schmidt, Ingrid Großkommentar zum Kündigungsrecht, München 2000 (zitiert: APS/Verfasser)

Auerbach, Felix Das Zeisswerk und die Carl-Zeiss-Stiftung in Jena. Ihre wissenschaftliche, technische und soziale Entwicklung und Bedeutung, 5.Auflage, Jena 1925

Auffahrt, Fritz / Müller, Gerhard Kündigungsschutzgesetz. Handkommentar für die Praxis unter besonderer Berücksichtigung der Rechtsprechung des Bundesarbeitsgerichts, Berlin 1960

Bader, Peter Das Kündigungsschutzgesetz in neuer (alter) Fassung, in: Neue Zeitschrift für Arbeitsrecht 1999, 64-70

Bauderer, Friedrich Ernst Abbe - Gründer der Zeiss-Stiftung – Wegbereiter des modernen Arbeitsrechts, Diss. München 1979

Berkowsky, Wilfried Die Beteiligung des Betriebsrats bei Kündigungen. Eine systematische Darstellung unter Berücksichtigung des Arbeitsgerichtsverfahrens, München 1996

ders. Die Unterrichtung des Betriebsrats bei Kündigungen durch den Arbeitgeber, in: Neue Zeitschrift für Arbeitsrecht 1996, 1065-1071

Berscheid, Ernst-Dieter Arbeitsverhältnisse in der Insolvenz, Berlin 1999

ders. Auskunftsanspruch und Prüfungsmaßstab bei der über einen Interessenausgleich mit Namensliste getroffenen Sozialauswahl, in: Zeitschrift für das gesamte Insolvenzrecht 1999, 511-514

Bertelsmann Stiftung / Hans-Böckler-Stiftung (Hrsg.) Mitbestimmung und neue Unternehmenskulturen – Bilanz und Perspektiven. Bericht der Kommission Mitbestimmung, Gütersloh 1998

Blomeyer, Wolfgang Der Interessenkonflikt zwischen Arbeitnehmer und Betriebsrat bei Individualmaßnahmen, S.

147-174, in: Gedächtnisschrift für Rolf Dietz, hrsg. v. Götz Hueck und Reinhard Richardi, München 1973,

Bösche, Burchard Die Rechte des Betriebsrats bei Kündigungen. Anhörung, Widerspruch und Weiterbeschäftigung nach § 102 BetrVG, Köln 1979

Bötticher, Eduard Zum Regierungsentwurf des Kündigungsschutzgesetzes, in: Recht der Arbeit 1951, S. 81-87

ders. Ein Vorschlag zur Sanktion des § 66 I BetrVG auf dem Boden des personellen Mitwirkungsrechts des Betriebsrats, in: Recht der Arbeit 1962, 382-385

Brill, Werner Kündigungseinspruch trotz Anhörung des Betriebsrats? (Zum Verhältnis zwischen § 3 KSchG und § 102 BetrVG), in: Arbeit und Recht 1977, 109-112

Brox, Hans Zum Anspruch des Arbeitnehmers auf Weiterbeschäftigung während des Kündigungsschutzprozesses nach Ablauf der Kündigungsfrist, S. 37-53, in: 25 Jahre Bundesarbeitsgericht, hrsg. v. Franz Gamillscheg u.a., München 1979

Brox, Hans / Rüthers, Bernd Arbeitsrecht, 15. Auflage, Stuttgart 2002

Bütefisch, Wylka Die Sozialauswahl. Praxisorientierte Darstellung der §§ 1 Abs. 3, 4 KSchG und 125 Abs. 1 S. 1 Nr. 2 InsO, Köln 2000

Caspers, Georg Personalabbau und Betriebsänderung im Insolvenzverfahren. Die Neuregelungen zum Kündigungsschutz und zur Mitbestimmung bei Betriebsänderungen durch die Insolvenzordnung und das Arbeitsrechtliche Beschäftigungsförderungsgesetz, Köln 1996, zugl. Diss. Freiburg 1997

Creifelds, Carl (†) / Weber, Klaus
Rechtswörterbuch, 16. Auflage, München 2000 (zitiert: Creifelds)

Däubler, Wolfgang Das Arbeitsrecht. Band I, 15. Auflage, Hamburg 1998

ders. Das Gesetz zu Korrekturen in der Sozialversicherung und zur Sicherung der Arbeitnehmerrechte. Ein Kurswechsel im Arbeitsrecht, in: Neue Juristische Wochenschrift 1999, 601-608

Däubler, Wolfgang / Kittner, Michael / Klebe, Thomas (Hrsg.)
BetrVG. Betriebsverfassungsgesetz mit Wahlordnung, §§ 121-128 InsO und EBR-Gesetz. Kommentar für die Praxis, 8.Auflage, Frankfurt a.M. 2002 (zitiert: DKK–*Verfasser*)

Dieterich, Thomas / Hanau, Peter / Schaub, Günther (Hrsg.)
Erfurter Kommentar zum Arbeitsrecht, 3. Auflage, München 2003 (zitiert: ErfK/*Verfasser*)

Dietz, Rolf Freiheit und Bindung im kollektiven Arbeitsrecht. Historische und arbeitsrechtliche Betrachtung, in: Freiheit und Bindung im kollektiven Arbeitsrecht, Schriften der Gesellschaft für Sozialen Fortschritt e.V. – Band 6, Berlin 1957

Döring, Arnold Wirtschaftliches Mitbestimmungsrecht bei Betriebsänderungen, in: Blätter für Steuerrecht, Sozialversicherung und Arbeitsrecht 1965, 350-352

Dorndorf, Eberhard / Weller, Bernhard (†)/ Hauck, Friedrich / Höland, Armin / Kriebel, Volkhart / Neef, Klaus
Heidelberger Kommentar zum Kündigungsschutzgesetz, 4. Auflage, Heidelberg 2001 (zitiert HK-KSchG/*Verfasser*)

Eickmann, Dieter / Flessner, Axel / Irschlinger, Friedrich / Kirchhof, Hans-Peter /Kreft, Gerhart / Landfermann, Hans-Georg / Marotzke, Wolfgang
Heidelberger Kommentar zur Insolvenzordnung,

2. Auflage, Heidelberg 2001 (zitiert HK-InsO/*Verfasser*)

Eisenbeis, Ernst / Mues, Werner M.
Arbeitsrecht in der Insolvenz, Neuwied 2000

Engler, Herbert / Thon, Kurt / Brüning, Berthold
Kommentar zum Betriebsräte-Gesetz für das Land Hessen, Offenbach a.M. 1949

Erdmann, Gerhard / Müller, Franz
Das Kündigungsschutzgesetz vom 10. August 1951 mit Erläuterungen für die Betriebspraxis, Neuwied 1954

Etzel, Gerhard (Hrsg.) Gemeinschaftskommentar zum Kündigungsschutzgesetz und zu sonstigen kündigungsschutzrechtlichen Vorschriften, 6. Auflage, Neuwied 2002 (zitiert: KR-*Verfasser*)

Falke, Josef / Höland, Armin / Rhode, Barbara / Zimmermann, Gabriele
Kündigungspraxis und Kündigungsschutz in der Bundesrepublik Deutschland. Eine empirische Untersuchung im Auftrag des Bundesministers für Arbeit und Sozialordnung. Durchgeführt vom Max-Planck-Institut für ausländisches und internationales Privatrecht. Band I und II

Feig, J. / Sitzler, F. Betriebsrätegesetz, Betriebsbilanzgesetz und Aufsichtsratsgesetz, 13. u. 14. Auflage Berlin 1931

Fischermeier, Ernst Die betriebsbedingte Kündigung nach den Änderungen durch das Arbeitsrechtliche Beschäftigungsförderungsgesetz, in: Neue Zeitschrift für Arbeitsrecht 1997, 1089-1100

Fitting, Karl / Auffahrt, Fritz Betriebsverfassungsgesetz nebst Wahlordnung. Handkommentar für die Praxis, 9. Auflage, München 1971 (zitiert: Fitting/Kraegeloh/Auffahrt (9. Auflage))

Fitting, Karl (†) / Kaiser, Heinrich / Heither, Friedrich / Engels, Gerd / Schmidt, Ingrid
Betriebsverfassungsgesetz. Handkommentar, 21. Auflage, München 2002 (zitiert: F/K/H/E)

Flatow, Georg / Kahn-Freund, Otto
Betriebsrätegesetz vom 4. Februar 1920 nebst Wahlordnung, Ausführungsverordnungen und Ergänzungsgesetzen (Betriebsbilanzgesetz, Aufsichtsratsgesetz und Wahlordnung), 13. Auflage, Berlin 1931

Fritz, Hans Rolf Die Auswahlrichtlinien bei der Kündigung gemäß § 95 BetrVG, Diss. Gießen 1978

Galperin, Hans Das Bremische Betriebsrätegesetz, in: Recht der Arbeit 1949, 91-93

Galperin, Hans / Siebert, Wolfgang (†)
Kommentar zum Betriebsverfassungsgesetz, 4.Auflage, Heidelberg 1963

Galperin, Hans Die Mitbestimmung der Betriebsräte in wirtschaftlichen Fragen und bei der Aufstellung von Sozialplänen, in: Betriebs-Berater 1967, 469-472

Galperin, Hans / Löwisch, Manfred
Kommentar zum Betriebsverfassungsgesetz. Band II: Regelung der Mitbestimmung (§§74-132), 6. Auflage, Heidelberg 1982

Gamillscheg, Franz Die Mitbestimmung der Arbeitnehmer. Eine Skizze der Anfänge, S. 101-116, in: Liber Amicorum Adolf F. Schnitzer, hrsg. von der Faculté de Droit de l'Université de Genève, Genf 1979

Gamillscheg, Franz Betriebsrat und Kündigung, S. 117-131 in: 25 Jahre Bundesarbeitsgericht, hrsg. v. Franz Gamillscheg u.a., München 1979

Gaul, Björn Die wichtigsten Änderungen im Arbeits- und Sozialversicherungsrecht nach der Bundestagswahl, in: Der Betrieb 1998, 2467-2472

Giesen, Richard Die Sozialauswahl bei betriebsbedingter Kündigung nach neuem Recht, in: Zeitschrift für Arbeitsrecht 1997, 145-182

ders. Das neue Kündigungsschutzrecht in der Insolvenz, in: Zeitschrift für Wirtschaftsrecht 1998, 46-55

Göller, Irmgard Die Entwicklung des Kündigungsschutzrechts in Deutschland, Diss. Freiburg 1974

Gottwald, Peter (Hrsg.) Insolvenzrechts-Handbuch, 2.Auflage, München 2001 (zitiert: Gottwald/*Verfasser* InsolvenzrechtHB)

Gröninger, Karl Zur Gesetzestechnik des Kündigungsschutzrechts, in: Recht der Arbeit 1949, 213-214

Gros, P. Das württembergisch-badische Gesetz über die Beteiligung der Arbeitnehmer an der Verwaltung der Betriebe, in: Recht der Arbeit 1948, 126-130

Gross, Harald Die Mitwirkung des Betriebsrats bei der Kündigung des Arbeitsverhältnisses, in: Arbeit und Recht 1953, 115-117

Grunsky, Wolfgang Probleme des Beschlußverfahrens nach § 126 InsO, in: Verfahrensrecht am Ausgang des 20. Jahrhunderts. Festschrift für Gerhard Lüke zum 70. Geburtstag, hrsg. v. Hanns Prütting und Helmut Rüssmann, München 1997

Grunsky, Wolfgang / Moll, Wilhelm Arbeitsrecht und Insolvenz. Neuerungen in InsO und KSchG, Köln 1997

Haarmeyer, Hans / Wutzke, Wolfgang / Förster, Karsten
Handbuch zur Insolvenzordnung. InsO/EGInsO, 3.Auflage, München 2001

Hassler, K. D. (Hrsg.) Verhandlungen der deutschen verfassunggebenden Reichsversammlung zu Frankfurt am Main. Band II, Frankfurt a. M. 1848/49

Heinze, Meinhard Personalplanung, Einstellung und Kündigung. Die Mitbestimmung des Betriebsrats bei personellen Maßnahmen, Stuttgart 1982

ders. Das Arbeitsrecht der Insolvenzordnung, in: Neue Zeitschrift für Arbeitsrecht 1999, 57-64

Hemmer, Hans O. Betriebsrätegesetz und Betriebsrätepraxis in der Weimarer Republik, S. 241-269, in: Gewerkschaftliche Politik: Reform aus Solidarität. Zum 60. Geburtstag von Heinz O. Vetter, hrsg. v. Ulrich Borsdorf u.a., Köln 1977

Henssler, Martin Die Entscheidungskompetenz der betriebsverfassungsrechtlichen Einigungsstelle in Rechtsfragen, in: Recht der Arbeit 1991, 268-275

Henssler, Martin / Moll, Wilhelm (Hrsg.)
Kölner Tage des Arbeitsrechts. Kündigung und Kündigungsschutz in der betrieblichen Praxis, Köln 2000

Herschel, Wilhelm Zum Begriff der unbilligen Härte, in: Das Arbeitsgericht 1928, Sp. 225-229

ders. Unbillige Härte, in: Das Arbeitsgericht 1930, Sp. 142-146

ders. Der neue Kündigungsschutz des Arbeitsvertrages, in: Soziale Praxis 1934, Sp. 362-365 und 389-393

Herschel, Wilhelm / Steinmann, Georg
Kommentar zum Kündigungsschutzgesetz, 5. Auflage, Heidelberg 1961

Herschel, Wilhelm Der Betriebsrat – damals und heute, S. 115-124, in: In Memoriam Sir Otto Kahn-Freund, hrsg. von Franz Gamillscheg u.a., München 1980

Hess, Harald / Weis, Michaela / Wienberg, Rüdiger
Kommentar zur Insolvenzordnung mit EGInsO, 2. Auflage, Heidelberg 2001

Hess, Harald / Schlochauer, Ursula / Glaubitz, Werner
Kommentar zum Betriebsverfassungsgesetz, 5. Auflage, Neuwied 1997 (zitiert: HSG/*Verfasser*)

Hinrichs, Werner Änderungen im Kündigungsschutzrecht, in: Arbeitsrecht im Betrieb 1999, 1-4

Hoeniger, Heinrich / Wehrle, Emil
Arbeitsrecht. Sammlung der reichsgesetzlichen Vorschriften zum Arbeitsvertrage, Mannheim 1920

Hohenstatt, Klaus-Stefan Der Interessenausgleich in einem veränderten rechtlichen Umfeld, in: Neue Zeitschrift für Arbeitsrecht 1998, 846-854

v. Hoyningen-Huene, Gerrick / Linck, Rüdiger
Neuregelungen des Kündigungsschutzes und befristeter Arbeitsverhältnisse, in: Der Betrieb 1997, 41-46

v. Hoyningen-Huene, Gerrick / Linck, Rüdiger
Kündigungsschutzgesetz. Kommentar, 13. Auflage, München 2002;
vereinzelt auch 12. Auflage, München 1997 (diese zitiert: Hueck/v.Hoyningen-Huene KSchG (12.Auflage))

Hübner, Friedrich Der Betriebsrat als Sperrinstanz im bayer. Kündigungsschutzverfahren?, in: Recht der Arbeit 1950, 52-53

Hueck, Alfred Das Kündigungsrecht gegenüber kaufmännischen Angestellten, in: Zeitschrift für das gesamte Handelsrecht und Konkursrecht 1921, 368-428

Hueck, Alfred / Nipperdey, Hans Carl Lehrbuch des Arbeitsrechts, Erster Band, 2. Auflage, Mannheim 1928

dies. Gesetz zur Ordnung der nationalen Arbeit und Gesetz zur Ordnung der Arbeit in öffentlichen Verwaltungen und Betrieben mit den Durchführungsverordnungen, den Einführungsverordnungen für die Ostmark und die sudetendeutschen Gebiete, der Verordnung über die Lohngestaltung und anderen einschlägigen Vorschriften. Kommentar, 3. Auflage, München 1939

Hueck, Alfred Die Württemberg-Badischen Kündigungsschutzgesetze, in: Recht der Arbeit 1948, 170-172

ders. Der Kündigungsschutz des Arbeitnehmers nach dem heutigen Stand von Gesetzgebung und Rechtsprechung in den Westzonen, in: Blätter für Steuerrecht Sozialversicherung und Arbeitsrecht 1949, 118-121 und 131-135

ders. Das neue Kündigungsschutzgesetz des Wirtschaftsrates, in: Recht der Arbeit 1949, 331-336

ders. Der Hattenheimer Entwurf des Kündigungsschutzgesetzes, in: Recht der Arbeit 1950, 65-67

ders. Kündigungsschutzgesetz. Kommentar, 5. Auflage, München 1965

Hümmerich, Klaus / Mauer, Reinhold
Neue BAG-Rechtsprechung zur Anhörung des Betriebsrats bei Kündigungen, in: Der Betrieb 1997, 165-170

Kauffmann Probleme des Kündigungsschutzes in Betrieben ohne Betriebsrat oder bei Umgehung des Betriebsrats, in: Recht der Arbeit 1949, 174-176

Kirchhof, Hans-Peter / Lwowski, Hans-Jürgen / Stürner, Rolf (Hrsg.)
Münchener Kommentar zur Insolvenzordnung, Band II, §§ 103 – 269, München 2002 (zitiert: MK-InsO/*Verfasser*)

Klaßen, Kurt Mitverwaltung und Mitverantwortung in der frühen Industrie. Die Mitbestimmungsdiskussion in der Paulskirche, Frankfurt a.M. 1984, Diss. München 1981

Koch, Heinrich Arbeiterausschüsse, M.Gladbach 1907

Kocher, Eva Statt Kündigungsschutz: Ein kollektives Kündigungsverfahren. Der Interessenausgleich in der neuen Insolvenzordnung, in: Betriebs-Berater 1998, 213-219

Kohte, Wolfhard Die vertrackte Namensliste. Der qualifizierte Interessenausgleich im neuen Kündigungsrecht, in: Betriebs-Berater 1998, 946-954

Kotthoff, Hermann Zur Anwendung des Betriebsverfassungsgesetzes in den Betrieben, S. 328-349, in: Organisation und Recht. Organisatorische Bedingungen des Gesetzesvollzugs hrsg. v. Erhard Blankenburg und Klaus Lenk (Jahrbuch für Rechtssoziologie, hrsg. v. Fechner u.a., Band VII), Opladen 1980

Kraft, Alfons Das Anhörungsverfahren gemäß § 102 BetrVG und die „subjektive Determinierung" der Mitteilungspflicht, S. 611-627, in: Arbeitsrecht in der Bewährung. Festschrift für Otto Rudolf Kissel zum 65. Geburtstag, hrsg. v. Meinhard Heinze und Alfred Söllner, München 1994

Kraft, Alfons / Wiese, Günther / Kreutz, Peter / Oetker, Hartmut / Raab, Thomas / Weber, Christoph
Betriebsverfassungsgesetz. Band I: §§ 1 – 73 mit Wahlordnungen. Band II: §§ 74 – 132 mit Kommentierung des BetrVG 1952. Gemeinschaftskommentar, 7.Auflage, Neuwied 2002 (zitiert: GK-BetrVG/*Verfasser*)

Kranig, Andreas
Lockung und Zwang. Zur Arbeitsverfassung im Dritten Reich, Stuttgart 1983

Kübler, Bruno M. / Prütting, Hans (Hrsg.)
Das neue Insolvenzrecht InsO/EGInsO, 2. Auflage, Köln 2000

Küttner, Wolfdieter
Einzelfragen zum Interessenausgleich unter Berücksichtigung der gesetzlichen Neuerungen, S. 431-450, in: Arbeitsrecht und Arbeitsgerichtsbarkeit. Bilanz und Perspektive an der Schwelle zum Jahr 2000. Festschrift zum 50-jährigen Bestehen der Arbeitsgerichtsbarkeit in Rheinland-Pfalz, hrsg. v. Klaus Schmidt, Neuwied 1999

Lakies, Thomas
Insolvenz und Betriebsänderungen, in: Betriebs-Berater 1999, 206-210

ders.
Zu den seit 1.10.1996 geltenden arbeitsrechtlichen Vorschriften der Insolvenzordnung, in: Recht der Arbeit 1997, 145-155

Larenz, Karl (†) / Canaris, Claus-Wilhelm
Methodenlehre der Rechtswissenschaft, 3.Auflage, Berlin 1995

Liebs, Detlef
Römisches Recht. Ein Studienbuch, 4. Auflage, Göttingen 1993

Löwisch, Günther / Müller, Franz
Gesetz Nr. 726 über die Beteiligung der Arbeitnehmer an der Verwaltung und Gestaltung der Betriebe der Privatwirtschaft vom 18. August 1948, Stuttgart 1948

Löwisch, Manfred Die Verknüpfung von Kündigungsschutz und Betriebsverfassung nach dem BetrVG 1972, in: Der Betrieb 1975, 349-355

ders. Probleme des Interessenausgleichs, in: Recht der Arbeit 1989, 216-220

ders. Das Arbeitsrechtliche Beschäftigungsförderungsgesetz, in: Neue Zeitschrift für Arbeitsrecht 1996, 1009ff

ders. Neugestaltung des Interessenausgleichs durch das Arbeitsrechtliche Beschäftigungsförderungsgesetz, in: Recht der Arbeit 1997, 80-86

ders. Wilhelm Herschel und die Wurzeln von Ultima-ratio-Grundsatz und Prognoseprinzip, in: Betriebs-Berater 1998, 1793-1795

ders. Der arbeitsrechtliche Teil des Korrekturgesetzes, in: Betriebs-Berater1999, 102-107

ders. Kommentar zum Kündigungsschutzgesetz, 8. Auflage, Heidelberg 2000

ders. Änderungen der Betriebsverfassung durch das Betriebsverfassungs-Reformgesetz, in: Betriebs-Berater 2001, 1734-1746 und 1790-1799

Löwisch, Manfred / Kaiser, Dagmar
Betriebsverfassungsgesetz. Kommentar, 5. Auflage, Heidelberg 2002; vereinzelt auch Löwisch, Taschenkommentar zum Betriebsverfassungsgesetz, 4.Auflage, Heidelberg 1996 (zitiert: Löwisch BetrVG (4.Auflage))

Mansfeld, Werner Betriebsrätegesetz vom 4. Februar 1920 (RGBl. S. 147ff.) mit den einschlägigen Nebengesetzen, 2. Auflage, Mannheim 1930

Mansfeld, Werner / Pohl, W. / Steinmann, G. / Krause, A.B. Die Ordnung der nationalen Arbeit. Kommentar zu dem Gesetz zur Ordnung der nationalen Arbeit und zu dem Gesetz zur Ordnung der Arbeit in öffentlichen Verwaltungen und Betrieben unter Berücksichtigung aller Durchführungsbestimmungen, 2. Auflage, Berlin 1934

Matthes, Hans-Christoph Neue Funktionen für Interessenausgleich und Sozialplan, in: Recht der Arbeit 1999, 178-182

Mayer-Maly, Theo Nationalsozialismus und Arbeitsrecht, in: Recht der Arbeit 1989, S. 233-240

Mayr, Friedrich Kündigungsschutz-Gesetz vom 10. August 1951, Schwenningen 1951

Meisel, Peter G. Die Mitwirkung und Mitbestimmung des Betriebsrats in personellen Angelegenheiten, 5. Auflage, Heidelberg 1984

Meves, R. Der Kündigungsschutz im badischen Betriebsrätegesetz, in: Recht der Arbeit 1949, 247-251

Milert, Werner / Tschirbs, Rudolf Von den Arbeiterausschüssen zum Betriebsverfassungsgesetz. Geschichte der betrieblichen Interessenvertretung in Deutschland, Köln 1991

Möhn, Heinz-Josef Ist § 3 KSchG obsolet?, in: Neue Zeitschrift für Arbeitsrecht 1995, 113-114

Müller, Gerhard Gutachten. Der allgemeine Kündigungsschutz in der neuen Ländergesetzgebung unter besonderer Berücksichtigung des Hessischen Betriebsrätegesetzes, in: Betriebs-Berater 1948, 534-536

Nagel, Uwe Die Stellung der Arbeitnehmer im neuen Insolvenzrecht, Aachen 1999, zugl. Diss. Bielefeld 1998

Neef, Klaus / Schrader, Peter Arbeitsrechtliche Neuerungen im Insolvenzfall, Berlin 1998

Nerlich, Jörg / Römermann, Volker Insolvenzordnung (InsO). Kommentar, München, Stand März 2003 (zitiert: NR-InsO/*Verfasser*)

Neumann-Duesberg, Horst Betriebsverfassungsrecht. Ein Lehrbuch, Berlin 1960 (Duncker & Humblot) (zitiert: Neumann-Duesberg)

Nielebock, Helga Das Arbeitsrechtliche Beschäftigungsförderungsgesetz – Handlungsmöglichkeiten des Betriebsrats, in: Arbeitsrecht im Betrieb 1997, 88-97

Nikisch, Arthur Gedanken zur Wiedereinführung eines Kündigungsschutzes, in: Betriebs-Berater 1947, S. 89-91

Oechsle, Richard Das Bayerische Betriebsrätegesetz, in: Recht der Arbeit 1950, 441-447

Oetker, Hartmut / Friese, Birgit Der Interessenausgleich in der Insolvenz (II), in: Deutsche Zeitschrift für Wirtschafts- und Insolvenzrecht 2001, 177-186

Oppertshäuser, Joachim Anhörung des Betriebsrats zur Kündigung und Mitteilung der Sozialdaten, in: Neue Zeitschrift für Arbeitsrecht 1997, 920-927

Osswald, R. Ist eine Kündigung ohne Anhörung des Betriebsrats wirksam?, in: Der Arbeitgeber 1953, 389

Osthold, E.-A. Die Entscheidung des Bundesarbeitsgerichts zu § 66 Abs. I BVG – Ein alter Streit in neuer Auflage, in: Der Arbeitgeber 1955, 211-213

Otto, Hansjörg Einschränkung des Kündigungsschutzes zugunsten der Mitwirkung des Betriebsrats?, in: Der Betrieb 1973, 671-672

Petrenz, Otto Der Arbeiterausschuß der Optischen Werkstätte zu Jena, in: Soziale Praxis. Zentralblatt für Sozialpolitik 1903, Sp. 737-741

Preis, Bernd Auf dem Weg zur Kollektivierung des Kündigungsschutzes - § 1 Abs. 5 KSchG und der Interessenausgleich mit Namensnennung -, in: Der Betrieb 1998, 1614-1620

Preis, Ulrich Das arbeitsrechtliche Beschäftigungsförderungsgesetz, in: Neue Juristische Wochenschrift 1996, 3369ff

ders. Der Kündigungsschutz nach dem Korrekturgesetz, in: Recht der Arbeit 1999, 311-322

Raab, Thomas Individualrechtliche Auswirkungen der Mitbestimmung des Betriebsrats gem. §§ 99, 102 BetrVG, in: Zeitschrift für Arbeitsrecht 1995, 479-536

Reichold, Hermann Betriebsverfassung als Sozialprivatrecht. Historisch-dogmatische Grundlagen von 1848 bis zur Gegenwart, München 1995,

ders. Betriebsverfassung ohne „Betrieb"? Zur Strukturreform des Betriebsverfassungsgesetzes aus privatrechtsdogmatischer Sicht, in: Neue Zeitschrift für Arbeitsrecht 1999, 561-570

Reinhardt, Rudolf Die Nichtanhörung des Betriebsrats. Macht die Unterlassung der Anhörung des Betriebsrats im Falle der Kündigung nicht doch diese Kündigung unwirksam?, S. 109-125 in: Festschrift für Arthur Nikisch, Tübingen 1958

Reuß, Hermann Die Nichtigkeit der ohne Anhörung des Betriebsrats erfolgten Kündigung, in: Recht der Arbeit 1954, 56-58

Richardi, Reinhard Individualrechtsschutz vor Betriebspartnerherrschaft, in: Neue Zeitschrift für Arbeitsrecht 1999, 617-622

ders. (Hrsg.) Betriebsverfassungsgesetz mit Wahlordnung. Kommentar, 8. Auflage, München 2002

Richardi, Reinhard / Wlotzke, Otfried (Hrsg.) Münchener Handbuch zum Arbeitsrecht. Band 2 – Individualarbeitsrecht II – und Band 3 – Kollektives Arbeitsrecht –, 2. Auflage, München 2000 (zitiert: MünchArbR/Verfasser)

Rieble, Volker Die Kontrolle der Einigungsstelle in Rechtsstreitigkeiten, in: Betriebs-Berater 1991, 471-475

ders. § 102 Abs. 6 BetrVG – eine funktionslose Vorschrift?, in: Arbeit und Recht 1993, 39-47

Riese, Walter Das Berliner Kündigungsschutzgesetz, in: Recht der Arbeit 1950, 371-374

Rinke, Michael Anhörung des Betriebsrats: Vorgezogenes Kündigungsschutzverfahren?, in: Neue Zeitschrift für Arbeitsrecht 1998, 77-88

Roesch, H. Das Mitbestimmungsrecht der Betriebsräte und Betriebsgewerkschaftsleitungen in der Ostzone, in: Recht der Arbeit 1949, 179

Rohwer-Kahlmann, Harry Kündigungsschutzgesetz, 2. Auflage, Bremen 1952

Rüthers, Bernd Die Betriebsverfassung im Nationalsozialismus, in: Arbeit und Recht 1970, 97-109 *ders.* Arbeitsrecht und ideologische Kontinuitäten? – Am Beispiel des Kündigungsschutzrechts, in: Neue Juristische Wochenschrift 1998, 1433

Sabin, Fritz Betriebsverfassungsgesetz und Kündigungsschutzgesetz, in: Juristische Rundschau 1953, 445-446

Schaub, Günter Der Interessenausgleich, S. 347-354, in: Recht und soziale Arbeitswelt. Festschrift für Wolfgang Däubler zum 60. Geburtstag, hrsg. v. Thomas Klebe u.a., Frankfurt a.M. 1999

ders. Arbeitsrecht in der Insolvenz, in: Der Betrieb 1999, 217-227

ders. / Koch, Ulrich / Linck, Rüdiger Arbeitsrechts-Handbuch. Systematische Darstellung und Nachschlagewerk für die Praxis, 10. Auflage, München 2002 (zitiert: Schaub)

Schiefer, Bernd Gesetz zu Korrekturen in der Sozialversicherung und zur Sicherung der Arbeitnehmerrechte – Arbeitsrecht 1999 – oder: Zurück in die Vergangenheit -, in: Der Betrieb 1999, 48-51

Schiefer, Bernd / Worzalla, Michael / Will, Patricia Arbeits-, sozial- und lohnsteuerrechtliche Änderungen 1999. Umsetzung und Handhabung in der betrieblichen Praxis, Neuwied 1999

Schrader, Peter Überlegungen zum Konkursrecht, in: Neue Zeitschrift für Arbeitsrecht 1997, 70-79

Sering, Max Arbeiter-Ausschüsse in der deutschen Industrie. Gutachten, Berichte, Statuten, Leipzig 1890

Siebert, Wolfgang Die Kündigung ohne Anhörung des Betriebsrats, S. 127-149 in: Festschrift für Arthur Nikisch, Tübingen 1958

Sommer, H. Anhörung des Betriebsrats und Einzelkündigung nach dem Betriebsverfassungsgesetz, in: Betriebs-Berater 1952, 980

Sowka, Hans-Harald (Hrsg.) Kündigungsschutzgesetz. Kölner Praxiskommentar unter Berücksichtigung sozialrechtlicher Bezüge, 2. Auflage, Köln 2000 (zitiert: KPK/Bearbeiter)

Stahlhacke, Eugen / Preis, Ulrich / Vossen, Reinhard Kündigung und Kündigungsschutz im Arbeitsverhältnis, 8. Auflage, München 2002

Stege, Dieter / Weinspach, F.K. Betriebsverfassungsgesetz. Handkommentar für die betriebliche Praxis, 8. Auflage, Köln 1999

Stier-Somlo, Fritz Kommentar zum Betriebsrätegesetz vom 4. Februar 1920, Berlin 1921

Stöckl, Siegfried Das rechtliche Verhältnis zwischen Betriebsrat und einzelnem Arbeitnehmer. Eine vergleichende Untersuchung der Rechtslage unter der Geltung des Betriebsrätegesetzes 1920 und der heutigen Betriebsverfassung, Frankfurt a.M. 1988, zugl. Diss. München 1987

Stollreither, Konrad Mitbestimmung. Ideologie oder Partnerschaft?, München 1975

Teuteberg, Hans Jürgen Geschichte der industriellen Mitbestimmung in Deutschland, Tübingen 1961

Verch, Volker Personalabbau und Betriebsverfassung. Betriebsänderung, Interessenausgleich, Sozialplan, Nachteilsausgleich. §§ 111-113 BetrVG, Köln 2001, zugl. Diss. Münster 2000

Vogel, Joachim Juristische Methodik, Berlin 1998

Wagner, Hardy R.H. Erfahrungen mit dem Betriebsverfassungsgesetz. Unter besonderer Berücksichtigung einiger Mittelbetriebe im Unteren Rhein-Wupper-Kreis, Köln 1960

Warrikoff, Alexander Die Stellung der Arbeitnehmer nach der neuen Insolvenzordnung, in: Betriebs-Berater 1994, 2338-2346.

Weber, Ralph Vom Klassenkampf zur Partnerschaft. Die Entwicklung zum Grundsatz der vertrauensvollen Zusammenarbeit im Betriebsverfassungsrecht, Frankfurt a.M. 1995

Weber, Robert Gutachten. Neuregelung des Kündigungsschutzes (Westzonen), in: Betriebs-Berater 1949, S. 666-668

Weber, Ulrich / Ehrich, Christian / Hörchens, Angela Handbuch zum Betriebsverfassungsrecht, Köln 1998

Weller, Bernhard Kündigungsschutz in Betrieb und Unternehmen (Unter besonderer Berücksichtigung von Fragen der sozialen Auswahl), in: Arbeit und Recht 1986, 225-233

Wessel Das Vorverfahren bei der Kündigungswiderklage (§§ 56 ff AOG), in: Deutsches Arbeitsrecht 1934, 139-142

Wiese, Günther Entwicklung des Rechts der Betriebs- und Unternehmensverfassung, in: Juristische Schulung 1994, 99-106

Wimmer, Klaus (Hrsg.) Frankfurter Kommentar zur Insolvenzordnung, 3. Auflage 2002, Neuwied 2002 (zitiert: FK-InsO/*Verfasser*)

Wolff, Alexander Vorläufiger Bestandsschutz des Arbeitsverhältnisses durch Weiterbeschäftigung nach § 102 Abs. 5 BetrVG, Berlin 2000

Zeuner, Albrecht Zur kündigungsschutzrechtlichen Bedeutung des Interessenausgleichs nach § 1 Abs. 5 KSchG und §§ 125 Abs. 1 Satz 1, 128 Abs. 2 InsO, S. 1011-1025, in: Festschrift für Wolfgang Zöllner. Zum 70. Geburtstag. Band II, hrsg. v. Manfred Lieb u.a., Köln 1999

Zöllner, Wolfgang Auswahlrichtlinien für Personalmaßnahmen. Betriebsverfassungsrechtliche Bemerkungen unter besonderer Berücksichtigung der durch die elektronische Datenverarbeitung aufgeworfenen Probleme, S. 665-688, in: Arbeitsleben und Rechtspflege. Festschrift für Gerhard Müller, hrsg. v. Theo Mayer-Maly u.a, Berlin, 1981

Zwanziger, Bertram Das Arbeitsrecht der Insolvenzordnung. Kommentar. Erläuterung der geltenden Bestimmungen, München 1997

Friederike Schang

Die Mitbestimmung des Betriebsrats bei neuen Formen der Leistungsvergütung

Zur Reichweite des § 87 Abs. 1 Nr. 10 und 11 BetrVG bei Einführung und Ausgestaltung von Zielvereinbarungen, Pensumentgelten, Gainsharing-Systemen und Qualifikationsentgelten

Frankfurt am Main, Berlin, Bern, Bruxelles, New York, Oxford, Wien, 2002.
XLVIII, 336 S.
Europäische Hochschulschriften: Reihe 2, Rechtswissenschaft. Bd. 3528
ISBN 3-631-39922-7 · br. € 50.10*

Grundlegende Veränderungen in den betrieblichen Produktions-, Organisations- und Arbeitsformen fordern zunehmend neue Formen der Leistungsvergütung, die sich von traditionellen Vergütungsformen zum Teil erheblich unterscheiden. Viele neue Entgeltsysteme werden dabei auf betrieblicher Ebene eingeführt und erprobt. Die vorliegende Untersuchung beschäftigt sich daher mit der Frage, wie der Rahmen der erzwingbaren Mitbestimmung des § 87 Abs. 1 Nr. 10 und Nr. 11 BetrVG bei der Einführung und Ausgestaltung von Zielvereinbarungen, Pensum-, Standard- und Programmentgelten, Gainsharing-Systemen und Qualifikationsentgelten abzustecken ist. Als weiterer Aspekt wird untersucht, welche Gesichtspunkte für die Spruchtätigkeit der Einigungsstelle aufgrund der Besonderheiten der neuen Vergütungsformen relevant werden.

Aus dem Inhalt: Mitbestimmung des Betriebsrats nach § 87 Abs. 1 Nr. 10 und 11 BetrVG bei Zielvereinbarungen · Pensum-, Standard- und Programmentgelten, Gainsharing-Systemen und Qualifikationsentgelten · Die Ermessensbindung der Einigungsstelle bei Einführung und Ausgestaltung neuer Formen der Leistungsvergütung

FSC
www.fsc.org
MIX
Papier | Fördert gute Waldnutzung
FSC® C083411

Kolibri 360 GmbH
Ferdinand-Jühlke-Straße 7
99095 Erfurt, Deutschland
produktsicherheit@kolibri360.de

Druck:
CPI Druckdienstleistungen GmbH
im Auftrag der
Kolibri 360 GmbH
Ferdinand-Jühlke-Str. 7
99095 Erfurt